Abenteuer Mensch sein

3

Herausgeber/in
Dr. Roland Wolfgang Henke, Bonn
Dr. Eva-Maria Sewing, Bonn

Autorinnen/Autoren
Manfred Berg, Kaiserslautern und Otterberg
Martina Denda, Berlin
Inge Denzin, Bonn
Gabriele Gärtner, Köln
Dr. Roland Wolfgang Henke, Bonn
Bernhard Koreng, Bad-Dürkheim und Wachenheim
Dr. Hans-Bernhard Petermann, Heidelberg
Dr. Katrin Schaar, Berlin
Heidrun Schliebner, Blankenfelde und Mahlow
Matthias Schulze, Bonn
Dr. Eva-Maria Sewing, Bonn
Dr. Brigitte Wiesen, Düsseldorf und Mönchengladbach

Berater/innen
Simone Dürbeck, Neumark
Eva-Maria Krause, Meuselwitz/Altenburg
Peter Kurtz, Schulpforte und Bad Kösen
Renate Pölk, Worbis und Ferna

Abenteuer Mensch sein

Ethik / LER
Werte und Normen

Band 3

Erweiterte Ausgabe

Inhalt

Erstes Kapitel

8 Das menschliche Leben – ein Weg
10 Erwachsen werden **Fachübergreifend (Geschichte):** Kindheit im Wandel der Zeiten (13)
14 Zwischen den Gefühlen **Methode:** Rollenspiele trainieren (17)
18 Zwischen den Generationen
22 Fluss des Lebens **Projekte:** Wie alte Menschen leben (22); »Instant Aging« – alt sein erfahren (23)
Methode: Perspektivenwechsel (23)

Zweites Kapitel

24 Zeit im Leben
26 Ohne Uhr geht's auch?!
28 Wenn die Zeit wie im Flug vergeht
30 Der Mensch im Takt der Zeiten **Fachübergreifend (Geschichte, Musik, Sport):** Musik-Rhythmen im Wandel der Zeiten (31)
32 »Schutzzeiten« für den Menschen? **Methode:** Ein Streitgespräch führen (33)
34 Be-schleunigen oder ent-schleunigen?
36 Aus der Zeit fallen?
38 Was also ist »Zeit«? **Projekt:** Kalenderberechnungen im Vergleich (39)

Drittes Kapitel

40 Das Bewusste und das Unbewusste
42 Im Netzwerk des Unbewussten
44 Der Traum – ein Königsweg zum Unbewussten? **Methode:** Mit Bildern philosophieren (45)
46 Die Psyche – eine komplexe Struktur
48 Das Gewissen als innere Norm* **Fachübergreifend (Biologie):** Beeinflussbares Gehirn (53)
56 Man nennt es Liebe …
58 Das Bewusste und das Unbewusste **Projekt:** Einen seelischen Konflikt szenisch gestalten (59)

Viertes Kapitel

60 Nachdenken über den Tod
62 Dem unausweichlichen Tod begegnen
64 »Ein Volk wird danach beurteilt, wie es seine Toten bestattet«
68 Einstellungen zum Tod **Methode:** Gedankenexperiment (69)
70 Vorstellungen vom Leben nach dem Tod

72 Ein würdevoller Tod – was ist das? **Fachübergreifend (Politik, Religion):** Legalisierung der Sterbehilfe*? (73)
74 Suizid – Selbstmord – Freitod?
76 Wenn Menschen für immer gehen **Fachübergreifend (Geografie, Politik, Biologie):** Kampf gegen Aids (77)
78 Über den (eigenen) Tod nachdenken Projekt: Besuch eines Bestattungsunternehmens (79)

Fünftes Kapitel

80 Ewige Gewalt?
82 Erfahrungen mit Gewalt
86 Woher kommt die Gewalt?
90 Gewalt im Krieg
92 Gerechter Krieg oder gewaltloser Widerstand? **Methode:** Über ein Dilemma nachdenken (93)
96 Staatliche Ordnungen und Gewalt **Fachübergreifend (Geschichte, Politik):** Völkerbund und Vereinte Nationen (98/99)
100 Gewalt durch den Staat: die Todesstrafe
102 Wege in die Gewalt – Wege aus der Gewalt **Projekt:** Aktionen für Zivilcourage und gegen rechte Gewalt (103)

Sechstes Kapitel

104 Religion – was ist das?
106 Religion(en): wann – wer – wo – wie?
Fachübergreifend (Kunst): Religion und ästhetische (sinnliche) Erfahrung (108)
110 Der Anspruch von Religion **Methode:** Hermeneutik – die Kunst der Auslegung (110)
116 Brauchen wir überhaupt Religion?
120 Gelebte Religion
122 Einheit in Vielfalt? **Projekt:** Sakralbauten – die Häuser der Religionen (123)

Siebentes Kapitel

124 Buddhismus und chinesische Weisheit
126 Leben und Lehre des Buddha* Gautama
Methode: Ein (religiöses) Gleichnis deuten (133)
136 Die Lehre und ihre Deutungen – Ausbreitung des Buddhismus **Fachübergreifend (Religion):** Leben im Kloster (137)
140 Laotse – der Weise des Tao*
142 Konfuzius – der Weise der Erziehung
144 Die Weisheit der Gleichnisse **Projekte:** Experten befragen; Kampfsportarten erforschen (145)

Inhalt

Achtes Kapitel

146 Zusammenleben in Vielfalt
148 Ausflug in eine fremde Kultur **Methode:** Dichte Beschreibung – Kulturen kennen lernen (151)
152 Leben in und zwischen den Kulturen **Fachübergreifend (Geschichte, Geografie, Politik):** Wanderungsbewegungen (153)
154 Einwanderung: kulturelle Konflikte und Toleranz
156 Die Menschenrechte – ein Maßstab für alle?
160 Wir in Europa **Fachübergreifend (Geschichte, Politik):** Kriege in Europa (161)
162 Vielfalt und Zusammenleben erfahren **Projekt:** Vielfalt unter uns erforschen (163)

Neuntes Kapitel

164 Utopien – nur Luftschlösser?
166 Die Zukunft beginnt heute
168 Wie viel Utopie braucht der Mensch? **Fachübergreifend (Religion):** Paradiesvorstellungen (169)
170 Der Traum von sozialer Gleichheit – Morus' Utopia
172 Vision von totaler Technik – Moravec' nachbiologisches Zeitalter
174 Die Zukunft als Hoffnung der Gegenwart? **Fachübergreifend (Deutsch):** Ein Science-Fiction-Drehbuch schreiben (174) **Methode:** Zukunftswerkstatt (175) **Projekt:** Zukunft gestalten – z.B. eine Klassengemeinschaft (175)

Zehntes Kapitel

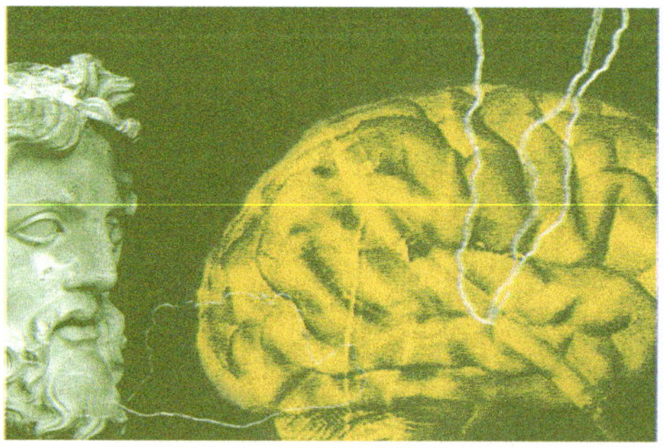

176 Vom Mythos zum Logos – zum Mythos?
178 Wer sind wir? **Fachübergreifend (Geschichte, Geografie, Religion):** Sintflutsagen (179) **Fachübergreifend (Physik, Chemie, Deutsch):** Feuer im Alltag (181)
182 Logos – was ist das?
184 Prinzipien der Wahrheitsfindung
186 Was kann ich wissen?
190 Gibt es moderne Mythen? **Methode:** Begriffe analysieren und definieren (191)
192 Die Macht der Bilder **Fachübergreifend (Deutsch, Kunst, Musik, Politik):** Werbespots analysieren und herstellen (195)
198 Mythos und Logos – ein Widerspruch? **Projekt:** Die Wirkung eines Mythos nachvollziehen (199)

Elftes Kapitel

200 Wissenschaft und Verantwortung
202 Wie Wissenschaftler/innen forschen (1)
204 Weltbilder im Wandel
206 Wie Wissenschaftler/innen forschen (2)
208 Ziele der Wissenschaften
210 Verantwortung in der Forschung
212 Forschung zwischen Freiheit und Selbstbeschränkung

Fachübergreifend (Geschichte, Politik): Atombombenabwürfe (213)
Fachübergreifend (Physik, Politik): Formen der Energiegewinnung – Risikoabschätzungen (215)
216 Darf der Mensch alles, was er kann?
220 Wohin führen die Wege der Wissenschaft? **Methode:** Ergebnisse präsentieren (221) **Projekt:** Ein ethisch umstrittenes Thema präsentieren (221)

Zwölftes Kapitel

222 Glück und Sinn des Lebens
224 Glück – Geld, Spaß und Genuss?
226 Glücksvorstellungen – hier und dort **Fachübergreifend (Geografie, Sozialkunde):** Arm, aber glücklich? (227)
228 Die Sucht nach dem Glücksgefühl
230 Welchen Vorbildern folgen?
232 Glücks- und Sinnverheißungen menschenfeindlicher Gruppen
234 Ein selbstbestimmtes Leben führen **Methode:** Internet-Recherche (237)
240 Über Glück und Sinn nachdenken **Methode:** Einen (philosophischen) Essay verfassen (240) **Projekt:** Ein Berufspraktikum vorbereiten (241)

Dreizehntes Kapitel

242 Gut zusammenleben – aber wie? Erziehung und Kommunikation
244 Erziehungsstile und -ziele
246 Sich miteinander verständigen **Fachübergreifend (Deutsch, Geschichte, Sozialkunde):** Formen der Verständigung (249) **Methode:** Einen sachlichen und fairen Dialog führen (251)
252 Meditation als Entspannung **Fachübergreifend (Biologie, Sport):** Entspannungstechniken testen und vergleichen (253) **Fachübergreifend (Politik, Geschichte):** Marktforschung in der Eso-Szene (255)
256 Chancen und Risiken heutiger Familien **Projekt:** In der Familie eine Rolle spielen? (257)

Vierzehntes Kapitel

258 Grundpositionen philosophischer Ethik
260 Der Vernunft verpflichtet
262 Warum der Vernunft gehorchen?
264 Selbstbehauptung – um jeden Preis?
266 Mitleid – Triebfeder der Moral?
268 Nutzen oder Pflicht? „Verantwortung“ klären **Methode:** Einen Diskurs* führen (271)
272 Was soll ich tun? **Projekt:** Streitfall Klassenfahrt – eine Diskursübung (273)

274 Anhang
274 Minilexikon
278 Adressen
279 Personen- und Sachregister
284 Text- und Bildnachweis
296 Impressum

FREUDE
ZUKUNFT
ARBEIT
SCHULABSCHLUSS
FRUST
FAMILIE
LIEBE
PFLEGE
TRÄUME
SPASS
GEBORGENHEIT

Das menschliche Leben – ein Weg

1 Bringe Bilder und Begriffe miteinander in Beziehung. Erläutere deine Gedanken dazu.

2 Bringe nun die Begriffe und Bilder in Beziehung zu deinem eigenen Leben, indem du eine eigene Lebensskizze entwirfst. Zeichne einen »Weg« und teile ihn in Zeitabschnitte von etwa fünf Jahren ein. Welche Ereignisse und Erfahrungen passen in welche Abschnitte deines Lebens? Welche Zukunftsvorstellungen verbindest du damit?

3 Findet euch in kleinen Gruppen zusammen und tauscht eure Ergebnisse aus. Welche Gemeinsamkeiten und Unterschiede stellt ihr fest? Welche Gründe könnte es dafür geben?

Erwachsen werden

Erwachsen werden

In seinem Roman »Das Auge des Leoparden« beschreibt Henning Mankell den Weg eines Menschen vom Kind zum Erwachsenen. Immer wieder fragt sich Hans, die Hauptfigur, welche Entscheidungen er treffen soll und ob es wirklich seine eigenen Träume und Wünsche sind, die er verwirklichen will.

Hans wird erwachsen

Er [Hans] malt sich aus, wie er zum letzten Mal das einsame Holzhaus verlässt, die Brücke über den Fluss überquert, unter der Wölbung des Brückenbogens in die Welt hinaus verschwindet, zunächst einmal in Richtung Orsa Finnmark.
Warum bin ich *ich*, denkt er. Ich und kein anderer?
Er weiß genau, wann ihn dieser alles entscheidende Gedanke zum ersten Mal heimgesucht hat.
Es war an einem hellen Sommerabend, als er in der stillgelegten Ziegelei hinter dem Krankenhaus spielte. [...] An jenem hellen Sommerabend, als er sich hinter einem eingestürzten rostigen Brennofen versteckt hatte, um von seinen Spielkameraden entdeckt und gefangen zu werden, hatte er zum ersten Mal die Frage gestellt, warum er *er* selbst war – und kein anderer. Der Gedanke hatte ihn gleichermaßen erregt und empört, hatte er doch das Gefühl, ein unbekanntes Wesen sei in seinen Kopf gekrochen und habe ihm das Losungswort für die Zukunft zugeflüstert. [...]
Solange er seine Identität nicht untersucht hatte, nur einer unter vielen war, trug er eine zeitlose Unsterblichkeit in sich, das Privileg des Kindes, tiefster Sinn der Kindheit. In dem Augenblick aber, als sich die unbekannte Frage, warum er gerade der war, der er war, in seinen Kopf einschlich, wurde er zu einer ganz bestimmten Person – und damit sterblich. Nun hatte er sich selbst bestimmt, er war der Mensch, der er war, würde nie ein anderer werden, und er erkannte, dass es keinen Sinn hätte, sich gegen diese Tatsache zu wehren. Von nun an hatte er ein Leben vor sich, ein einziges, in dem er *er* selbst sein würde.
[...]
Lange blieb er so am Fluss sitzen und wurde erwachsen. Nun hatte alles Grenzen bekommen. Zwar würde er auch in Zukunft spielen, allerdings nicht mehr so wie früher. Das Spiel war nun ein Spiel geworden, nicht mehr. [...]
Wem soll er von seiner großen Entdeckung erzählen? Wer kann sein Vertrauter sein?

Menschliche Entwicklungsstufen

In einem sind sich Psychologen einig: Erlebnisse und Erfahrungen, die ein Kind sammelt, haben großen Einfluss auf sein späteres Leben. – Doch was bedeutet das? Wie sollen Kinder aufwachsen? Welche Voraussetzungen sind notwendig, um eigenständig ein selbstbestimmtes Leben – wie es sich Hans vorstellt – führen zu können?

Der Entwicklungspsychologe Erik H. Erikson entwickelte ein achtstufiges Modell, in dem er die psychosozialen* Entwicklungsstufen* des Menschen in Gegensatzpaaren bestimmte, die jeweils eine gelingende und eine misslingende Entwicklung ausdrücken. Dabei beschrieb er, wie sich der Mensch zu sich selbst und zu anderen Menschen in den verschiedenen Lebensphasen verhält. Die Basis einer guten Entwicklung ist demnach bereits gelegt, wenn in der frühen Kindheit ein »Urvertrauen« entsteht, das sich stärker als jedes »Grundmisstrauen« entwickelt. Die Bewältigung jeder Stufe entscheidet über die Qualität der weiteren Entwicklung. So kann ein Kind, das bis zur Pubertät Klarheit hinsichtlich seiner sozialen und intellektuellen Fähigkeiten gewonnen hat, in der Phase des Jugendlichen (Adoleszenz*) festes Vertrauen in die eigene Person gewinnen. Dies ist wiederum die Voraussetzung für die nächste Stufe und entscheidet über die Fähigkeit zur Nähe und Bindung an einen anderen Menschen. Erikson war überzeugt, dass diese psychosoziale Entwicklung ein Prozess ist, der ein Leben lang dauert.

Entwicklungsstufen* nach Erikson:
1. Säuglingsalter
2. Kleinkindalter
3. Spielalter
4. Schulalter
5. Jugendalter (Adoleszenz*)
6. Frühes Erwachsenenalter
7. Erwachsenenalter
8. Reifes Erwachsenenalter

Aus Sicht neuerer psychologischer Erkenntnisse lassen sich die Entwicklungen eines Kindes nicht auf eine einzige Ursache oder auf ein Ereignis zurückführen. Sein Werdegang hängt von vielen Faktoren ab: von eigenen Charaktereigenschaften, vom Verhalten der Eltern zum Kind usw.

Heidrun Hegewald, Kind und Eltern

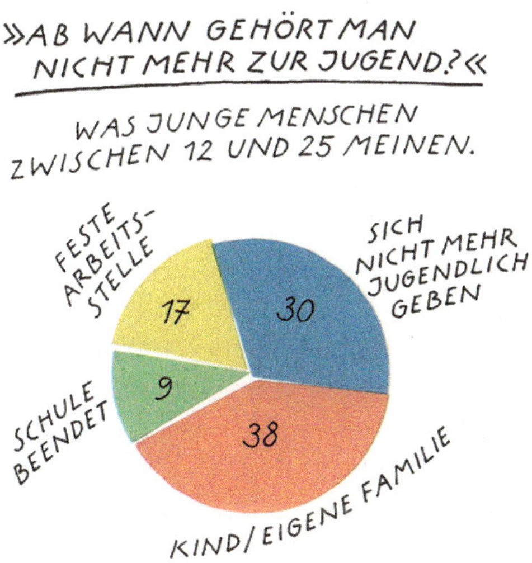

Nach der Shell Jugendstudie 2006

1 Schreibt mehrere Erlebnisse und Ereignisse aus eurer Kindheit auf, an die ihr euch gern erinnert. Erzählt, warum.

2 Diskutiert die Situation auf dem Gemälde: Sollten Eltern Streit von ihren Kinder fernhalten, vielleicht sogar eine Scheidung hinauszögern, bis die Kinder älter sind?

3 Ab wann ist man kein Kind mehr? Nicht alle können den Zeitpunkt so genau bestimmen wie Hans im Romanausschnitt. Welche Kriterien würdest du anlegen? Vergleiche diese mit den Ergebnissen der Shell-Jugendstudie.

4 »Urvertrauen« bzw. »Grundmisstrauen« sind die Gegensatzpaare, mit denen Erikson ein gelingendes oder ein misslingendes Säuglingsalter charakterisiert. Sucht entsprechende Gegensatzpaare für die weiteren Entwicklungsstufen* und besprecht, ob sie in allen Kulturen ähnlich sind.

»Das Verschwinden der Kindheit«

Der amerikanische Medienwissenschaftler Neil Postman stellte 1982 folgende These auf: In unserer Kultur verschwindet die Idee der Kindheit. Kinder werden immer mehr zu Erwachsenen gemacht und Erwachsene zu Kindern. Es gibt für Kinder und Jugendliche kaum noch Möglichkeiten, sich von der Welt der Erwachsenen abzugrenzen. Die Medien beschleunigen diesen Trend. – Am Beispiel amerikanischer Fernsehserien beobachtete Postman, dass sich Kinder wie Erwachsene verhielten und redeten. Im Gegenzug würden die Erwachsenen zu Kindern gemacht; sie staunten, fragten und redeten auf niedrigstem Niveau und würden dadurch zu Kindern.
Die Familienpsychologin Heike Küken ergänzt: »Zwischen Müttern und Töchtern findet keine Abgrenzung mehr statt.« Küken hält diese Entwicklung für problematisch, da sie die Entfaltung der eigenständigen Persönlichkeit hemme. Die Medien stellten fast ausschließlich eine junge Gesellschaft dar; in der Mode gäbe es kaum noch Unterschiede zwischen Jung und Alt.

Wenn Erwachsene schwierig werden

Anett Ich verstehe mich gut mit meinen Eltern. Jetzt weiß ich, dass sie die richtige Balance zwischen Freiheiten und Verboten gefunden haben. Mit 14 habe ich mich noch ziemlich oft gegängelt gefühlt. Aber so merkt man wenigstens, dass man ihnen nicht egal ist und sie trotzdem Vertrauen haben. Mit meiner Mutter kann ich viel zusammen unternehmen; Kino, Shoppen, Ausstellungen usw. Vor allem aber kann ich super mit ihr reden. Sie gibt keine »guten Ratschläge«, sondern zeigt Alternativen auf und wägt Positives und Negatives gegeneinander ab. Das hat mir bei vielen Entscheidungen schon geholfen.

Martin Meine Clique ist für mich das Wichtigste. Auf die kann ich mich verlassen. Die meiste Zeit verbringen wir gemeinsam und haben viel Spaß. Meine Eltern sind mir egal. Wenn wir reden, streiten wir. Sie verstehen mich nicht. Ist eben eine andere Generation. Meist lassen sie mich auch in Ruhe, denn sie haben ziemlich viel mit sich zu tun, Job und so.

Sandra Haus, Auto, Kinder – für meine Eltern ist das Leben eine Einkaufsliste. Ständig geht es um das neueste Modell, das beste Angebot. Konsum und Medien bestimmen unser Leben. Sie wollen natürlich nur das Beste für mich; was das ist, das bestimmen sie. Inzwischen mache ich meist das Gegenteil von dem, was sie für gut und richtig halten. Angefangen hab ich mit neuen Freunden, dann kamen die Klamotten, die Musik usw. Haben sie nicht immer von Selbstständigkeit gesprochen und von Freiheit? Freiheit, das wäre schön! Ich habe schon oft an Abhauen gedacht.

Fachübergreifend (Geschichte): Kindheit im Wandel der Zeiten

Informiert euch in Geschichtsbüchern, Erzählungen und Biografien, wie Kinder und Erwachsene in anderen Zeiten zueinander standen.

- Wann und unter welchen Voraussetzungen galt die Kindheit als beendet?
- Welche Aufgaben wurden in welchem Alter übernommen?

»Wer zieht an mir?« Ansprüche von außen

1 Ergänze die Erfahrungsberichte durch weitere Jugendliche, die du kennst – es können auch deine eigenen Erlebnisse sein.

2 Wer zieht an dir? Verdeutliche, welche Personen oder Institutionen (Einrichtungen) Ansprüche und Forderungen an dich haben.

3 Untersucht heutige Werbe-Botschaften: Inwiefern trifft es zu, dass es kaum noch Unterschiede zwischen Jugendlichen und Erwachsenen gibt. Ihr könnt euch dazu Kataloge ansehen oder die Altersstruktur der Kunden durch Befragungen in Kaufhäusern bestimmen. Welche Schlussfolgerungen zieht ihr aus der Untersuchung und welche Probleme seht ihr darin?

4 Wie versuchen Jugendliche, sich von der älteren Generation abzugrenzen? Wie beurteilt ihr das grundsätzliche Bedürfnis Jugendlicher, anders zu sein als Erwachsene?

→← In Kindheit und Jugend sammeln Menschen erste Erfahrungen und bewältigen dabei bestimmte Entwicklungsaufgaben. Diese ersten Erfahrungen beeinflussen ihre Haltung im weiteren Leben, zum Beispiel die Qualität späterer Beziehungen zu anderen Menschen, ja sogar Gesundheit und im weitesten Sinne das Lebensglück.
Als Jugendliche müsst und wollt ihr euer Leben zunehmend selbst in die Hand nehmen. Das ist nicht immer leicht, denn die Gesellschaft hält eine große Palette von Möglichkeiten offen. Je mehr ihr lernt, die Dinge von verschiedenen Seiten zu betrachten und zu beurteilen, desto leichter wird es, Entscheidungen zu treffen und einigermaßen selbstbestimmt zu leben.

Zwischen den Gefühlen

Wenn aus Freundschaft Liebe wird

Martin ist nicht anwesend, obwohl er da ist. Er hört nicht, was der Lehrer erklärt und die Mitschüler/innen diskutieren. Er denkt an Christin. Sie sitzt schräg vor ihm und er kann die Augen nicht von ihr lassen. Schon drei Jahre lang besuchen sie gemeinsam die Klasse und er hatte sich nie besonders für sie interessiert. Was ist geschehen?
Eigentlich nichts Besonderes. Sie haben, wie schon oft, im Jugendzentrum herumgehangen. Plötzlich kommt es zu einem Streit zwischen Hannes und Stefan. Niemand weiß, worum es geht, aber die Streithähne sind nicht auseinander zu bekommen; schon fliegen die Fäuste. Aber Christin lässt sich nicht einschüchtern – sie geht auf die beiden zu und spricht ruhig, aber bestimmt auf sie ein.
Das hat Martin beeindruckt. Er spricht sie an – und seit dieser Zeit unterhielten sich die beiden oft. Christin ist einfach toll. Sie weiß genau, was sie will, kann Dinge treffsicher beurteilen und versteht sich mit so vielen Leuten in der Schule.
Gestern hat sich Martin getraut, Christin ins Eiscafé einzuladen – es wird ein toller Nachmittag; sie reden und lachen und haben viel Spaß. Martin ist verliebt. Ob es Christin ebenso geht? Die Gedanken kreisen. – Da klingelt es zur Pause. Alle packen ihre Sachen ein. Plötzlich steht SIE vor ihm: »Wollen wir heute ins Kino gehen?« Martin ist erleichtert […].

Partnerschaft – worauf kommt es an?
Vertrauen
Zuverlässigkeit
Gespräche
Gemeinsame Interessen
Spaß haben
…

Haus der Gefühle

Das erste Mal

Martin und Christin sind seit einigen Monaten zusammen. Sie verbringen viel Zeit miteinander, haben gemeinsame Interessen entdeckt und oft Spaß miteinander gehabt. Beide schweben auf Wolke sieben, sind total verliebt. Doch miteinander geschlafen haben sie noch nicht. Christin spürt, dass Martin sie auch körperlich begehrt und sie auch ihn. Am Wochenende würde sich endlich eine Gelegenheit ergeben. Ihre Eltern wollen am Wochenende mit Freunden verreisen. Christin wäre allein zu Hause. Sie hat Martin eingeladen, sie wollen gemeinsam kochen und sich dann einen Film ansehen. Soll sie Martin bitten, anschließend zu bleiben?

Das Essen hat hervorragend geschmeckt, die DVD ist abgelaufen. Beide schauen sich verlegen an. Martin nimmt allen Mut zusammen und sagt: »Christin, ich möchte heute nicht gehen, ich möchte bei dir übernachten ...« Christin zögert. Natürlich hat sie damit gerechnet, doch nun ist sie doch verunsichert. Endlich antwortet sie. [...]

GUSTAV KLIMT, Der Kuss (1907/1908)

»Durch unsere Entscheidungen definieren wir uns selbst. Allein durch sie können wir unseren Worten und Träumen Leben und Bedeutung verleihen. Allein durch sie können wir aus dem, was wir sind, das machen, was wir sein wollen.«
SERGIO BAMBAREN, peruanischer Schriftsteller

1 Diskutiert: Worin besteht der Unterschied zwischen Freundschaft und Liebe?

2 »Traummann« bzw. »Traumfrau« gesucht! Wie müsste dein Traumpartner aussehen? Erstelle einen Steckbrief, in den du alle dir wichtigen Kriterien einträgst.

3 Bildet kleine Gruppen. Zeichnet dort jeweils ein eigenes »Traumhaus« und findet passende Begriffe, die für eine Partnerschaft von Bedeutung sind. Begründet anschließend eure Entscheidungen: Welche Werte sind für euch bestimmend?

4 Entwickelt in kleinen Gruppen den weiteren Gesprächsverlauf zwischen Christin und Martin. Wie werden sich die beiden wohl entscheiden? Welche Ängste könnten auftreten?

5 Es gibt in Kulturen und Religionen unterschiedliche Auffassungen zu Liebe und Sex: z.B. vor, außer- und innerhalb einer Ehe. Informiert euch über entsprechende Umgangsregeln, Gebote oder auch Verbote. Stellt die verschiedenen Positionen einander vor und diskutiert ihre ethischen Begründungen.

Zwischen den Gefühlen

Du bist es – oder?

Noch nie konnte ich so viel Glück, Vertrautheit und Erfüllung empfinden. Schon nach einer Woche hatte ich das Gefühl, dass wir uns ewig kennen und nur wenige Wochen später konnte ich mir gar nicht mehr vorstellen, ohne Martin aufzuwachen. Wir sind jetzt über ein Jahr zusammen und diese Zeit war unbeschreiblich.
Aber nun stehen wir an einem schwierigen Punkt. Nein, unsere Liebe ist immer noch ungetrübt; aber ich werde in zwei Monaten die Schule beenden und eine Lehrstelle in Köln annehmen. Ein tolles Angebot, das konnte ich mir nicht entgehen lassen, oder? Martin muss hier in Berlin bleiben und sein Abi beenden. Das sehe ich ein!
Doch mein Gewissen plagt mich. Ich habe mich zusätzlich in Berlin beworben; auch wäre ein Studium möglich. Ich muss mich entscheiden. Aber wie? Die Lehrstelle in Köln ist genau das, was ich mir immer gewünscht habe. Martin und unsere Liebe sind mir aber unglaublich wichtig. Soll ich mich doch für Berlin entscheiden?
CHRISTIN

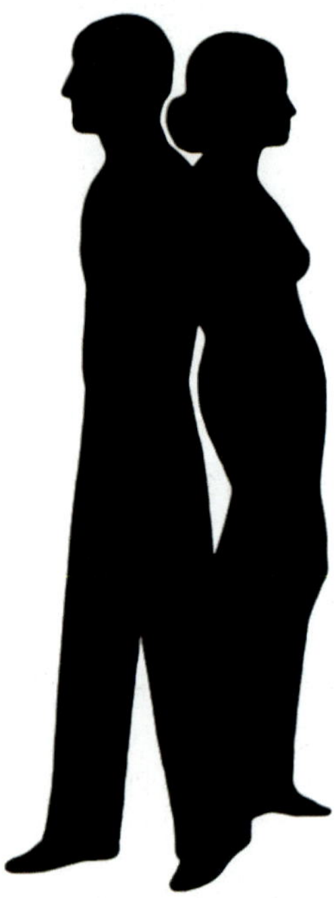

Vor über 2.000 Jahren versuchte der griechische Dichter ARISTOPHANES, die Anziehungskraft der Liebe zwischen Menschen mit dem Mythos vom Kugelmenschen zu erklären:

Damals war die ganze Gestalt jedes Menschen rund, so dass Rücken und Flanken im Kreis standen, er hatte vier Hände und ebenso viele Beine und zwei Gesichter auf kreisrunden Nacken, ganz gleiche. […] Sie waren nun gewaltig an Kraft und Stärke und waren großen Sinnes, […] den Himmel zu ersteigen, um die Götter anzugreifen.
Da ratschlagten Zeus und die anderen Götter, […]. Denn es war nicht möglich, sie zu töten. […] Endlich hatte Zeus etwas ersonnen und er sagte: […] Jetzt durchschneide ich sie nämlich, jeden in zwei Teile, und so wie sie schwächer werden, werden sie uns auch nützlicher sein. […] Nachdem nun so die Natur entzweigeschnitten war, ging sehnsüchtig jede Hälfte der andern Hälfte nach, […] weil sie nichts getrennt voneinander tun wollten. […]
Q PLATON: Das Gastmahl

Wa(h)re Liebe?

Was aber ist wahre Liebe? Der Psychologe ERICH FROMM meinte dazu:

Es gibt wohl kein Wort, das vieldeutiger und verwirrender ist als das Wort »Liebe«. Es bezeichnet fast jedes Gefühl, ausgenommen Hass und Ekel. Von der Liebe für Eiscreme bis zur Liebe für eine Symphonie, von der milden Sympathie bis zum stärksten Gefühl innerer Verbundenheit schließt der Begriff »Liebe« alles ein. Man glaubt zu lieben, wenn man sich in jemanden verliebt hat. Abhängigkeit bezeichnen die Menschen als Liebe; für ihre Gier, jemanden besitzen zu wollen, gebrauchen sie dasselbe Wort. Sie glauben, nichts sei einfacher und leichter als zu lieben, die einzige Schwierigkeit bestehe darin, das passende Objekt zu finden. […] Aber im Gegensatz zu all diesen verwirrenden und wunschbedingten Vorstellungen ist Liebe ein durchaus spezifisches Gefühl, und obwohl jedes menschliche Wesen zur Liebe fähig ist, ist ihre Verwirklichung eines der schwierigsten Ziele. Echte Liebe wurzelt in Produktivität. […] Gewisse Grundelemente [..] sind für alle Formen produktiver Liebe charakteristisch. Es sind Fürsorge für den andern, Verantwortungsgefühl für den andern, Achtung vor dem andern und Erkenntnis.

Q ERICH FROMM: Psychoanalyse* und Ethik

Methode: Rollenspiele trainieren

Mit Rollenspielen könnt ihr neu erlerntes Wissen anwenden, eure Redekunst (Rhetorik) schulen und euch in andere Personen hineinversetzen. Im gelenkten Rollenspiel sind die Meinungen und Handlungsweisen der Beteiligten festgelegt (Rollenkarten helfen, sich in andere Personen besser hineinversetzen zu können). Beim offenen Rollenspiel gibt es keine genauen Festlegungen, weshalb im Spiel interessante neue Aspekte auftauchen können, die dann einer weiteren Aufarbeitung bedürfen. Grundsätzlich sollten drei Phasen beachtet werden:

1. Motivations- und Aufwärmphase: Die Teilnehmer/innen machen sich mit der Situation und der Zielsetzung vertraut; sie sprechen Befürchtungen und Ängste an. Jeder überlegt sich, welche Rolle er gern übernehmen möchte. Danach werden Gesprächsregeln, Vorgehensweisen und Zeitvorgaben geklärt.

2. Aktionsphase: Die Gruppe benötigt einen freien Raum und Requisiten (Zubehör) für die Aufführung. Ohne Unterbrechungen wird die verabredete Situation einmal durchgespielt. Im Anschluss nehmen Beobachter/innen oder Spieler/innen erforderliche Veränderungen vor.

3. Reflexionsphase: Abschließend findet eine Auswertung statt, bei der Erkenntnisse, Beobachtungen, Erfahrungen oder Lösungen festgehalten werden.

1 Christin muss zwischen zwei Werten entscheiden, die für ihr weiteres Leben folgenreich sind. Nenne diese und begründe, warum beide wichtig sind.

2 Diskutiert darüber, wie ihr euch entscheiden würdet und begründet eure Meinung.

3 Entwickelt ein Gespräch zwischen Christin und Martin, worin sie nach einer gemeinsamen Lösung suchen. Welche wichtigen Standpunkte sollten zum Ausdruck gebracht werden? Ihr könnt auch ein Rollenspiel entwickeln, in dem andere Personen (z.B. Eltern, Lehrer, Freunde) Standpunkte äußern.

Berücksichtige auch die Seiten 56/57 ◄

4 Welche Auffassungen von Liebe vertreten ERICH FROMM und ARISTOPHANES? Welche Auffassung findest du am überzeugendsten? Begründe deine Meinung und prüfe, ob die philosophischen Erklärungsversuche Christin (und Martin) weiterhelfen können.

→← Liebe und Freundschaft sind wichtige Werte im Leben vieler Menschen. Nicht selten geraten sie mit anderen Werten in Kollision und stürzen die Liebenden in Konflikte. In einer Gesellschaft, die zahlreiche Möglichkeiten offen lässt, ist es nicht leicht, die richtige Entscheidung zu treffen. Erkenntnisse aus Psychologie und Philosophie sowie Gespräche mit Freunden und vertrauten Menschen können helfen, eigene Antworten auf jene Herausforderungen zu finden, die Liebe und Freundschaft für die Identitätsfindung darstellen.

Zwischen den Generationen

Lebensstadien im Hinduismus

Das Leben eines männlichen Hindu aus den drei oberen Kasten verläuft nach den Vorgaben der heiligen Schriften in vier Phasen:
1. Der junge Hindu gibt sich ganz dem Studium der heiligen Schriften und anderer Wissenszweige hin. Meist hilft ihm ein Guru dabei.
2. Mit der Hochzeit wird der junge Mann zu einem geistig-religiösen Menschen, der Verantwortung in den verschiedenen Bereichen des Lebens übernimmt.
3. Der reife Hindu wendet sich zunehmend von weltlichen Genüssen ab und beginnt »überweltliche« Ziele ins Bewusstsein zu bringen. Er meditiert und wendet sich wieder stärker dem Glauben zu. Früher gingen die Männer dazu in den Wald und lebten dort zurückgezogen.
4. Am Ende des Lebens lebt der Mann außerhalb der Gesellschaft, verzichtet auf Besitz und lebt von Almosen oder Beeren. Er widmet sich nun ganz der Meditation, um nach einer unendlichen Reihe von Wiedergeburten die ewige Ruhe zu finden.

Lebensstadien im 20. Jahrhundert in Mitteleuropa

Bis in die 1960er Jahre sah der typische Lebenslauf eines Deutschen so aus, wie es das Schema grob beschreibt. Und heute?

Lebensabschnitte – Rollensuche

Ein neuer Lebensabschnitt beginnt für mich. Ich weiß aber nicht, wohin er mich führen soll. Wie einfach war das Leben bis jetzt – alles war vorbestimmt durch Eltern und Gesetze. Meine 10-jährige Schulpflicht ist vorbei und ich muss mich für einen Weg entscheiden. Soll ich eine Lehre beginnen oder weiter zur Schule gehen? Wonach soll ich mich richten? Ich würde gern an einen anderen Ort gehen, mein eigenes Leben beginnen, aber kann ich mir das überhaupt leisten? Auch auf meine Freunde müsste ich dann verzichten. Welcher Beruf ist überhaupt gefragt, wenn ich ausgelernt habe und einen Job brauche?

ALEXANDER, 17 Jahre

Meine Rolle als Mutter habe ich am meisten genossen. Mit der Geburt unserer Kinder begann der schönste und interessanteste Abschnitt meines Lebens. Ihre Entwicklung zu beobachten, sie zu selbstbewussten Menschen zu erziehen – das war die größte Herausforderung in meinem Leben. Natürlich war und ist es auch wichtig für mich, einen Beruf zu haben. Oft gab es Überschneidungen und es war nicht immer leicht, alles unter einen Hut zu bringen, aber es hat mir Zufriedenheit und Erfüllung gegeben.

MONIKA, 47 Jahre

Rollen in einem menschlichen Leben

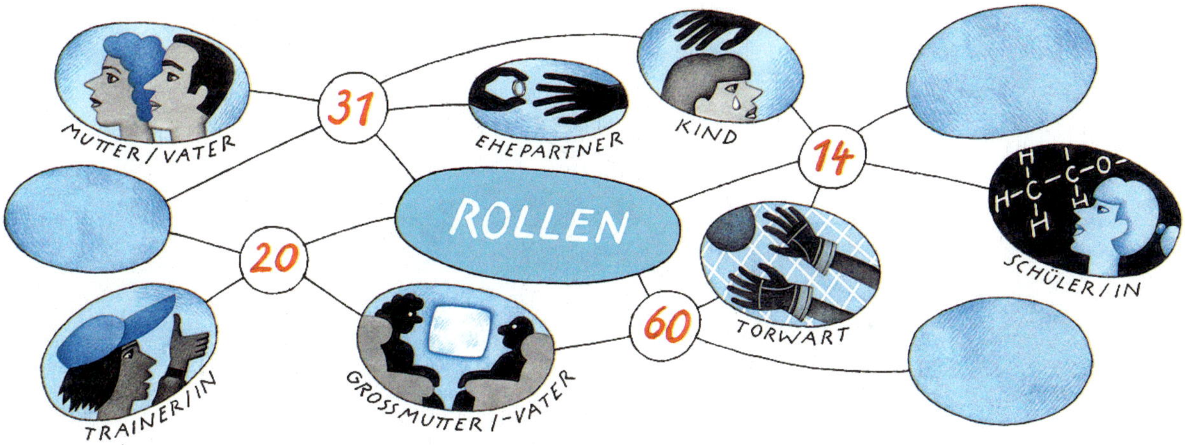

1 Das Leben eines Hindu ist idealtypisch in Abschnitte eingeteilt. Ab wann gehört man nicht mehr zu den Jugendlichen und ab wann zu den Alten? Überlegt Kriterien, nach denen man Lebensabschnitte einteilen kann.

2 Führt Interviews in eurer Familie durch und befragt Eltern und Großeltern danach, welche Lebensabschnitte sie erfahren haben. Findet auch heraus, welche Rollen sie in ihrem Leben eingenommen haben und welche Erfahrungen damit verbunden waren.

3 Untersucht das Schaubild über Lebensstadien im 20. Jahrhundert: Welche Aspekte sind heute noch aktuell? Welche Angaben sind veraltet oder müssen ergänzt werden?

4 Entwickelt eine Talkshow, in der verschiedene Generationen über ein euch wichtiges Problem diskutieren, z.B.: »Wann sollten Jugendliche das Elternhaus verlassen?« – »Dürfen sich Eltern noch einmischen, wenn ihr Kind 18 ist?« – »Gehört die Oma ins Altenheim?«

Zwischen den Generationen

Überalterung – ein Problem mit Folgen

Das Statistische Bundesamt hat Prognosen für die Bevölkerungsentwicklung in Deutschland veröffentlicht: Wegen der deutlichen Zunahme der Lebenserwartung könnte sich der Anteil der 80-Jährigen und Älteren von fast vier Prozent (2001) auf 12 Prozent (2050) verdreifachen. Der Anteil der unter 20-Jährigen soll demnach deutlich zurückgehen. 2001 kamen auf 100 Personen im erwerbsfähigen Alter 44 Senioren; laut Voraussage-Berechnung wären es im Jahr 2050 schon 78 Senioren.

Ein Gespräch zwischen den Generationen

Sandra Natürlich gibt es zwischen Alten und Jungen unterschiedliche Auffassungen; aber das ist doch normal!
Max Ich finde, dass verschiedene Generationen nicht unter ein Dach gehören; ich meine im Privaten. Das gibt unendlich viele Probleme. Die Familien entzweien sich, anstatt zusammenzuhalten.
Achim Aber ihr wollt doch heute alles haben: Familie, einen guten Beruf, in dem ihr erfolgreich seid. Das geht doch nur, wenn die Eltern und Großeltern euch dabei unterstützen.
Sandra Ja, Unterstützung kann man immer gebrauchen. Ich finde, das gilt auch für den Beruf. Die Älteren haben viele Erfahrungen gesammelt, die sie an uns weitergeben können. Wir haben dafür viele neue Ideen – und der Umgang mit den neuen Medien fällt uns auch oft leichter.
Achim Leider will diese Erfahrungen niemand mehr. Auf dem Arbeitsmarkt habe ich mit über 50 keine Chancen mehr.
Max Aber auf die jetzigen Rentner schauen wir voller Neid. Sie hatten einen sicheren Arbeitsplatz, durften zeitig in den Vorruhestand oder in Rente gehen. Die Marktforscher entdecken die Rentner als Gruppe mit der stärksten Kaufkraft. Wie wird es uns in diesem Alter gehen?
Achim Aber wir wollen doch nicht nur als Konsumenten wahrgenommen werden. Wir brauchen auch das Gefühl, in der Gesellschaft oder im privaten Bereich eine Rolle spielen zu können. Wir sind oft noch rüstig und wollen etwas leisten!
Christa Ich bin über 60 und meine Enkelkinder wohnen weit weg. Deshalb habe ich mich in unserer Stadt als »Leih-Omi« eintragen lassen. Wenn junge Eltern ihre Kinder nicht betreuen können, komme ich und helfe aus. Das hält mich jung und macht mir Spaß. Viele Senioren könnten sich auch in anderen Bereichen einbringen.
Sandra Das finde ich toll. Die Kinder brauchen den Kontakt zu allen Generationen. So wächst das Verständnis füreinander.
Max Die Senioren brauchen den Austausch auch. Ich habe mit Vorurteilen gegen die Jugend zu kämpfen. Manche von ihnen sind richtig feindlich zu uns.
Christa Ein respektvoller Umgang zwischen den Generationen ist wohl nicht so einfach [...].

Das Leben verändert uns

Porträts des niederländischen Malers REMBRANDT HARMENSZOON VAN RIJN (1606–1669), von links nach rechts:
- Selbstporträt (ca. 1628);
- Selbstbildnis des Künstlers mit seiner jungen Frau Saskia (1635);
- Selbstbildnis mit dem aufgelehnten Arm (1638);
- Selbstporträt (1660);
- Selbstporträt als alter Mann.

Über Jung und Alt

Wer lange sinnt, beginnt nicht, und wer nicht beginnt, gewinnt nicht. […] Die Jugend ist dahin! Preise den Mann nicht glücklich, der nun heißt »der Weise«!

Q Arabische Weisheiten

Seite 20 ◄

1 Stellt in einer Grafik eine Alterspyramide dar – auf der Grundlage der Daten des Statistischen Bundesamtes.

2 In den verschiedenen Gesichtsausdrücken des Malers REMBRANDT kann man »lesen«: Was erkennst du?

Unter den Indianern genossen alte Menschen hohes Ansehen; Häuptlinge waren die Ältesten und Weisen des Stammes. Auch in Judentum, Christentum und Islam werden die Alten geachtet; ebenso in den ostasiatischen Religionen. ◄
Seiten 18 und 142/143.

3 Organisiert eine Gesprächsrunde zwischen den Generationen. Ihr könnt dazu Eltern, Großeltern, Lehrer/innen oder andere Menschen aus eurer Umgebung einladen.

4 Findet heraus, welche Auffassungen und Einstellungen die Generationen in anderen Kulturen zueinander haben.

→← Jeder Mensch durchläuft Lebensabschnitte wie Kindheit, Jugend, Erwachsensein und Alter. In den letzten Jahren sind die Altersgrenzen fließender geworden. Jede Phase bringt Chancen und Probleme mit sich, in denen sich auch gesellschaftliche Veränderungen widerspiegeln. Es kommt darauf an, diese Zusammenhänge zu erkennen, um das Leben bewusst gestalten zu können. Dabei ist ein Dialog zwischen den Generationen wichtig: Indem sich beide Seiten in die Lage der jeweils anderen versetzen, gelingt ein besseres Verständnis.

Das Leben der Menschen verläuft in unterschiedlichen Bahnen, ob wir wollen oder nicht. Vieles kann man beeinflussen – und doch gibt es Lebensabschnitte und Ereignisse, die wir alle durchlaufen. Dennoch: Wie jeder Mensch seinen eigenen Fingerabdruck hat, hat er ein unverwechselbares, einzigartiges Leben.

- Zeichne in Gedanken auf der Karte deinen Lebensweg ein. Welche Wege und Landschaften musst du und welche möchtest du durchlaufen?
- Erstelle nun eine eigene Karte mit den dir wichtigen Stationen und Ereignissen – lass den Fluss deines Lebens darin fließen.

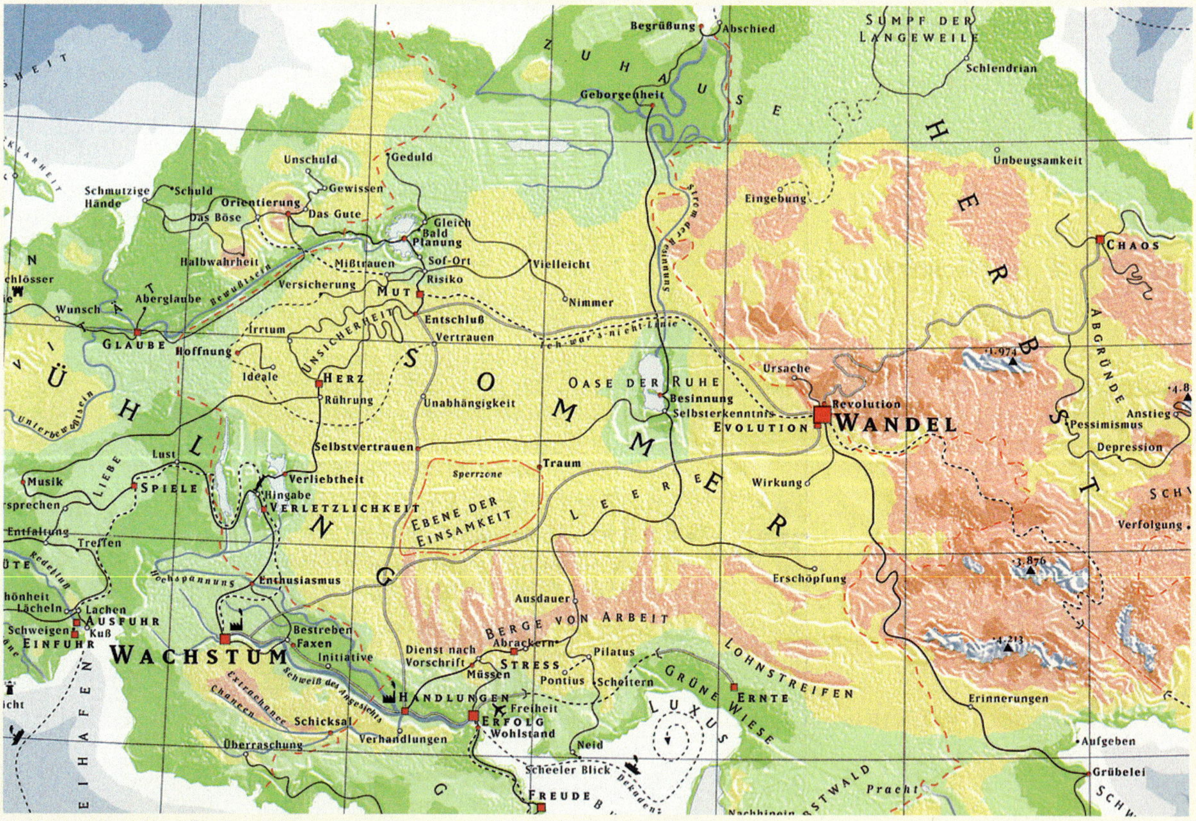

Eine Fantasie-Landschaft des Lebens: Wo findest du dich wieder?

Projekt 1: Wie alte Menschen leben
Wie sieht der Alltag alter Menschen aus? Was erfreut sie, worunter leiden sie? Was fällt ihnen zunehmend schwer? Befragt dazu alte Menschen – Großeltern oder ältere Nachbarn.

Projekt 2: »Instant Aging« – alt sein erfahren

Die Idee, sich durch gezielte Selbsterfahrungen besser in alte und kranke Menschen einzufühlen, kommt aus Amerika. Dort wurden Pfleger, Ärzte und Schwestern aufgefordert, sich für kurze Zeit in die Situation ihrer Patienten zu versetzen. Sie verbrachten einen Tag im Rollstuhl und trugen verschmierte Brillen, Ohrstöpsel oder Halsmanschetten. Durch Knieschienen, Beinbandagen oder Gummihandschuhe wurden verschiedene Krankheitsbilder nachgestellt. Diese Methode wird zunehmend auch in deutschen Ausbildungszentren aufgegriffen, denn eigene Erfahrungen mit Leiden, Behinderungen und damit verbundenen Mühseligkeiten eines hohen Lebensalters sind durch nichts zu ersetzen:

- Erkundigt euch im Altenheim, im Krankenhaus, bei Ärzten, im Internet oder bei euren eigenen Großeltern, worunter sie leiden und was ihnen schwer fällt.
- Überlegt, wie ihr diese Situationen nachempfinden könnt: Welche Dinge braucht ihr dazu?
- Überlegt nun, in welchen Situationen des Alltags ihr euch bewegen wollt: z.B. Einkaufen, Kochen, Backen, Lesen. Oder vielleicht wollt ihr mal eine Nacht in einem »präparierten« Bett schlafen? Am besten ist es allerdings, ihr bewegt euch in der Öffentlichkeit – denn nicht nur ihr werdet mit euch selbst Erfahrungen sammeln; auch die Umwelt reagiert anders.
- Tauscht eure Erfahrungen aus: Welche Gefühle sind bei euch entstanden? Welche Reaktionen der Umwelt, vor allem der Mitmenschen, habt ihr gespürt? Wie habt ihr euch gefühlt?
- Diskutiert: Wie ist es möglich, das Verständnis zwischen den Generationen zu verbessern?

Vielleicht habt ihr Lust, an einem Projekt mit älteren Menschen mitzuarbeiten. Das Büro »Dialog der Generationen« in Berlin kann euch weiterhelfen.
Fehrbelliner Straße 92, 10119 Berlin
Internet: www.generationen-dialog.de
E-Mail: dialog-der-generationen@pfefferwerk.de
Telefon: 030 44383-475

Methode: Perspektivenwechsel

»Instant Aging« ist eine Methode, um sich in die Lage anderer hineinzuversetzen, indem man für wenigstens kurze Zeit unter denselben Umständen agiert (Perspektivenwechsel). Wer einen anderen Menschen besser verstehen möchte, versucht, sich in seine Situation zu begeben – er oder sie betrachtet die Dinge vom Standpunkt des anderen aus, zumindest gedanklich. Damit wird ein Denkprozess in Gang gesetzt, der hilft, Probleme und Situationen generell so zu betrachten, dass auch der Standpunkt des anderen zur Geltung kommt. Wir entdecken Dinge, die wir zuvor nicht sehen konnten. Diese helfen uns, eine Lebenslage umfassender zu verstehen und neue Erkenntnisse zu gewinnen.

Lesetipp

Astrid Lindgren: Das entschwundene Land, Hamburg: Oetinger Verlag 2003 (Kindheits- und Lebenserinnerungen – ein Leseabenteuer mit der bekanntesten Jugendbuchautorin der Welt)

»Augenblicke, in denen Zeit stehen bleibt«

Ich träume manchmal davon, die Zeit zu stoppen. Hin und wieder eine große Pausentaste für alle Geschöpfe zur gleichen Zeit zu drücken, die Geräusche auszublenden, die Zeit für einen Moment anzuhalten, nicht im Dornröschenschlaf, sondern bei vollem kollektiven Bewusstsein. In diesem Augenblick würden Menschen einander wieder angucken und innerlich in ein befreiendes Lachen ausbrechen. […] Dabei gibt es ja auch in unserem Leben Augenblicke, in denen Zeit stehen bleibt: Geburt, Tod, Liebestaumel. In Momenten, in denen wir uns tief in etwas versenken, scheint Zeit nicht mehr zu existieren. Würden sich Menschen mehr über diese Momente austauschen, gäbe es weniger Einsamkeit.
Nadja Uhl, Schauspielerin

Die Zeit »vergeht«?

Seit meinem 15. Lebensjahr, das heißt, seit dem Augenblick, da von mir abfiel, was von der Kindheit übrig geblieben war, das heißt auch seit dem Augenblick, da es keine Gegenwart mehr gab, nur eine Vergangenheit, die sich in die Zukunft stürzte, von dem Augenblick an, da die Gegenwart gestorben und durch die Zeit ersetzt worden war, seitdem ich mir ganz und gar der Zeit bewusst wurde, fühlte ich mich alt und wollte leben. Ich lief dem Leben nach, wie um die Zeit einzuholen, ich wollte leben. […] Wann ist mir zum ersten Mal bewusst geworden, dass die Zeit ›vergeht‹? Das Gefühl der Zeit war sogleich mit dem Gedanken an den Tod verbunden […]. Es war dieser Gedanke, dass meine Mutter sterben würde, eines ganz bestimmten Tages, der mir den Begriff von der Zeit gab.
Eugène Ionesco, französischer Dichter (1909–1994)

Wir können die Zeit einem endlos drehenden Kreis vergleichen: die stets sinkende Hälfte wäre die Vergangenheit, die stets steigende die Zukunft, aber der unteilbare Punkt, der die Tangente berührt, wäre die ausdehnungslose Gegenwart […].
Arthur Schopenhauer, Philosoph (1788–1860)

17:43:20

Zeit im Leben

»Es gibt wichtigeres im Leben,
als ständig dessen Geschwindigkeit
zu erhöhen.«
Mahatma Gandhi, führte Indien 1947
mit gewaltlosem Widerstand in die
Unabhängigkeit

»Was ist denn Zeit eigentlich?«

Bei einem Fluss ist es nicht möglich, zweimal hineinzusteigen in denselben – auch nicht ein sterbliches Wesen zweimal zu berühren und zu fassen im gleichen Zustand – es zerfließt und wieder strömt es zusammen und kommt her und geht fort.
Q Heraklit, griechischer Philosoph (um 500 v. Chr.)

»Sag' mal«, fragte sie schließlich, »was ist denn Zeit eigentlich?« Momo überlegte lange. »Sie ist da«, murmelte sie gedankenverloren, »das ist jedenfalls sicher. Aber anfassen kann man sie nicht. Und festhalten auch nicht. Vielleicht ist sie so etwas wie ein Duft? Aber sie ist auch etwas, was immerzu vorbeigeht. Also muss sie auch irgendwo herkommen. Vielleicht ist sie so was wie der Wind? Oder eine Art Musik ...?«
Q Michael Ende: Momo

1 Erzählt von Erlebnissen, die euch herausgefordert haben, über Zeit nachzudenken. Entdeckt ihr hierbei gedankliche Zusammenhänge zu den Zitaten und Bildern auf dieser Seite?

2 Versucht eine eigene vorläufige Zeitdefinition. Vergleicht eure Ergebnisse.

3 Diskutiert darüber, warum es wohl so schwierig ist, den Begriff der Zeit zu definieren.

Ohne Uhr geht's auch?!

PAUL GAUGUIN, Zwei Frauen auf Tahiti (1892)

In einem Roman erzählt HERBERT ROSENDORFER von einem chinesischen Mandarin aus dem 10. Jahrhundert, der mit einer Zeitmaschine in das heutige München reist. Dieser beobachtet die »Großnasen« und kommt zu folgenden Schlussfolgerungen:

Sonnenaufgang, Sonnenuntergang, Mittagsstunde und so fort sind ihnen viel zu ungenaue Anhaltspunkte. Die Zeiteinteilung ist äußerst verfeinert. Die Großnasen kennen wie wir das Jahr, den Monat und den Tag, aber dazwischen kennen sie noch eine Unterteilung, die »Wo-che« heißt und ungefähr dem Mondviertel entspricht. Den Tag wiederum teilen sie [...] nicht nur in Stunden ein, sondern darüber hinaus in Sechzigstel-Teile der Stunden (»Mi-nu-teng«) und sogar in Sechzigstel Teile der Mi-nu-teng; dieser winzige Zeitraum – vielleicht der Flügelschlag eines Sperlings – heißt: »Se-kung-dang«. Das alles zeigen die kleinen und großen Zeit-Anzeiger an [...]. Geteilte Zeit vergeht rasch. Die Großnasen haben ihre Zeit erbarmungslos zerhackt, und die Zeit rächt sich damit, dass sie entflieht, so schnell sie kann. Und darüber wundern sich die Großnasen ständig. Ständig jammern sie, dass ihnen [...] »die Zeit in den Händen wie Wasser zerrinnt«. Ist denn noch keiner von ihnen drauf gekommen, darüber nachzudenken? [...] Mir ist schon mehrfach aufgefallen, dass man die Floskel: »[...] der ist einer, der immer Zeit hat« als Schimpfwort gebraucht. Dass den Großnasen dabei nicht sogar selber etwas auffällt? Aber Denken ist nicht die Stärke der Großnasen [...], dazu »haben sie keine Zeit«. Herr Shi-shmi, dem ich diese Überlegungen mitgeteilt habe, hat sehr nachdenklich reagiert. Er hielt es nicht für ausgeschlossen, dass ich recht hätte [...]. Einer allein, sagte er, könne sich nicht gegen die allgemeine Zeitzerstückelung stemmen. Das würde die Ansichten der andern nicht ändern und ihm nur schaden.

Q HERBERT ROSENDORFER: Briefe in die chinesische Vergangenheit

Von einer Zeitreise ganz anderer Art berichtet der polnische Schriftsteller RYSZARD KAPUSCINSKI. Er versetzt einen Europäer nach Afrika, wo er mit anderen Afrikanern auf einen Bus wartet und dabei eine interessante Entdeckung macht.

So ein Mensch beginnt sich umzudrehen, umzuschauen und zu fragen: »Wann fährt der Autobus ab?« »Was heißt wann?«, sagt der Fahrer erstaunt: »Wenn so viele Leute beisammen sind, dass er bis auf den letzten Platz besetzt ist.«

Daher wird auch ein Afrikaner, der in einen Autobus steigt, niemals fragen, wann dieser abfährt, sondern wird einsteigen, sich auf einen freien Platz setzen und sofort in jenen Zustand versinken, in dem er einen großen Teil seines Lebens zubringt – in den Zustand reglosen Wartens. […] Ich habe stundenlang Ansammlungen von Menschen in diesem Zustand reglosen Wartens beobachtet und kann daher sagen, dass sie dabei in einen physiologischen Schlaf verfallen. Sie essen nicht, trinken nicht, schlagen kein Wasser ab. Sie reagieren nicht auf die erbarmungslos niederbrennende Sonne, auf die lästigen, gefräßigen Fliegen, die sich auf die Lider, den Mund setzen. […] Denken sie vielleicht nach? Träumen sie? Erinnern sie sich? Planen sie etwas? Meditieren sie? Befinden sie sich in einer anderen Welt? Es ist schwer zu sagen.

Q RYSZARD KAPUSCINSKI: Afrikanisches Fieber

»Die Einführung der mechanischen Uhr ist sozusagen die Loslösung von erlebbaren Naturprozessen, d.h. wir haben Zeit abstrakt und leer gemacht. […] Wenn ihnen jemand sagt, die Sonnenuhr zeigt zwölf Uhr an, dann wissen Sie immer, dass das Wetter schön und es Tag ist – es handelt sich also um eine qualitative Zeit. Bei einer mechanischen Uhr ist das ganz anders. Dafür hat diese den Vorteil, dass man sie selber umstellen kann, bei der Sonnenuhr geht das nicht.« (KARLHEINZ GEISSLER, Zeitforscher)

1 Der Mandarin amüsiert sich – worüber eigentlich? Würdet ihr ihm beipflichten oder seine Beobachtung entkräften wollen?

2 Überlegt, ob sich unser Leben noch an natürlichen Abläufen, z.B. am Tag-/Nachtrhythmus, orientiert oder allein an der »abstrakten Zeit« (nach KARLHEINZ GEISSLER). Führt Beispiele an.

3 Diskutiert ob es möglich ist, von einem Zeitverständnis in ein anderes zu wechseln. Konkretisiert entsprechende Konsequenzen für die eigene Lebensführung.

4 Gab es für dich Situationen, in denen du dich bewusst entschieden hast, keine Uhr zu tragen? Erläutere deine Beweggründe.

→← Der Umgang mit der Zeit ist nicht nur eine persönliche Entscheidung. Jede Kultur bringt ein bestimmtes Zeitverständnis hervor, das das Leben der Menschen prägt: Naturzeitkulturen kennen keine exakte Messung (Quantifizierung) der Zeit; sie richten das Leben vor allem an Naturabläufen aus. Uhrzeitkulturen gliedern die Zeit in Einheiten, um Handlungsabläufe zu verbessern.

Europäische Uhrzeitkultur	**Afrikanische Naturzeitkultur**
• Zeit als objektive, vom Menschen unabhängige Kategorie	• Zeit als natürlicher Rhythmus
• Feste Zeiteinteilung durch Zeitmesser	• Flexible, subjektive Wahrnehmung der Zeit
• Ausrichtung des Lebens an Terminen und der gesellschaftlich normierten Zeitordnung	• Zeit entsteht oder verschwindet in Abhängigkeit vom Handeln der Menschen

Wenn die Zeit wie im Flug vergeht

»Wenn man mit einem netten Mädchen zwei Stunden zusammen ist, hat man das Gefühl, es seien zwei Minuten; wenn man zwei Minuten auf einem heißen Ofen sitzt, hat man das Gefühl, es seien zwei Stunden.«
ALBERT EINSTEIN, Physiker

Die Zeiteinteilung eines Schulalltags wird als unabhängige und messbare Größe weithin akzeptiert. Doch kann tatsächlich immer und von allen im vorgegebenen 45-Minuten-Takt gelernt werden? Was tun, wenn eine vorgegebene Zeiteinteilung nicht der individuellen Lernzeit entspricht?

»Schlafen kann ich noch, wenn ich tot bin!« – Dies sagte ein Schüler während einer so genannten LAN-Party in Berlin. Partys dieser Art entstanden in der Mitte der 1990er Jahre, als sich die ersten Spieler/innen über ein Computernetzwerk miteinander verbanden. LAN-Partys gehen über mehrere Tage mit 50 bis zu mehreren tausend Teilnehmern.

Bio-Rhythmus

Bei Mensch und Tier besteht ein physiologisch bedingter Rhythmus, d.h. ein Wechsel der Leistungsfähigkeit des Organismus. Dies äußert sich zum Beispiel im Ansteigen der Körpertemperatur am Nachmittag und im Absinken des Blutdrucks in der Nacht. Die körperliche und geistige Leistungsbereitschaft eines Menschen ist im Normalfall vormittags am höchsten, sie sinkt während der Mittagsstunden, steigt nachmittags allmählich wieder an und sinkt nachts auf den Tiefpunkt. Jeder Mensch ist Teil der Natur, die das Zeitmuster »Rhythmus« vorgibt, z.B. der Wechsel von Tag und Nacht oder der Jahreszeiten. Menschen, die über einen längeren Zeitraum entgegen dem vorgegebenen Rhythmus leben (müssen), riskieren körperliche Auffälligkeiten und ernste Erkrankungen.

Langeweile? Über Erlebnisreichtum, Reizarmut und Zeitempfinden

Über das Wesen der Langeweile sind vielfach irrige Vorstellungen verbreitet. Man glaubt im Ganzen, dass Interessantheit und Neuheit des Gehaltes die Zeit »vertreibe«, das heißt: verkürze, während Monotonie und Leere ihren Gang beschwere und hemme. Das ist nicht unbedingt zutreffend. Leere und Monotonie mögen zwar den Augenblick und die Stunden dehnen und »langweilig« machen, aber die großen und größten Zeitmassen verkürzen und verflüchtigen sie sogar bis zur Nichtigkeit. Umgekehrt ist

FRANZ VON LENBACH, Hirtenknabe (1860): Verträumte Zeit – verlorene Zeit?

ein reicher und interessanter Gehalt wohl imstande, die Stunde und selbst noch den Tag zu verkürzen und zu beschwingen, ins Große gerechnet jedoch verleiht er dem Zeitgange Breite, Gewicht und Solidität, so dass Jahre viel langsamer vergehen als jene armen, leeren, leichten, die der Wind vor sich her bläst und die verfliegen. Was man Langeweile nennt, ist also eigentlich vielmehr eine krankhafte Kurzweiligkeit der Zeit infolge von Monotonie: große Zeiträume schrumpfen bei ununterbrochener Gleichförmigkeit auf eine das Herz zu Tode erschreckende Weise zusammen; wenn ein Tag wie alle ist, so sind sie alle wie einer; und bei vollkommener Einförmigkeit würde das längste Leben als ganz kurz erlebt werden und unversehens verflogen sein.

Q THOMAS MANN: Der Zauberberg

Könnt ihr Zeiten schätzen? ◄ Probiert es einmal aus: Ihr dürft über einen bestimmten Zeitraum keine Hinweise bekommen, die euch eine zeitliche Orientierung ermöglichen. Gebt an, wie viel Zeit vergangen ist, schildert eure Empfindungen und vergleicht.

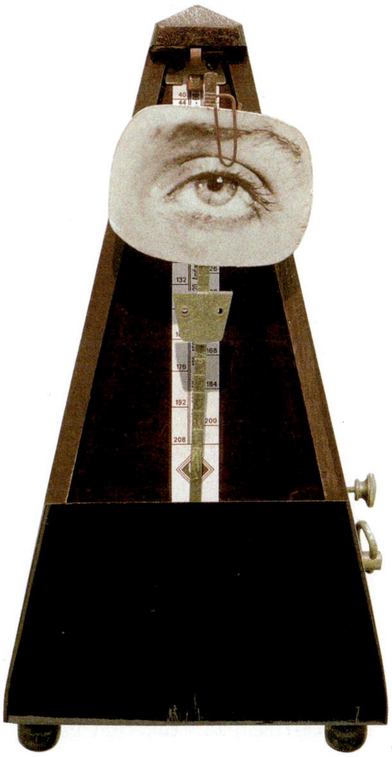

Das »unzerstörbare Objekt« von MAN RAY (1923) besteht aus einem mechanischen Taktmesser und der Fotografie eines beeinflussbaren menschlichen Organs, des Auges. Überlegt, ob sich persönliches Zeitempfinden und gemessene Zeit immer decken.

1 Tragt den normalen Ablauf eines Wochentages auf einer Zeitleiste ein. Bestimmt anschließend das Verhältnis zwischen fremdbestimmten Zeitansprüchen, selbst organisierter Zeit(ver)planung und frei zur Verfügung stehender Zeit. Kam es zu »Zeitkonflikten«? Vergleicht eure Ergebnisse.

2 Mit welchen Körpersignalen wehrt sich der Körper, wenn sein Bio-Rhythmus gestört wird? Tauscht euch darüber aus, ob und wie ihr das schon einmal erlebt habt.

3 Verständigt euch darüber, was ihr unter »erfüllter« Zeit versteht. Findet ihr einige gemeinsame Nenner?

4 Entwickelt an einem Beispiel aus eurem Schulalltag Vorschläge, um verschiedene Zeitansprüche (äußerer Zeitrahmen, innere Uhr, individuelle Wünsche) in einen für euch akzeptablen Ausgleich zu bringen.

5 Überlegt, ob ihr THOMAS MANNS Einschätzung durch Beispiele bestätigen und der Langeweile auch etwas Positives abgewinnen könnt. Verfasst ein Plädoyer für die Langeweile.

→← Wir leben in einer Kultur, aus der die Uhr nicht wegzudenken ist. Immer mehr Menschen werden jedoch auch sensibel dafür, dass sie als Teil der Natur in ein natürliches Zeitmuster eingebunden sind. Neben gesellschaftlichen Zeitansprüchen prägen auch persönliche Wünsche und Erwartungen die Gestaltung eigener, frei zur Verfügung stehender Zeit. Jeder Mensch steht vor der Aufgabe, die vielleicht auch miteinander konkurrierenden Zeitansprüche zu koordinieren. Zeit ist nicht gleich Zeit: Messbare (Uhr-)Zeit und persönliches Zeitempfinden »ticken« nach unterschiedlichen Uhren.

Der Mensch im Takt der Zeiten

VINCENT VAN GOGH, Sämann

In der bäuerlichen Gesellschaft des Mittelalters und der frühen Neuzeit war das Zeitbewusstsein eingebettet in den Kreislauf wiederkehrender Naturzyklen und Himmelserscheinungen. Erst als im 14. Jahrhundert in den Städten mechanische Uhren in Gebrauch traten, wurden diese zu neuen Taktgebern. Jene Zeitordnung, die sich am Sonnenstand und anderen natürlichen oder religiös-kulturellen Rhythmen orientiert, wurde allmählich verdrängt.

Abendlied

Nun ruhen alle Wälder,
Vieh, Menschen, Städt' und Felder,
es schläft die ganze Welt.
Ihr aber, meine Sinnen,
auf, auf, ihr sollt beginnen,
was eurem Schöpfer wohlgefällt.
[…]
Der Tag ist nun vergangen,
Die güldnen Sternlein prangen
Am blauen Himmelssaal;
So, so werd' ich auch stehen,
Wenn mich wird heißen gehen
Mein Gott aus diesem Jammertal.
[…]
Nun geht, ihr matten Glieder,
geht hin und legt euch nieder,
der Betten ihr begehrt.
Es kommen Stund' und Zeiten,
da man euch wird bereiten
zur Ruh' ein Bettlein in der Erd.

Q PAUL GERHARDT, evangelischer Theologe und Liederdichter (1648)

Zeitmessung: gestern und heute

Die Einteilung des Tages und der Nacht in jeweils 12 Stunden ist die Erfindung der Sumerer. Als Maß für die Zeit nutzten sie den Schatten der Sonne. Etwa zeitgleich in Ägypten und China benutzte man dazu vor 5.000 Jahren einen senkrecht in den Boden gesteckten Stab, dessen wandernder Schatten die Tageszeit anzeigte. Die Schattenlängen dienten dazu, die Sonnenwenden zu bestimmen.

Die Sonnenuhr war jahrtausendelang jeder Konkurrenz überlegen. Bis ins 18. Jahrhundert nahm man klappbare Taschenmodelle mit auf Reisen. Da blickten die Handwerker mechanischer Uhren bereits auf eine lange Geschichte zurück [...]. Doch der Durchbruch gelang erst, als es gelang, die stete Antriebskraft eines Gewichts in zählbare Takte zu gliedern. [...] Im 15. Jahrhundert waren die Uhren dann so klein, dass sie auf den Kaminsims passten und im 16. Jahrhundert sogar in die Rocktasche. [...] Heute sind die mechanischen Wunderwerke en miniature [im kleinen Maßstab] beinahe aus der Mode. Seit den 1970er Jahren werden sie von der Quarzuhr verdrängt. Und wer heutzutage zeitgemäß sein will, trägt eine Armbanduhr, die die Zeit gar nicht mehr selbst misst. Sie empfängt Funksignale der Atomuhr in Braunschweig und ist so genau, dass sie in dreißig Millionen Jahren höchstens um eine Sekunde abweicht.

Q JOACHIM SCHÜRING: Kurze Geschichte der Zeit

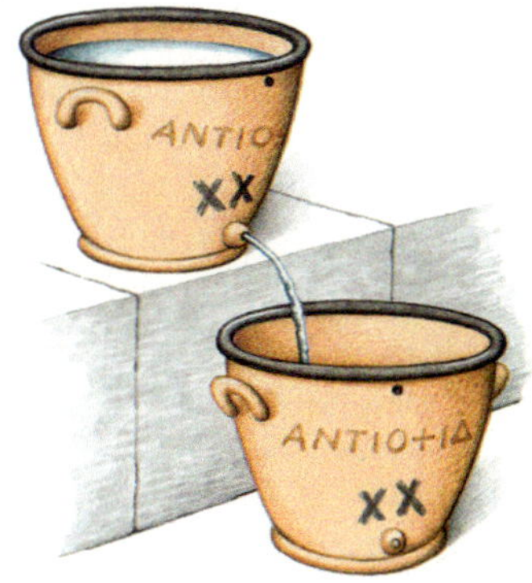

Griechische Wasseruhr.
In Mesopotamien maßen die Sumerer den Lauf der Zeit auch mit Wasseruhren. Sie nannten sie »Wasserdiebe« (griechisch: Klepshydren). Im alten Griechenland dienten sie vor Gericht der gerechten Zuteilung von Redezeiten.

Fachübergreifend (Geschichte, Musik, Sport): Musik-Rhythmen im Wandel der Zeiten

In den Rhythmen von Musik und Tanz kommt das »Zeitgefühl« einer Epoche zum Ausdruck:

- Vergleicht die Rhythmen barocker Musikstücke (z.B. von JOHANN SEBASTIAN BACH) mit denen von Märschen, Jazz und Hip-Hop.
- Welche Tanz- bzw. Bewegungsformen haben sich aus diesen Musikstilen entwickelt?
- Argumentiert: Befanden sich neue Musikrichtungen ursprünglich im Einklang mit gesellschaftlichen Konventionen – oder entstanden sie aus deren Ablehnung?

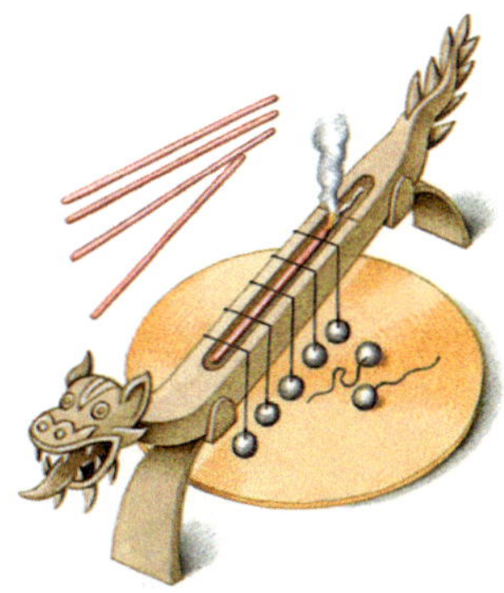

In China waren lange Zeit Feueruhren im Gebrauch: Auf dem Drachenkörper des Modells liegt ein Räucherstäbchen. Das Abbrennen bewirkt, dass die Fäden nacheinander reißen, die Kugeln in eine Metallwanne fallen und dadurch ein Geräusch verursachen.

1 In allen romanischen Sprachen sind die Begriffe »Zeit« und »Wetter« identisch. Wie erklärt ihr euch diesen Sachverhalt?

2 Beschreibt anhand des Lieds von PAUL GERHARDT das Zeitverständnis des vormodernen Menschen. Was würdet ihr ihm erklären, damit er sich in unserer Zeitordnung zurechtfindet?

3 Überlegt, warum ausgerechnet die mechanische Uhr – und nicht die Sonnen-, Wasser- oder Feueruhr – als Sinnbild für ein lineares Zeitverständnis steht (siehe unten).

→← Zeiterleben und Zeitmessung haben in der Geschichte verschiedene Phasen durchlaufen. Im Spätmittelalter konkurrierten in Europa zwei Zeitvorstellungen miteinander: ein zyklisches und ein lineares. Das zyklische Zeitverständnis orientiert sich an rhythmisch wiederkehrenden Prozessen der Natur – die Lebenszeit wird als Teil einer vorgegebenen Ordnung verstanden, ausgerichtet auf Gott und die Ewigkeit. Das lineare Zeitverständnis dagegen teilt die fließende Zeit in kleine abstrakte Einheiten und unterwirft sie der Gestaltungsfreiheit und Planbarkeit des Einzelnen.

»Schutzzeiten« für den Menschen?

Noch im Mittelalter galt Zeit als göttliches Gut. Geldverleihern wurden Höllenstrafen in Aussicht gestellt, weil sie Gott, den »Besitzer« der Zeit, bestahlen, indem sie Geld (Zinsen) mit Zeit verdienten. Mit der Ausbreitung des Protestantismus* gewann die Forderung, Zeit effektiv zu nutzen, an Gewicht. Müßiggang galt als Sünde, Arbeit als andere Form des »Gottesdienstes«. Noch heute beeinflussen diese Ideale die Lebenshaltung vieler Menschen in der westlichen Welt.

Wirtschaftliches Wachstum erfordert Zeiteinsparung. Fließbänder sind ein frühes Produkt von Zeitspartechnik. Arbeiter müssen sich »eintakten«, Arbeitszeit und Produktionsabläufe werden sekundengenau kalkuliert. Umgekehrt erhält die gesparte, gewonnene Zeit als Freizeit immer größere Bedeutung.

Leben, um zu arbeiten?

Bei den fleißigen Ameisen herrscht eine sonderbare Sitte: Die Ameise, die in acht Tagen am meisten gearbeitet hat, wird am neunten Tag feierlich gebraten und von den Ameisen ihres Stammes gemeinschaftlich verspeist. Die Ameisen glauben, dass durch dieses Gericht der Arbeitsgeist der Fleißigsten auf die Essenden übergehe. Und es ist für eine Ameise eine ganz außerordentliche Ehre, feierlich am neunten Tag gebraten und verspeist zu werden. Aber trotzdem ist es einmal vorgekommen, dass eine der fleißigsten Ameisen kurz vorm Gebratenwerden noch folgende kleine Rede hielt: »Meine lieben Brüder und Schwestern! Es ist mir ja ungemein angenehm, dass Ihr mich so ehren wollt! Ich muss Euch aber gestehen, dass es mir noch angenehmer sein würde, wenn ich nicht die Fleißigste gewesen wäre. Man lebt doch nicht bloß, um sich tot zu schuften!« »Wozu denn?« schrieen die Ameisen ihres Stammes – und sie schmissen die große Rednerin schnell in die Bratpfanne – sonst hätte dieses dumme Tier noch mehr geredet.

Q PAUL SCHEERBART: Die gebratene Ameise (1929)

Der Sonntag ist bei uns eine grundgesetzlich geschützte Zeit (Artikel 140). Dieser Tag wird neben anderen Feiertagen auch durch Landesverfassungen gesetzlich geschützt.

GEORGE SEURAT, Ein Sonntagnachmittag auf der Insel La Grande Jatte, 1884–1886

Sonntags shoppen – Ruhephasen ade?

Auf der einen Seite werden gesellschaftliche Pausen immer seltener, Schnelligkeit ist das Prinzip gesellschaftlicher Entwicklung. Auf der anderen Seite steigen die individuellen Möglichkeiten – durch Gleitzeit, flexiblere Arbeitszeiten, Zeitkonten –, aus dieser Dynamik von Zeitkontrolle und -verdichtung auszusteigen. Diese Möglichkeiten bilden eine Art Gegenpol, weil sonst viele Menschen gar nicht mehr mithalten könnten. […] Sie können die Menschheit nur bis zu einem gewissen Grad vertakten. Das Problem heute ist, dass solche Ruhephasen wie eben der Sonntag abgebaut werden sollen. Die Gesellschaft schiebt dem Einzelnen die Freiheit und den Organisationsaufwand zu, sich selbst um diese Pausentage und damit um seine Gesundheit zu kümmern.

Q KARLHEINZ GEISSLER in einem Interview

Der wöchentliche Feiertag ist ein Geschenk Gottes an die Welt: Er dient dem Wohl der Menschen. Er ist nichts, was reglementiert. Ganz im Gegenteil: Er hebt die Reglements, denen wir uns im Alltag unterwerfen, auf – für einen ganzen Tag der Woche. […] Es gibt schon jetzt fast keinen Rhythmus von Arbeit und Ruhe mehr, der die Gesellschaft insgesamt bestimmt. Ohne einen allgemein geschützten Sonntag zerfällt die Woche in ewig gleiche Tage. Ohne Sonntag gibt's nur noch Werktage.

Q JOHANNES FRIEDRICH, Bischof der Evangelisch-Lutherischen Kirche in Bayern

Methode: Ein Streitgespräch führen

Erarbeitet in einer Vorbereitungsphase – möglichst in Gruppenarbeit – zwei oder drei kontroverse Positionen. Formuliert zu jeder Position Argumente. Nehmt in der Organisationsphase die Rollenverteilung vor. Bildet dazu zwei oder drei Streitparteien, die jeweils eine der Positionen argumentativ vertreten sollen – auch wenn sie persönlich eine andere Meinung vertreten würden. Wählt vor der Diskussion eine/n Gesprächsleiter/in und eine Beobachtergruppe – dann habt ihr später einen Schiedsrichter und eine neutrale Gruppe für die Auswertung.

1 Formuliert eine »Moral« zur Fabel von PAUL SCHEERBART.

2 Beschreibe, wie du dich als Zeitmanager/in deines Alltags erlebst. Würdest du dich in Abgrenzung zu einem vormodernen Menschen als »frei« bezeichnen? Begründe deine Position.

3 Soll künftig an Sonntagen wie an Werktagen gleichermaßen gearbeitet werden? Formuliere einen eigenen Standpunkt.

4 Recherchiert, wie in der Landesverfassung eures Bundeslandes »Schutzzeiten« geregelt sind.

→← Die Zeit ist für den Menschen der Gegenwart zunehmend zu einer begrenzten Ressource und zu einem kostbaren Gut geworden, die er selbst organisieren muss. Dies hat auf der einen Seite für den Einzelnen einen Zuwachs an Gestaltungsfreiheit mit sich gebracht. Auf der anderen Seite ist damit aber der Zwang zum »Zeitmanagement« verbunden. Dies kann zu Stress und zum Bedürfnis nach fester zeitlicher Orientierung in einer Nonstop-Gesellschaft führen.

Be-schleunigen oder ent-schleunigen?

Um 1900 wurde ein Schwein geschlachtet, wenn es ein bis zwei Jahre alt war. Heute wird ein Schwein nur fünf bis sechs Monate alt, bis es auf die Schlachtbank kommt. Diese Entwicklung weitergedacht würde bedeuten, dass in wenigen Jahren ein Schwein geschlachtet wird, bevor es geboren wurde.
Frei nach Ivo Muri
(Zeit-Experte)

Als im 19. Jahrhundert die Eisenbahn die Fortbewegung von Menschen und Gütern beschleunigte, klagten viele Menschen über die angebliche »Hetze« – die Geschwindigkeiten der Lokomotiven betrugen zwischen 30 und 60 km/h. Einige »Experten« befürchteten körperliche und seelische Schäden.

Zeit sparen durch »Multitasking«?

Wie lässt sich der Mensch der beschleunigten Gesellschaft beschreiben? Er ist ständig »online« und erledigt zwecks optimalen Zeitmanagements viele Aufgaben simultan. Das kann zum Beispiel bedeuten, beim Erledigen einer Hausaufgabe gleichzeitig zu essen, dem Freund zu mailen, mit der Freundin zu telefonieren, dabei Radio zu hören und gleichzeitig vielleicht noch den Hamster zu füttern. Soziologen sprechen in diesem Zusammenhang von »Multitasking« (Mehrfachtätigkeit) und nennen den optimierten Zeitsparer und Beschleunigungsstrategen »Simultant«. Aber welche Menschen haben überhaupt Zugang zu dieser Welt der Zeitverdichtung? Wer scheidet grundsätzlich aus?

Heute wird nicht mehr nur über Schnelligkeit beschleunigt, sondern über Gleichzeitigkeit, also Zeitverdichtung. Bei CNN erhält der Zuschauer zum Teil vier Informationen gleichzeitig. Wir kommunizieren über Computer in Lichtgeschwindigkeit – geht es noch schneller?

»Zwischenmenschlichkeit braucht Langsamkeit«

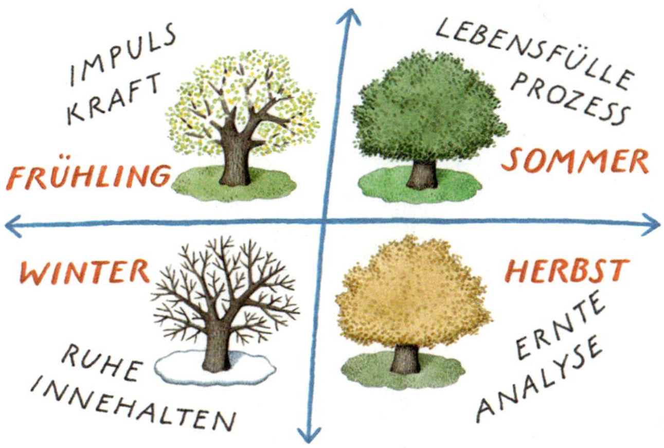

Zu den Zeitformen, die wir aus der Natur kennen, gehören Schnelligkeit, aber auch Langsamkeit, das Warten, die Pause, die Wiederholung. Wenn ihr ein Projekt plant, könnt ihr die verschiedenen Projektphasen in das Zeitschema eines Jahreskreises übertragen. In welche Jahreszeit gehört z.B. das Sammeln von Ideen?
Verständigt euch, welche Zeitformen in welche Jahreszeit (bzw. in welche Phase des Projektes) gehören. Wer von euch bringt für welche Phasen besondere Fähigkeiten mit? Die Vielfalt und das Zusammenspiel verschiedener Zeitformen machen die Qualität eines Projektes aus.

▸ Seite 175 Methode: Zukunftswerkstatt

»Wenn die Zeit gekommen ist, platzen die Pfirsiche im Schatten.«
Japanische Weisheit

»Schmeißen Sie Ihr Handy weg, den Fernseher gleich hinterher, und verkaufen Sie Ihr Auto. sie werden sich wundern, wie sich Ihr Umgang mit Zeit plötzlich verändert, wie viel Zeit Sie haben, um Freunde zu treffen oder sich um die Familie zu kümmern. Da wird Ihnen nicht langweilig. Zumindest dann nicht, wenn Sie es lange genug durchhalten. Versprochen.«
Karlheinz Geissler, ein Befürworter der »Entschleunigung«

1 Stellt eine Liste zeitsparender Geräte zusammen. Nennt die Vorteile, die z.B. eine Mikrowelle bietet. Überlegt, wie sich dadurch euer Alltag verändert, z.B. die Esskultur einer Familie.

2 Ihr könnt auf verschiedene Weise miteinander kommunizieren: über Handy, durch Gespräche, eine Mail, eine SMS oder mit einem Brief. Diskutiert, ob die schnelle Kommunikation immer die bessere ist. Für welche Situationen bzw. Bedürfnisse passen die langsameren Varianten?

3 »Zeit ist Geld!«? Gibt es für dich Zeiten, die nicht (ver-)käuflich sind? Schreibe deine »heiligen« Zeiten auf, an denen du festhalten möchtest und die du nicht beschleunigen möchtest.

4 Nehmt Stellung zur Idee, für sich und für andere (wieder) Zeit zu gewinnen.

5 Diskutiert, wie unsere Gesellschaft einen Menschen beurteilt, der (viel) Zeit hat.

→← Wir erleben heute nicht nur eine Beschleunigung mit Hilfe von Maschinen, mit denen wir uns immer schneller fortbewegen; Beschleunigung durchzieht als Teil eines umgreifenden Wandels alle gesellschaftlichen Systeme. Betroffen sind nicht nur die Arbeitswelten, sondern auch Schule und Familie – oft sogar der eigene Freundeskreis. Das Tempo im Alltag erhöht sich und der moderne Mensch stellt sich flexibel auf die neuen Herausforderungen ein – er verdichtet Zeit, indem er mehrere Dinge gleichzeitig erledigt. Können da alle mithalten? Wer oder was bleibt auf der Strecke? Gibt es eine Grenze der Beschleunigung, die nicht überschritten werden sollte?

Aus der Zeit fallen?

Was erwartet den Wanderer, nachdem er seine Reise abgeschlossen hat und im Strudel versinkt? Ist er aus der Zeit herausgefallen?

Wenn auch die Existenz* einzelner Lebewesen zeitlich begrenzt ist, so wird doch gemeinhin angenommen, dass unsere Welt ewig weiter besteht. Moderne physikalische Theorien* dagegen halten es für wahrscheinlich, dass auch unser Weltall eines Tages ein Ende hat und »aus der Zeit fällt«.

Anfang – und Ende?

Es muss einen Anfang gegeben haben! Einen Anfang, in welchem alle Strahlung und alle Materie in einem kaum beschreibbaren Ur-Feuerball von kleinstem Umfang sowie größter Dichte und Temperatur komprimiert waren. Mit einer gigantischen kosmischen Explosion [...] begann nach dieser Theorie die noch immer andauernde gleichförmige [...] Expansion des Universums: vor vielleicht 13 Milliarden Jahren!
Die Frage ist nun: Wird die Expansion (Ausdehnung) des Weltalls immer so weiter gehen oder wird der sich ausdehnende Kosmos einmal ein Ende haben? Die [...] Tatbestände lassen den Schluss zu, dass unsere Welt alles andere als stabil, unwandelbar oder gar ewig ist. Sie hatte einen Anfang und wird (aller Wahrscheinlichkeit nach) auch einmal ein Ende haben. Zwei hypothetische Möglichkeiten werden erwogen:
Die eine Möglichkeit: Einmal wird sich die Expansion verlangsamen; sie kommt zum Stillstand und schlägt in Kontraktion (Zusammenziehung, Zusammenballung) um [...], bis es möglicherweise – man spricht von 80 Milliarden Jahren nach dem Ur-Knall – unter Auflösung der Atome und Atomkerne in ihre Bestandteile zu einem erneuten großen Knall kommt, gleichsam zum End-Knall. Dann könnte, vielleicht, in einer erneuten Explosion wieder eine neue Welt entstehen. [...]

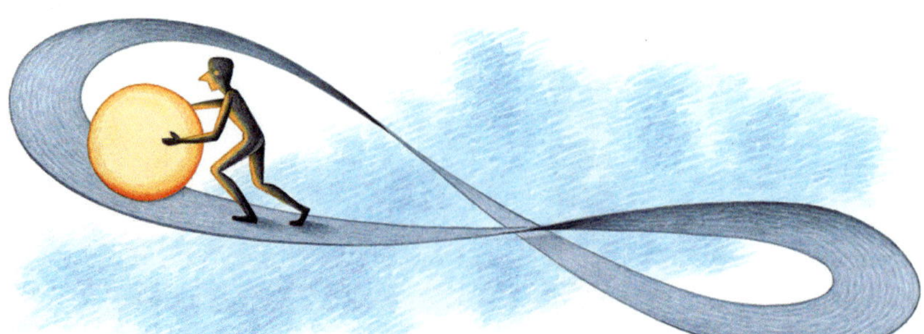

Die andere Möglichkeit, die unter Physikern heute immer mehr Zustimmung findet: Die Expansion schreitet ständig fort, ohne in Kontraktion umzuschlagen. […] Die Sonne wird, nach vorübergehendem Helligkeitsanstieg, erlöschen. Als Endstadien der Sternentwicklung entstehen, je nach Größe der Sternmasse, die schwach strahlenden »Weißen Zwerge« oder, nach explosivem Massenausstoß, »Neutronensterne« oder möglicherweise »Schwarze Löcher« (»Black Holes«). Und wenn sich auch aus der im Inneren der Sterne umgewandelten, ausgestoßenen Materie neue Sterne und Sterngenerationen bilden sollten, so werden auch in diesen wieder Kernprozesse vor sich gehen, bei denen die Materie im Sterninneren schließlich zu »Asche« verbrennt. Langsam wird Kälte im Kosmos einziehen, Tod, Stille, absolute Nacht.

Q Hans Küng, Schweizer Theologe (geboren 1928)

Das Ende aller Dinge

Ewigkeit – eine ins Unendliche gedehnte Zeit oder Überzeitliches? Für Immanuel Kant lässt sich diese Frage naturwissenschaftlich nicht beantworten. ◄

Es ist ein […] üblicher Ausdruck, einen sterbenden Menschen sprechen zu lassen: er gehe aus der Zeit in die Ewigkeit.
Dieser Ausdruck würde in der Tat nichts sagen, wenn hier unter der Ewigkeit eine ins Unendliche fort gehende Zeit verstanden werden sollte; denn da käme ja der Mensch nie aus der Zeit heraus, sondern ginge nur immer aus einer in die andre fort. Also muss damit ein Ende aller Zeit, bei ununterbrochener Fortdauer des Menschen, diese Dauer aber doch auch als eine mit der Zeit ganz unvergleichbare Größe […] gemeint sein, von der wir uns freilich keinen (als bloß negativen) Begriff machen können. – Dieser Gedanke hat etwas Grausendes in sich: weil er gleichsam an den Rand eines Abgrunds führt, aus welchem für den, der darin versinkt, keine Wiederkehr möglich ist […], und doch auch etwas Anziehendes: denn man kann nicht aufhören, sein zurück geschrecktes Auge immer wieder darauf zu wenden.

Q Immanuel Kant, Philosoph (1724–1804)

Seiten 70/71 und 132 ◄

1 Steht die Zeit irgendwann einmal still? Diskutiert, welche Antwortmöglichkeiten die Urknall-Theorie der Astrophysik bietet.

2 Formuliere, was für dich »Ewigkeit« bedeutet. Tauscht euch aus und fertigt ein Begriffsnetz an. Ihr könnt hierbei auch religiöse Vorstellungen wie z.B. die von »Wiedergeburt« und dem »Ewigen Leben« einbeziehen.

3 Warum kann nach Immanuel Kant die Ewigkeit keine ins Unendliche fortgehende Zeit sein?

→← Die Frage nach Zeit und Ewigkeit kann aus unterschiedlichen Perspektiven gestellt werden: aus der existenziellen Perspektive der begrenzten Lebenszeit eines Menschen, aus der kosmologischen Perspektive eines begrenzten Weltalls und aus der metaphysischen Perspektive eines (göttlichen) Seins über allen Zeiten. Während »Zeit« auch in großen Dimensionen eine messbare Größe bleibt, können wir das Rätsel »Ewigkeit« nicht lösen.

Was also ist »Zeit«?

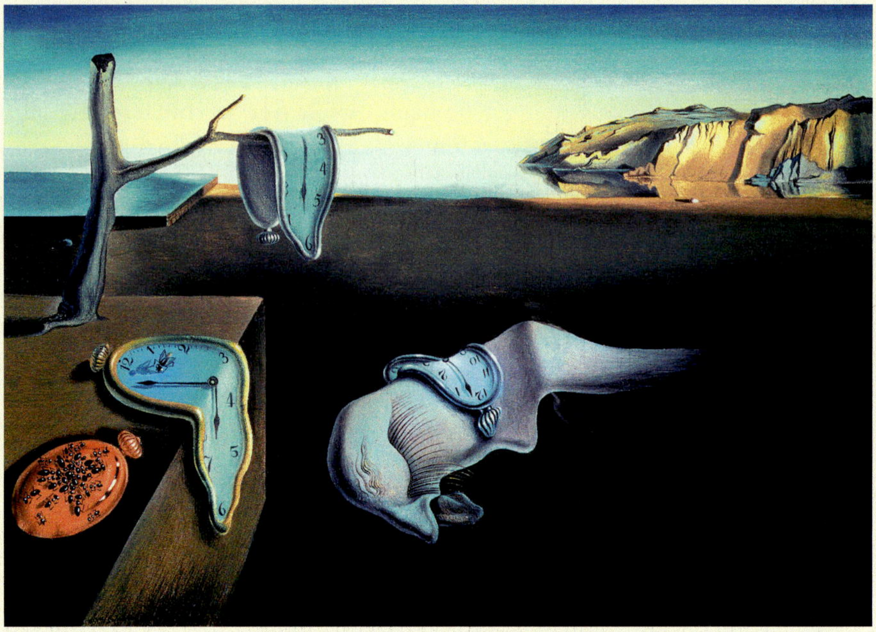

SALVATORE DALI, Die Beständigkeit der Erinnerung (1931)

»Der Engel der Zeit fliegt mit sechs Flügeln, zwei decken ihren Ursprung, zwei decken ihren Ausgang, und auf zwei rauscht sie dahin. – Heute heben wir die Flügel auf, die auf ihrem Antlitz liegen.«
JEAN PAUL, Schriftsteller (1801)
Auf welchen Umgang mit der Zeit könnte JEAN PAUL im beginnenden 19. Jahrhundert verweisen?

Wenn niemand mich danach fragt, weiß ich's, will ich's aber einem Fragenden erklären, weiß ich's nicht. Doch sage ich getrost: Das weiß ich, wenn nichts verginge, gäbe es keine vergangene Zeit, und wenn nichts käme, keine zukünftige, und wenn nichts wäre, keine gegenwärtige Zeit. Aber wie steht es nun mit jenen beiden Zeiten, der vergangenen und zukünftigen? Wie kann man sagen, dass sie sind, da doch die vergangene schon nicht mehr und die zukünftige noch nicht ist? [...] Vielleicht sollte man richtiger sagen: es gibt drei Zeiten, Gegenwart des Vergangenen, Gegenwart des Gegenwärtigen und Gegenwart des Zukünftigen. Denn diese drei sind in der Seele, und anderswo sehe ich sie nicht.

Q AURELIUS AUGUSTINUS, nordafrikanischer Theologe und Philosoph (354–430)

1 Erläutere die von AUGUSTINUS hervorgehobenen drei Aspekte der Zeit. Inwieweit entdeckst du Bezüge zu dem Gemälde von SALVADOR DALI?

2 Beschränkt sich der Begriff der Zeit auf die von AUGUSTINUS genannten Aspekte? Zeige, inwiefern die Abbildungen der Seiten 35–39 weitere Dimensionen von Zeit thematisieren.

3 Entwerft eine Bildcollage zu den in diesem Kapitel vorgestellten Zeit-Auffassungen und -dimensionen.

Mondjahr – Sonnenjahr: wonach sich unsere Kalender richten

Aztekischer Kalenderstein an der Großen Pyramide in Tenochtitlan um 1500 (Mexiko)

Ausgangspunkt für die Erstellung vieler Kalender war die Beobachtung des Mondes. So teilen Kulturen jüdischer oder islamischer Prägung ihre Zeit traditionell in Mondjahre ein. Der bei uns gültige Kalender rechnet mit Sonnenjahren.
Auch der Beginn der Zeitrechnung variiert kulturbedingt. Die jüdische Zeitzählung beginnt mit der Schöpfung der Welt (nach der Überlieferung 3761 v.Chr.); die christliche Kultur zählt seit Christi Geburt, und die islamische Zeitrechnung beginnt mit der Auswanderung MOHAMMEDS von Mekka nach Medina 622 n.Chr.

Lesetipps

MARGOT WESTRHEIM: Kalender der Welt. Eine Reise durch Zeiten und Kulturen, Freiburg: Herder Spektrum 1999

FRANÇOIS LELORD: Hector und die Entdeckung der Zeit, München: Piper Verlag 2006 (auch als Audio-CD, gelesen von AUGUST ZIRNER)

Projekt: Kalenderberechnungen im Vergleich
Teilt euch in Kleingruppen ein und untersucht die Kalenderberechnung jeweils einer Kultur. Stellt Informationen zusammen:
• zur Einteilung in Tage, Monate, Jahreszeiten und Jahre;
• zu Problemen, die sich bei der Einteilung ergeben können und welche Lösungswege gefunden wurden (z.B. das Phänomen des Schaltjahres);
• zu kulturbedingten Ursachen der Zeiteinteilung (z.B. die wöchentlichen Ruhetage bei den monotheistischen Religionen);
• zu Bemühungen um eine Kalenderreform (z.B. der »World Calendar Association« oder von Kommissionen der Vereinten Nationen.
Dokumentiert eure Ergebnisse auf einer Wandzeitung und vergleicht sie.

Q

»Was weiß der Mensch eigentlich von sich selbst! […] Verschweigt die Natur ihm nicht das allermeiste, selbst über seinen Körper, um ihn, abseits von den Windungen der Gedärme, dem raschen Fluss der Blutströme, den verwickelten Fasererzitterungen, in ein stolzes gauklerisches Bewusstsein zu bannen und einzuschließen!«
Friedrich Nietzsche: Über Wahrheit und Lüge

Das Bewusste und das Unbewusste

Gedämpfte Shakira-Musik ist zu hören, die Regale sind gefüllt mit der neusten Frühlingskollektion, eingetaucht in freundlich warme Gelbtöne. Gedankenverloren streift Maureen durch die Auslagen ihrer Lieblingsboutique. Die verpatzte Englischarbeit, der Krach mit Stefan gestern Abend – bleischwer hat sich der Frust der letzten Tage in ihr ausgebreitet.

Oh, Baby when you talk like that. You make a woman go mad. … And I'm on tonight. You know my hips don't lie … – Maureen atmet tief ein. Langsam wird ihr leichter ums Herz. Ein wohliges Gefühl durchströmt sie. Der rosa Blazer da ist total hip und dazu die hautenge Bermuda, einfach umwerfend. Ob die mir steht?

All the attraction, the tension. Don't you see baby, this perfection … – Beschwingt und mit zwei Tüten in der Hand verlässt Maureen den Laden eine Stunde später. Sie fühlt sich gut, wie ausgewechselt.

1 Maureen ist nicht mit der Zielsetzung in die Boutique gegangen etwas einzukaufen. Versuche nachzuvollziehen, wie es dennoch zu dem Kauf gekommen sein könnte.

2 Hast du persönlich ähnliche Erfahrungen gemacht wie Maureen oder die beiden Jugendlichen? Weiß man immer, was man tut?

3 Was sind deiner Meinung nach die Quellen unseres Handelns oder unserer Gefühle? Nenne verschiedene Einflussfaktoren.

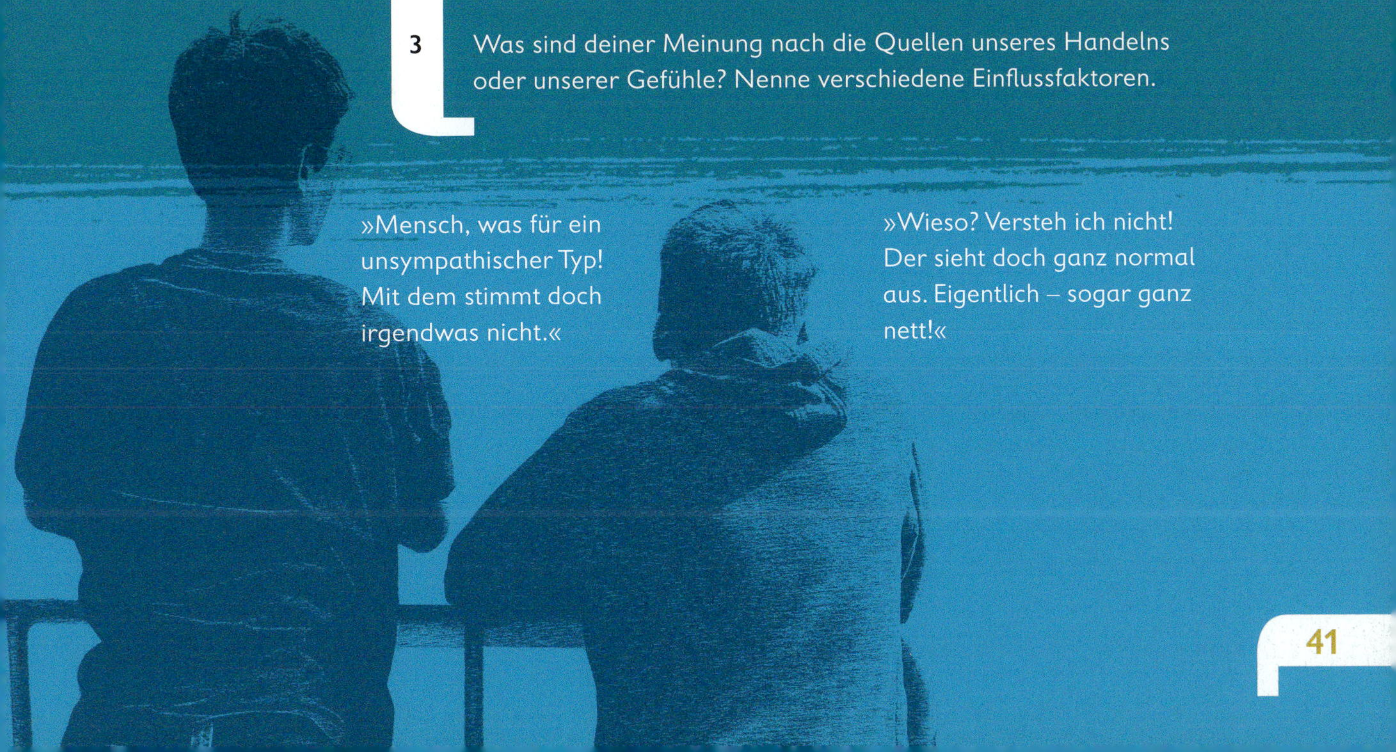

Im Netzwerk des Unbewussten

Äußere Reize haben dazu beigetragen, dass sich Maureens Stimmung unmerklich veränderte. Wenn wir Menschen begegnen, empfinden wir häufig spontan Sympathien oder Antipathien, ohne zu wissen warum. Solche und ähnliche Erlebnisse lassen auf einen Bereich in der Psyche (Seele) des Menschen schließen, der jenseits des Bewusstseins liegt – das Unbewusste. SIGMUND FREUD, der Begründer der Psychoanalyse*, hat die menschliche Psyche bildlich mit einem Eisberg verglichen, von dem lediglich die Spitze sichtbar aus dem Eismeer herausragt, während sein größter Teil unter der Wasseroberfläche verborgen bleibt.
Finde eine Erklärung für FREUDS Vergleich, insbesondere hinsichtlich der ungleichen Größenverhältnisse.

Tief verborgen

Unbewusste Seelenregungen können auf vielfältige Weise zum Ausdruck kommen. Von Erfahrungen dieser Art wissen die Schriftsteller SÁNDOR FERENCZI (Österreich) und MARCEL PROUST (Frankreich) zu berichten.

Der Wunsch als Vater des Gedankens?

Freudscher Versprecher ◀
FREUD hält sprachliche Versprecher nicht für Zufallsprodukte. Sie seien im Gegenteil auf unbewusste Gedanken oder Gefühle des Sprechers zurückzuführen.

In der ersten Gymnasialklasse habe ich (zum ersten Mal in meinem Leben) öffentlich (d. h. vor der ganzen Klasse) ein Gedicht rezitieren müssen. Ich war gut vorbereitet und war bestürzt, gleich beim Beginn durch eine Lachsalve gestört zu werden. Der Professor erklärte mir dann diesen sonderbaren Empfang: Ich sagte nämlich den Titel des Gedichts »Aus der Ferne« ganz richtig, nannte aber als Autor nicht den wirklichen Dichter, sondern – mich selber. [...] die Ursache war sicherlich, dass ich mich in meinen geheimen Wünschen mit dem gefeierten Dichter identifizierte.

Q SÁNDOR FERENCZI

Die ganze Welt aus einer Tasse Tee?

Unterschwellige Sinneswahrnehmungen ◀
(Sehen, Hören, Riechen, Schmecken) bleiben meist unbemerkt und beeinflussen Stimmungen und Verhalten. Die Werbung bedient sich vorzugsweise solcher Sinneswahrnehmungen. Im Fall von Marcel setzt die Sinneswahrnehmung eine lange im Unbewussten verschüttete Kindheitserinnerung frei.

An einem frostigen Wintertag trinkt Marcel eine Tasse Tee mit einem kleinen französischen Sandtörtchen (Madeleine), um sich aufzuwärmen:
In der Sekunde nun, als dieser mit dem Kuchengeschmack gemischte Schluck Tee meinen Gaumen berührte, zuckte ich zusammen und war wie gebannt durch etwas Ungewöhnliches, das sich in mir vollzog. Ein unerhörtes Glücksgefühl, das ganz für sich allein bestand und dessen Grund mir unbekannt blieb, hatte mich durchströmt. [...] Woher strömte diese mächtige Freude mir zu?

Ich fühlte, dass sie mit dem Geschmack des Tees und des Kuchens in Verbindung stand, aber darüber hinausging und von ganz anderer Wesensart war. Woher kam sie mir? Was bedeutete sie? Wo konnte ich sie fassen? Ich trinke einen zweiten Schluck und finde nichts anderes darin als im ersten, dann einen dritten, der mir sogar etwas weniger davon schenkt als der vorige. Ich muss aufhören, denn die geheime Kraft des Trankes scheint nachzulassen. Es ist ganz offenbar, dass die Wahrheit, die ich suche, nicht in ihm ist, sondern in mir. […] Ich durchlaufe rückwärts im Geiste den Weg bis zu dem Moment, wo ich den ersten Löffel voll Tee an meinen Mund geführt habe. […] Und dann mit einem Male war die Erinnerung da. Der Geschmack war der jener Madeleine, die mir am Sonntagmorgen in Combray […], sobald ich in ihrem Zimmer Guten Morgen sagte, meine Tante Léonie anbot, nachdem sie sie in ihren schwarzen oder Lindenblütentee getaucht hatte. […] Sobald ich den Geschmack jener Madeleine wiedererkannt hatte, […] trat das graue Haus […] und mit dem Haus die Stadt, der Platz, auf den man mich vor dem Mittagessen schickte, die Straßen, die ich von morgens bis abends und bei jeder Witterung durchmaß, die Wege, die wir gingen, wenn schönes Wetter war […], ebenso stiegen jetzt alle Blumen unseres Gartens und die aus dem Park von Monsieur Swann, die Seerosen auf der Vivonne, die Leutchen aus dem Dorfe und ihre kleinen Häuser und die Kirche und ganz Combray und seine Umgebung, alles deutlich und greifbar, die Stadt und die Gärten auf aus meiner Tasse Tee.

Q MARCEL PROUST: In Swanns Welt

1 Marcels unerhörtes Glücksgefühl kommt durch zwei ihm zunächst unbewusste Quellen zustande – versuche sie zu identifizieren.

Seiten 192–195 (Die Macht der Bilder) ◀

2 Sammelt Werbeanzeigen aus Zeitschriften oder Werbespots aus dem Fernsehen und analysiert diese. Untersucht insbesondere, wie unterschwellige Sinneswahrnehmungen genutzt werden.

3 Führt ein typisches Pausengespräch; die anderen beobachten euer Verhalten. Welche eigenen Verhaltensäußerungen sind euch unbewusst geblieben? Tauscht euch über die Wirkung aus. Ihr könnt hiervon auch ein Video von euch selbst herstellen.

4 Versucht, FREUDS Eisberg inhaltlich zu füllen. Was bleibt im oberen Teil übrig?

→← Die Meinung, der Mensch sei sich im Wachzustand seiner Handlungen und Gefühle in jedem Moment bewusst, ist ein Irrtum. Manchmal ist man geradezu überrascht vom eigenen Verhalten und fragt sich anschließend nach dem Grund. Offenbar gibt es außerhalb unseres Bewusstseins noch einen weiteren unbekannten Bereich, der unser Verhalten steuert: das Unbewusste. Unser Alltagsleben ist voller Hinweise auf das Unbewusste: Träume, Ahnungen oder Intuitionen*, unerklärliche Stimmungen und Gefühle, zwanghaftes Verhalten und vieles mehr. Woher kommt z. B. die geniale Idee für ein Kunstwerk? Wer genau beobachtet, kann, vom Einzelnen normalerweise unbemerkt, Spuren des Unbewussten entdecken.

Der Traum – ein Königsweg zum Unbewussten?

Die rätselhafte Welt der Träume hat die Menschen seit jeher fasziniert. Spiegeln Träume die Offenbarung übermenschlicher Wesen, Götter oder Dämonen wider? Lassen sich aus ihnen Vorhersagen über die Zukunft ableiten? Der griechische Philosoph ARISTOTELES lehnte solche Vorstellungen ab. Er vertrat die Meinung, Träume folgten den eigenen Gesetzen der Psyche, sie seien die Seelentätigkeit des Schlafenden. Zur Zeit der Romantik – fast zwei Jahrtausende später – pries man den Traum als freie Tätigkeit der Seele, die nicht durch die Kontrolle des wachenden Bewusstseins beschränkt werde. Seither versuchen Forscher, durch die Deutung der Träume Aufschluss über die Psyche des Träumers zu erhalten. Auf Grund ihrer assoziativen (verknüpfenden), fantasievollen und symbolhaften Natur erschienen SIGMUND FREUD die Träume als »Königsweg« zum Verständnis des Unbewussten.

»[...] der Traum beweist uns, dass das Unterdrückte auch beim normalen Menschen fortbesteht und psychischer Leistungen fähig bleibt. Der Traum ist selbst eine der Äußerungen dieses Unterdrückten.«
SIGMUND FREUD

CASPAR DAVID FRIEDRICH, Krähen auf einem Baum, 1822

Noch heute haben viele Menschen auch bei uns ein besonderes Verhältnis zu Bäumen; einige schreiben ihnen sogar magische Kräfte zu.

Weggeschoben – aber nicht aufgehoben

In unserem täglichen Umgang mit Menschen müssen wir uns so genau wie möglich ausdrücken; dabei entziehen wir unserer Sprache und unseren Gedanken alle Fantasie und verlieren eine Eigenschaft, die für den primitiven Geist immer noch typisch ist. Die meisten von uns haben all die fantastischen psychischen Assoziationen, die jedem Gegenstand und jeder Idee zugehören, ganz dem Unbewussten anheimgegeben. [...] Ein Baum kann eine wesentliche Rolle im Leben eines Primitiven spielen, da er scheinbar seine eigene Seele und Stimme besitzt und der betreffende Mensch fühlt, er teilt das Schicksal des Baumes. [...] In der Welt der Primitiven haben die Dinge keine so scharfe Abgrenzung wie in unserer »vernünftigen« Gesellschaft. [...] Traumbilder sind wesentlich malerischer und lebhafter als die Begriffe und Erfahrungen der bewussten Wirklichkeit. Das liegt zum Teil daran, dass im Traum solche Begriffe ihre unbewusste Bedeutung offenbaren. In unseren bewussten Gedanken sperren wir uns selbst in die Grenzen rationaler Feststellungen ein, die viel weniger farbig sind, weil wir sie eines großen Teils ihrer psychischen Assoziationen beraubt haben.

Q CARL GUSTAV JUNG: Der Mensch und seine Symbole

SALVATORE DALI, Brennende Giraffe, 1936/37

Die moderne neurophysiologische Schlafforschung hat festgestellt, dass das Gehirn im Schlaf weiter arbeitet. Insbesondere wurde beobachtet, dass sowohl Bewusstseinsinhalte aus der jüngsten Zeit als auch schwache, meist unbewusste Assoziationen im Schlaf reaktiviert werden. Die Schlafforschung hat außerdem herausgefunden, dass die Gehirnaktivität im Schlaf für das Lernen von neuen Begriffen und Zusammenhängen sehr wichtig ist: Wer zu wenig schläft, behält das Gelernte schlechter im Gedächtnis.

Methode: Mit Bildern philosophieren

Bilder oder Gemälde wie die von SALVATORE DALI lassen keine stimmige logische Deutung zu. Genau dies war die Absicht des Künstlers, ebenso wie der Gruppe der Surrealisten, der er angehörte. Die irrationalen, den Gesetzen der Logik und Wahrscheinlichkeit widersprechenden Bildinhalte sollen gleichsam die tieferen Schichten des Unbewussten repräsentieren. So kann das Kunstwerk den Weg zu einer anderen Wirklichkeit öffnen.

Bilder führen aufgrund ihrer stärkeren Sinnlichkeit vieles plastischer vor Augen als Texte – und können so den Blickwinkel erweitern. Man braucht Zeit, sich auf die Bildsprache einzulassen:

- Betrachte das Bild genau und erläutere, inwiefern es den Gesetzmäßigkeiten des Bewusstseins widerspricht.
- Welche Assoziationen (Verknüpfungen) löst das Bild in dir aus? Gibt es Hinweise auf die vom Bewusstsein verdrängte Ebene des Unbewussten?
- Zeige, inwiefern das surrealistische Kunstwerk traumähnliche Züge aufweist, aber auch, inwiefern es sich vom Traum unterscheidet. – Welche Eigenschaften müsste ein Kunstwerk haben, um (wie ein Traum) etwas über das Unbewusste des Träumers zu verraten?
- Protokolliert zwei Wochen lang eure Träume und untersucht, welche Erlebnisspuren in Träumen wiederkehren können. Unterscheidet unterschiedliche Traumarten, z. B. Erinnerungsträume, Fortsetzungsträume usw.

→← Das Bewusstsein macht nur einen verhältnismäßig kleinen Bestandteil der Psyche aus, wesentliche Bereiche bleiben uns mehr oder weniger unbewusst. Manchmal verschaffen sich unbewusste seelische Vorgänge den Weg ins Bewusstsein: mal direkt (z. B. mithilfe von Erinnerungen), mal auf für das Bewusstsein schwer entschlüsselbare Weisen (z. B. in Träumen). Unbewusste seelische Vorgänge können auf Grund ihrer besonderen, der Bewusstseinskontrolle entzogenen Eigenschaften tieferen Aufschluss über die Psyche des Träumers geben.

Die Psyche – eine komplexe Struktur

Beurteilt die Aussage des Skinheads. Kann er sich in seiner Bewertung auf Tatsachen berufen? Wie kommt er zu dieser Aussage?

Nicht nur durch Träume erfahren Menschen etwas über das Unbewusste. Auch in ganz alltäglichen Handlungen sind sie sich nicht immer ihrer Motive bewusst; selbst ihre Wahrnehmung ist nicht frei von unbewussten Einflüssen, auch wenn sie sich das nicht immer eingestehen.

Wo liegen die Ursachen von Vorstellungen?

Wer […] eine Antipathie (Abneigung) gegen Schwarze hat, glaubt sie vielleicht damit zu begründen, dass er das Vorurteil vertritt, Schwarze seien weniger intelligent als Europäer. Der wahre Grund seiner Antipathie ist die angebliche Andersartigkeit des Schwarzen, durch die er sich herausgefordert und verunsichert sieht. In seiner Antipathie steckt somit auch einiges an Furcht. Sein »Vorurteil« ist also nur die Rationalisierung* seiner Abneigung, deren wahren Grund er nicht zu erkennen vermag. Nimmt man ihm nun dieses Vorurteil, so nimmt man ihm doch nicht seine Abneigung gegen den Schwarzen. Diese wird sich vielmehr so schnell wie möglich ein neues Vorurteil suchen, das sich als begründet erscheinen lässt; etwa dass Afrikaner faul seien. […]

Q KARL BRUNO LEDER: Hass auf fremde Götter

… im Gegenstand?

Der englische Philosoph THOMAS HOBBES beschreibt die Weise, wie der Mensch zu seinen Wahrnehmungen und Vorstellungen kommt, nach Art eines einfachen Mechanismus:

Eine jede Empfindung setzt einen äußeren Körper oder Gegenstand voraus, der sich unserem jeweiligen Sinn aufdrängt – entweder unmittelbar, wie beim Gefühl oder Geschmack, oder mittelbar, wie beim Gesicht, Gehör und Geruch. Und dieser Druck wirkt vermittels der Nerven und Fasern sofort innerlich auf das Gehirn und von da aufs Herz. Von hier aus entsteht ein Widerstand und Gegendruck oder ein Streben des Herzens, sich durch eine entgegengesetzte Bewegung von diesem Drucke zu befreien, und diese wird sichtbar. Diese Erscheinung heißt Empfindung. Licht und Farbe haben Bezug aufs Auge, der Schall aufs Ohr, der Geruch auf die Nase, der Geschmack auf den Gaumen, Wärme, Kälte, was hart und weich ist, und alles andere, was zum Gefühl gehört, auf den ganzen übrigen Körper. Dies alles nennt man empfindbar und ist im Grunde genommen nichts anderes als eine Bewegung der Materie im Gegenstande, durch welche er auf die Sinneswerkzeuge mannigfaltig wirkt. […] die sichtbaren Dinge (d. h. Erscheinungen), welche die Gegenstände auf unsere

Augen werfen, bewirken das Sehen; die hörbaren Dinge (d. h. Erscheinungen), welche die Gegenstände auf unsere Ohren werfen, bringen das Hören hervor; endlich liegt der Grund des Erkennens in gewissen zu erkennenden Dingen (d. h. Erscheinungen), die von der zu erkennenden Sache ausgehen.

Q THOMAS HOBBES: Leviathan

Ein mechanistisches Modell der Psyche

... oder (auch) in mir selbst?

Dagegen war SIGMUND FREUD der Auffassung, dass die menschlichen Wahrnehmungen und Vorstellungen das Ergebnis einer sehr komplexen Wechselwirkung verschiedener Faktoren sind:

Das Unbewusste ist der größere Kreis, der den kleineren des Bewussten in sich schließt; alles Bewusste hat eine unbewusste Vorstufe [...]. Das Unbewusste ist das eigentlich reale Psychische, uns nach seiner inneren Natur so unbekannt wie das Reale der Außenwelt und uns durch die Daten des Bewusstseins ebenso unvollständig gegeben wie die Außenwelt durch die Angaben unserer Sinnesorgane. [...]

Das Material an Erregungen fließt dem Bewusstsein-Sinnesorgan von zwei Seiten her zu, von dem Wahrnehmungs-System her, dessen [...] Erregung wahrscheinlich eine neue Verarbeitung durchmacht, bis sie zur bewussten Empfindung wird, und aus dem Innern [...] selbst, dessen Vorgänge als Lust und Unlust empfunden werden [...]

Q SIGMUND FREUD: Traumdeutung

1 Formuliere die These von KARL BRUNO LEDER in eigenen Worten und erläutere, welchen der beiden Modelle der Psyche er sich anschließt.

2 Schreibt einen dramatischen Dialog zwischen dem Skinhead und einem Integrationsbeauftragten zum Thema »Fremdenfeindlichkeit«. Der Integrationsbeauftragte sollte dabei, im Gegensatz zum Skinhead, FREUD-Anhänger sein (vgl. Seite 103).

3 Verfasse einen Lexikonartikel zum Thema »Vorurteil«.

→← Da sowohl die Gehirnaktivität im Traum- und Wachzustand ähnlich ist als auch Traum- und Wacherleben ähnliche Merkmale aufweisen, gilt der modernen Bewusstseinsforschung das träumende Gehirn als Modell zur Erforschung von Bewusstseinsvorgängen. Im Traumbewusstsein werden Ort, Wahrnehmungen und Handlungen unabhängig von Umweltreizen – sozusagen offline – lediglich auf der Basis der im Gehirn gespeicherten Erfahrungen simuliert. Daraus schließen Bewusstseinsforscher, dass auch das Wachbewusstsein nicht auf Sinneswahrnehmungen reduzierbar ist, die allein durch den Kontakt mit der Außenwelt zustande kommen.

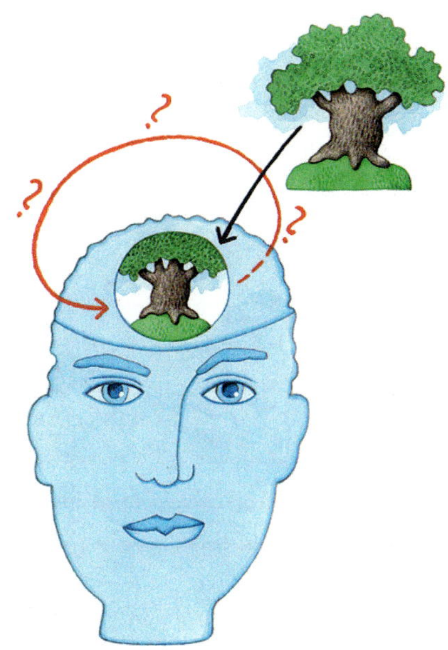

Ein dynamisches Modell der Psyche

Das Gewissen als innere Norm*

Die Stimme des Gewissens

Versetze dich in die Lage des Jugendlichen: Verfasse einen Tagebucheintrag, in dem du zum Ausdruck bringst, wie du dich fühlst und worin du die Gründe für deine Gefühle siehst.

Du kommst gerade von einer Party. Die Stimmung war super! Du hast die Musik noch im Ohr, Gesprächsfetzen, die Gesichter … Plötzlich stockst du. Ein seltsames Erschrecken, eine merkwürdige Unruhe überfällt dich. Du verstehst gar nicht, was mit dir los ist. Dann aber überkommt es dich. Du hast heute Abend ein gemeines Wort gesagt, jemanden gekränkt. Unvermittelt erhält der Abend, der dich eben noch so wohlig erfüllte, eine dunklere Tönung. Dein Gewissen schlägt dich!

Q Nach Eva-Maria Sewing

Kann ich mich gegen die innere Stimme wehren? Bin ich der Urheber meines Gewissens?

Was ist das, was viele Menschen als »Stimme« des Gewissens überfällt? Offenbar etwas, das sie unbewusst in sich tragen und das sich manchmal als fordernde Instanz* in ihr Bewusstsein drängt. Häufig meldet sich diese Stimme im Anschluss an bestimmte Handlungen und ist von Schuldgefühlen begleitet. Sie tritt aber auch im Vorfeld des Handelns auf – als abwägende, mahnende oder drohende Stimme. Es scheint sich um einen inneren Maßstab zu handeln, der Grundlage moralischer Urteile ist – sowohl über eigenes Verhalten wie über das anderer Menschen; ein innerer Maßstab, der den Einzelnen auffordert, eine Messlatte an sein Verhalten anzulegen und es zu prüfen.
Während der Anspruch des Gewissens uns zunächst eher als unbewusstes Gefühl begleitet, sind wir in der Gewissensprüfung vor die Aufgabe gestellt, unser Tun zu rechtfertigen und zu beurteilen. Was passiert dabei? Der englische Philosoph Adam Smith (1723–1790) stellt sich das so vor:

Der innere Gerichtshof des Gewissens

Wenn ich mich bemühe, mein eigenes Verhalten zu prüfen, wenn ich mich bemühe, über dasselbe ein Urteil zu fällen und es entweder zu billigen oder zu verurteilen, dann teile ich mich offenbar in all diesen Fällen gleichsam in zwei Personen. Es ist einleuchtend, dass ich, der Prüfer und Richter, eine Rolle spiele, die verschieden ist von jenem anderen Ich, nämlich von der Person, deren Verhalten geprüft und beurteilt wird. […] Die erste ist der Richter,

die zweite die Person, über die gerichtet wird. Dass jedoch der Richter in jeder Beziehung mit demjenigen, über den gerichtet wird, identisch sein sollte, das ist ebenso unmöglich, wie dass die Ursache in jeder Beziehung mit der Wirkung identisch wäre. [...]
Wir stellen uns vor, dass wir unter den Augen eines ganz unparteiischen und gerechten Menschen handeln, der weder zu uns noch zu denjenigen, deren Interessen durch unser Vorgehen berührt werden, in irgendeiner näheren Beziehung steht, der weder uns noch ihnen Vater, Bruder oder Freund ist, sondern der für uns alle nichts anderes ist als schlechthin ein Mensch, ein unparteiischer Zuschauer, der unser Verhalten mit derselben Gleichgültigkeit betrachtet, mit welcher wir dasjenige anderer Leute ansehen. Wenn wir uns in die Lage eines solchen Menschen versetzen und wenn uns dann unsere Handlungen in einem angenehmen Licht erscheinen, wenn wir fühlen, dass ein solcher Zuschauer nicht umhin könnte, alle die Beweggründe gutzuheißen, die unser Verhalten bestimmten, dann mögen die Urteile der Welt noch so ungünstig sein, wir müssen doch mit unserem Betragen zufrieden sein und uns trotz des Tadels unserer Gefährten als würdigen und schicklichen Gegenstand der Billigung ansehen. Wenn uns umgekehrt der Mensch in unserm Innern verurteilt, dann erscheint uns auch der lauteste Beifall der Menschen nur als ein törichtes, unwissendes Lärmen, und wir können dann, sofern wir die Rolle dieses unparteiischen Richters übernehmen, nicht umhin, unsere eigenen Handlungen mit dem gleichen Unwillen und mit der gleichen Unzufriedenheit zu betrachten wie er.

Q Adam Smith: Theorie der ethischen Gefühle

Seite 48 ◄ Aufgabe zum Tagebucheintrag

1 Veranschaulicht die Situation der Gewissensprüfung mithilfe eines Standbildes. Verfasst auf der Basis eurer Tagebucheinträge je ein inneres Zwiegespräch, in dem die Position des Gewissens durch einen Richter vertreten wird. Stellt dann einige Zwiegespräche szenisch dar.

2 Analysiere und vergleiche die Positionen des Richters und des handelnden Jugendlichen. Worauf berufen sie sich jeweils?

3 Erläutere die besondere Rolle des Richters. Erkläre, aus welchem Grund die Gerechtigkeit, die der Richter verkörpert, häufig mit einer Augenbinde dargestellt wird.

Oft wird das Gewissen als »innerer Richter« bezeichnet. Als allegorisches (sinnbildliches) Kennzeichen des Richters bzw. der Gerechtigkeit gilt die Augenbinde.

Das Gewissen als innere Norm*

Diskutiert: Zahides Brüder sind mit ihrem Gewissen im Reinen, denn die verletzte Ehre, die beschädigte Ordnung sind wiederhergestellt; die Familie sieht das ebenso. Sind Zahides Brüder gewissenlose Menschen?

Im Namen des Vaters

Zahide war 21 Jahre alt, als Berner Polizeibeamte sie fanden. Sie lag tot auf einem Teppich in der Küche ihrer Wohnung, mit Stichverletzungen am ganzen Körper: an der Brust, an den Händen, an den Ellenbogen, an den Lenden und an den Unterschenkeln. Ihre Kehle war durchschnitten worden.
Wenige Meter von ihr entfernt, in der Badewanne, lag Süleyman K., 25 Jahre alt, der Freund der jungen Frau. Brust, Beine und Arme waren durchstochen, der Schädelknochen und die Lungenoberklappen verletzt. Süleyman K. war verblutet. Auch seine Kehle war durchschnitten worden. Das Verbrechen war von den Brüdern Zahides verübt worden. Als Motiv für ihre Tat nannte die Familie das »Fehlverhalten« der jungen Frau. Sie hätte – nach dem Willen ihres Vaters – einen anderen Mann, ihren Cousin, heiraten sollen.

Q SABINE WINDLIN

In herkömmlichen Gesellschaften wird oft ein starker sozialer Druck ausgeübt, die überlieferten Regeln und Normen zu respektieren. Häufig ist der Rückzug auf traditionelle Werte ein Schutz, die eigene kulturelle Identität (»Wer bin ich?«) nicht zu verlieren.

Seiten 154/155

Morde im Namen der »Ehre«

So genannte Ehrenmorde sind laut UNO-Erhebungen weltweit verbreitet. Jährlich werden mindestens 5.000 Mädchen und Frauen aus diesem Motiv ermordet. Ihre Grundlage ist ein uralter Ehrenkodex, der bestimmte Verhaltensregeln festlegt. Im Wertesystem einiger traditioneller (überlieferter) Gesellschaften hängt die Ehre des Mannes auch vom Verhalten der weiblichen Angehörigen ab. Missachtet die Frau die ihr auferlegten Regeln und Normen*, ist nicht nur ihre und die Ehre ihres Mannes, sondern die der gesamten Familie verletzt. Die Ehre einer Person, Familie oder Gruppe gilt somit als besonders hohes und schützenswertes Gut. Für ihren Schutz sind die Männer verantwortlich. Zur Wiederherstellung verletzter Ehre gilt Mord als legitimes Mittel. Als Ehrverletzungen gelten z.B. die Ablehnung des von der Familie bestimmten Ehemannes oder das Verlassen des Ehemannes, teilweise gilt sogar schon der Wille zu einer solchen Tat oder der bloße Verdacht als Verletzung der Ehre.

Woher kommt das Gewissen?

SIGMUND FREUD versuchte in einem Modell nachzuvollziehen, wie die verschiedenen Einflüsse aus dem Innern des Menschen und aus seiner Außenwelt, die in ihm zusammentreffen und als Instanzen* ihr Recht fordern, seine Handlungen bestimmen und seine Persönlichkeit ausmachen.

Die Vorstellung eines Ichs, das
1. zwischen Es und Außenwelt vermittelt,
2. die Triebansprüche des einen [Es] übernimmt, um sie zur Befriedigung zu führen,
3. an dem anderen [Außenwelt] Wahrnehmungen macht, die es als Erinnerungen verwertet,
4. auf seine Selbsterhaltung bedacht, sich gegen überstarke Zumutungen von beiden Seiten her zur Wehr setzt,

5. dabei in all seinen Entscheidungen vom Lustprinzip […] geleitet wird.

Diese Vorstellung trifft eigentlich für das Ich bis zum Ende der ersten Kindheitsperiode (um 5 Jahre) zu. Um diese Zeit hat sich eine wichtige Veränderung vollzogen. Ein Stück der Außenwelt [Eltern, Erzieher] ist [… durch Identifizierung] ins Ich aufgenommen, also ein Bestand der Innenwelt geworden. Diese neue psychische Instanz* setzt die Funktionen fort, die jene Personen der Außenwelt ausgeübt hatten, sie beobachtet das Ich, gibt ihm Befehle, richtet es und droht ihm mit Strafen, ganz wie die Eltern, deren Stelle es eingenommen hat. Wir heißen diese Instanz das Über-Ich, empfinden sie in ihren richterlichen Funktionen als unser Gewissen. […] Es vertritt für alle späteren Lebenszeiten den Einfluss der Kinderzeit des Individuums, Kinderpflege, Erziehung und Abhängigkeit von den Eltern […]. Und damit kommen nicht nur die persönlichen Eigenschaften dieser Eltern zur Geltung, sondern auch alles, was bestimmend auf sie selbst gewirkt hat, die Neigungen und Anforderungen des sozialen Zustandes, in dem sie leben, die Anlagen und Traditionen […], aus der sie stammen.

Q SIGMUND FREUD: Abriss der Psychoanalyse

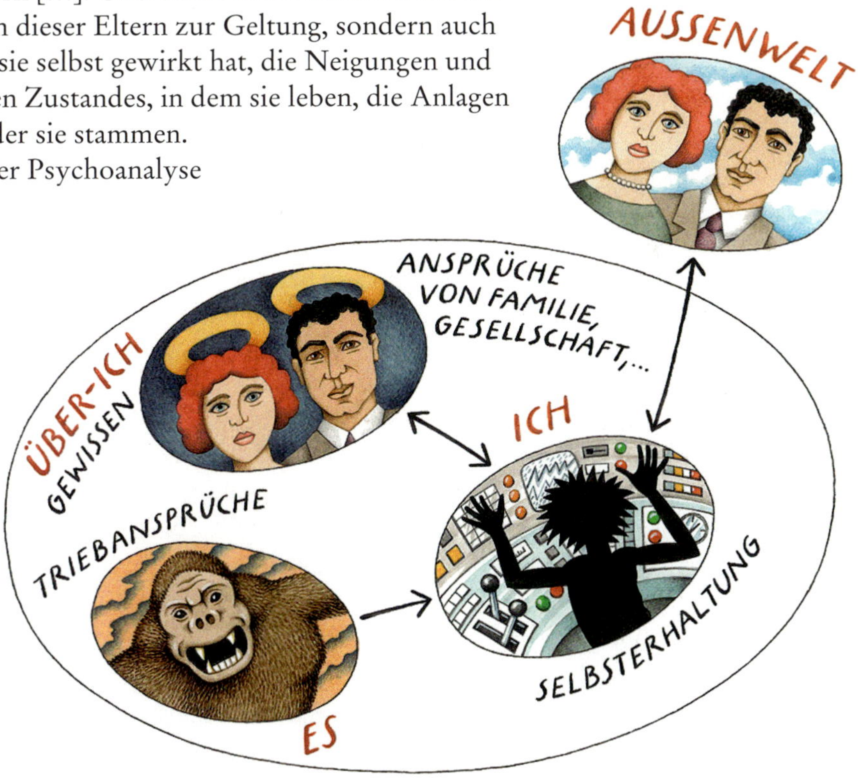

1 Wie kamen Zahides Brüder dazu, ihre Schwester zu richten? Erkläre das Verhalten der Brüder nach FREUDS Instanzenmodell.

2 Beschreibe das Verhältnis der Instanzen* »Es«, «Ich« und »Über-Ich« zueinander. Stell dir vor, jede Instanz sei durch eine eigene Stimme repräsentiert. Wähle eine der beteiligten Personen (Zahide, Süleyman, Zahides Brüder) aus und schreibe einen inneren Dialog.

Seiten 48/49 ◄

3 Zahides Brüder fühlen sich mit ihrem Gewissen im Reinen: Wie verstehen sie die Funktion des inneren Richters? Wie versteht sie ADAM SMITH? Verfasse einen Brief an Zahides Brüder, in dem du versuchst, sie von einer Gewissensprüfung im Sinne ADAM SMITHS zu überzeugen.

Das Gewissen als innere Norm*

Aishe lebt auf der Flucht vor ihrer Familie im Frauenhaus. Sie hat sich ihrer Zwangsverheiratung und Rückkehr in die frühere Heimat widersetzt, weil sie ihre Ausbildung abschließen und ihr Leben selbst bestimmen möchte.
Wie Aishe haben sich auch in anderen Kulturkreisen Menschen immer wieder gegen geltende Normen* und Verbote aufgelehnt. Häufig berufen sie sich auf ihr Gewissen, um zu begründen, warum sie sich bestimmten Geboten der Familie, Gesellschaft oder Tradition widersetzen. Diese Beobachtung scheint einem Verständnis des Gewissens als Ergebnis ausschließlich sozialer Prägung zu widersprechen.

Ist das Gewissen angeboren oder »Ausdruck der Freiheit« …?

Wenn das Gewissen nicht einfach ein Erziehungsprodukt, wenn es nicht identisch ist mit dem Über-Ich, ist es dann vielleicht angeboren? Eine Art angeborener Instinkt sozialer Art? Das ist auch nicht der Fall; denn einem Instinkt folgt man »instinktiv«. Aber das »Ich kann nicht anders« des Triebtäters unterscheidet sich wie Tag und Nacht vom »Ich kann nicht anders« des Gewissenstäters. Der Triebtäter fühlt sich getrieben, unfrei; er würde wohl anders wollen, aber er kann nicht. […] Das »Hier stehe ich, ich kann nicht anders« dessen, der nach seinem Gewissen handelt, ist dagegen Ausdruck der Freiheit. Es sagt soviel wie: »Ich will nicht anders. Ich kann nicht anders wollen, und ich will auch nicht anders können.« Ein solcher Mensch ist frei.

Q ROBERT SPAEMANN: Moralische Grundbegriffe

… oder eine Stimme Gottes?

Dieser Text aus dem Alten Ägypten erklärt das menschliche Handeln aus ganz anderer Sichtweise.

Mein Herz war es, das mich dazu antrieb,
[meine Pflicht] zu tun entsprechend seiner Anleitung.
Es ist für mich ein ausgezeichnetes Zeugnis,
seine Anweisungen habe ich nicht verletzt,
denn ich fürchtete, seine Anleitung zu übertreten und gedieh deswegen sehr.
Trefflich erging es mir wegen seiner Eingebungen für mein Handeln,
tadelsfrei war ich durch seine Führung.
[…] die Menschen [sagen],
ein Gottesspruch ist es [das Herz] in jedem Körper.
Selig der, den es auf den richtigen Weg des Handelns geführt hat.

Q »Die Vortrefflichkeit des Herzens« (unbekannter Autor)

Gelb-weiße Teile (siehe unten)

Wo »sitzt« das Gewissen?

Mit Hilfe bildgebender Verfahren konnten Hirnforscher darstellen, wo man das Gewissen vermutet. Es sitzt im Stirnhirn hinter den Augen. »Es« und »Ich« sind nicht genau lokalisierbar: sie setzen sich aus unzähligen Teilen zusammen. Der amerikanische Neurologe ANTONIO DAMASIO konnte am Beispiel von Unfallpatienten nachweisen, dass Verletzungen des Stirnhirns den Verlust der moralischen Empfindungen verursachen: Je nach Schwere der Verletzung fehlen den Patienten Schuldgefühle, Reue, Gewissenbisse bei Regelübertretungen. Das Gewissen scheint also einen bestimmten Platz im Gehirn zu haben. Sind aber deshalb auch sein Maßstäbe angeboren?

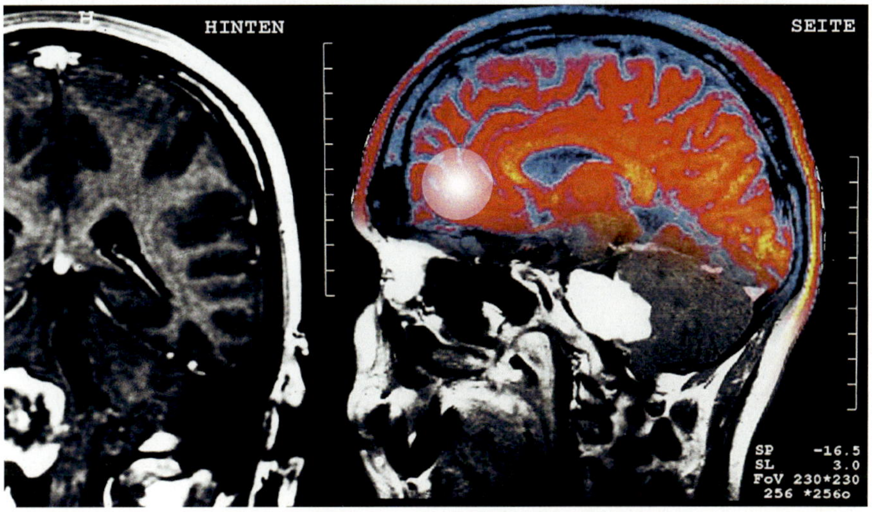

Querschnittsdarstellungen des Gehirns: Röntgenbilder der Seele?

Fachübergreifend (Biologie): Beeinflussbares Gehirn
Forschungen belegen, dass äußere Einwirkungen die Strukturen und Windungen des Hirns verändern. Diese Erkenntnis betrifft z.B. den Umgang mit und den Konsum von Medien. So kann ständiges Videospielen süchtig machen und den Realitätsbezug mindern – oder gar auslöschen:
• Erläutert, welche Konsequenzen Bildungspolitiker in Hinblick auf die Beeinflussung Jugendlicher ziehen müssten.
• Gibt es Schlussfolgerungen, die du für dich persönlich aus den Forschungsergebnissen ziehst?

1 Finde (weitere) Beispiele, die die These widerlegen, das Gewissen sei bloß das Produkt sozialer Prägungen.

2 Was sagt die Möglichkeit, sich unter Berufung auf das eigene Gewissen gegen den Rest der Welt zu stellen, über das Wesen des Menschen und die Beurteilung seines Verhaltens aus?

3 Immer wieder werden wir mit Tätern konfrontiert, die auch bei schlimmsten Verbrechen keinerlei Gewissensregungen zeigen: Was muss in einem Gerichtsverfahren bedacht und berücksichtigt werden? Formuliere Fragen, die sich ein Richter stellen muss.

Das Gewissen als innere Norm*

Bin ich für mein Gewissen verantwortlich?

Otto hat soeben den Fußball durch das Fenster geschossen. Mutter hatte wiederholt verboten, auf dem Hof vor dem Fenster Ball zu spielen; Otto hatte versprochen, sich daran zu halten.

Adolf Eichmann war Obersturmbannführer der SS während der Herrschaft der Nationalsozialisten. Er war verantwortlich für die Organisation der Judentransporte in die Vernichtungslager. Während des gegen ihn geführten Prozesses, lange nach Kriegsende, rechtfertigte er sein Handeln sinngemäß so: »Ich habe nichts als Befehle ausgeführt, ich habe reinen Gewissens meine Pflicht fürs Vaterland getan.«

»Ist euer Geist schon so sehr der Vergewaltigung unterlegen, dass ihr vergesst, dass es nicht nur euer Recht, sondern eure sittliche Pflicht ist, dieses System zu beseitigen?«
Die Geschwister Hans und Sophie Scholl gehörten während des 2. Weltkriegs der Widerstandsgruppe »Die weiße Rose« an. Sie wandten sich mit Flugblättern an die deutsche Jugend und riefen dazu auf, sich gegen Terror, Krieg, Verbrechen und Unterdrückung freier Meinungsäußerungen durch die Nationalsozialisten aufzulehnen. Sie konnten und wollten eine stillschweigende Duldung der nationalsozialistischen Herrschaft nicht mit ihrem Gewissen vereinbaren. Bei einer ihrer Flugblattaktionen in der Münchner Universität wurden sie verhaftet und bald darauf zum Tode verurteilt.

Lesetipps

Inge Scholl: Die weiße Rose. Flugblätter, Frankfurt/Main: Fischer Verlag 1993 (erweiterte Neuausgabe)

Wer mehr über den Fall »Eichmann« erfahren will – die Philosophin Hannah Arendt hat sich jahrelang mit den Hintergründen dieses Verbrechers beschäftigt: Alois Prinz: Beruf Philosophin oder Die Liebe zur Welt. Die Lebensgeschichte der Hannah Arendt, Weinheim und Basel: Beltz & Gelberg 1998 (3. Auflage 2000)

Filmtipp

Die weiße Rose. Film mit Julia Jentzsch (2005)

Stufen des moralischen Bewusstseins

Der amerikanische Psychologe LAWRENCE KOHLBERG (1927–1987) entwickelte eine Theorie*, nach der sich das moralische Bewusstsein und das Gewissen als Prüfinstanz in einer Stufenfolge entwickeln, ohne dass eine Stufe übersprungen werden kann. Allerdings erreichen nach diesem Modell nicht alle Menschen die höchste Stufe.

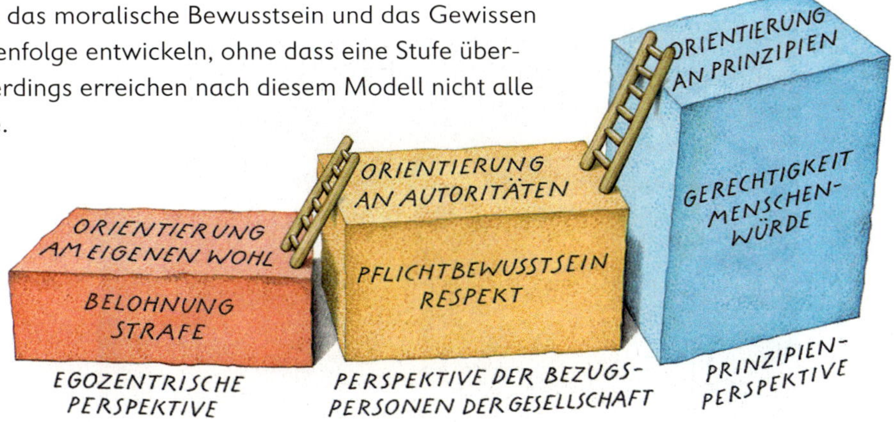

1 Informiere dich über ADOLF EICHMANN und die GESCHWISTER SCHOLL. In allen Beispielen von Seite 54 spielt das Gewissen der betroffenen Personen eine Rolle: Versuche in jedem einzelnen Fall zu bestimmen, welche. Wo siehst du Gemeinsamkeiten, wo Unterschiede?

2 Versuche, den Grad der Gewissensbildung der Personen aus den Beispielen auf der Stufenleiter von LAWRENCE KOHLBERG einzuordnen. Erläutere deine Einstufung.

3 Wie beurteilst du die Thesen, das Gewissen sei angeboren bzw. ein Produkt der Erziehung, wenn du die Kohlberg'schen Entwicklungsstufen in Betracht ziehst? Überlege, ob der Einzelne auch einen eigenen Anteil an seinem Gewissen hat.

»Wenn wir einsehen, dass das moralische Bewusstsein und die Übernahme des Gewissens Ergebnis eines ›ich will‹ sind, überwinden wir die Annahme, sie seien naturgegeben« (ERNST TUGENDHAT)

4 »Nicht nur das Tiefste, auch das Höchste am Ich kann unbewusst sein« (SIGMUND FREUD). Mit dem Höchsten meinte FREUD das Gewissen. Nimm Stellung zu seiner These und überlege: Bin ich der außerhalb meines Bewusstseins waltenden Macht des Gewissens ausgeliefert?

Der Begriff »Gewissen« bezeichnet ein gefühltes Wissen, das die moralische Beurteilung jedes Menschen durch sich selbst ermöglicht. Handeln wir im Einklang mit den von uns akzeptierten moralischen Regeln oder Prinzipien, haben wir ein gutes Gewissen; verstoßen wir gegen diese Regeln, entwickeln wir Schuldgefühle – unser Gewissen drückt uns.
Das Gewissen ist nicht fertig angeboren; es entwickelt sich dynamisch. Bei der Gewissensbildung spielen soziale Beziehungen (auch die Erziehung) eine wichtige, aber nicht die alleinige Rolle. Jeder Mensch nimmt aktiv Einfluss, indem er lernt, seine Handlungen aus unterschiedlichen Perspektiven zu betrachten und zu beurteilen. Dazu muss er allerdings erst eine gewisse Stufe der moralischen Entwicklung erreicht haben, die ihn zur Gewissensprüfung befähigt. Erst in dieser Gewissensprüfung wird das meist unbewusste Gewissen zum Gegenstand bewusster Reflexion und somit zur selbstständigen Instanz*.

Man nennt es Liebe ...

Überlegt: Wovon hängt es ab, welchen Liebespartner wir uns aus-er-wählen?

Bestimmen wir wirklich selbst, wen wir lieben oder werden wir dem oder der Geliebten eher in die Arme getrieben – ohne zu wissen warum?

Partnerwahl – Wahl oder Trieb?

Liebe – bloß eine Frage der Biologie ...?

Genetiker nehmen an, dass hinter der Partnerentscheidung von Männern und Frauen biologische Ursachen stehen: So sei der ideale Partner für Frauen der starke muskulöse Kraftprotz, der wie zu Urzeiten den Schutz und die Versorgung der Nachkommen gewährleistet. Die ideale Frau hingegen sei schön und jung und habe die Fähigkeit, viele Kinder zu gebären und die Nachkommenschaft zu sichern.

Sigmar Stehle, Bonn

... oder eine Stufenleiter hin zum Schönen und Guten?

In der antiken griechischen Philosophie galt die Liebe als eine natürliche, das gesamte Leben durchdringende Kraft: Der Eros* wurde nicht auf die sexuelle Liebe beschränkt. In einem seiner Dialoge lässt der Philosoph Platon die weise Diotima diese Einstellung erläutern.

Seite 16 ◄
(Mythos vom Kugelmenschen)

Jedes Streben nach Gütern und Glück ist Eros. [...] Doch wenn sich jemand dem Gelderwerb, der Gymnastik oder der Philosophie zuwendet, dann heißt es nicht: er liebt oder ist ein Liebender. Wenn aber jemand seinen Eifer auf einen begehrten Menschen richtet, dann spricht man von Liebe, Lieben und von Liebenden. Es geht nun zwar die Rede, dass diejenigen lieben, die ihre eigene Hälfte suchen. Meine Lehre aber lautet, dass Eros weder auf ein Halbes, noch auf ein Ganzes aus ist, sondern nichts lieben die Menschen mehr als das Gute. Wer dieses Ziel erreichen will, muss in der Jugend damit beginnen, sich schönen Leibern zuzuwenden und zwar zunächst einer einzelnen Person. Dabei wird er von schönen Gedanken erfüllt, begreift aber schließlich, dass die Schönheit am einen Leib der an anderen Leibern verschwistert

Platonische Liebe: ◀
So heißt bis heute eine Liebe, die allein auf gemeinsamen Interessen und Gefühlen beruht (Seelenverwandtschaft) und ohne sexuelle Kontakte auskommt.

ist. So wird er die Schönheit an allen schönen Leibern lieben und in seiner Leidenschaft für den Einzelnen nachlassen. Danach wird er die Seelenschönheit höher schätzen als die des Leibes, so dass es ihm genug ist, wenn jemand eine wohl geartete Seele hat, sollte sein Äußeres auch wenig anziehend sein, er wird ihn dennoch lieben und umsorgen. Dadurch fühlt er sich veranlasst, auch in den Handlungen, sowie in Sitten und Gesetzen das Schöne zu schauen und so wahrzunehmen, dass alle Schönheit miteinander verwandt ist.

Q NACH PLATON: Symposion

LUCIEN FREUD, Narcissus (1949)

Lieben – aber wie und wen?

Auch SIGMUND FREUD bestimmte die Liebe als Lebensenergie, die alle Handlungen des Menschen und sein Leben durchzieht: Ursprünglich sei sie Sexualität. Nach FREUD hat der Mensch zwei ursprüngliche Sexualobjekte: sich selbst und die pflegende Bezugsperson, meist die Mutter. Dabei wird ein Zustand primärer Selbstliebe (Narzissmus) vorausgesetzt, der die Wahl des Liebesobjekts beeinflusst: Die einen richten ihre spätere Partnerwahl unbewusst an Bezugspersonen aus, die durch Ernährung, Pflege und Schutz die Ich-Triebe befriedigen (Anlehnungstypen). Die anderen wählen ihr späteres Liebesobjekt nicht nach dem Vorbild der Bezugsperson, sondern nach dem der eigenen Person (narzisstische Typen). Sie gelangen über den Zustand der Selbstliebe nicht hinaus:

1. Liebe nach dem narzisstischen Typus:
a) was man selbst ist (sich selbst)
b) was man selbst war
c) was man selbst sein möchte
d) die Person, die ein Teil des eigenen Selbst war

2. Liebe nach dem Anlehnungstypus:
a) die nährende Frau
b) den schützenden Mann.

1 Stellt Gemeinsamkeiten und Unterschiede der verschiedenen Konzepte von Liebe fest: Welche Vorstellungen vom Wesen des Menschen liegen dem jeweils zugrunde?

2 Verdeutlicht, welche Erwartungen DIOTIMA an den Liebenden stellt und stellt die Stufenfolge der Liebe nach PLATON grafisch dar. Welche Auswirkung hat DIOTIMAS Liebesideal auf das gesellschaftliche Miteinander?

3 Schreibe auf, was du selbst unter Liebe verstehst, was für deine Partnerwahl bedeutsam ist und was du in einer Partnerschaft von dir selbst und von deinem Partner erwartest.

→← In der Alltagssprache ist Liebe der Ausdruck für unterschiedliche psychische Zustände: für sexuell geprägte Empfindungen, für ein Gefühl der Wertschätzung des geliebten Objekts (Partner, Gegenstand oder Gott) und schließlich für eine ethische Haltung (Nächstenliebe als Tugend).

Unsere Psyche – ein Eisberg

1 Übertragt die verschiedenen Aspekte unserer Psyche auf das Eisberg-Modell, z.B. in Form eines Wandbildes.

2 Gebt durch die Anordnung an, in welchen Beziehungen die einzelnen psychischen Merkmale zueinander stehen. (Manche Aspekte können sich überschneiden.) Achtet besonders auf die Position oberhalb oder unterhalb der Wasseroberfläche und vergleicht sie mit eurer Zuordnung, die ihr vielleicht schon einmal früher ohne Kenntnis der vorgegebenen Fachbegriffe vorgenommen habt. Lassen sich beide in Übereinstimmung bringen?

Seite 43 ◄
Aufgabe 4

ES ICH PRINZIPIEN LUST ÜBER-ICH TRIEBE GEWISSEN AUTORITÄTEN BEWUSSTES UNBEWUSSTES WAHRNEHMUNGEN SCHULDGEFÜHLE HANDELN VORSTELLUNGEN BEDÜRFNISSE GEWISSENSPRÜFUNG

Projekt: Einen seelischen Konflikt szenisch gestalten

Seite 52 ◄

Aishe lebt in einem Frauenhaus. Sie will ihre Schulausbildung abschließen, um anschließend ihr Leben auf eigene Füße stellen zu können. Aishe hat sich ihre Entscheidung nicht leicht gemacht – um ihrer Freiheit willen traf sie eine Entscheidung, die sie höchstwahrscheinlich auf Dauer von ihrer Familie trennen wird.

1. Verfasst eine Theaterszene, in der Aishe mit ihrer Entscheidung ringt.
• Klärt zunächst, welche Theorie* des Gewissens ihr bevorzugt. (Bildet für eure Szene passende Dialoge – am besten in verschiedenen Autorengruppen.)
• Verfasst diese Szene als Dialog, in der ihr den verschiedenen Instanzen* von Aishes Psyche verschiedene Rollen zuordnet.

Seite 58 ◄

• Achtet beim Schreiben darauf, die unterschiedlichen psychischen Aspekte einander zuzuordnen. Manche lassen sich unter einer Kategorie zusammenfassen (z.B. Lust, Bedürfnisse).

2. Inszeniert im Anschluss eure Szene und führt sie euren Mitschülern vor. Versucht dabei, die verschiedenen Instanzen voneinander zu unterscheiden. Dies könnt ihr z.B. durch Beleuchtung, Kostüme in unterschiedlichen Farben, oder durch akustische Mittel tun. (Lasst dabei eurer Fantasie freien Lauf.)

3. Diskutiert darüber, ob und wenn ja, wie ihr Aishe selbst auftreten lassen möchtet.

Lesetipp

Platon: Apologie des Sokrates. Kriton. Übersetzt von Manfred Fuhrmann, Stuttgart: Reclam Verlag 1996

Ich komm', weiß nit woher,
ich bin und weiß nit wer,
ich leb', weiß nit wie lang,
ich sterb', und weiß nit wann,
ich fahr', weiß nit wohin:
Mich wundert's, dass ich fröh-
lich bin. […]

Q Spruch aus dem Mittelalter

Der Tod ist groß.
Wir sind die Seinen
lachenden Munds.
Wenn wir uns mitten im Leben meinen,
wagt er zu weinen
mitten in uns.

Q Rainer Maria Rilke, österreichischer Schriftsteller (1875–1926)

Edvard Munchs Gemälde, entstanden zwischen 1894 und 1898, trägt den Titel »Leichengeruch«.

Nachdenken über den Tod

»Ich halte es für wichtig, sich mit dem Tod auseinanderzusetzen und ihn keinesfalls zu ignorieren. Wenn ich mir bewusst bin, dass ich irgendwann sterben werde, nehme ich meine Umwelt besser wahr und lebe so intensiver.«
ANNA F., 16 Jahre

»Der Geist des Menschen, seine Denkvorgänge und Empfindungen, sind Folgen rein biologischer Prozesse. Der Tod bedeutet das Aussetzen all dieser Prozesse. Damit gilt für mich, den größtmöglichen Vorteil in erster Linie für mich und in zweiter für meine Umwelt aus dieser Existenz zu ziehen.«
SIMON A., 16 Jahre

»Manchmal denke ich darüber nach, wozu Menschen eigentlich leben: wozu wir lernen, arbeiten und uns eine Zukunft aufbauen. Irgendwann sterbe ich, irgendwann ist alles zu Ende – und alles, was ich in meinem Leben mache, ist umsonst.«
JIRINA U., 15 Jahre

1 Welche Gefühle angesichts des Todes bringt EDVARD MUNCH durch sein Gemälde zum Ausdruck? Notiert eure Gedanken zu Sterben und Tod gruppenweise in einem stummen Schreibgespräch.

2 Betrachtet die Zeichnung auf Seite 61. Versucht sie im Sinne des Künstlers zu interpretieren. Einigt euch auf einen eigenen Titel. Welche Fragen bleiben für euch offen?

3 Findest du dich in den Schüleräußerungen mit deiner Einstellung zum Tod wieder? Formuliere einen eigenen Standpunkt.

GUNTHER BÖHMER, Trauer (Tuschzeichnung)

Dem unausweichlichen Tod begegnen

Lasst euch Zeit für die schriftliche Fixierung eurer Gedanken. Tauscht eure Antworten untereinander aus. Entwickelt dann auf der Grundlage des Fragebogens eine Mindmap zu Sterben und Tod. ◄

Handtuchhalter aus dem 16. Jahrhundert, geschnitzt aus Zirbelkiefer

1. Haben Sie Angst vor dem Tod und seit welchem Lebensjahr?
2. Was tun Sie dagegen?
3. Haben Sie keine Angst vor dem Tod, aber Angst vor dem Sterben?
4. Möchten Sie unsterblich sein? […]
8. Möchten Sie wissen, wie Sterben ist? […]
12. Was stört sie an Begräbnissen? […]
17. Wenn Sie nicht allgemein an den Tod denken, sondern an Ihren persönlichen Tod, sind Sie jeweils erschüttert, d. h. tun Sie sich selbst leid oder denken Sie an Personen, die Ihnen nach Ihrem Hinschied leidtun?
18. Möchten Sie lieber mit Bewusstsein sterben oder überrascht werden von einem fallenden Ziegel, von einem Herzschlag, von einer Explosion?
19. Wissen Sie, wo Sie begraben sein möchten? […]
22. Wenn Sie an ein Reich der Toten (Hades) glauben: Beruhigt Sie die Vorstellung, dass wir uns alle wiedersehen auf Ewigkeit oder haben Sie deshalb Angst vor dem Tod? […]
24. Wenn Sie jemand lieben: warum möchten Sie nicht der überlebende Teil sein, sondern das Leid dem andern überlassen?
25. Wieso weinen die Sterbenden nie?

Max Frisch, Schweizer Schriftsteller (1911–1991)

Memento

Vor meinem eigenen Tod ist mir nicht bang,
Nur vor dem Tod derer, die mir nahe sind.
Wie soll ich leben, wenn sie nicht mehr sind?
Allein im Nebel tast' ich todentlang
Und lass' mich willig in das Dunkel treiben.
Das Gehen schmerzt nicht halb soviel wie das Bleiben.
Der weiß es wohl, dem Gleiches widerfuhr;
– Und die es trugen, mögen mir vergeben.
Bedenkt: Den eignen Tod, den stirbt man nur,
Doch mit dem Tod der andern muss man leben.

Mascha Kaléko, deutschsprachige jüdische Dichterin (1907–1975)

Wir werden Dich niemals vergessen.
Wir sind traurig, dass Du nicht mehr bei uns bist.
Wir hoffen, im Himmel geht es Dir besser.

AMANI

*27.1.1999 †5.5.2007

Deine Mitschüler und Mitschülerinnen,
die Eltern und Deine Lehrerinnen
der Klasse 2 e

Plötzlich aus dem Leben gerissen – was bedeutet das für die Hinterbliebenen?

Meine Entdeckung des Todes

Man kann den Tod, sein absolutes Grauen und seine Sinnlosigkeit in jedem Lebensalter entdecken. Ein kurzes Aufblicken genügt. Dieses kann zu jeder Zeit an jedem Ort geschehen. Mich traf es an einem Winterabend des Jahres 1944 – ich war zehn Jahre alt – im Speisesaal des Thuner Waisenhauses. Männer der Wasserschutzpolizei hatten gerade einen schmächtigen, in eine Decke gehüllten Körper, den sie kurze Zeit zuvor aus dem eiskalten Wasser gezogen hatten, auf den Tisch gelegt. Es war Hans Berner. Sein hageres Gesicht war aschfahl. Aus seinen braunen Locken rannen Wassertropfen.
Hans Berner war ein magerer, begabter Junge. Wir hatten in der Götti-Bach-Schule in derselben Bank gesessen. Zwischen meinem sechsten und meinem zehnten Lebensjahr war er mein bester Freund gewesen. [...] Die Trauerfeier war kühl, kurz und herzzerreißend. Mit einem Schlage begriff ich: Unser ganzes Tun ist nichts als ein einziger Versuch, den Tod zu bannen. In den dunklen Windungen unseres Gehirns verborgen, beherrscht der Tod noch den nebensächlichsten Gedanken. Wenn wir lachen, weint er in uns. [...] Der Schrecken des Todes wirft seinen Schatten auf alles und jeden. Er lässt keinen Bereich unseres Wesens unberührt. Das Wissen, dass mein Leben [...] einmal endet, dass ich sterben werde, bestimmt seit jenem Abend im Waisenhaus all meine Entscheidungen.

Q JEAN ZIEGLER, Schweizer Soziologe und Politiker

1 Auf welche Frage von MAX FRISCH gibt MASCHA KALÉKOS Gedicht eine Antwort? – Der eigene Tod und der von anderen: Bestimmt die Differenzen und unterscheidet zwischen Tod und Sterben. Überlege, wovor du die größte Angst hast.

2 Was würde sich in deinem Leben ändern, wenn du, wie JEAN ZIEGLER, in der ständigen Gewissheit leben würdest, dass auch dein Leben begrenzt ist?

3 Kannst du dich noch ungefähr an den Zeitpunkt und die Situation erinnern, als dir deine eigene Sterblichkeit zum ersten Mal bewusst wurde? Was ist dir durch den Kopf gegangen?

→← Der Mensch ist das einzige Lebewesen, das von seinem eigenen Tod weiß. Jeder Mensch macht im Verlauf seines Lebens die unterschiedlichsten Erfahrungen mit dem Sterben und dem Tod. Diese sind meist sehr persönlich und jede/r geht unterschiedlich mit ihnen um. Einige Menschen versuchen die Vorstellung der eigenen Sterblichkeit zu verdrängen oder als Mahnung zu einem intensiven Leben zu verstehen. Andere haben mehr Angst vor dem Tod der Menschen, die ihnen nahe stehen, als vor ihrem eigenen.

»Ein Volk wird danach beurteilt, wie es seine Toten bestattet«

Zwangsbestattungen?!

Wenn ein Mensch stirbt und die Behörden keine »bestattungspflichtigen Angehörigen« finden, die ein Begräbnis organisieren und bezahlen, kommt die Leiche von Amts wegen unter die Erde. Oft bekommen nur Behördenvertreter, Bestatter und einzelne Pfarrer etwas davon mit. In Berlin ereilt dieses Schicksal pro Jahr mehr als 2.000 Menschen, in Frankfurt 100, in München fast 500, in Hamburg 800. Aufs ganze Land hochgerechnet, verschwindet jedes Jahr eine Kleinstadt.

Q NILS HUSMANN: Und wer trauert? (2007)

ANGELO JANK: Am Bette eines Sterbenden (um 1900)

Tote ohne Angehörige: In den Kästen sind zwanzig Urnen. Wenn nicht Geistliche – wie hier ein ehrenamtlicher Seelsorger auf einem Hamburger Friedhof – die Grablegung begleiten, verschwinden sie einfach so in der Erde. Kein Grabstein erinnert an die Toten.

Bestatten – ein Geschäft?

Mit dem Wort Tod ist auch die Berührung verschwunden. Beim langsamen Hinübergleiten in die Erstarrung fehlt oft die warme Hand am Bettrand. Anstelle der dreitägigen Totenwache muss im Zeitalter der Eile ein kurzer Besuch zum langen Abschied genügen. Steht das Herz still, so schlägt die Stunde der Bestattungsinstitute. Sie regeln, wofür wir keine Zeit und wozu wir keine Lust haben. In dörflichen Strukturen gingen den Hinterbliebenen die Nachbarin und der Nachbar zur Hand. Wenn der Bestatter heute unentbehrlich scheint, so liegt das an uns, die wir den Tod aus unserem Alltag ausgrenzen. Der Markt hat unsere Mentalität geprägt – einkaufen, konsumieren, buchen und umtauschen – […], was wir nicht beherrschen, was wir noch nie getan haben, delegieren wir an Profis. Aufgrund unserer Unfähigkeit oder unseres Desinteresses, unsere Toten selbst zu waschen, anzuziehen, einzusargen, zu transportieren und zu betten, wird der Bestatter zum Helfer in der Not. In unserer unsolidarisierten Welt benötigen wir den Sterbeprofi existenziell.

Q ALICE BAUMANN, Schweizer Journalistin

Berührung

Es ist am Anfang schon komisch – einen toten Körper zu berühren. Und das Einölen – wenn man ehrlich sein will – das Einölen bringt dem Körper eigentlich nichts, von den Bakterien her. Das Öl bringt einen angenehmen Duft in den Raum. Und für die Familie, die sich darauf einlässt und das selber macht, gibt es einen sehr, sehr intensiven Körperkontakt. Es passiert auf der geistigen Ebene dann sehr viel. Ich kann nur aus Erfahrung erzählen: dass Leute, die den Verstorbenen ölen, dass da sehr große Emotionen frei werden, dass sie dann mit dem Verstorbenen zu reden beginnen, dass sie ihm ihre Gedanken, ihre tiefsten Gefühle, ihre Bedürfnisse, sogar ihre Sachen, die sie vermisst haben, in einem solchen Moment sagen können.

Q RICCO BIAGGI, Bestatter

Keine Fotos bitte

Weshalb werden an Beerdigungen von Normal-Sterblichen kaum Fotos gemacht? Und warum stehen die Trauernden nicht zu einem Gruppenbild zusammen, wie sie dies an jeder Hochzeit tun würden? Geschmacklos? Daneben? Trauer, Schmerz und Leid sind keine beliebten Fotosujets, obschon sie zum Leben gehören, wie die Freude auch. Was als fotogen gilt, worauf fokussiert wird und was unbelichtet im Dunkeln belassen werden soll, das ist kulturell bestimmt und als solches wandelbar.

Q BEATRICE LEDERGERBER BECHTER, Volkskundlerin

1 Sammelt Ausdrücke und Redewendungen, die ihr für den Begriff »Sterben« kennt. Ordnet sie. Für welchen Umgang mit Sterben in unserer Gesellschaft stehen sie?

2 Führt eine Befragung im Familien- und Freundeskreis zu Sterben und Bestattung durch. Einigt euch auf Fragen, die bestätigen oder einschränken könnten, was auf den vorhergehenden Seiten zur Sprache kommt. Wertet eure Ergebnisse aus.

3 Versucht die These der Volkskundlerin BECHTER in einem Satz zu formulieren. Wenn die These stimmt, was soll dann »unbelichtet« bleiben? Diskutiert, ob sich das ändern sollte.

Seite 240 Methode: ◄ Einen (philosophischen) Essay verfassen

4 Kann oder darf eine Gesellschaft danach beurteilt werden, wie sie ihre Toten bestattet? Recherchiert, welcher griechische Politiker aus dem 5. Jahrhundert v. Chr. das behauptet haben soll. Verfasst dazu ein Essay.

»Ein Volk wird danach beurteilt, wie es seine Toten bestattet«

Tag der Toten in Mexiko (2. November) – eine Familie am Grab eines Angehörigen

»Die Seelen der Verstorbenen besuchen ihre Familien«

Das mexikanische Totenfest (1. und 2. November) ist ein fröhliches Ereignis. Schon Wochen vor dem Fest künden Auslagen der Geschäfte den bevorstehenden Feiertag an: Papierblumen, Girlanden mit Todessymbolen, Skelette, Totenskulpturen, Schädel aus Zuckerguss oder Schokolade, Brot und Gebäck in Form von Knochen bestimmen das Bild. Bis Mitternacht wird mit Musik, Tanz, Speisen, Bier, Tequila und Umzügen gefeiert. Dann ziehen die Festgesellschaften mit den Symbolen der Verstorbenen auf die Friedhöfe, um sie am Familiengrab wieder zu verabschieden.

An Allerheiligen (1. November) gedenken Katholiken Ihrer Heiligen; am darauf folgenden Allerseelen (2. November) ehren sie ihre verstorbenen Mitgläubigen, dann werden Lichter an den Gräbern entzündet.

Protestanten gedenken der Gestorbenen am Totensonntag (Anfang November); dann besuchen und schmücken sie deren Gräber.

Das inzwischen auch bei uns populäre Halloween (Vorabend von Allerheiligen) ist vorchristlichen Ursprungs; jahrhundertelang feierten vor allem katholische Iren, Schotten und ihre Nachfahren in Nordamerika das Fest, um die Seelen der Verstorbenen zu »beruhigen«.

Christliches und atzekisches Erbe

Christliche Eroberer brachten im 16. Jahrhundert die Figur des Sensenmanns nach Mexiko. Die Atzteken nahmen ihn als Symbol für die Vergänglichkeit in ihre Tradition auf. Für die Atzteken war jedoch auch Mictlantecuhtli, der oberste Herr der Toten, von Bedeutung. Er wird häufig als Skelett dargestellt und herrscht nach überlieferter Vorstellung über sein von lebenden Skeletten bevölkertes Totenreich.

Damit es dem Verstorbenen bei seinem Besuch bei den Lebenden an nichts fehlt, werden Speisen und Getränke, auch Zigaretten und Kleidungsstücke aufgetischt.

Präsenz der Toten – mitten im Leben

Für die Bevölkerung von Madagaskar bleiben die Toten immer Bestandteil ihrer Familien. Sie steuern aus dem Jenseits die Geschicke der Lebenden, denn durch den Tod werden sie zu Mittlern zwischen Gott und den Menschen. Das Grab ist der Ort des Kontakts zwischen Toten und Lebenden. Zur »Totenumwendung« feiern die Familien etwa alle zehn Jahre gemeinsam mit den Toten ein Fest. Dazu werden die sterblichen Überreste aus den Gräbern geholt und in Bastmatten gelegt. Nach dem Fest werden sie in neue Tücher gehüllt und wieder in ihre Gräber zurückgebracht.
Auf Sulawesi, einer Insel in Indonesien, werden hölzerne Abbilder der Toten – so genannte Tau-taus – hergestellt und auf Felsgalerien aufgestellt. Die Verstorbenen bleiben bis zu ihrer Bestattung bei diesen Tau-taus. Es kann Monate dauern, bis sie festlich in Felsengräbern beigesetzt werden. Das irdische Leben gilt nur als Zwischenstation auf dem Weg ins Jenseits, von wo aus die Toten das irdische Leben steuern sollen.

Totenkult auf den Salomonen (Inselgruppe im Pazifik).
An manchen Straßen in China sind unter Zelten Leichname in Holzsärgen aufgebahrt. Nach ein paar Jahren – wenn die Leichname längst verwest sind – werden die Knochen ausgegraben, gesäubert und die Verstorbenen erneut beerdigt – dann aber in Keramik-Urnen.

1 Die hier vorgestellten Totenfeiern und -rituale weisen Unterschiede auf. Zeige, in welcher Hinsicht sie dennoch Ausdruck ähnlicher Einstellungen zum Tod sind.

2 Welche Totenfeiern und -rituale werden bei uns angeboten? Recherchiert dazu auch im Internet. Vergleicht diese mit den Ritualen in Madagaskar, Indonesien und China.

3 In der westlichen Zivilisation ist eine zunehmende Tendenz zur anonymen Bestattung zu beobachten. Diskutiert, welche Bedeutung für die Lebenden der Besuch des Grabes eines Angehörigen haben kann.

Seiten 72/73 ◄

Mit zunehmender Vereinzelung erfahren Menschen in unserer Gesellschaft das Sterben immer weniger in einer familiären Gemeinschaft, von der frühere Generationen getragen wurden. Religiöse Rituale am Ende des Lebens verlieren an Bedeutung und Verbindlichkeit; Hilflosigkeit angesichts der eigenen Vergänglichkeit, Verdrängung und Tabuisierung von Sterben und Tod sind die Folge. An die Stelle der Gemeinschaft treten professionelle Anbieter wie Krankenhäuser, Altenheime oder Hospize. Der Vergleich mit Bestattungen und Sterberitualen in anderen Kulturen kann den Blick für die eigene, oft unsichere Haltung gegenüber Sterben und Tod schärfen.

Einstellungen zum Tod

»Memento mori« (Bedenke, dass du sterben musst) – Wahlspruch im Zeitalter des Barock (vergleiche S. 62, Abbildung Handtuchhalter)

»Das Wissen vom Tod erst lässt uns entdecken, was leben heißt. [...] Würden wir nicht sterben, verlöre alles seine Bedeutung. Alles was wir heute tun, könnten wir ebenso gut morgen tun. [...] Das Wissen vom Ende eröffnet uns erst die Dimension von so etwas wie Sinn [...].
ROBERT SPAEMANN, Philosoph (geboren 1927)

»Der Tod geht uns nichts an«

Mache dich mit dem Gedanken vertraut, dass der Tod für uns ganz gleichgültig sei, denn Wohl und Wehe leben in der Empfindung; der Tod ist aber nichts anderes als das Ende dieser Empfindung. [...] So wird uns das fürchterlichste Übel, der Tod, vollkommen gleichgültig. Denn solange wir sind, ist er nicht da, wenn er aber da ist, sind wir nicht mehr vorhanden. Der Tod kann also weder die Lebenden noch die Gestorbenen bekümmern, denn für jene ist er noch nicht da, die anderen aber sind nicht mehr für ihn.

Q EPIKUR, griechischer Philosoph (341–271 v. Chr.)

Kryonik-Unternehmen versprechen Unsterblichkeit: Zu Lebzeiten kann heute darüber verfügt werden, den eigenen Körper nach dem Tod in flüssigem Stickstoff einzufrieren. Wenn die Gentechnik soweit sei, könne er aufgefroren, »repariert« und verjüngt werden. Kryonik wird derzeit in Amerika und Russland angeboten. In Deutschland fehlt dazu die rechtliche Grundlage.
Kryos: griechisch »Kälte, Eis«

»Sieh dem Tod ins Gesicht!«

Ja, wäre der Tod ein Feind, dem man entfliehen könnte, würde ich raten, sich die Waffen der Feigheit zu leihen. Doch [...] und weil kein Harnisch, und sei er noch so gut gehärtet, vor ihm zu schützen vermag, so lasst uns lernen, ihm festen Fußes standzuhalten und die Stirn zu bieten! Berauben wir den Tod zunächst seiner stärksten Trumpfkarte, die er gegen uns in Händen hält, und schlagen wir dazu einen völlig anderen Weg als den üblichen ein: Berauben wir ihn seiner Unheimlichkeit, pflegen wir Umgang mit ihm, gewöhnen wir uns an ihn, bedenken wir nichts so oft wie ihn! [...] Es ist ungewiss, wo der Tod uns erwartet – erwarten wir ihn überall! Das Vorbedenken des Todes ist Vorbedenken der Freiheit. Wer sterben gelernt hat, hat das Dienen verlernt.

Q MICHEL DE MONTAIGNE, französischer Schriftsteller und Philosoph (1533–1592)

Krisen und Übergänge meistern – oder: die Kunst zu leben?

BRUEGHEL, JAN D. Ä., Jonas entsteigt dem Walfisch (1595).

In schwierigen Situationen fühlen sich Menschen manchmal wie »begraben«. Doch der wahre Held ist in Märchen nicht derjenige, der aus eigener Kraft stark ist. Er hat vielmehr Einsicht in seine Begrenztheit erfahren, lässt sich mutig auf Veränderungen ein, um schließlich auf wundersame Weise Hilfe von außen zu erlangen.

Nicht nur Jona – auch andere Märchenhelden gehen durch Krisen oder todesähnliche Situationen, um am Ende gerettet zu werden. Die Botschaft dieser Märchen kann tiefenpsychologisch so zusammengefasst werden: Wer zu Lebzeiten lernt, sich (ähnlich wie im Sterben) auf Unbekanntes einzulassen, wird nicht verlieren, sondern einen tieferen Lebenssinn gewinnen.

Methode: Gedankenexperiment

Das Gedankenexperiment geht im Gegensatz zum naturwissenschaftlichen Experiment von rein fiktiven, ungewöhnlichen, unwahrscheinlichen oder unrealistischen Ausgangsbedingungen aus und nimmt die Konsequenzen in den Blick. So können Zusammenhänge erläutert oder Thesen gestützt bzw. widerlegt werden. Die Ausgangsbedingung muss jedoch widerspruchsfrei zu denken sein. Beachtet folgende Schritte:

- Beschreibt die Ausgangsbedingung, z.B.: »Nehmen wir einmal an, die Menschen wären unsterblich - dank Kryonik und Gentechnologie.«
- Analysiert dann konkret und an Beispielen, welche Konsequenzen daraus folgen könnten.
- Überlegt, inwieweit ihr aus den Ergebnissen allgemeine Schlüsse ziehen könnt: Versucht diese zu formulieren.

1 Inwiefern werden Lebende immer wieder an die eigene Sterblichkeit erinnert, auch wenn ein Toter nichts mehr empfindet? Diskutiert die Überzeugungskraft von EPIKURS Argumenten.

2 Welche Einstellungen zum Tod, die auf dieser Doppelseite vorgestellt werden, leuchten euch ein, welche nicht? Konkretisiert dazu, was SPAEMANN unter »Sinn« und MONTAIGNE unter »Freiheit« verstehen könnten.

3 Diskutiert, welche Haltung zum Leben (oder welches Weltbild) sich hinter den vorgestellten Einstellungen zum Tod verbergen. Diskutiert Konsequenzen für die Lebenspraxis, d.h. für die »Kunst« zu leben.

→← Der Tod ist das große Unbekannte. Wer stirbt, muss ohne Begleitung in den Tod »gehen«. Das kann Angst erzeugen. Die Einstellung des Einzelnen zum Tod hat auf unterschiedliche Weise Auswirkungen auf das eigene Leben. Manche setzen sich gedanklich mit Sterben und Tod auseinander oder bereiten sich schon zu Lebzeiten auf ihn vor. Viele wollen den eigenen Tod nicht annehmen und einige hoffen auf Unsterblichkeit. Der Tod bleibt unausweichlich – oder kann er doch besiegt werden?

Vorstellungen vom Leben nach dem Tod

Der Philosoph SOKRATES (399 v. Chr. verurteilt und getötet) tröstete sich und seine Freunde vor seiner Hinrichtung, wie sein Schüler PLATON überliefert, mit folgenden Worten:

Und du bemerkst doch [...], dass, wenn der Mensch stirbt, auch seinem Sichtbaren, dem Leibe, der noch im Sichtbaren daliegt, den wir Leichnam nennen und dem es zukommt, aufgelöst zu werden und zu zerfallen und verweht zu werden, nicht gleich etwas hiervon widerfährt, sondern er noch eine ganz geraume Zeit so bleibt [...]. Ja einige Teile des Leibes wie Knochen, Sehnen und alles dergleichen sind, wenn er auch schon verfault ist, sozusagen doch fast unsterblich. [...] Und die Seele also, das Unsichtbare und sich an einen andern ebensolchen Ort Begebende, der edel und rein und unsichtbar ist, nämlich in die wahre Geisterwelt zu dem guten und weisen Gott, wohin, wenn Gott will, alsbald auch meine Seele zu gehen hat, diese, die so beschaffen und geartet ist, sollte, wenn sie von dem Leibe getrennt ist, sogleich verweht und untergegangen sein, wie die meisten Menschen sagen? Daran fehlt wohl viel [...]!

Q PLATON: Phaidon

»Auferstehung des Fleisches« – LUCA SIGNORELLI malte im Dom von Orvieto (Italien) zwischen 1499 und 1504 dieses Wandbild (Fresko), um die christliche Hoffnung auf ein Leben nach dem Tod auszudrücken.

Der Tod im Islam – notwendiger Übergang zu Allah

»Abberufen wird euch der Engel des Todes, der mit euch betraut ist. Dann werdet ihr zum Herrn zurückgebracht.« Koran, 32. Sure, Vers 11

Nach islamischer Vorstellung kommt zur Todesstunde ein Engel, um die Seele vom Körper zu trennen. Nach einem Zwischengericht wird die Seele in den Körper des Verstorbenen zurückgebracht. Es folgt eine Befragung im Grab. Kann der Verstorbene die Fragen im Sinne des islamischen Glaubens richtig beantworten, wird ihm die Übergangszeit bis zum späteren Leben im Paradies erleichtert. Sonst muss er bereits im Grab Qualen erleiden. Die Übergangszeit dauert bis zur Auferstehung am Tag des Jüngsten Gerichts, die die Seelen in einem schlafähnlichen Zustand verbringen.
Am Tag des Jüngsten Gerichts wird die Seele wieder mit dem Körper vereint. Dann werden gute und schlechte Taten der Toten auf einer Waagschale gegeneinander aufgewogen. Ein Engel führt die Gläubigen über eine schmale Brücke, die schmaler als ein Haar und schärfer als ein Schwert sein soll. Darunter lodert das Höllenfeuer. Wer das Gericht

nicht bestanden hat, stürzt hinunter, die vor Gott Gerechten jedoch gehen unbeschadet weiter und treten ins Paradies sein, wo Gottes Richterspruch endgültig besiegelt wird. Die Hölle ist ein Ort unvorstellbarer Qualen. Ungläubige müssen dort ewig verbleiben, Muslime, die Gottes Gericht nicht bestanden, dürfen jedoch hoffen, nach der verbüßten Strafe doch noch ins Paradies einzutreten. Der Koran beschreibt das Paradies als ein Ort der Sinnenfreuden, der Leichtigkeit und des Friedens – wo der Mensch nahe bei Gott ist. Darin liegt der Lohn für alle Anstrengungen im Leben.

Q Nach Informationsplattform Religion (2006)

Hinter dem Horizont …?

»Ein »Leben nach dem Tode« besagt normalerweise ein Leben ohne unseren alten Körper. Es ist schwer zu sagen, wie man entscheiden können soll, ob wir solche ablösbaren Seelen besitzen. Sämtliche Daten zeigen, dass das bewusste Leben vor dem Tod gänzlich davon abhängt, was im Nervensystem vorgeht. Halten wir uns lediglich an die Beobachtung […], so gibt es keinen Grund, an ein späteres Leben zu glauben.« Thomas Nagel, US-amerikanischer Philosoph (geboren 1937)

Es geschah, dass in einem Schoß Zwillingsbrüder empfangen wurden. Die Wochen vergingen und die Knaben wuchsen heran. […] Die Zwillinge begannen die Welt zu entdecken. Als sie aber die Schnur fanden, die sie mit ihrer Mutter verband und die ihnen Nahrung gab, da sangen sie vor Freude: »Wie groß ist die Liebe unserer Mutter, dass sie ihr eigenes Leben mit uns teilt!« Als aber die Wochen vergingen und schließlich zu Monaten wurden, merkten sie plötzlich, dass sie sich verändert hatten. »Was soll das heißen?«, fragte der eine. »Das heißt«, antwortete der andere, »dass unser Aufenthalt in dieser Welt bald seinem Ende zugeht.« »Aber ich will gar nicht gehen«, erwiderte der eine, »ich möchte für immer hier bleiben.« »Wir haben keine andere Wahl«, entgegnete der andere, »aber vielleicht gibt es ein Leben nach der Geburt!« »Wie könnte das sein?«, fragte zweifelnd der erste, »Wir werden unsere Lebensschnur verlieren, und wie sollen wir ohne sie leben können? […] welchen Sinn hat dann das Leben im Schoß?«

Q Amerikanische Überlieferung

1 Leben nach dem Tod? Diskutiert, wie sich die persönliche Zustimmung oder Ablehnung dazu auf den einzelnen Menschen auswirken kann.

Seiten 37 und 132–135

2 Vergleicht die Grundzüge der buddhistischen Jenseitsvorstellung mit denen des Islams oder des Christentums. Benennt grundsätzliche Unterschiede.

3 Zu welchem Perspektivwechsel regt das Gespräch der Zwillinge im Mutterleib an? Was könnte Thomas Nagel erwidern?

Seite 169 (Paradiesvorstellungen)

In den Religionen bedeutet der Tod eine Zäsur, die mehr als nur den Abschluss eines individuellen Lebens markiert. Religiöse Überzeugungen gehen von einer Existenzweise aus, die sich radikal von der im Diesseits unterscheidet – sie reichen von einer rein seelisch-geistigen Existenz über eine vorläufige Zwischenexistenz bis hin zu einer neu geschaffenen, unvergänglichen Einheit von Körper, Geist und Seele. Für Gläubige hat die Lebensführung im Diesseits Auswirkungen darauf, wie sich ihr Weiterleben nach dem Tod gestaltet.

Ein würdevoller Tod – was ist das?

Klaus hat Krebs. Er ist 46. Ein Tumor wuchert in seinem Rachen- und Mundraum. Eine Heilung ist nicht zu erwarten. Nach einer abgebrochenen Chemotherapie ist die Palliativ-Abteilung im Krankenhaus eine Zwischenstation, bis er liebevoll zu Hause gepflegt wird. Er hat fürchterliche Schmerzen. Die Schmerzmittel werden ihm in immer kürzeren Abständen verabreicht. Ein qualvolles Sterben steht ihm bevor, denn er hat einen starken Körper. Klaus entschließt sich zum »assistierten Suizid«, eine Art aktive Sterbehilfe* (Euthanasie*), die allerdings in Deutschland verboten ist.

»Die Würde des Menschen ist unantastbar. Sie auch im Sterben zu achten und zu schützen, ist Verpflichtung aller staatlichen Gewalt.« Artikel 1 der thüringischen Verfassung

Schaut nach: Wird die Würde im Sterben auch in anderen Länderverfassungen geschützt?

Seine letzte Reise beginnt, die Reise in den Tod, von Deutschland in die Schweiz, nach Zürich, zu den Sterbehelfern von Dignitas. Es ist 8:35 Uhr morgens, am 25. November [...]. Klaus weiß, dass er in ungefähr dreißig Stunden tot sein wird. [...] Das Sterbezimmer ist vielleicht zwanzig Quadratmeter groß. [...] Auf einem Dreifuß in der Ecke surrt die Videokamera, alles, was nun geschieht, wird aufgezeichnet, zur juristischen Absicherung. Die Schwester öffnet das Fenster, damit die Seele hinausfliegen kann. [...] Klaus ist vollkommen klar im Kopf, schon vor Stunden hat er das Morphium abgesetzt, der Schmerz quält ihn nicht mehr, sein Körper gleitet an der Schwelle des Todes in einen betäubenden Todeskampf. [...] Klaus will nicht umkehren, er möchte sich erlösen, jetzt gleich. Er hat nicht mehr die Kraft, die Einwilligung in die Sterbebegleitung durchzulesen, die Schwester liest sie ihm laut und deutlich vor. Er nickt. Unterschreibt. [...] Nur noch die Schwester und der Theologiestudent [Herr M.] sind im Raum. Klaus setzt sich auf die Bettkante, Herr M. streut das Schlafmittel in das Wasserglas, 15 Gramm Natrium-Pentobarbital [...]. Klaus nimmt das Gefäß mit zitternder Hand, führt es zum Mund, leert es in drei, vier kräftigen Zügen und lehnt sich an die linke Schulter seiner Schwester, Herr M. kniet vor ihm. Klaus legt den Zeigefinger auf die Lippen. Er sagt nichts mehr, nur noch ein kurzes »Pssssst!« entweicht seinem Mund. Nach zwei Minuten schläft er ein, die Schwester legt ihn aufs Bett und hält seine Hand. Klaus' Züge entspannen sich, er lächelt, wie er seit März nicht mehr gelächelt hat. Er hat den Krebs besiegt. Er hat die Ketten seines Leidens gesprengt. [...]

Q N. N. (Der Autor möchte nicht genannt werden.)

Michelangelo Buonarroti: Die Erschaffung Adams. Detail aus dem Deckenfresko der Sixtinischen Kapelle (1508–1512)

Todkranke begleiten – aber wie?

Die »Deutsche Hospiz Stiftung« setzt sich dafür ein, Sterbende und ihre Angehörigen nicht allein zu lassen. Ausgebildete Mitarbeiter/innen begleiten Todkranke auf dem Weg des Sterbens.

Fachübergreifend (Politik, Religion): Legalisierung der Sterbehilfe*?

- Stellt die Argumente der »Deutschen Hospiz Stiftung« denen der »Deutschen Gesellschaft für Humanes Sterben« gegenüber. Recherchiert dazu im Minilexikon und im Internet (www.hospize.de; www.dghs.de; www.patienten-verfuegung.de; www.bmj.bund.de).
- Informiert euch über die Gesetze zur aktiven und passiven Sterbehilfe (vgl. Minilexikon).
- Fixiert die Ergebnisse eurer Recherchen: Differenziert in Argumente und Rechtslage.
- Sterbehilfe, ja oder nein? Positioniere dich mit einer eigenen, begründeten Meinung.
- Veranstaltet eine Podiumsdiskussion mit Befürwortern und Gegnern der Sterbehilfe.

Infostand der »Deutschen Gesellschaft für Humanes Sterben«. Sie tritt u.a. für eine Legalisierung der aktiven Sterbehilfe* ein. Der Sterbewille Betroffener solle nicht tabuisiert, sondern als »Selbstbestimmungsrecht« respektiert werden.
In Deutschland ist aktive Sterbehilfe verboten, u.a. weil in der Zeit des Nationalsozialismus staatliche Stellen und ihre Ärzte massenhaft so genanntes »unwertes Leben« (z.B. Behinderte) getötet haben.

Mein Tod

Der Wunsch, einen eigenen Tod zu haben, wird immer seltener. Eine Weile noch, und er wird ebenso selten sein wie ein eigenes Leben. Gott, das ist alles da. Man kommt, man findet ein Leben, fertig, man hat es nur anzuziehen. Man will gehen oder man ist dazu gezwungen; nun, keine Anstrengung: [...] Man stirbt, wie es gerade kommt; man stirbt den Tod, der zu der Krankheit gehört, die man hat [...]. Wenn ich nach Haus denke, dann glaube ich, das muss früher anders gewesen sein. Früher wusste man (oder vielleicht man ahnte es), dass man den Tod in sich hatte wie die Frucht den Kern, [...] den hatte man, und das gab einem eine eigentümliche Würde und einen stillen Stolz.

Q Rainer Maria Rilke, österreichischer Schriftsteller (1825–1926)

1 Versetzt euch in Klaus' Lage. Wie hättet ihr entschieden?

2 Berichtet über Schicksale todkranker Menschen aus eurer Umgebung, die sich für ähnliche oder andere Wege entschieden haben. Diskutiert auch über den Fall, dass sich schwerstkranke Menschen nicht mehr selbst äußern können – und Angehörige eine Entscheidung treffen müssen.

3 Stützt Rilkes Bekenntnis zu einem »eigenen« Tod eher die Befürworter der Sterbehilfe oder die der Hospizbewegung? Was verbindet ihr mit dem, was Rilke unter »Würde« und »stillem Stolz« verstehen könnte?

Gesetze sollen die Würde des Menschen schützen – im Leben wie im Sterben. Organisationen wie die »Deutsche Hospiz Stiftung« oder die »Deutsche Gesellschaft für Humanes Sterben« vertreten – aus verschiedenen Blickwinkeln – die Interessen todkranker Menschen einschließlich ihrer Angehörigen. Die aktive Sterbehilfe* ist in Deutschland – anders als in manchen anderen Staaten – verboten. In der Frage nach einem angemessenen (rechtlichen) Rahmen für ein Sterben in Würde gehen die Meinungen auseinander.

Suizid – Selbstmord – Freitod?

»Keine Zukunft mehr«

Ein Journalist, der als Jugendlicher versucht hatte, sich das Leben zu nehmen, berichtet über die Gefühle, die er als 17-Jähriger hatte.

Der Depressive empfindet keine Todes-, sondern Lebensangst. Ist Lebensangst überhaupt vorstellbar? Nein. Lebenszerstörende Wunschlosigkeit und zermürbende Angst sind Synonyme [Entsprechungen] der Depression, aber nicht die einzigen. Wer aufgrund seiner Erkrankung lebenswunschlos geworden ist, dessen Seelenabbild gleicht den […] Schattierungen einer Röntgenaufnahme. Bedrohlich grau markiert sich die Freudlosigkeit, noch dunkler zeichnet sich die abgestorbene Lust ab; wo einst pulsierender Lebensstrom ablesbar war, ist alles zum Erliegen gekommen – es gibt keine Zukunft mehr, es gibt keine Lebensplanung mehr. Seele, was ist das, wo ist unser Ich? Bei diesem Befund kann es nur einen Ausweg aus der Unerträglichkeit des Daseins geben: den Tod, den Tod durch eigene Hand.

Q HOLGER REINERS: Lebenswunschlosigkeit

Bild eines depressiven Suizidgefährdeten, gestaltet in einer Maltherapie.
Suizid bedeutet »Selbstvernichtung« (lateinisch: sui caedere – sich fällen)

Suizid unter Jugendlichen

In Deutschland nehmen sich jährlich mehr als 11.000 Menschen das Leben. Täglich sterben drei Kinder und Jugendliche an den Folgen eines Suizidversuches, der häufig im Affekt verübt wird.
Der Suizid ist bei Jugendlichen die zweithäufigste Todesursache nach dem Unfalltod. 85 Prozent der Menschen, die bereits einen Suizidversuch begangen haben, versuchen ein zweites Mal, sich zu töten. Häufig sind Depressionen die Ursache.

Sehnsucht nach einem sicheren Ort

Lebensmüde Menschen suchen nicht nach Antworten oder Lösungen. Sie sehnen sich nach einem sicheren Ort, an dem sie ihre Ängste und Sorgen zum Ausdruck bringen, sie selbst sein können. – Und zuhören ist tatsächlich das einzige, was man zunächst machen kann […]. Allein lassen ist das Schlimmste. […] Tatsache ist, dass Menschen, die sich mit Selbstmordgedanken tragen, gar nicht wirklich ausdrücklich sterben möchten, sondern in erster Linie den Schmerz und die vermeintliche Ausweglosigkeit in einer bestimmten Lebenssituation beenden wollen und im Suizid die einzige Möglichkeit sehen. Da muss man ansetzen, man muss aufzeigen, dass es eben nicht die einzige Möglichkeit ist.

Q MARKUS KAVKA: Freunde fürs Leben

Der Verein »Freunde fürs Leben« will Suizidgefährdeten Auswege aus Situationen aufzeigen, die für sie aussichtslos scheinen. Unter www.frnd.de könnt ihr mehr erfahren.

Freitod?

Der Schriftsteller Jean Améry überlebte als Jude zwischen 1942 und 1945 die Todeslager Auschwitz, Buchenwald und Bergen-Belsen; er erlitt Schreckliches: »Wer der Folter erlag, kann nicht mehr heimisch werden in der Welt«, schrieb er Jahre später. 1978 nahm sich Améry im Alter von 66 Jahren das Leben.

Lieber rede ich vom Freitod, wohl wissend, dass der Akt manchmal, häufig, durch den Zustand drangvollen Zwanges zustande kommt. Als Todesart aber ist der Freitod frei noch im Schraubstock der Zwänge, kein Karzinom frisst mich auf, kein Infarkt fällt mich […]. Ich bin es, der Hand an sich legt […]
Der Tod, mit dem wir auf jeden Fall zu leben haben, sobald wir älter werden, der in uns wächst und als angor [Angst] sich fühlbar macht oder von außen als Terror uns droht, der Tod wird hier heran gerissen. […] Und was reißen wir an uns? Das Wort versagt, muss versagen, denn »der Tod ist nichts, ein Nichts, eine Nichtigkeit« […] »Man muss schließlich leben«, sagen die Leute, alles Miserable, das sie anstellten, entschuldigend. Aber: Muss man leben? Muss man da sein, nur weil man einmal da ist? Im Moment vor dem Absprung zerreißt der Suizidant eine Vorschrift der Natur und wirft sie dem unsichtbaren Vorschreibenden vor die Füße […]. Noch ehe gefragt wurde, schreit der den Freitod Suchende gellend: Nein! Oder er sagt dumpf: Man muss vielleicht, ich aber will nicht und beuge mich nicht einem Zwange, der sich von außen als Gesetz der Gesellschaft und von innen als eine lex naturae [Naturgesetz] drangvoll spürbar macht, die ich aber nicht länger anerkennen will. […] Keiner kann die Verdammnis zur Freiheit intensiver erfahren als der Suizidär. Denn: hier wird in der Freiheit und mit ihr zum Ende jeder Freiheit geschritten […].

Q Jean Améry: Hand an sich legen (1976)

Seite 74 ◀

1 Was empfindest du, wenn du das Bild des Suizidgefährdeten betrachtest. Versuche den Maler zu beschreiben, den du hinter dem Bild vermutest.

2 Erläutere unter Einbezug der Seiten 72/73 den Unterschied zwischen dem Wunsch zu sterben und dem Wunsch, nicht mehr zu leben. Warum ist die Unterscheidung wichtig?

3 Informiert euch genauer über das Leben von Jean Amery und diskutiert, ob oder inwieweit seine Selbsttötung ein »Freitod« war.

4 Diskutiert, welche Begriffe für eine Selbsttötung angemessen sind: Suizid, Selbstmord, Freitod. Welche (moralischen) Bewertungen schwingen in der Wahl der Begriffe mit?
Begründet eure persönliche Haltung zur Selbsttötung.

»Denn nicht das Leben schlechthin ist ein Gut, vielmehr nur das rechte Leben. Der Weise lebt daher, solange er es soll, nicht solange er es kann.«
Seneca, römischer Philosoph (4 v. Chr. – 65 n. Chr.)

»Aber dem Kämpfenden gleich verhasst wie dem Sieger ist euer grinsender Tod, der heranschleicht wie ein Dieb – und doch als Herr kommt. Meinen Tod lobe ich euch, den freien Tod, der mir kommt, weil *ich* will.«
Friedrich Nietzsche, Philosoph (1844–1900)

Die moralische Beurteilung des Suizids ist umstritten. Die Selbsttötung wird meist betroffen zur Kenntnis genommen und selten öffentlich diskutiert. Selbstmordgedanken treten häufig in Lebenskrisen auf – ihre Ursachen können vielfältig sein: eine depressive Erkrankung, scheinbar unlösbare Probleme oder auch nüchternes Bilanzieren der eigenen Zukunft. Oft kann professionelle Hilfe Auswege aufzeigen.

Wenn Menschen für immer gehen

»Don't walk in front of me
– I may not follow.
Don't walk behind me
– I may not lead.
Walk beside me – and just
be my friend.«
Frei nach Albert Camus

In Afrika schreiben einige aidskranke Eltern – in den meisten Fällen sind es Mütter – so genannte Memory Books. Sie möchten, dass sich ihre Kinder an sie erinnern können, auch wenn sie tot sind und niemand mehr etwas über sie erzählen kann. Aus diesen Büchern und Erinnerungsspuren (gepresste Blumen, Sandkörner usw.) können die Kinder erfahren, wer ihre Eltern waren, woher sie stammten, wie sie lebten, welchen Beruf sie hatten, was ihnen wichtig war und was sie ihren Kindern mit auf ihren Lebensweg geben wollten. Die Kinder erhalten auf diese Weise von ihren Eltern ein Stück verlorener Geschichte zurück.

»Ich wollte diese Erinnerungsbücher bis zuletzt nicht schreiben«

Es schien mir, als würde ich alle Hoffnung aufgeben, trotz allem nicht an dieser Krankheit sterben zu müssen, sobald ich auch nur den Stift ergreifen und anfangen würde […]. Wenn ich mich erst einmal auf diese Bücher einließ, so schien es mir, akzeptierte ich damit zugleich, dass ich bald sterben müsste. In der Nacht, bevor ich anfing, träumte ich von meinem Vater. Er kam die Straße aus der Stadt entlang gegangen, wie ich es aus der Kindheit in Erinnerung hatte. Damals ging er immer schnell und trug den Kleiderballen auf dem Kopf. Jetzt war er alt und hatte nichts auf dem Kopf. Aber das Schlimmste war, dass er nicht stehen blieb. Er bog auch nicht hierher ab. Er ging einfach weiter die Straße entlang, bis er verschwand. Als ich am Morgen aufwachte und mich an den Traum erinnerte, war es, als hätte er mir gesagt, ich solle mein Schicksal akzeptieren. An diesem Tag begann ich die Bücher vorzubereiten.
Moses, ein aidskranker Mann aus Uganda

»Wenn ich fort bin, wird Aida eine große Verantwortung übernehmen müssen. Um ihretwillen versuche ich zu leben, so lange ich kann. […] Sie wird die Mutter ihrer Geschwister sein müssen, wenn ich fort bin, und falls meine Eltern dann noch leben, wird sie ihre neue Tochter sein.«
Eine aidskranke Mutter aus Uganda

Wie erzählt ein Mensch von sich selbst, wenn er oder sie nicht schreiben kann? Ich sah andere Arten von Erzählungen vor mir. Denn Erinnerungen können Düfte sein, Bilder, müssen nicht Fotografien oder Texte sein. […] Bilder erzählen zwar nicht mehr als tausend Worte, oft erzählen die Worte mehr, aber als Teil einer Erzählung ist ein Gesicht, ein Lächeln, ein Körper, ein Mensch vor einer Hauswand […] genauso wichtig. Die Erinnerungsbilder handeln davon: dass die Kinder Augenkontakt mit ihren verstorbenen Eltern haben können. Erinnerungen an Hände, die man tief in seinem Innersten bewahrt, Worte und Stimmen, an die man sich nur vage erinnern kann […]
Henning Mankell, schwedischer Schriftsteller (geboren 1948)

Fachübergreifend (Geografie, Politik, Biologie): Kampf gegen Aids
Entwicklungshelfer/innen in Uganda unterstützen – im Kampf gegen Aids – erkrankte Eltern, Erinnerungsbücher für ihre Kinder zu verfassen. Uganda ist das Land mit den meisten Aids-Waisen auf der Welt. Vermutlich mehr als zwei Millionen Kinder in Uganda haben einen Elternteil oder sogar beide verloren. Die Kinderhilfsorganisation »Plan International« setzt auf Aufklärung, Versorgung und Beistand.
- Informiert euch über die geografische Lage und das Leben in Uganda.
- Sammelt Informationen über die Entstehung und Ausbreitung von Aids. Wie kommt es, dass gerade in armen Ländern wie Uganda ganze Generationen ausgelöscht werden?

Seite 247 ◄

- Über die Aids-Thematik und die Arbeit einer Kinderhilfsorganisation erfahrt ihr mehr im Internet (z.B. unter www.plan-deutschland.de).

Mit der Trauer leben

Mit Trauer verbinden sich Gefühle des Kummers, der Angst, des Zorns oder der Schuld. Diese Emotionen sind Ausdruck der besonderen Beziehung des Trauernden zum Gestorbenen. Wer diese Gefühle zulässt, befindet sich im Trauerprozess. Menschen, die nicht trauern können, verschließen ihren Schmerz im Innern. Sie brauchen viel Energie, um den Schmerz dort versteckt zu halten und können sich schwer auf ein neues Leben einlassen.

1 Überlegt in Anlehnung an Camus´ Zeilen, welche Anforderungen an Menschen gestellt werden, die Sterbende begleiten. Ihr könnt auch Hospiz-Mitarbeiter/innen befragen.

2 Falls ihr ein Erinnerungsstück eines Verstorbenen aufbewahrt: Wie unterscheidet sich so eine Erinnerung von einem von oder für euch gestalteten Memory Book?

3 »Diese Erinnerungen« könnten eines Tages »die wichtigsten Dokumente unserer Zeit sein«: Was mag Henning Mankel damit gemeint haben?

4 Informiert euch über äußere Formen, die in allen Kulturen zum Trauern dazugehören: z.B. das Tragen von Trauerkleidung. Welche Hilfestellung bieten solche Verhaltensregeln?

→← Sterben ist eine zentrale menschliche Grunderfahrung. Sie wirft den Menschen gänzlich auf sich selbst zurück. Wenn Sterbende in vertrauter Atmosphäre offen über sich und ihre Ängste reden dürfen, können sie sich innerlich auf den Prozess des Sterbens einlassen. Sterben heißt, endgültig loszulassen – nicht nur für den, der geht, sondern auch für jene, die zurückbleiben. Wenn junge Menschen sterben, ist das für Angehörige besonders schwer zu akzeptieren. Ein Trauerprozess ist notwendig, um den Schmerz über den Verlust ins eigene Leben zu integrieren; dabei gibt es unterschiedliche Möglichkeiten, seinen Gefühlen Ausdruck zu verleihen.

Über den (eigenen) Tod nachdenken

GUSTAV KLIMT, Tod und Leben (vor 1911, vollendet 1915)

Betrachtet das Gemälde: Welche Gefühle und Gedanken transportiert es? Versucht diese zu formulieren.

Nun ist zu bedenken, dass wir alle Sterbende sind; haben wir das böse Schwingenrauschen schon vernommen über unserem Haupte oder nicht, wir wissen vom Tode. Psychologen meinen, es stelle solches Wissen sich um das sechste oder siebente Lebensjahr ein, nachdem das Subjekt sich als Ich kompakt gesetzt hat. Das Wissen wird mit den Jahren intensiver, setzt gleichsam »Füße« an. Der Mensch lebt also […] im ständig sich verdichtenden Wissen um den Tod hin. Er ist ein Mann, der ein Haus baut, im Bewusstsein, es werde zum Fest der Dachgleiche [Richtfest] eingerissen. […] es ist ja stets von neuem die Rede von »Heimgang«, »Sterben«, »Tod«, »Todesgefahr«, »tödlicher Krankheit« usf., so dass schon dem Heranwachsenden kein Friede wird und er sich fragen muss: Werde auch ich einmal sterben? Er denkt: Natürlich. Auf natürliche Weise, vielleicht mit fünfzig Jahren, aber dann bin ich uralt und bis dahin ist noch so viel Zeit, ich komme nie dahin, ach, wäre ich bloß schon neunzehn statt fünfzehn; die blonde Maria, die immer so laut lacht und auf so herausfordernde Art ihre Beine kreuzt, würde mich ansehen, statt durch mich hindurchzublicken, als wäre ich Luft. – Der Tod ist weit. […] Mein Tod ist jenseits von Logik und Gewohnheitsdenken, für mich widernatürlich im höchsten Grade, ist vernunft- und lebensverletzend. Der Gedanke an ihn ist nicht auszuhalten.

Q JEAN AMÉRY: Hand an sich legen

1 Beantworte die Fragen aus MAX FRISCHS »Fragebogen« (S. 62) noch einmal – und vergleiche mit deinen allerersten Antworten: Hat sich deine Einstellung an manchen Punkten verändert? Fühlst du dich bestätigt oder hast du neue Perspektiven entdeckt? Tauscht euch darüber aus.

2 Auf welche Fragen hast du in diesem Kapitel keine befriedigenden Antworten bekommen? Worüber möchtest du mehr wissen?

3 Antworte in Form eines Tagebucheintrags auf JEAN AMÉRYS Text oder GUSTAV KLIMTS Bild.

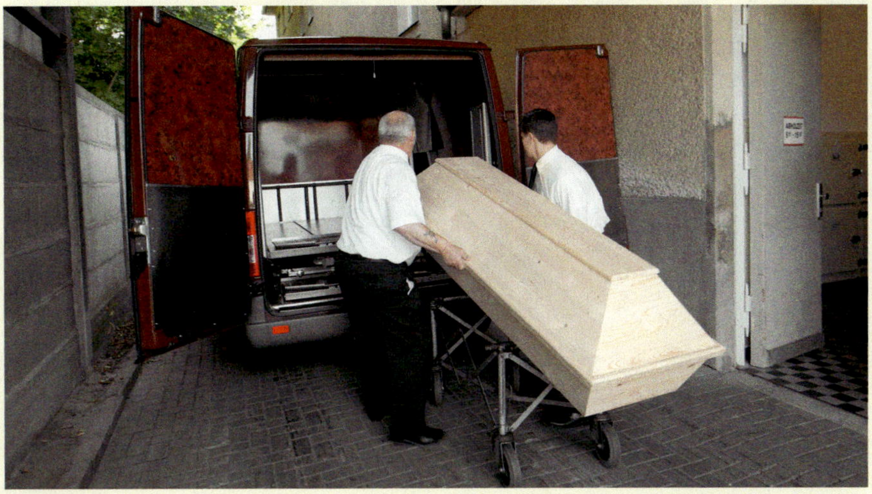

Projekt: Besuch eines Bestattungsunternehmens
Bestatter haben tagtäglich nicht nur direkten Kontakt zu Verstorbenen, sondern auch zu deren Angehörigen. Sie kümmern sich um all die Dinge, die nach dem Tod eines Menschen zu regeln sind. Der Besuch eines solchen Unternehmens gibt euch die Möglichkeit, Einblicke in die verschiedenen Arbeitsbereiche eines Bestatters zu bekommen. Bereitet euch auf den Besuch vor:

- Organisation: Sammelt Informationen über die Bestattungsunternehmen in eurer Umgebung, und vereinbart einen Besichtigungstermin.
- Schwerpunktsetzung (Checkliste): Überlegt euch vor der Exkursion, welche Bereiche des Unternehmens euch besonders interessieren und welche Fragen ihr dem Bestatter stellen möchtet, z.B.: Wie ist der praktische Ablauf, wenn ein Mensch stirbt? Wie wird ein Leichnam auf die Bestattung vorbereitet? Gibt es Räume, in denen sich die Trauernden von dem Verstorbenen verabschieden können? Wie werden Menschen bestattet? Wie häufig werden Erdbestattung, Feuerbestattung, Seebestattung gewünscht?
- Nachbereitung (Auswertung): Wertet eure Ergebnisse und Eindrücke aus. Tauscht euch darüber aus, wie die Atmosphäre des Bestattungsunternehmens auf euch gewirkt hat. Geht die Checkliste durch und stellt die Ergebnisse zusammen. Schreibt eine Notiz, in der ihr festhaltet, wie sich eure Beziehung zum Sterben und zum Tod durch den Ausflug verändert hat. Habt ihr euch insgeheim überlegt, wie ihr selbst eines Tages bestattet werden wollt …?

»In meiner täglichen Arbeit als Bestatter muss ich immer wieder feststellen, mit wie viel Unsicherheit Eltern oder Großeltern ihren Kindern oder Enkeln im Trauerfall begegnen. Aus falsch verstandenem Schutzbedürfnis wird oft versucht, die Kinder aus dem Trauerprozess herauszuhalten, ja ihnen den Tod eines nahen Angehörigen sogar zu verheimlichen. Dies hat sicherlich auch damit zu tun, dass Tod und Trauer in unserer heutigen Gesellschaftsform ein Nischendasein führen, zumindest weitestgehend aus unserem Leben verdrängt werden. Dieser Vortrag mit anschließender offener Diskussion soll Ihnen Hilfestellung im Umgang mit trauernden Kindern geben. Die Teilnahme ist kostenfrei.«
Aus der Veranstaltungsreihe eines Bestattungsunternehmens (2007): Würdest du diese Veranstaltung besuchen?

Medientipps

Henning Mankell: Ich sterbe, aber die Erinnerung lebt, München: Deutscher Taschenbuch Verlag 2004

Elisabeth Kübler-Ross*: Dem Tod ins Gesicht sehen. Film von Stefan Haupt (2003)

MEHR ALS 20 TOTE
BEI ANSCHLÄGEN
EINFACH SO TOT
GETRETEN

Ewige Gewalt?

Die Gewalt

[…]
Die Gewalt fängt nicht an
wenn Kranke getötet werden
Sie fängt an wenn einer sagt:
»Du bist krank:
Du musst tun was ich sage!«
[…]
Die Gewalt kann man vielleicht nie
mit Gewalt überwinden
aber vielleicht auch nicht immer
ohne Gewalt

Erich Fried

1 Wo erlebt ihr selbst Gewalt? Erzählt Beispiele.

2 Diskutiert: Warum gibt es so viel Gewalt? Steckt sie in uns allen? Haben wir die falschen Vorbilder?

3 Was kann man tun gegen Gewalt? Muss man Gewalt mit Gewalt bekämpfen – oder gibt es andere Wege?

Gewalt in der Schule

2. Februar Kevin hatte sich hinten auf meinen Platz gesetzt und teilte mir nur kurz mit, ich solle mir doch einen neuen Platz suchen. »Ich will aber meinen Platz.« »Suchst du Ärger?« Da setzte ich mich in die erste Reihe. War der einzige freie Stuhl. »Brav gemacht«, sagten sie, als es zur Pause klingelte. […] Sie traten mich, stellten mich an die Wand und schubsten. »Warum macht ihr das?«, fragte ich. […] Sie lachten. »Weil's Spaß macht. Weil's total geil ist.« Ich musste mich mit dem Gesicht zur Wand stellen und raten, wer getreten hatte. […]
14. Februar Am letzten Donnerstag ging alles wieder los. Auf einmal hat einer von denen einfach auf meinen Geldbeutel geklopft. Hinten in der Hose. »Lass die Pfoten weg!« Ich war sauer. »Nur mal schauen, wie viel Geld du so mit dir rumschleppst!« Kevin hatte das Ding schon in der Hand. Alle anderen sahen zu. Sie nahmen sich fünf Euro aus meinem Geldbeutel: »Fünf Euro jeden Tag, klar?« […] Dann haben sie sich umgeschaut zu den anderen und haben gesagt: »Klappe halten, sonst seid ihr auch dran. Klar?« Alle haben genickt. Hauptsache sie waren nicht dran. […] »Und wenn du die fünf Euro nicht freiwillig in jeder ersten großen Pause bei Kevin ablieferst, kommt der Kopf ins Klo«, haben sie gedroht. […] Am ersten und zweiten Tag hatte ich fünf Euro. Die hatte ich zu Hause in der Schublade. Doch danach immer das Herzklopfen. Irgendwann stecken sie mich doch sowieso mit dem Kopf ins Klo. Das weiß ich haargenau. Was soll ich jetzt machen? Abwarten? Cool bleiben? Ich heule – aber nur nach innen. Da kann ich nicht cool bleiben. Und jeden Tag fünf Euro? Wo soll ich das morgen hernehmen?

Q NIKO, 15 Jahre

Bandengewalt: Hooligans

Von Zeit zu Zeit gibt es gewalttätige Auseinandersetzungen zwischen organisierten Gruppen, die »Krieg« gegen »feindliche« Gruppen führen. Dazu gehören auch die so genannten Hooligans, gewalttätige Fußballfans. Sie verabreden sich mit den Anhängern anderer Vereine zu regelrechten Schlachten, bei denen es immer wieder Schwerverletzte gibt. Oft führen Hooligans ein Doppelleben: In der Woche sind sie friedliche Familienväter, am Wochenende gewalttätige Schläger. Was reizt sie an der Gewalt?

Englische Hooligans jagen einen französischen Fan.

- »Wenn man im Dunkeln durch den Wald rennt, über Zäune und durch Gärten, und die anderen jagt, und die Polizei ist hinter einem her – das ist fantastisch, da vergisst man sich.«
- »Es ist ein unheimlich spannendes Gefühl, wenn man in so einer riesigen Gruppe von 100 bis 120 Leuten mitläuft [...]. Das erinnert mich irgendwie immer so an diese Geländespiele, die man früher immer gemacht hat mit Jugendgruppen.«
- »Wenn du natürlich jetzt mit so 'nem Übermob antobst und dann eben alles niedermachst, also das schönste Gefühl ist das eigentlich. Dann fliegen vielleicht 'n paar Flaschen oder Steine. Und dann rennt der andere Mob und dann jagst du die anderen durch die Gegend. Also siebenter Himmel. Das würdest du mit keiner Frau schaffen oder mit keiner Droge.«
- »Der Reiz liegt in dem Moment, wenn du um die Ecke biegst und 40 Mann auf dich zurennen. Das ist der Kick für den Augenblick. Das ist wie Bungee-Springen – nur ohne Seil.«
- »Was mich anzieht, sind die Momente, wo das Bewusstsein aufhört: Momente, in denen es ums Überleben geht.«

Ähnliche Formen von Gewalt wie bei den Hooligans findet man bei rechten Skinheads und anderen rechtsextremen Gruppen; viele, aber bei weitem nicht alle Hooligans sind rechtsradikal. Zu einer ausführlicheren Beschäftigung mit rechtsradikaler Gewalt findest du Hinweise auf Seite 103.

1 Wie könnte die Geschichte von Niko, dem Schreiber des Tagebuches, weitergehen? Überlege dir zusätzliche Tagebucheinträge mit seinen Erlebnissen, Gedanken und Gefühlen.

2 Was sollte Niko tun? Kennt ihr ähnliche Fälle von Gewalt gegen Jugendliche? Welche Möglichkeiten gibt es, sich zu wehren?

3 Was reizt Hooligans an der Gewalt? Arbeite aus ihren Aussagen die wichtigsten Punkte heraus.

4 Stell dir vor: Einer deiner Freunde ist Hooligan und liegt nach einer »Schlacht« verletzt im Krankenhaus. Entwirf einen Brief an ihn oder spielt einen Dialog im Krankenhaus, in dem es darum geht, ihn von weiteren Gewalttaten abzubringen.

5 Lassen sich die Motive der Hooligans auch bei anderen Formen der Gewalt finden (z.B. bei rechtsradikaler Gewalt, Gewalt in der Schule und Kriegen)? Suche nach Gemeinsamkeiten und Unterschieden.

Erfahrungen mit Gewalt

Gewalt in den Medien: von der Lust am Schrecken

Action-Filme, Horrorfilme, »Killerspiele« mit dem Computer, Gewaltvideos auf Handys – einige Medien sind voll von Gewaltszenen. Offenbar üben Gewaltdarstellungen auf viele einen besonderen Reiz aus; sonst wären Horrorfilme uninteressant und Computerspiele könnten auch ohne Gewaltszenen auskommen. Woher kommt die Faszination von Gewalt in den Medien? Und welchen Einfluss haben sie auf uns?

»Ich geh' immer bis an die Grenze, wo ich gerade kotzen muss. Aber kurz davor hör' ich auf.«
Jörg, 15 Jahre

»Irgendwie sind die unheimlich spannend, diese Monsterfilme. Das ist eine Mutprobe. Und ich mach' das ja nur, weil das gut ausgeht.«
Jessica, 14 Jahre

Warum schaut man Horrorfilme an?

- Langeweile?
- Reiz des Verbotenen?
- Dabei sein – mitreden können?
- »Mutprobe«?
- Angst gleichzeitig mit Geborgenheit (Angst-Lust)?
- Machtfantasien durch Identifikation mit den »Helden«?

Mordvideos auf dem Schulhof

Auf Tübinger Schulhöfen kursiert ein vermutlich echtes Hinrichtungsvideo. Die Videosequenz, in der ein am Boden liegender Mann mit einem Kampfmesser enthauptet wird, wurde in der Pause von Fotohandy zu Fotohandy übertragen.
Aus einem Zeitungsbericht

Gewaltvideos auf dem Handy

Auf dem Handy-Display erscheint ein Schulgebäude [...]. Ein Mädchen mit langen blonden Haaren bewegt sich hinter der Tür auf die Kamera zu. Plötzlich erscheint eine zweite Person im Bild, es ist ein Jugendlicher. Dann geht die Tür auf und das Mädchen tritt heraus. [...] Der zweite Junge tritt aus seinem Versteck und schlägt ihr mit voller Wucht mit der Faust ins Gesicht. Sie taumelt, lässt ihre Schulsachen fallen und krümmt sich vor Schmerzen. Die Jungen brechen in lautes Gelächter aus. Dann ist der Film zu Ende. [...]
Seitdem es Kamera-Handys gibt, mit denen ganze Filme gedreht werden können, gibt es solche Gewaltvideos. [...] Zuerst wurden nur zufällig beobachtete Schlägereien gefilmt. [...] Mittlerweile wird die Gewalt eigens für die Filme inszeniert. Und doch bilden die Schläger nur eine Minderheit. Die Mehrheit besteht aus Zuschauern, die sich am Leid eines anderen erfreuen, die sehen wollen, wie jemand Angst hat, wie jemand weint oder um Gnade fleht, wenn er gequält wird.
Güner Yasemin Balci, Journalistin, geboren 1975 in Berlin

Die Bestandteile des »Thrills« oder auch der Angstlust sind:
– Man setzt sich freiwillig einer fiktiven (erdachten) Gefahr aus.
– Es muss das Gefühl einer Gefahr vorhanden sein, z. B. durch das Hineinversetzen in einen Helden. Man spielt oder wiederholt in der Fantasie das, was Abbild einer Gefahr ist.
– Es muss ein positives Ende geben – sei es durch das Zurückführen des Spannungsbogens, das Überleben des Helden oder die Zerstörung des Bösen.

Bilder mit Schlagkraft

Happy slapping – so heißt [...] die absonderliche Mode, mit der Handykamera Misshandlungen aufzunehmen, die man selbst begeht. Happy slapping, fröhliches Dreinschlagen, wird häufig nicht als Gewaltakt wahrgenommen, die Opfer werden nicht als Opfer angesehen, sondern eher als Kleindarsteller, oft kommen sie zufällig des Wegs, sind zur falschen Zeit am falschen Ort. [...] »Auch wenn es denjenigen, die verhauen werden, wahrscheinlich weh tut, ist es witzig, als ob man einen Sketch im Fernsehen sieht«, ist in einem Chatforum im Internet zu lesen. Der Mensch, der auf der Straße geprügelt werde, sei in der Wahrnehmung der Täter »ein virtueller Mensch«, sagt der Erziehungswissenschaftler Klaus Hurrelmann.

Q Cathrin Kahlweit

Führen Killerspiele zum Amoklauf?
Nach schlimmen Gewalttaten von Jugendlichen taucht oft die Forderung nach einem Verbot von Horrorfilmen und Killerspielen auf. Untersuchungen dazu haben zwar keinen direkten Zusammenhang zwischen dem Konsum von Mediengewalt und Aggression* im wirklichen Leben nachgewiesen. Wer allerdings wegen schlechter Bedingungen in der Familie ohnehin zur Aggression neigt, wird durch Horrorfilme und Killerspiele darin bestärkt. Außerdem wirkt der Umgang mit Killerspielen und Horrorfilmen abstumpfend gegenüber Gewalt.

1 Wenn du Gewaltszenen im Film siehst, welche Wirkung haben sie auf dich (Angst, Ekel, Aufregung, Freude)? Würdest du dir diese Szene noch ein zweites Mal anschauen oder beim nächsten Mal lieber weggesehen?

2 Zu allen Zeiten haben Menschen fasziniert Gewaltszenen zugesehen – früher Hinrichtungen, heute Horrorfilme oder Gewaltvideos auf Handys. Wie kann man sich das erklären?

3 Welche Auswirkungen hat es, wenn man häufig brutale Gewalt in den Medien sieht? Gehe von eigenen Erfahrungen aus und von dem, was du bei anderen beobachtet hast.

Gewalt begegnet uns im Alltag in vielen Erscheinungsformen: in Familie, Schule, Banden von Gleichaltrigen, im Fernsehen usw. Wer Opfer von Gewalt wird, dessen Leben kann völlig verändert oder gar zerstört sein. Für viele Gewalttäter hat dies einen besonderen Reiz. Diese »Faszination« geht auch von Gewalt im Film und in Computerspielen aus. Die Wirkung solcher Filme und Spiele ist umstritten – wahrscheinlich verstärken sie Neigungen zur Gewalttätigkeit.

Woher kommt die Gewalt?

Fakten zur Jugendgewalt

Die Zahl der von der Polizei registrierten Gewalttaten von Jugendlichen steigt – u.a. deshalb, weil mehr Taten angezeigt und mehr Tatverdächtige ermittelt werden. Opfer von Jugendgewalt sind fast immer Jugendliche. Die große Mehrzahl der Täter und der Opfer sind Jungen. Ein kleiner Teil der Jugendlichen begeht einen sehr großen Anteil der Straftaten; die Mehrheit der Jugendlichen fällt nicht als gewalttätig auf. Die meisten Gewalttaten werden in Gruppen begangen, häufig bei Auseinandersetzungen von Jugendlichen unterschiedlicher Herkunft. Der Anteil jugendlicher Gewalttäter aus wirtschaftlich schlecht gestellten Familien und mit geringen Bildungschancen liegt deutlich über dem Durchschnitt.

Gewalt – was ist das?

Unter »Gewalt« im engeren Sinne versteht man meist die direkte Gewalt von Personen gegen andere Personen (»personale Gewalt«): die körperliche oder auch psychische Schädigung eines anderen oder die Androhung einer solchen Schädigung. Als Gewalt in einem weiteren Sinne bezeichnet man auch indirekte Formen von Zwang, mit denen Menschen an ihrer freien Entfaltung gehindert werden (»strukturelle Gewalt«); dazu gehören soziale Missstände wie extreme Armut oder Unterdrückung von Minderheiten. Ebenso vieldeutig wie der Begriff »Gewalt« ist der Begriff »Aggression*« bzw. »aggressiv«. Damit meinen wir meist ein Verhalten, mit dem jemand absichtlich einen anderen zu schädigen versucht; zuweilen wird der Begriff aber auch weiter gefasst.

Ursachen für personale Gewalt und Aggression

Verschiedene Theorien geben unterschiedliche Antworten:

Aggression* – ein Trieb?

Hunde knurren sich an, Hirsche kämpfen miteinander – dies erinnert an Aggressionen unter Menschen. Solche Ähnlichkeiten untersuchte auch der Verhaltensforscher Konrad Lorenz (1903–1989). Sein Ergebnis: Grund für gewalttätiges Verhalten ist der Aggressionstrieb. Wie der Sexualtrieb ist er in Tier und Mensch immer vorhanden; er staut sich auf und muss sich von Zeit zu Zeit entladen, ausgelöst durch bestimmte Reize. Im Tierreich ist der Aggressionstrieb nützlich für das Überleben einer Art: Dadurch, dass sich die Tiere einer Art gegenseitig aus ihrem Revier vertreiben, verteilen sie sich so, dass für jeden genug Nahrung da ist; dadurch, dass die Männchen um die Weibchen kämpfen, vermehren sich nur die Stärksten. Tiere mit gefährlichen Waffen, z.B. Wölfe, haben natürliche Hemmungen, die sie daran hindern, sich gegenseitig zu töten. Der Mensch hat weniger natürliche Hemmungen, da er fast keine angeborenen Waffen hat; durch die Entwicklung künstlicher Waffen wird er für seinesgleichen besonders gefährlich. Weil die Aggression ein Trieb ist, kann man sie nicht beseitigen, sondern nur auf unschädliche Weise ausleben, z. B. beim Sport.

Wird man böse geboren?

Es gibt ein Killer-Gen, sagen die Psychologen

[…] Dr. Han Brunner von der Uni Nijmegen (Holland) entdeckte bei extrem gewalttätigen Männern ein fehlerhaftes Gen auf ihrem X-Chromosom.

BILD (Bild-Zeitung), 2. 5. 2002

Aggression* und Gewalt – die Antwort auf Verletzungen?

Aggressiv reagieren wir meistens dann, wenn wir von anderen enttäuscht, verletzt oder an der Befriedigung unserer Wünsche gehindert wurden. Menschen, die solche Erfahrungen häufig gemacht haben, sind oft aggressiver und gewalttätiger als andere.
Amerikanische Psychologen haben diesen Zusammenhang so formuliert: Aggression entsteht aus Frustration – und Frustration führt zu Aggression (»Aggressions-Frustrations-Hypothese«). Aggressionen können auch unterdrückt werden, tauchen dann aber später in anderen Formen wieder auf.
Welche Wege gegen Aggression und Gewalt ergeben sich aus dieser Erklärung? Man sollte versuchen, Frustrationen zu vermeiden und lernen, mit unvermeidbaren Frustrationen vernünftig umzugehen.

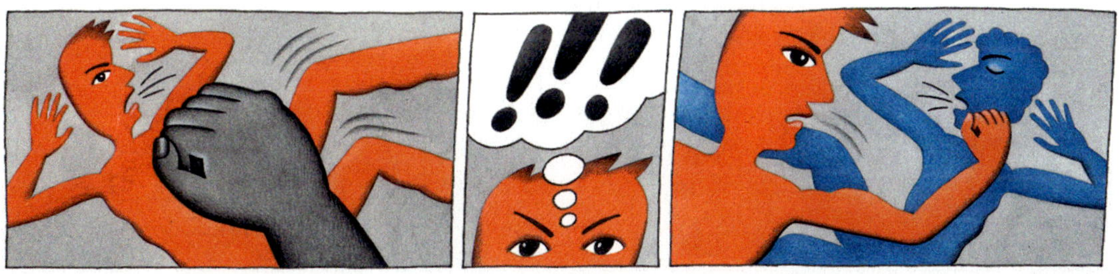

Aggression* – ein angelerntes Verhalten?

Wer als Kind gesehen hat, wie Konflikte mit Gewalt ausgetragen wurden, wird es später ebenso machen. Dass aggressives Verhalten auch erlernt wird – das wissen wir aus dem Alltag und aus psychologischen Untersuchungen.
Besonders wichtig ist dabei das Vorbild der Eltern für die Kinder; dazu kommen andere Erwachsene, Gleichaltrige und auch die Medien. Außerdem lernen Menschen durch Erfolg: Wenn ein Kind z. B immer wieder durch Prügeleien die Anerkennung seiner Mitschüler oder die Aufmerksamkeit seiner Eltern bekommt, wird es sich weiter so verhalten. Solche Erfolge können auch innere Erlebnisse sein, z. B. Stolz auf die eigene Stärke.
Als Konsequenz aus dieser Erklärung ergibt sich: Es sollten möglichst wenige Vorbilder für aggressives Verhalten vorkommen und Aggressionen sollten nicht durch Erfolg belohnt werden.

Gewalt als Kick

Seite 83 ◄

Die Helden in alten Sagen, aber auch die Soldaten der Neuzeit waren freudig erregt, wenn der Kampf begann. Gewalttäter heute suchen den besonderen »Kick«. Gewaltanwendung kann ein Ausnahme-Erlebnis sein, bei dem die Regeln und Schranken des Alltagslebens wegfallen und die Täter in einen Rauschzustand geraten.

Gewalt – ein Teil der Kultur(en)?

Gewalt im Kampf wurde und wird in vielen Kulturen als »Heldentat« geschätzt. In unserer Gesellschaft sind es vor allem Jugendgangs, die so denken und handeln – Skinheads, Hooligans, Nachbarschaftscliquen. Es gibt unterschiedliche Erklärungen für die Gewaltbereitschaft solcher Gruppen. Oft neigen diejenigen Jugendlichen zur Gewalt, die im Beruf und anderswo wenig Anerkennung finden und sich daher mit Gewalt »Respekt« verschaffen wollen. Hier zeigen sich aber auch traditionelle Vorstellungen von »Männlichkeit«, die es in vielen Kulturen gibt: Der Mann solle sich mit Härte und Mut als »Krieger« bewähren und so seine »Ehre« verteidigen. Mit Gewalt gegen andere Cliquen glauben die Mitglieder von Jugendgangs, (sich) ihre Männlichkeit zu beweisen.

Aggression* und Gewalt mit einer Theorie* erklären?

Seiten 86/87 ◄

Jede der vorgestellten Erklärungen hat ihre Schwachstellen: So

- zeigen Untersuchungen, dass die Aggression nicht dadurch abnimmt, wenn die Betroffenen sie im Kampfsport oder auf eine andere Weise »abreagieren«;
- führen Frustrationen nicht bei allen Menschen zu Aggressionen;
- weiß man nicht, warum immer wieder Menschen auch bei guten Vorbildern in der Erziehung und wenig Frustrationen dennoch aggressiv und gewalttätig werden.

Eine einzige Erklärung scheitert auch schon deshalb, weil es zu viele Formen von Aggression* und Gewalt gibt:

- Eine Jugendgang aus einem Viertel mit vielen sozialen Problemen nimmt anderen Jugendlichen mit Gewalt Handys, Jacken usw. weg.
- In einer Schulklasse wird ein Mädchen von anderen wegen seines Aussehens ständig geärgert.
- Ein Kind, das von seinen Eltern häufig geschlagen wird, prügelt im Kindergarten oft auf andere Kinder ein.
- Auf der Dorfkirmes prügeln sich angetrunkene junge Männer aus einem Dorf mit denen aus dem Nachbardorf.
- Ein Schüler, der regelmäßig Killerspiele auf dem Computer spielt, muss wegen schlechter Noten die Schule verlassen. Er kommt mit einer Pistole in die Schule und schießt auf Lehrer und Mitschüler.

Seiten 86/87 ◄

1 Seht euch die »Fakten zur Jugendgewalt« und die Beispiele oben an und erörtert: Mit welcher der in diesem Kapitel vorgestellten Theorien* lassen sich diese Fakten und Beispiele am besten erklären? Bezieht dabei auch die genannten Schwachstellen der Theorien mit ein.

2 Was könnte man in den verschiedenen Fällen unternehmen, um Gewalt und Aggression* zu verringern oder zu beseitigen?

→← Die Begriffe »Gewalt« und »Aggression*« haben viele Bedeutungen. Für die Ursachen der »personalen« Gewalt, der körperlichen oder psychischen Schädigung einer anderen Person, gibt es unterschiedliche Erklärungsansätze. Die einen gehen davon aus, dass die Aggression als Trieb aus dem »Inneren« des Menschen kommt. Andere sehen Frustrationen – also Behinderungen, Kränkungen und Verletzungen – als Ursachen. Eine dritte Erklärung sagt, dass aggressives Verhalten von Vorbildern gelernt wird. Außerdem ist es in vielen Kulturen ein wichtiger Teil des (männlichen) Verhaltens, gewalttätige Auseinandersetzungen zu führen. Aus diesen Erklärungen ergeben sich ganz unterschiedliche Empfehlungen, wie man mit Gewalt umgehen sollte. Es gibt jedoch wahrscheinlich keinen Ansatz, der alle Formen der Gewalt erklären kann.

Gewalt im Krieg

Im Krieg sind schlimmste Formen von Gewalt bis hin zum Massenmord fast an der Tagesordnung. Viele unbeteiligte Menschen werden Opfer von Gewalt und gleichzeitig werden vorher friedliche Menschen häufig zu Gewalttätern. Das zeigt das folgende Beispiel aus dem Zweiten Weltkrieg.

Willy Peter Reese: »Mir selber seltsam fremd« – Krieg gegen Russland

Willy Peter Reese, geboren 1921, wurde 1941 zur deutschen Armee eingezogen und kämpfte in Russland; 1944 fiel er. Bevor er eingezogen wurde, war er ein sensibler junger Mann, der dichtete und zeichnete. Den Nationalsozialismus mit seinen Verbrechen und den Krieg lehnte er ab. Zwei Jahre später hatte der Krieg ihn verändert. »Seelisch verkommen« nannte er sich selbst und schrieb: »Ich breche unter dieser Schuld zusammen – und saufe!« Wie dies alles geschehen war, notierte Reese auf einem Fronturlaub Anfang 1944.

Dezember 1941 Wir rückten in eine Scheinstellung vor die kleine Stadt Walowa, während ein anderer Teil den eigentlichen Angriff durchführte [...]. Handgranaten explodierten zwischen uns. Mehrere fielen, wälzten sich mit aufgerissenen Bäuchen im Schnee und verwickelten sich in ihren Eingeweiden. [...] Ich lag im Schnee und schoss nicht. Mein Gewehr versagte zwar nicht, aber ich konnte damals die Menschen nicht umlegen, die mich töten wollten, lieber wollte ich sterben.
Oktober/November 1942 Wir Überlebenden aber liebten die Gefahr, die das mörderische Warten vertrieb. [...] Der Krieg führte uns in einen traumhaften Bereich und mancher, der friedlichen Herzens war, spürte eine geheimnisvolle Sehnsucht nach dem Furchtbaren in Dulden und Tat [...].
Am Abend war es vorbei. Wir zählten die Gefallenen vor unseren Gräben und suchten unsere Verwundeten und Toten, nannten Namen, deren Träger nicht mehr waren. Fast unberührt, ohne Bedauern, wie bloße statistische Tatsachen, worüber wir zur Tagesordnung übergingen. Einer in unserer Gruppe hatte einen Volltreffer erhalten. Wir sammelten seine Glieder aus dem blutverkrusteten Schnee [...] und warfen Erde über Gehirn und Blut [...], als hätte die Materialschlacht uns selbst zu seelenlosen Maschinen gemacht.
Oktober 1943 Wir schrieben Abschiedsbriefe und erwarteten den Tod. Stück für Stück des Schützengrabens wurde aufgegeben. Tote häuften sich, und hinter den Mauern ihrer Leiber kämpften die Verzweifelten weiter. Von Volltreffern zerstückelt, verwundet, mit Nervenzusammenbrüchen fielen meine Kameraden aus. Wie durch ein Wunder entging ich immer wieder den Granaten und

wurde leichtsinnig. Es kam nicht mehr darauf an […]. Wir wagten nichts mehr, grübelten nicht, warteten nur auf das Ende. Wie eine Maske bewahrten wir unsere Haltung und Ruhe, rauchten, aßen […]. Alles war gleichgültig und wir wollten lieber heute als morgen fallen oder, wenn das Schicksal uns gnädig war, verwundet werden.

Deutschland, sieh uns
wir weihen dir den Tod als kleinste Tat.
Grüßt er einst unsre Reihen,
werden wir die große Saat.
Drum lasst die Fahnen fliegen
in das große Morgenrot,
das uns zu neuen Siegen leuchtet
oder brennt zum Tod.

Aus einem Propagandalied der Hitlerjugend

Auch heute werden viele Soldaten nicht fertig mit dem, was sie im Krieg gesehen oder getan haben. Nach dem Golfkrieg 1991 wurden bei einem Drittel der eingesetzten Soldaten psychische Schäden festgestellt.
DONALD SHAWVER, der als US-Soldat in diesem Krieg kämpfte, leidet an Alpträumen, Depressionen und Schlafstörungen und kann nicht mehr arbeiten: »Das einzige, was uns dann übrig blieb, war, mit unseren Panzern über die Löcher zu fahren und diese Männer einfach zu zerquetschen. Da sind vielleicht 20 Männer drin, und wir überfahren sie einfach und bringen alle um und fahren weiter.«
Auch im 2003 begonnenen Irakkrieg zeigen sich unter den Beteiligten psychische Krankheiten bis hin zu Selbstmordversuchen.
In vielen Ländern vor allem Afrikas werden Kinder als Kindersoldaten zum Töten gezwungen; auch sie erleiden schwerwiegende seelische Verletzungen.

1 Beschreibe, was du aus den Aufzeichnungen über die Entwicklung von WILLY PETER REESE im Laufe des Krieges entnehmen kannst.

2 Vergleiche das Bild des Krieges in der Propagandadarstellung mit der Kriegsrealität im Bericht von WILLY PETER REESE. Sucht Erklärungen dafür, warum viele Jugendliche damals Soldaten werden wollten.

3 Sammle aus der Zeitung und aus dem Internet Berichte über Gewalterfahrungen und ihre (seelischen) Folgen in den Kriegen heute.

Im Krieg wird extreme Gewalt alltäglich und sie fordert unzählige Opfer. Viele Menschen, vor allem Soldaten, werden zu Gewalttätern; dadurch verändern sie sich und tragen schwere seelische Schäden davon.

Gerechter Krieg oder gewaltloser Widerstand?

Insassen des Konzentrationslagers Dachau begrüßen amerikanische Soldaten als Befreier

Gibt es einen gerechten Krieg?

Russen, Engländer und US-Amerikaner haben gegen Nazi-Deutschland Krieg geführt und damit unter anderem das Massenmorden in den Konzentrations- und Vernichtungslagern beendet. War dies richtig, obwohl dieser von Deutschland entfesselte Weltkrieg Millionen unschuldiger Opfer auf allen Seiten forderte?

Krieg ist grausame Gewalt – diese richtet sich gegen Soldaten, fast immer aber auch gegen unbeteiligte Zivilisten. Darum haben sich zu allen Zeiten Menschen gegen Kriege eingesetzt. Aber soll man jeden Krieg ablehnen oder muss man manchmal Krieg führen, um sich zu verteidigen oder Unrecht zu verhindern? Gibt es also einen »gerechten Krieg«?

Ein wichtiger Vertreter der Theorie* vom »gerechten Krieg« ist der mittelalterliche Philosoph Thomas von Aquin (1225–1274). Er nennt Bedingungen dafür, dass ein Krieg gerecht ist: Dieser muss von einer rechtmäßigen Regierung geführt werden; es muss ein gerechter Grund für den Krieg vorliegen – z. B. die Verteidigung gegen einen Angriff; der Krieg muss ein gerechtes Ziel verfolgen; er darf nur das letzte Mittel sein; es muss eine berechtigte Hoffnung auf Erfolg geben und der Einsatz der militärischen Mittel in einem angemessenem Verhältnis zum Ziel des Krieges stehen.

Diese Frage wurde immer wieder von Philosophen und Theologen diskutiert. Daran knüpften Wissenschaftler aus den USA an, als sie den von ihrer Regierung so genannten »Krieg gegen den Terror« in Afghanistan verteidigten:

Manchmal wird es notwendig für eine Nation, sich mit Waffengewalt selbst zu verteidigen. […] Wir anerkennen, dass jeder Krieg schrecklich ist […]. Doch die Vernunft und die moralische Abwägung lehren uns, dass es Zeiten gibt, in denen die erste und wichtigste Reaktion auf das Böse sein muss, es zu stoppen. Es gibt Zeiten, in denen es nicht nur moralisch gerechtfertigt, sondern sogar geboten ist, den Krieg zu erwägen – als Antwort auf katastrophale Gewaltakte, Hass und Ungerechtigkeit. […] Nach den Prinzipien des gerechten Krieges sind Angriffs- und Expansionskriege niemals akzeptabel. […] Wenn jedoch die Gefahr für unschuldiges Leben real und gewiss ist, und besonders wenn der Aggressor von unversöhnlichem Hass getrieben ist – wenn also sein Ziel […] die Zerstörung des Gegners ist –, dann ist Gewalt gegen ihn als letzter Ausweg moralisch gerechtfertigt. […] Ein gerechter Krieg darf nur gegen Personen, die Kombattanten [Mitkämpfer] sind, erwogen werden.

Q Manifest für den »gerechten Krieg« (2002)

Ein Briefwechsel

Der Priester Ernesto Cardenal unterstützte in seiner Heimat Nicaragua den bewaffneten Kampf gegen eine brutale Diktatur. Der Jesuitenmönch Daniel Berrigan, der in den USA mit gewaltlosen Mitteln gegen den Krieg kämpfte, schrieb ihm daraufhin einen Brief, auf den Cardenal antwortete.

Kämpfer gegen die Diktatur in Nicaragua

Berrigan Du sprichst offen und zustimmend über die Gewalt eines unterdrückten Volkes, deines Volkes. Du stellst dich auf die Seite dieser Gewalt, bedauernd, aber entschieden, und unwiderruflich. Das ernüchtert und betrübt mich. [...] Die Linken töten die Rechten; die Rechten töten die Linken, beide töten, wenn sie Zeit und Gelegenheit haben, Kinder, Alte, Kranke, Verdächtige. [...] Beide haben die besten Absichten und rufen Gott zum Zeugen an [...]. Und natürlich ändert sich nichts. Nichts ändert sich in Beirut, nichts in Belfast, nichts in Galiläa. Außer, dass die Lebenden sterben. [...] Der Tod eines einzigen menschlichen Wesens ist ein zu hoher Preis für die Verteidigung irgendeines Prinzips.

Cardenal Vater Berrigan schrieb, dass kein Prinzip [...] so viel wert sei wie das vergossene Blut auch nur eines einzigen Kindes. Ich stimme dem zu. Aber aus demselben Grund denke ich, dass kein Prinzip, so edel es auch sei, wie gerade das Prinzip der konsequenten Gewaltlosigkeit, mehr wert ist als das Blut eben dieses einen Kindes. Der Kampf [gegen die Diktatur] wurde nicht wegen irgendeines Prinzips geführt [...], sondern der Kampf wurde geführt, um das Blutvergießen dieser Kinder zu vermeiden, von Kindern, die von der Diktatur ermordet worden sind, von Männern, von Frauen und alten Leuten, die Tag für Tag ermordet worden sind.

1 Informiere dich über Kriege in der Vergangenheit (z.B. den Zweiten Weltkrieg) oder in der Gegenwart und überlege, welche davon die Bedingungen für einen »gerechten Krieg« erfüllen.

2 Wenn ein Krieg gerecht sein soll, ist es dann erlaubt, Opfer unter der Zivilbevölkerung (z.B. durch Bombenangriffe) in Kauf zu nehmen, um wichtige militärische Ziele zu erreichen?

3 Wer sich für einen »gerechten« Krieg entscheidet, nimmt den Tod Unschuldiger in Kauf; wer sich dagegen entscheidet, tut nichts, um Unschuldige vor Angreifern zu retten. Wie soll man damit umgehen?

Methode: Über ein Dilemma nachdenken

Bei vielen moralischen Fragen gibt es Antworten, die sich widersprechen, aber beide richtig zu sein scheinen. Egal, was man dann tut, es ist immer etwas Falsches; dennoch muss man handeln und sich für eine Möglichkeit entscheiden. Dies nennt man ein »Dilemma«. Durch genaues Nachdenken kannst du eine vernünftige Grundlage für eine Entscheidung finden:

- Du untersuchst die Argumente, die für beide Antworten vorgebracht werden können.
- Dann klärst du die Werte, von denen sie ausgehen und machst dir klar, zu welchen Werten du selbst tendierst.
- Du suchst einen deinen Werten entsprechenden Standpunkt, von dem aus du beide Seiten beurteilen und herausfinden kannst, welche Argumente du für ausschlaggebend hältst.

Gewaltloser Widerstand

Mahatma Gandhi wurde 1869 in Indien geboren. Sein Ehrenname »Mahatma« bedeutet »Große Seele«. Er studierte in London Jura und arbeitete in Indien als Rechtsanwalt. Später lebte Gandhi viele Jahre im von Weißen beherrschten Südafrika. Er setzte sich für die Rechte der dort lebenden Inder ein und entwickelte, unter dem Einfluss der christlichen Bergpredigt, eine Strategie des gewaltlosen Widerstandes. 1915 kehrte Gandhi nach Indien zurück und wurde zum wichtigsten Führer der Bewegung gegen die englische Kolonialherrschaft. In gewaltlosen Aktionen kämpfte er mit Erfolg für die Unabhängigkeit Indiens. 1947 wurde das Land allerdings in die Staaten Indien und Pakistan geteilt. Ein nationalistischer Hindu erschoss Gandhi 1948.

Der Salzmarsch, eine gewaltfreie Aktion

1930 begann Gandhi eine gewaltfreie Aktion gegen das Salzmonopol der britischen Kolonialregierung, die es den Indern verbot, Salz zu gewinnen. Im Rahmen dieser Aktion marschierten 2.500 Freiwillige auf die Salzwerke von Dhrasana zu. Ein englischer Journalist berichtete:

In vollkommenem Schweigen rückten Gandhis Männer vor und machten etwa hundert Meter vor den Absperrungen halt. Eine ausgewählte Kolonne löste sich aus der Menge, durchwatete die Wassergräben und näherte sich den Stacheldrahtverhauen […]. Auf ein Kommandowort stürzte sich plötzlich eine große Meute einheimischer Polizisten auf die vorrückenden Marschierer und ein Hagel von Schlägen, ausgeteilt mit stahlbeschlagenen Lathis [Schlagstöcken], ging auf ihre Köpfe nieder. Nicht ein einziger Marschierer erhob auch nur einen Arm, um die Schläge abzuwehren. Wie umgestürzte Kegel fielen sie zu Boden. […] Diejenigen, die niedergeschlagen wurden, fielen gleich zu Boden, bewusstlos oder sich windend, mit gebrochenen Schädeldecken oder Schultergelenken […]. Die bisher verschont Gebliebenen marschierten, ohne aus ihren Reihen auszubrechen, still und verbissen vorwärts, bis auch sie niedergemacht wurden. […] Es gab keinen Kampf, keine Handgreiflichkeiten; die Marschierer schritten einfach weiter vorwärts, bis auch sie niedergeschlagen wurden.

Trotz des brutalen Polizeieinsatzes wurde diese Aktion ein Erfolg, denn mit ihr begann das Ende der britischen Herrschaft in Indien.

Mahatma Gandhi: Der Weg der Gewaltlosigkeit

Gewaltlosigkeit ist nicht ein Deckmantel für Feigheit, sondern die höchste Tugend des Tapferen. Ausübung von Gewaltlosigkeit erfordert weit größeren Mut als den des Kämpfers. Feigheit und Gewaltlosigkeit

passen nicht zusammen. […] Geradeso wie man die Kunst des Tötens lernen muss im Training für Gewalttätigkeit, so muss man die Kunst des Sterbens lernen im Training für Gewaltlosigkeit. […] Der Anhänger der Gewaltlosigkeit muss die Fähigkeit der Bereitschaft zum letzten Opfer kultivieren, um von Furcht frei zu sein. Er macht sich keine Sorgen um sein Land, seinen Besitz oder sein eigenes Leben. […]
Bloßes Nichttöten ist nicht genug. Der aktive Aspekt der Gewaltlosigkeit ist Liebe. Das Gesetz der Liebe erfordert gleiche Rücksicht auf alles Lebendige, vom kleinsten Insekt bis zum größten Menschen. Wenn einer dieses Gesetz befolgt, darf er nicht einmal dem größten Übeltäter zürnen, sondern muss ihn lieben, ihm Gutes wünschen und ihm dienen. Wenn er auf diese Weise auch den Übeltäter lieben muss, darf er sich doch niemals seinem Übel oder seiner Ungerechtigkeit unterwerfen, sondern muss sich mit all seiner Kraft widersetzen und geduldig und ohne alle Hassgefühle alle Härten ertragen, die ihm der Übeltäter zur Strafe für seine Opposition antun mag.

Q

Kriegsdienstverweigerung in Deutschland

Im Grundgesetz heißt es laut Artikel 4, Absatz 3: »Niemand darf gegen sein Gewissen zum Kriegsdienst mit der Waffe gezwungen werden.« Wer den Wehrdienst verweigern will, muss dafür eine ausführliche persönliche Begründung verfassen. Darin soll er deutlich machen, wie seine Gewissensentscheidung zustande kam, welche Werte für sein Leben wichtig sind und wie er zu Aggression*, Gewaltanwendung und Krieg steht.

Seiten 48–51 ◄
(das Gewissen als innere Norm)

1 Worin besteht die Kraft des gewaltlosen Widerstandes? Wie konnte eine Aktion wie der Salzmarsch trotz der militärischen Übermacht der Engländer ein Erfolg werden?

2 Diskutiere die Frage, ob gewaltfreie Aktionen unter anderen Umständen und bei anderen Gegnern (z.B. den Nazis) ebenfalls sinnvoll und erfolgreich sein können.

3 Darf oder sollte man den Kriegsdienst verweigern? Verfasse eine Begründung dafür oder dagegen.

→← Immer wieder haben Menschen sich gefragt, ob man Krieg führen darf, um sich gegen einen Angriff zu verteidigen und Menschenleben zu retten. Die einen waren und sind der Ansicht, ein solcher »gerechter Krieg« sei erlaubt – und oft auch notwendig. Andere dagegen lehnen Gewalt und Töten unter allen Umständen ab und berufen sich dabei auch auf Prinzipien des Christentums (Bergpredigt), des Hinduismus oder anderer Überlieferungen. Sie schlagen als Alternative zum Krieg die Methode des gewaltfreien Widerstands vor, die vor allem von GANDHI entwickelt wurde. In Deutschland ist das Recht auf Kriegsdienstverweigerung durch das Grundgesetz garantiert.

Mitglieder des Friedensrates von Chamanculo B in Mosambik auf Patrouille

»Die Jungs vom Friedensrat«

Seit vier Jahren patroullieren die jungen Männer und Frauen von der »Policiamento Comunitario« (Bürgerpolizei) regelmäßig in kleinen Gruppen durch Chamanculo B. (Mosambik). Sie sollen nach dem Rechten sehen, Streitigkeiten schlichten und die Polizei rufen, wenn es ernst wird. In ihren grünen Kitteln, die als Uniform dienen und sie als Helfer der Staatsmacht ausweisen, sollen sie zudem Einbrecher, Diebe und andere Ganoven abschrecken. Alles ehrenamtlich. Die Bürger des Viertels haben sie gewählt. Das Konzept scheint zu funktionieren. »Früher wäre ich hier nicht so herumgelaufen«, sagt Joao Ernesto Mbanguine und zeigt auf das Handy, das offen an seinem Gürtel hängt. »Heute ist das kein Problem mehr.« Mbanguine ist Präsident des 17-köpfigen Friedensrates von Chamanculo B, der 2002 eingerichtet wurde. »Vor wenigen Jahren noch war Chamanculo B praktisch ein rechtsfreier Raum«, erzählt Hans-Georg Fuchs vom Bundeskriminalamt. »Die Polizei hat sich hier nicht reingetraut. […]. Selbstjustiz war an der Tagesordnung.« […] Wo Polizei und Bevölkerung zusammenarbeiten, haben Straftäter keine Chance. […] »In Chamanculo B haben wir die Patrouillen schon deutlich reduzieren können«, berichtet Mbanguine. [… Aber es gibt auch Risiken:] Die Gefahr besteht, dass die Räte ihre Kompetenzen überschreiten oder die Arbeit der Polizei untergraben. Sie müssen deshalb streng kontrolliert werden.

Q Tillmann Elliesen (2006)

Das »Gewaltmonopol« des Staates

Wie in Mosambik funktioniert auch in vielen anderen Ländern der Welt die staatliche Ordnung nicht mehr richtig. Oft ist sie ganz zusammengebrochen, kriminelle Banden oder Bürgerkriegsarmeen herrschen und die Menschen haben keinen Schutz vor deren Gewalttaten.
Auch bei uns in Europa gab es immer wieder solche Zustände, z.B. zur Zeit des Dreißigjährigen Krieges. Der englische Philosoph Thomas Hobbes, der in dieser Zeit lebte, nannte einen solchen Zustand ohne einen funktionierenden Staat den »Naturzustand«, in dem sich für ihn die wahre Natur des Menschen zeigte.

Thomas Hobbes, 1588–1679

So sehen wir drei Hauptursachen des Streites in der menschlichen Natur begründet: Wettstreben, Argwohn und Ruhmsucht. Dem Wettstreben geht es um Gewinn, dem Argwohn um Sicherheit, der Ruhmsucht um

Ansehen. Die erste Leidenschaft scheut keine Gewalt, sich Weib, Kind und Vieh eines anderen zu unterwerfen; ebenso wenig die zweite, das Geraubte zu verteidigen oder die dritte, sich zu rächen für Belanglosigkeiten wie ein Wort, ein Lächeln, einen Widerspruch oder irgendein anderes Zeichen der Geringschätzung. [...]. Und hieraus folgt, dass Krieg herrscht, solange die Menschen miteinander leben ohne eine oberste Gewalt, die in der Lage ist, die Ordnung zu bewahren. Und es ist ein Krieg, den jeder Einzelne gegen jeden führt. [...] In einem solchen Zustand gibt es keinen Fleiß, denn seine Früchte werden ungewiss sein [...], kein behagliches Heim [...], keine Gesellschaft. Stattdessen: ständige Furcht und die drohende Gefahr eines gewaltsamen Todes. Das Leben der Menschen: einsam, arm, kümmerlich, roh und kurz [...].
Der alleinige Weg zur Errichtung einer allgemeinen Gewalt, die in der Lage ist, die Menschen vor dem Angriff Fremder und vor gegenseitigen Übergriffen zu schützen [...], liegt in der Übertragung ihrer gesamten Macht und Stärke auf einen Menschen oder eine Versammlung von Menschen.

Q THOMAS HOBBES: Leviathan

Überfall von Soldaten im 30-jährigen Krieg (Holzstich von HANS ULRICH FRANCK, 1643)

Mit diesen Überlegungen begründete HOBBES das so genannte »staatliche Gewaltmonopol«: Niemand darf Gewalt ausüben, wenn er nicht vom Staat dazu beauftragt ist. Das heißt z.B.: Der Bürger darf nicht selbst Verbrecher bestrafen, Streitigkeiten mit Waffen austragen (etwa im Duell) oder »Blutrache« üben, sondern er muss dies der Polizei und anderen Staatsorganen überlassen.
Durch dieses Prinzip wird dafür gesorgt, dass unter den Bürgern eines Landes möglichst keine gewalttätigen Auseinandersetzungen ausbrechen.

1 Suche in den Medien (Zeitung, Fernsehen) nach Beispielen für einen gewalttätigen (gesetzlosen) »Naturzustand«. Inwieweit trifft die Beschreibung von HOBBES hier zu?

2 Warum wurde der Friedensrat von Chamanculo eingerichtet? Inwiefern unterscheidet sich seine Arbeit von der der Polizei?

3 Diskutiert, ob man einen solchen Friedensrat auch in deutschen Städten einrichten sollte.

4 Welche Gefahren kann es mit sich bringen, wenn man alle Gewalt an eine Einrichtung – den Staat oder einen »Friedensrat« – überträgt? Was kann man gegen diese Gefahren tun?

Staatliche Ordnungen und Gewalt

Die Gewalt des Staates als Gefahr für Bürger/innen

Beispiel DDR – und heute?

MIKE FRÖHNEL wurde 1982 mit 17 Jahren erstmals festgenommen, weil er eine Jeansjacke mit einem unerwünschten Aufnäher trug. Als man ihn dabei mit einem Knüppel schlug, wehrte er sich. Wegen Widerstands gegen die Staatsgewalt musste er für sechs Monate in das »Jugendhaus Frohe Zukunft«, ein berüchtigtes Jugendgefängnis in Halle. Mit 19 Jahren wurde FRÖHNEL erneut verhaftet, weil er in seiner Nachbarschaft selbst gezeichnete Flugblätter verteilt hatte, die die Berliner Mauer mit dem Tor eines Konzentrationslagers zeigten. Er wurde wegen »versuchter Republikflucht« zu elf Monaten Gefängnis verurteilt, obwohl er gar nicht geplant hatte, aus der DDR zu fliehen.

Wenn der Staat alle Gewalt hat, mag er zwar für Sicherheit und Ordnung sorgen, er kann aber auch eine Gefahr für seine Bürger/innen werden. Dies wird besonders deutlich in Diktaturen, in denen der Staat seine Bürger überwachen und unterdrücken lässt. Es ist daher wichtig, dass Gesetze geschaffen und eingehalten werden, die auch dem Staat und seinen Beamten, etwa der Polizei, Grenzen setzen – Kennzeichen eines jeden »Rechtsstaates«. Auch in Rechtsstaaten müssen die Bürger/innen wachsam sein, damit es nicht zu Übergriffen des Staates kommt. Bis heute werden Auseinandersetzungen darüber geführt, wie weit der Staat in die Freiheit der Bürger/innen eingreifen darf, um für Sicherheit, z. B. vor terroristischen Anschlägen, zu sorgen.

Auch in diesem Gefängnis in Berlin-Hohenschönhausen war MIKE FRÖHNEL mehrere Monate in Untersuchungshaft.

Von der Staatsordung zur Weltordnung? Die Vereinten Nationen

Die meisten Staaten sorgen dafür, dass Gewalt in ihrem Land eingedämmt wird. Im Zusammenleben der Staaten aber herrscht noch vielfach das Recht des Stärkeren; es gibt keine anerkannte oberste Gewalt, die einen wie auch immer gearteten Frieden aufrechterhalten oder stiften könnte.

Fachübergreifend (Geschichte, Politik): Völkerbund und Vereinte Nationen

Nach den Erfahrungen des Zweiten Weltkrieges wurden 1945 die »Vereinten Nationen« (UN oder UNO: United Nations Organization) gegründet. Ihr gehören heute fast alle Staaten der Erde an. Ihre wichtigsten Institutionen (Einrichtungen) sind die Generalversammlung und der Weltsicherheitsrat. In der Generalversammlung sind alle Mitgliedsstaaten vertreten; sie wählt den Generalsekretär und fasst Beschlüsse. Mächtiger ist allerdings der Weltsicherheitsrat – er besteht aus den fünf ständigen Mitgliedern USA, Russland, China, Großbritannien und Frankreich sowie aus zehn weiteren für zwei Jahre gewählten Mitgliedern. Jedes ständige Mitglied kann mit seinem »Veto« Beschlüsse des Sicherheitsrates verhindern. Der Sicherheitsrat kann Aktionen beschließen, um den Frieden in der Welt zu erhalten oder zu erzwingen. Dazu gehören Wirtschaftssanktionen wie Handelssperren, aber auch militärische Maßnahmen.

- Informiert euch über die Geschichte des Völkerbundes und der UNO.
- Sammelt Informationen und Fotos (Zeitung, Internet) über Friedensmissionen der UNO, vor allem über solche mit deutscher Beteiligung.
- Gestaltet eine Wandzeitung zu der Frage: »UNO-Missionen – Raushalten oder Mitmachen?«

Wie weiter mit der UNO?

Blauhelme
Für militärische Maßnahmen zur Sicherung oder Erzwingung des Friedens gibt es die so genannten »Blauhelme« – Soldaten der UNO mit einem blauen Helm oder Barett. Sie werden der UNO von den einzelnen Staaten zur Verfügung gestellt. In manchen Fällen haben sie dazu beigetragen, Frieden herzustellen; oft aber konnten sie sich gegen die Kriegsparteien nicht durchsetzen oder haben sogar Gewaltverbrechen tatenlos zugesehen.

Die UNO ist oft nicht mächtig genug, um den Frieden zu sichern. Es wird daher diskutiert, ob
– die UNO eine wirkliche Weltregierung mit einer Weltpolizei werden sollte;
– die Weltorganisation ein Staatenbund bleiben sollte, aber mit der Möglichkeit, Angriffskriege und Völkermorde militärisch wirksam zu verhindern oder ob
– jeder Staat sich um seine Interessen kümmern und die Sicherung des Friedens einzelnen (mächtigen) Staaten überlassen bleiben sollte.

1 Wie weit sollte der Staat in die Freiheit der Bürger/innen eingreifen dürfen, um ihre Sicherheit zu garantieren? Diskutiert an Beispielen wie einer Telefonüberwachung, der Festnahme von Verdächtigen usw.

2 Wägt Chancen und Risiken ab: Sollte sich Deutschland weiterhin an Blauhelm-Einsätzen der UNO beteiligen? Würdest du es richtig finden, wenn du als Soldat oder Soldatin der Bundeswehr zu einem solchen und vielleicht lebensgefährlichen Einsatz geschickt würdest?

3 Diskutiert die drei oben aufgeführten Möglichkeiten zur weiteren Entwicklung der UNO.

Wenn Menschen zusammenleben, besteht immer die Gefahr, dass einige ihre Absichten mit Gewalt durchsetzen. Der Philosoph Hobbes hält daher einen Krieg jeder gegen jeden für unvermeidlich, solange es keine staatliche Ordnung gibt. Um den Frieden zu schützen, darf daher nur der Staat das Recht haben, Gewalt auszuüben (staatliches »Gewaltmonopol«). Es besteht allerdings immer die Gefahr, dass der Staat sein Recht missbraucht und Bürger/innen unterdrückt. Seine Machtausübung muss daher durch Gesetze eingeschränkt und durch unabhängige Gerichte, Medien und öffentliche Debatten kontrolliert werden – er muss ein »Rechtsstaat« sein. Im Zusammenleben der Staaten gibt es keine oberste Macht, die den Frieden sichert. Dieser Zustand konnte auch mit der UNO (noch) nicht überwunden werden. Die Weltorganisation greift zwar immer wieder in Konflikte zwischen Staaten ein, ist aber oft nicht stark genug, um den Frieden zu sichern oder wiederherzustellen.

Gewalt durch den Staat: die Todesstrafe

»Der Mensch ist mehr wert als seine schlechteste Tat« (HELEN PREJEAN im Film »Dead Man Walking«)

»Dead Man Walking«

In ihrem Buch »Dead Man Walking« berichtet die amerikanische Ordensschwester HELEN PREJEAN von Erfahrungen mit Todeskandidaten. Angelehnt an dieses Buch erzählt der gleichnamige Film, wie PREJEAN sich vergeblich für die Begnadigung des Todeskandidaten MATTHEW PONCELET einsetzt, ihn bei der Hinrichtung begleitet und mit den Familien der Opfer redet. PONCELET hatte ein junges Pärchen überfallen, das Mädchen vergewaltigt und beide durch Kopfschüsse getötet.

Fakten zur Todesstrafe

1. 2005 wurden weltweit mindestens 2.148 Menschen in 22 Ländern hingerichtet. 125 Staaten haben die Todesstrafe abgeschafft. In 74 Staaten steht sie zwar noch im Gesetz, wird aber nur in wenigen davon tatsächlich vollstreckt.
2. Auch die modernsten Arten der Todesstrafe sind grausam, einige Beispiele dazu:
   - 1983, Mississippi, JIMMY LEE GRAY, Gaskammer: Der Raum der Hinrichtungszeugen wird geräumt, als GRAY 8 Minuten nach Freisetzung des Gases verzweifelt keucht.
   - Florida, JESSE JOSEPH TAFERO, elektrischer Stuhl: Während der Hinrichtung schießen 15 cm lange Flammen aus TAFEROS Kopf; drei Stromstöße sind erforderlich, um die Atmung zu stoppen.
   - 2006, Florida, ANGEL NIEVES DIAZ, Giftspritze. Wegen falsch gesetzter Injektionsnadeln stirbt DIAZ erst nach qualvollen 34 Minuten, nach 24 Minuten versucht er noch zu sprechen. Der Gouverneur von Florida lässt darauf die Vollstreckung weiterer Hinrichtungen aussetzen.
3. Seit 1976 wurden in den USA 102 Unschuldige aus den Todestrakten entlassen; für viele andere war es zu spät. Oft war die Verteidigung unfähig oder die Anklage beruhte auf falschen Beweisen. 2003 begnadigte der Gouverneur von Illinois alle Todeskandidaten in seinem Staat, nachdem eine Reihe von Fehlurteilen nachgewiesen worden war.
4. In US-Bundesstaaten, in denen die Todesstrafe nicht angewandt wird, geschehen weniger Morde als in jenen US-Staaten, die sie praktizieren. Auch in Kanada und in den meisten Ländern Europas, wo es ebenfalls keine Todesstrafe gibt, geschehen weniger Morde als in den USA.

Die Diskussion um die Todesstrafe

Wenn jemand ein furchtbares Verbrechen begeht wie PONCELET in »Dead Man Walking«, fragt man sich, wie dies angemessen bestraft werden kann. Dabei ist zu überlegen, welchen Sinn eine staatliche Strafe überhaupt haben kann.
1. Vergeltung/Sühne: Durch die Strafe soll die Gerechtigkeit wiederhergestellt werden. Wir empfinden es als ungerecht, wenn jemand, der etwas Schlechtes getan hat, nicht bestraft wird; dabei soll die Härte der Strafe der Schwere der Schuld entsprechen und den Straftäter zur Reue führen.
2. Resozialisierung: Durch die Strafe soll der Täter gebessert und fähig werden, sich wieder in die Gesellschaft einzugliedern, indem er seine Einstellung ändert und sein kriminelles Verhalten nicht mehr wiederholt.
3. Prävention/Abschreckung: Durch die Strafe soll die Gesellschaft geschützt werden. Der Täter soll daran gehindert werden, ein weiteres Verbrechen zu begehen; andere sollen durch die Angst vor einer solchen Strafe davon abgeschreckt werden, eine ähnliche Tat zu begehen.

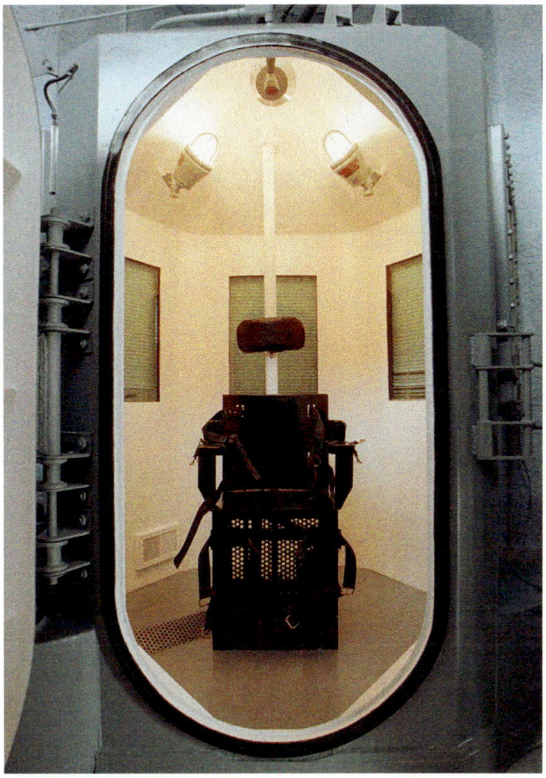

Hinrichtungskammer im Gefängnis von Florence, Arizona (USA)

»Die Todesstrafe ist abgeschafft.« Artikel 102 des Grundgesetzes

1 Sollte man in Deutschland die Todesstrafe für besonders schwere Verbrechen wie Kindesmisshandlung mit Todesfolge wieder einführen? Erörtere die möglichen Argumente für und gegen die Todesstrafe und nimm selbst Stellung. Berücksichtige dabei die aufgeführten Fakten zur Todesstrafe und mache dir klar, welche allgemeinen Überlegungen zum Sinn von staatlichen Strafen deiner Stellungnahme zugrunde liegen.

2 Im Film »Dead Man Walking« redet HELEN PREJEAN mit den Eltern der Opfer, die die Todesstrafe für MATHEW PONCELET fordern. Schreibe auf, wie ein möglicher Dialog zwischen ihnen aussehen könnte.

Die Todesstrafe ist eine extreme Form der Gewalt des Staates gegen einzelne (kriminelle) Bürger. Die Befürworter dieser Strafe sehen in ihr eine angemessene Sühne für Taten (z.B. für einen grausamen Mord) und außerdem eine Abschreckung für zukünftige Täter. Die Gegner der Todesstrafe sagen, dass der Staat kein Recht habe, einen Menschen zu töten, und sie weisen darauf hin, dass die Todesstrafe nicht wirklich abschreckend wirkt und dass jede Form der Hinrichtung grausam ist.

Wege in die Gewalt – Wege aus der Gewalt

In diesem Kapitel habt ihr euch mit verschiedenen Arten von Gewalt auseinandergesetzt – im Alltag, in den Medien und im Krieg. Dabei ging es auch um Ursachen der Gewalt und um Mittel gegen die Gewalt – vom »gerechten Krieg« bis hin zu Blauhelmeinsätzen und zum gewaltlosen Widerstand.

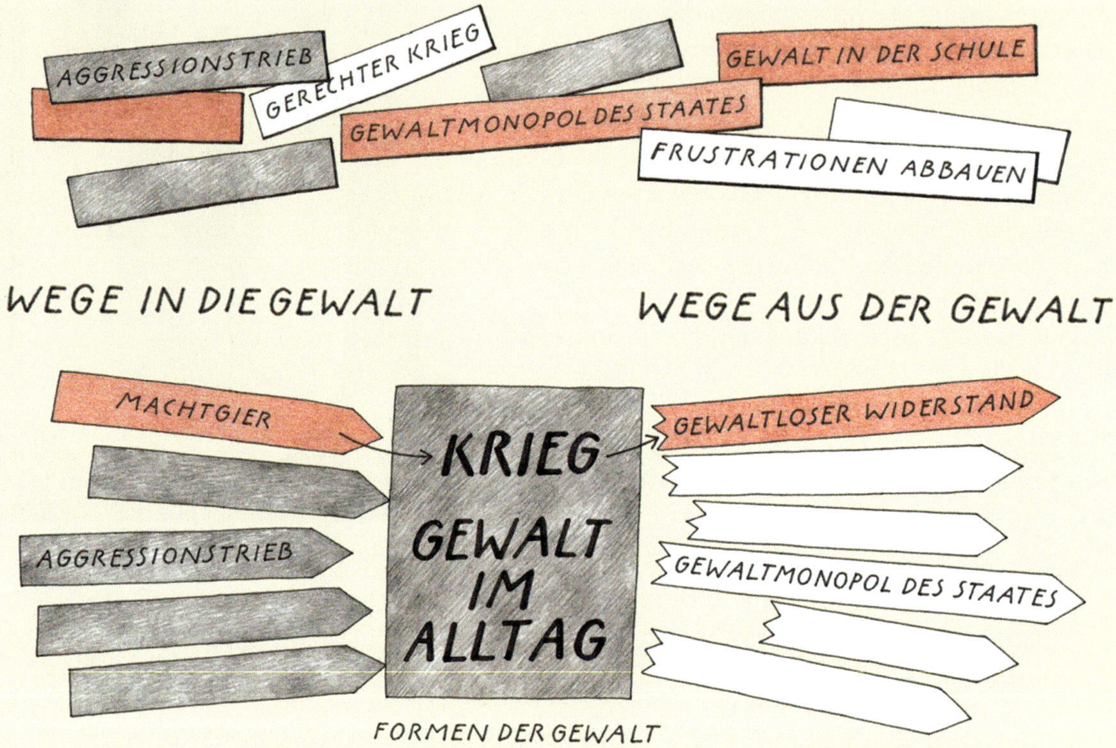

1 Stoffsammlung: Suche weitere Stichworte zu den Formen der Gewalt, zu Ursachen der Gewalt und zu Mitteln gegen die Gewalt. Berücksichtige zunächst vor allem Gewaltaspekte, die in diesem Kapitel behandelt wurden. Darüber hinaus können aber auch solche Aspekte einbezogen werden, die nicht oder kaum erwähnt wurden (z.B. Gewalt in der Familie, Streitschlichtung, terroristische Gewalt).

2 Informiere dich in diesem Buch und eventuell auch anderswo noch einmal zu den oben genannten Stichworten.

3 Schaubild: Erstelle ein Schaubild nach dem Muster der Zeichnung oben und trage deine Stichworte ensprechend ein. Stelle Zusammenhänge heraus, indem du die Stichworte, die deiner Ansicht nach zusammenhängen, mit Pfeilen verbindest. Hebe das, was du besonders wichtig findest, farbig hervor.

Seite 221 4 Vortrag: Bereite einen kurzen Vortrag vor, in dem du dein Schaubild erläuterst.

Was tun gegen Gewalt?

Immer wieder werden Menschen bei uns Opfer von Gewalt. Oft sind dabei andere Menschen in der Nähe, die den Opfern helfen könnten, aber aus Angst oder Gleichgültigkeit nichts unternehmen. Hier ist Mut gefragt – Zivilcourage. Dabei ist es ist allerdings auch sehr wichtig zu wissen, wie man sich in einer solchen Situation verhalten sollte, ohne sich selbst unnötig zu gefährden.
Häufig werden »Fremde«, Ausländer, Menschen anderer Hautfarbe, aber auch Juden, Obdachlose, Behinderte und andere Minderheiten zu Opfern von Gewalt. Rechtsradikale greifen sie an, weil sie in ihnen Menschen zweiter Klasse sehen. Hier geht es darum, Vorurteile abzubauen und klarzustellen, dass alle Menschen die gleichen Rechte haben und vor Gewalt geschützt werden müssen.

»Schule ohne Rassismus«: Aktionstag der Wilma-Rudolph-Oberschule in Berlin

Projekt: Aktionen für Zivilcourage und gegen rechte Gewalt

Zivilcourage:

Was tun, wenn man sieht, wie andere belästigt oder angegriffen werden? Dazu könnt ihr euch

- informieren (Infos und links dazu bei: www.aktion-tu-was.de);
- Experten einladen (z.B. von der Polizei);
- Situationen, in denen ihr Zeuge werdet, wie andere belästigt oder angegriffen werden, im Rollenspiel in der Schule oder in der Öffentlichkeit vorführen.

Seiten 46/47 ◄

Rassismus und rechte Gewalt:

Sie fangen da an, wo bestimmte Gruppen von Menschen für minderwertig erklärt werden. Ein Projekt zu diesem Thema könnte daher damit beginnen, festzustellen, welche Vorurteile es in unserer Schule (unserer Nachbarschaft) gegenüber bestimmten Menschengruppen gibt. Ein nächster Schritt wäre, über solche Vorurteile zu reden und selbst Stellung zu beziehen – einzeln oder auch als Klasse oder Schule. Im Einzelnen könnt ihr

- euch im Internet und anderswo über Rassismus und Rechtsradikalismus informieren;
- Mitschüler/innen, Lehrer/innen, Eltern und andere zu diesem Thema befragen;
- selbst ausprobieren, wie es ist, Vorurteilen zu begegnen (indem ihr euch z.B. in der Öffentlichkeit, als »Ausländer« verkleidet, bewegt);
- Kontakte zu Initiativen gegen Rechts, zur zuständigen Polizeidienststelle und zu Opferberatungsstellen aufnehmen;
- die Ergebnisse der Nachforschungen in der Schule bekannt machen;
- vielleicht sogar die ganze Schule zu Aktionen wie »Schule ohne Rassismus« bewegen (www.schule-ohne-rassismus.org).

Lesetipp

LUTZ VAN DIJK: Von Skinheads keine Spur, München: C. Bertelsmann Jugendbuch Verlag 2002

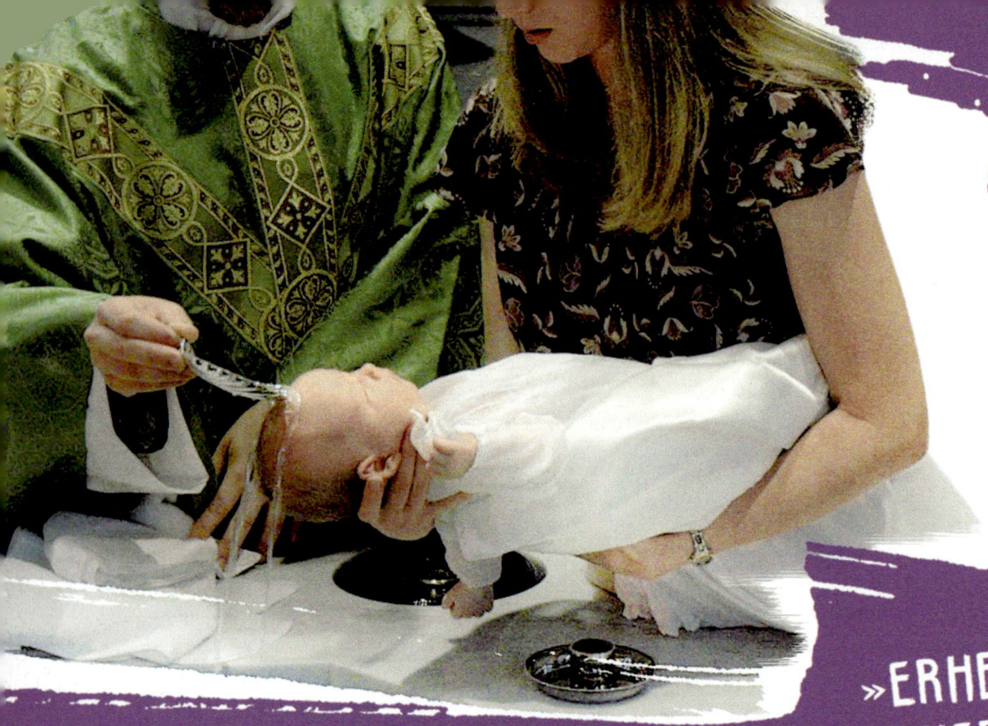

HEILIGER SCHAUER

»ERHEBUNG« VON HERZ UND GEMÜT

RELIGION – WIEDER IN?

INNERE GEFÜHLSERREGUNG

Religion – was ist das?

Dieses Kapitel wirft W-Fragen auf, die den tieferen Sinn menschlicher Existenz* betreffen. Überlegt:

1 Was haben Erlebnisse, die uns im Innersten mitnehmen, mit Religion zu tun?

2 Was unterscheidet Religionen von Lebens- und Weltanschauungen?

3 Woran »merken« Menschen, dass sie religiös sind: an einem tiefen Gefühl oder Erlebnis, am Vertrauen auf einen letzten Sinn, am Einhalten religiöser Gebote, am gelebten religiösen Ritual, an begründeter Einsicht …?

4 Wie bzw. mit welcher Methode kann man religiöse Traditionen, vor allem so genannte heilige Texte, verstehen lernen?

5 (Wozu) Brauchen Menschen eigentlich Religion und Gott – sind wir uns nicht selbst genug?

6 Warum glauben heute (wieder) viele Jugendliche, die Religionen könnten Antworten auf menschliche Sehnsüchte wie Glück, Frieden, Gerechtigkeit und Bewahrung der Natur enthalten?

Religion(en): wann – wer – wo – wie?

Religionswissenschaftler/innen unterscheiden unterschiedliche Typen von Religionen:

a *»archaische« (ursprüngliche)* ***Religionen:*** Sie haben sich zur Bewältigung von Naturgewalten (Überschwemmungen, Dürren, Geburt, Tod) und zwischenmenschlichen Problemen (Liebe, Hass, Gewalt, Recht) herausgebildet. Archaische Religionen äußern sich in gemeinschaftlich organisierten Kulten und Riten; vor allem in regionalen Volksreligionen (z. B. in Afrika) finden sich davon heute noch Elemente.

b Im 5./6. Jahrhundert v. Chr. sind ***»übergreifende« Religionen*** entstanden, die auf grundlegende Fragen des Menschseins Antworten geben wollen. Da diese Religionen prinzipiell jedem Menschen offen stehen, haben sie sich in allen Teilen der Welt verbreitet und werden deshalb »Weltreligionen« genannt. Ihre wichtigsten Erfahrungen sind in heiligen Texten überliefert, die bis auf den heutigen Tag gelesen werden. Darum heißen sie auch Schrift- oder Buch-Religionen. In manchen Ländern sind sie noch heute die mehr oder weniger vorherrschende Volksreligion, die den Menschen auch in Fragen des Alltags, der Familie, der Gesellschaft, der Politik den Weg weist.

c Seit der Zeit der Aufklärung, als Säkularisierung* und die Betonung des Einzelnen insbesondere in Europa und Amerika prägend wurden, sind ***neue religiöse Strömungen*** entstanden, die oft auch als »Sekten« bezeichnet werden. Diese Bezeichnung verdeckt allerdings, dass es sich bei diesen neuen religiösen Bewegungen um sehr unterschiedliche Gruppierungen und Milieus handelt: z. B. um fundamentalistische Rückbesinnungen, endzeitliche Erweckungsbewegungen oder auch Event- und Lifestyle-Strömungen.

Die Welt der Religionen

Statistiker zählen zu Beginn des 21. Jahrhunderts, bei einer Weltbevölkerung von knapp 7 Milliarden Menschen, 15 Millionen Juden, gut 2 Milliarden Christen, über 1,3 Milliarden Muslime, 900 Millionen Hindus, 400 Millionen Buddhisten, gut 500 Millionen traditionell-chinesisch Religiöse, 500 Millionen Angehörige indigener (»Stammes«-) Religionen (afrikanische, südostasiatische u.a.) und etwa 50 Millionen Anhänger/innen weiterer kleinerer Religionen. Ihnen steht eine zunehmende Anzahl nichtreligiöser Menschen gegenüber (derzeit mehr als 1 Milliarde).

Religiös – gläubig – fromm?

Wenn Menschen heute nach ihrer Einstellung zur Religion befragt werden, benutzen sie sehr unterschiedliche und keineswegs gleichbedeutende Ausdrücke:

– Ich bin ein gläubiger Mensch.
– Im Innersten meiner Seele bin ich religiös.
– Ich gehöre zur Religion der/des …
– Ich bin kirchlich gebunden und besuche regelmäßig Gottesdienste.
– Ich glaube fest an …
– Bei wichtigen Erlebnissen in meinem Leben habe ich tiefe religiöse Gefühle.
– Spirituelle Erfahrungen sind mir wichtig.
– Ich bekenne mich zu …
– Ich bete jeden Tag.
– Ich fühle mich wohl, wenn ich mit anderen Menschen zusammen meinen Glauben feiere.
– Gott ist die Stütze in meinem Leben.
– Jesus liebt dich!
– Ich »sehe« Gott in der Zuwendung zu Armen und Hilflosen.
– Hinter allem muss doch irgendwie eine höhere Macht stehen …
– Ich bin ein frommer Mensch und beachte die Gebote meiner Religion.
– […]

Gottesdienst einer Pfingstgemeinde in Harare (Simbabwe)

Schamanen (so genannte Zauberpriester) mit Kreuz und Fetisch* in Lira (Uganda).

»Modernes« Yoga: Meditationsübungen, um Körper, Geist und Seele in Einklang zu bringen

Seite 237 ◂ Methode: Internet-Recherche

1 Recherchiert neueste Zahlen zur Verteilung der Religionen auf der Welt. Sucht dabei auch eine Karte zur Verbreitung der Religionen in der Gegenwart.

2 Stellt aufgrund historischer und geografischer Daten zusammen, welche Rolle Religionen weltweit zu unterschiedlichen Zeiten gespielt haben. Welche Rückschlüsse erlauben sie über die Bedeutung von Religion?

3 Informiert euch über die Bedeutung von Ausdrücken wie »religiös«, »gläubig«, »spirituell«, »fromm«, »kirchlich«, »Ritus«, »Kult«. Diskutiert unterschiedliche Aussagen dazu und formuliert Vermutungen, was eigentlich mit »Religion« gemeint ist oder für den Menschen bedeuten kann. Bezieht in eure Antworten auch die Bilder in diesem Kapitel ein.

Erlebniswelten – Religionsersatz?

»Second Life«: Immer mehr Menschen verbringen tagtäglich stundenlang mit PC-Spielen und Internet-Chats: auf der Suche nach einer zweiten »virtuellen« Identität?

Inszenierung einer Hetzrede: Vor dem politischen Missbrauch von Religion ist kein Kulturkreis gefeit.

In Sport-»Tempeln« werden Stars als »Lichtgestalten« oder »Heilige« verehrt; Fans bewegen sich mit tranceartigen Gesten, symbolisch bekleidet und bemalt, Hymnen singend: Fußball als Religion?

Seite 110 ◄
Methode: Hermeneutik – die Kunst der Auslegung

Fachübergreifend (Kunst): Religion und ästhetische (sinnliche) Erfahrung

Religion wirkt immer aufs Gemüt und äußert sich in sinnlicher Erfahrung, meinte der Philosoph Georg Wilhelm Friedrich Hegel (1770–1831). Erst so wird das Wesen des Religiösen »fassbar« – z.B. in Kunst, Riten, heiligen Orten, Zeichen, Bildern und Symbolen. Zur Erschließung dieser Ausdrucksformen eignet sich der Vierschritt: unmittelbarer Eindruck (1); Entschlüsselung (äußerer) Bedeutungen (2); Erfassen eines inneren Sinns (3); Benennen des je persönlichen Zugangs (4).

- Stellt für einzelne Religionen wichtige Symbole und ihre künstlerischen Ausdrucksformen in Musik, Bild, Plastik, Architektur zusammen und erkundet ihren Sinn.
- »Erkundet« die Bilder auf dieser Seite: Welche Wirkung können oder wollen sie erzielen? Sind sie »religiöse« Bilder?
- In einigen Religionen gibt es bilderfreundliche Strömungen, andere lehnen Bilder eher ab. Informiert euch über Diskussionen zu Sinn und Gefahren bildlicher Darstellungen.
- Kennt ihr für euch selbst »heilige« Dinge? Erzählt über den Wert, den sie für euch haben.

Nicht nur in Großstädten sind Einkaufszentren entstanden: »heilige« Räume des wirtschaftlichen Wachstums und Konsums?

Hungrig nach religiöser Erfahrung?

Patchwork-Religion

Sebastian ist in Deutschland in einer kirchlich aktiven Familie aufgewachsen. Während eines Gaststudiums in Japan hat er eine Frau kennen gelernt und nach schintoistischem Ritus geheiratet. Demnächst will er mit seiner jungen Frau nach Deutschland fahren und sich auch kirchlich – die Braut in Weiß – trauen lassen. Ob er noch nicht gehört hat, dass in Japan Weiß die Farbe der Trauer und des Todes ist?
Ein Leben nach kirchlichen Vorstellungen kommt für Sebastian nicht in Frage. Seine Kinder, so sagt er, sollen selbst entscheiden, welcher Religion sie angehören wollen; Sebastian glaubt ohnehin am ehesten an die hinduistische Wiedergeburtslehre. Und später, hat er gerade seinem Vater erzählt, möchte er sich wie seine Frau nach buddhistischer Tradition beerdigen lassen.

Nach einer Studie zur Spiritualität in Deutschland fühlen sich nur noch 10 Prozent der Deutschen als »Traditionsgläubige«, also aktiv an eine Religionsgemeinschaft gebunden. Über 30 Prozent begreifen sich als »religiös kreativ«, mischen ihre (oft religiöse) Herkunft mit Traditionen aus anderen Religionen und Weltanschauungen. 15 Prozent der Deutschen gelten als offene »spirituelle Sinnsucher« – mit Sympathien für Mystik* oder Esoterik* ohne Bezug zu überlieferten Religionen. Gut 40 Prozent der Bevölkerung schließlich bezeichnen sich als religiös und spirituell »unmusikalisch«.

Q Spiritualität in Deutschland. Studie der »Identity Foundation«, 2006

1 Zählt aus eigenen Erfahrungen Formen so genannter Ersatzreligiosität auf. Bezieht auch Themen wie »Körperkult« ein: Was kann daran »religiös« genannt werden?

2 Versucht Einstellungen Jugendlicher zum Thema »Religion« und »Religiosität« in Erfahrung zu bringen. Haben Jugendliche einen besonderen Bezug zu Religion?

Religionen existieren, seit es menschliche Kulturen gibt. Allen Religionen gemeinsam ist ihr Bezug auf Transzendenz* – sie stellen Erfahrungen jenseits »normaler« menschlicher Verstehensmöglichkeiten in Aussicht. Dieses letztlich nicht Fassbare bietet Orientierung in elementaren Fragen des Menschseins. Die Beantwortung »großer« Fragen wird in den Religionen nicht in erster Linie theoretisch, sondern in tiefsinnigen Erzählungen (Mythen), Bildern und Symbolen überliefert. Die Angehörigen der Religionen vergewissern sich ihrer Traditionen bei der regelmäßigen Lektüre heiliger Texte, in gemeinschaftlichen Riten und Kulten. Viele von ihnen fühlen sich zu einer »guten« Lebensführung motiviert oder gar verpflichtet. In heutiger Zeit nimmt die religiöse Vielfalt weltweit zu – sie schließt unverbindliche Wellness- und so genannte Ersatzreligiositäten, aber auch fundamentalistische Einstellungen ein.

Der Anspruch von Religion

El Greco, Die Heilung des Blinden (um 1570)

Die Geschichte von der Blindenheilung wird verstehbar, wenn sie als Bild für eine religiöse Erfahrung gelesen wird: Es geht hier kaum um äußerliche Dinge, etwa um eine medizinische Heilung. Wichtiger ist, dass jemand, der vorher keinen »Durchblick« hatte, jetzt glaubt, dass Jesus im Auftrag Gottes handelt.

»Ihr seid das Salz der Erde. Wenn das Salz seinen Geschmack verliert, womit kann man es wieder salzig machen? [...]
Ihr seid das Licht der Welt. Eine Stadt, die auf einem Berg liegt, kann nicht verborgen bleiben. Man zündet auch nicht ein Licht an und stülpt ein Gefäß darüber, sondern man stellt es auf den Leuchter; dann leuchtet es allen im Haus. So soll euer Licht vor den Menschen leuchten, damit sie eure guten Werke sehen und euren Vater im Himmel preisen.«
Matthäus 5, 13a und 14–16

Die Sprache der Religion

Wann nennen wir eine Erfahrung religiös? Was meinen Worte wie »Schöpfung«, »Glauben«, »Erlösung«, »Versenkung«, »Heil«, »Paradies« oder »Gott«? Welchen Sinn haben Riten wie Gottesdienste, Taufen, Gebete, Wallfahrten? Religionen thematisieren etwas, von dem viele Menschen meinen, dass es uns in unserem Tiefsten angeht. Solche Erfahrungen in Sprache zu fassen, ist eigentlich unmöglich; Religionen aber prägen Sätze über dieses Nichtsagbare. Dafür verwenden sie nicht die Sprache feststellbarer Tatsachen, sondern die Sprache von Bildern, Symbolen und Metaphern. Von Jesus beispielsweise wird erzählt:

Er nahm den Blinden bei der Hand, führte ihn vor das Dorf hinaus, bestrich seine Augen mit Speichel, legte ihm die Hände auf und fragte ihn: »Siehst du etwas?« Der Mann blickte auf und sagte: »Ich sehe Menschen; denn ich sehe etwas, das wie Bäume aussieht und umhergeht.« Da legte er ihm nochmals die Hände auf die Augen; nun sah der Mann deutlich. Er war geheilt und konnte alles ganz genau sehen. Jesus schickte ihn nach Hause und sagte: »Geh aber nicht in das Dorf hinein!«

Q Markus 8, 23–26

Methode: Hermeneutik – die Kunst der Auslegung
Religiöse Texte bedienen sich häufig symbolischer Mittel – mit Sprachformen, in denen Menschen wichtige Erfahrungen verdichtet haben. Wer sie verstehen will, muss den geschichtlichen Hintergrund (Horizont), in dem sie geschrieben sind, klären: ihre Zeit, ihre Sprache, ihre Bilder. Und es ist notwendig, sich bei der Deutung auch des eigenen Blicks heute bewusst zu werden. Der Philosoph Hans-Georg Gadamer (1900–2002) nennt dies »Horizontverschmelzung«. Sie ist ein unverzichtbarer Prozess des Verstehens und kann sich in folgenden Schritten entfalten:

- einen ersten Eindruck gewinnen und schriftlich festhalten;
- einzelne Elemente des Textes genauer untersuchen, z.B. die Sprache sowie den Aufbau des Textes; den Inhalt nach Behauptungen, Argumenten, versteckten oder offenen Botschaften erforschen; Zeit und Umstände der Entstehung sowie mögliche Adressaten in Erfahrung bringen;
- sich eigene Perspektiven, Vorurteile und das Vorwissen beim Lesen bewusst machen (dazu kritisch den eigenen ersten Eindruck betrachten); mögliche andere Perspektiven des Lesens vorstellen;
- prüfen, wie sich die Deutung je nach Fragestellung ändert; begründen, was sich sicher festhalten lässt und was nur mögliche Interpretationen sind.

Letzte Fragen – letzte Antworten?

Nicht nur für den Koran fordert der Islamwissenschaftler Abdelwahab Meddeb, den heiligen Schriften ihre symbolische Funktion zurückzugeben: »auf die Unendlichkeit des Textes zu verweisen, und aus seiner Interpretation eine fortwährende, nie vollendete, immer wieder neu beginnende Aufgabe zu machen, fern von den naiven Wahrheiten und den trügerischen Gewissheiten, die die Massen fanatisieren, […] um dem Unentschiedenen und Doppeldeutigen wieder einen Sinn zu geben.«

Religiöse Texte stellen Elementarfragen: Wer bin ich? Woher komme ich? Wohin gehe ich? Was ist die Welt? Was soll ich tun, um gut Mensch sein zu können? Auch die Philosophie behandelt solche Fragen, bedenkt ihren Sinn und erwägt mögliche Antworten; doch bestimmte Antworten kann sie nicht liefern. Religiös gebundene Menschen tun aber genau dies – in der Überzeugung, dass Menschen letzte Antworten aus sich selbst nicht finden oder gar herstellen können; der Mensch bleibe sich selbst ein Geheimnis und sei angewiesen auf Transzendenz*, auf etwas, was ihn und seine endlichen Möglichkeiten übersteigt. Das ist für die Religionen »das Heilige«, das den religiösen Menschen trägt und ihm »Heil« bietet. Dieser Glaube an »Gott« unterscheidet Religionen von Ideologien und Weltanschauungen.

Jakob Jordaens, Die vier Evangelisten (um 1620)

Torah-Rolle und Bibel

Frau liest im Koran

1 Probiert die hermeneutische Methode an verschiedenen Textsorten aus: z.B. an einem Gesetzestext, einem Gedicht, einem religiösen Gebet: Formuliert zunächst einen ersten Eindruck und überprüft dann durch den hermeneutischen Prozess dieses »Vorurteil«.

2 Sucht in den religiösen Texten dieser und der folgenden Seiten nach existenziellen* Aussagen: Was sagen sie über das Menschsein aus? Mit welchen Ausdrücken sagen sie es?

3 Betrachtet genau das Bild von Jakob Jordaens. Versetzt euch hinein in die unterschiedlichen Perspektiven der vier Gestalten und versucht, ein Gespräch zwischen ihnen zu verfassen.

Der Anspruch von Religion

Wer bin ich?

Alle Religionen überliefern mythische Erzählungen zur Entstehung des Menschen und zum Sinn des menschlichen Lebens. In der Bibel heißt es:

Am Tag, da ER, Gott, Erde und Himmel machte, noch war nicht Mensch, Adam, den Acker, Adama, zu bedienen: aus der Erde stieg da ein Dunst und netzte all das Antlitz des Ackers; und ER, Gott, bildete den Menschen, Staub vom Acker, er blies in seine Nasenlöcher Hauch des Lebens, und der Mensch wurde zum lebenden Wesen.«

Q Genesis 2, 4–7 (in der Übersetzung von MARTIN BUBER und FRANZ ROSENZWEIG)

MASOLINO, Der Sündenfall (um 1425)

Seite 169: ◄ Paradiesvorstellungen

Auch nach dem Koran hat Gott den Menschen erschaffen, und zwar als seinen Nachfolger (Sure 2, 30). Dazu hat er ihn, ebenso wie in der Bibel, aus Lehm geformt und ihm seinen göttlichen Geist eingehaucht (Sure 15, 28 f). So ist er vollkommen und in bester Form erschaffen (Sure 95, 4), doch auch herrschsüchtig und willensschwach, so dass er den rechten von Gott gewiesenen Weg nicht einhält (Sure 20, 121). Darum erinnert der Koran den Menschen:

Die einen von euch sind Feinde der anderen. Wenn dann von Mir [Allah] Rechtleitung [Führung] zu euch kommt, dann wird der, der meiner Rechtleitung [Führung] folgt, nicht irregehen und nicht unglücklich sein.

Q Sure 20, 123 (nach der Übersetzung von ADEL THEODOR KHOURY)

Woher kommt das Böse?

Auch die Frage der Entstehung von Moral, von Gut und Böse, wird in der Bibel in Bildern überliefert:

Und Gott der HERR ließ aufwachsen aus der Erde allerlei Bäume, verlockend anzusehen und gut zu essen, und den Baum des Lebens mitten im Garten und den Baum der Erkenntnis des Guten und Bösen. […] Und Gott der HERR nahm den Menschen und setzte ihn in den Garten Eden, dass er ihn bebaute und bewahrte. Und Gott der HERR gebot dem Menschen und sprach: »Du darfst essen von allen Bäumen im Garten, aber von dem Baum der Erkenntnis des Guten und Bösen sollst du nicht essen; denn an dem Tage, da du von ihm issest, musst du des Todes sterben.« […] Und das Weib sah, dass von dem Baum gut zu essen wäre und dass er eine Lust für die Augen wäre und verlockend, weil er klug mache. Und sie nahm von der Frucht und aß und gab ihrem Mann, der bei ihr war, auch davon. Und er aß. Da wurden ihnen beiden die Augen aufgetan, und sie wurden gewahr, dass sie nackt waren und flochten Feigenblätter zusammen und machten sich Schurze.

Q Genesis 2, 8–9, 15–17; 3, 6 f (nach der Übersetzung von MARTIN LUTHER)

Die Menschen werden wegen dieser Erkenntnis aus dem Paradies vertrieben. Es erwartet sie ein Leben, in dem Schmerzen und mühevolle Arbeit die Regel sind. Die Bibel versucht mit dieser Bildgeschichte menschliche Hinfälligkeit, Mühsal und Schuldfähigkeit zu erklären. »Jenseits von Eden« kommt es daher auch zur ersten bösen Tat:

Eine christliche Perspektive

» Vater unser im Himmel!
Geheiligt werde dein Name.
Dein Reich komme.
Dein Wille geschehe wie im Himmel
so auf Erden.
Unser tägliches Brot gib uns heute.
Und vergib uns unsere Schuld,
wie auch wir vergeben unsern Schuldigern.
Und führe uns nicht in Versuchung,
sondern erlöse uns von dem Bösen.
Denn dein ist das Reich und die Kraft und
die Herrlichkeit in Ewigkeit. Amen«
JESUS nach Matthäus 6, 9–13

MASACCIO, Die Vertreibung Adams und Evas aus dem Paradies (1428)

Seite 110 ◄
Methode: Hermeneutik – die Kunst der Auslegung

Es begab sich aber nach etlicher Zeit, dass Kain dem HERRN Opfer brachte von den Früchten des Feldes. Und auch Abel brachte von den Erstlingen seiner Herde und von ihrem Fett. Und der HERR sah gnädig an Abel und sein Opfer, aber Kain und sein Opfer sah er nicht gnädig an. Da ergrimmte Kain sehr und senkte finster seinen Blick. Da sprach der HERR zu Kain: »Warum ergrimmst du? Und warum senkst du deinen Blick? [...] Wenn du fromm bist, so kannst du frei den Blick erheben. [...]« Da sprach Kain zu seinem Bruder Abel: »Lass uns aufs Feld gehen!« Und es begab sich, als sie auf dem Felde waren, erhob sich Kain wider seinen Bruder Abel und schlug ihn tot. Da sprach der HERR zu Kain: »Wo ist dein Bruder Abel?« Er sprach: »Ich weiß nicht; soll ich meines Bruders Hüter sein?« Er aber sprach: »Was hast du getan? Die Stimme des Blutes deines Bruders schreit zu mir von der Erde. [...] Wenn du den Acker bebauen wirst, soll er dir hinfort seinen Ertrag nicht geben. Unstet und flüchtig sollst du sein auf Erden.«

Q Genesis 4, 3–10, 12 (nach der Übersetzung von MARTIN LUTHER)

1 Was sagen die Bibel und der Koran über das Wesen des Menschen und sein Verhältnis zu Gott? Worin ähnelt der Mensch den anderen Lebewesen, worin unterscheidet er sich?

2 Betrachtet die Bilder vom Paradies und der »Vertreibung aus dem Paradies«: Erklärt die Unterschiede in der Darstellung auf dem Hintergrund der biblischen Geschichte.

3 Versucht, die Geschichten vom Paradies und von Kain und Abel zu verstehen: Wie erklärt die Bibel den Ursprung des Bösen und des Leids? Welche Rolle spielt die menschliche Freiheit?

4 Überlegt, was das christliche »Vater unser« über den Sinn des menschlichen Lebens und den Umgang mit dem Bösen aussagt. Formuliert daraus Sätze nach dem Muster: »Christen glauben, dass [...]. Daraus ergibt sich folgende Lebenseinstellung: [...]«

»Ich sollte meinen Nächsten lieben, nicht weil er mein Nachbar ist, noch weil die Religionen mir sagen, dass er mein Bruder sei – denn wo ist die Wurzel dieser Bruderschaft? –, sondern weil er ich ist und ich bin er. Nur wenn wir in Gott leben und Geist, Herz und Leib in das Abbild Seines allumarmenden Einsseins verwandeln, wird diese tiefe, selbstlose und unbeirrbare Liebe möglich sein.«
SRI AUROBINDO

VINCENT VAN GOGH, Der barmherzige Samariter (1890)

»Die Moral, so fern sie auf dem Begriffe des Menschen, als eines freien […] Wesens, gegründet ist, bedarf [nicht] […] der Idee eines andern Wesens über ihm, um seine Pflicht zu erkennen, […] weil, was nicht aus ihm selbst [dem Menschen] und seiner Freiheit entspringt, keinen Ersatz für den Mangel seiner Moralität abgibt.«
IMMANUEL KANT

Verantwortung für das Gute

Für Anhänger/innen monotheistischer Religionen ist das Tun des Guten unauflöslich mit ihrer Gottesbeziehung verknüpft. Soweit sie in der Tradition der Aufklärung stehen, gilt das moralische Handeln nicht als blinder Gehorsam gegenüber göttlichen Geboten, sondern kommt aufgrund einer eigenen Entscheidung für den Glauben an Gott zustande.

Im Namen Gottes, des Erbarmers, des Barmherzigen,
Lob sei Gott, dem Herrn der Welten,
dem Erbarmer, dem Barmherzigen,
der Verfügungsgewalt besitzt über den Tag des Gerichtes!
Dir dienen wir, und Dich bitten wir um Hilfe.
Führe uns den geraden Weg,
den Weg derer, die Du begnadet hast, die nicht dem Zorn verfallen und nicht irregehen.
Q Koran, Sure 1

Und es trat zu Jesus einer von den Schriftgelehrten und fragte ihn: »Welches ist das höchste Gebot von allen?« Jesus aber antwortete ihm: »Das höchste Gebot ist das: ›Höre, Israel, der HERR, unser Gott, ist der HERR allein, und du sollst den HERRN, deinen Gott, lieben von ganzem Herzen, von ganzer Seele, von ganzem Gemüt und von allen deinen Kräften.‹ Das andre ist dies: ›Du sollst deinen Nächsten lieben wie dich selbst.‹ Es ist kein anderes Gebot größer als diese.«
Q Nach Markus 12, 28–31

Hoffnung auf Gerechtigkeit

»Aus so krummem Holze, als woraus der Mensch gemacht ist, kann nichts ganz Gerades gezimmert werden«, meinte der Aufklärungsphilosoph IMMANUEL KANT; der Mensch könne sich allenfalls »durch sein Verhalten des Lebens und des Wohlbefindens würdig machen.«
In ihrem Handeln streben die meisten Menschen nach einem guten, moralischen Leben. Doch kann ein solches Leben aus eigener Kraft überhaupt und vollständig gelingen? Und wer sich um ein moralisch einwandfreies Leben bemüht, erlebt oft, dass andere, die das nicht tun, Vorteile haben und im Leben besser gestellt sind. Ist das gerecht? Wie kann schließlich allen Menschen letzte Gerechtigkeit zuteil werden – auch denen, die aufgrund widriger Umstände unschuldig leiden?

Dies ist das letzte große Thema der Religionen. Sie haben Bilder der Hoffnung auf Erlösung geprägt, Bilder von Wiedergeburt, Auferstehung, Verlöschen im Nirwana. Ihr Kern ist letzte Gerechtigkeit und vollkommenes Glück für die, die es (mehr oder weniger) verdienen. Daran erinnern im Ausgang alter Kirchen große Bilder vom göttlichen Weltgericht. Ihrem Ursprung nach wollen sie keine Angst, sondern Mut machen. Sie rufen die Menschen auf zum Einsatz für Frieden und Gerechtigkeit in dieser Welt – diese seien Gottes Wille, der aber erst im Jenseits ganz verwirklicht sein werde.

Seite 70/71 ◄ (Leben nach dem Tod); Seite 169 (Paradiesvorstellungen)

»[Am Ende der Tage] wird der König sagen ◄ zu denen zu seiner Rechten: ›Kommt her, [...] ererbt das Reich [...]! Denn ich bin hungrig gewesen, und ihr habt mir zu essen gegeben. Ich bin durstig gewesen, und ihr habt mir zu trinken gegeben. Ich bin ein Fremder gewesen, und ihr habt mich aufgenommen. [...] Ich bin krank gewesen, und ihr habt mich besucht. Ich bin im Gefängnis gewesen, und Ihr seid zu mir gekommen. [...] Wahrlich ich sage euch: Was ihr getan habt einem von diesen meinen geringsten Brüdern, das habt ihr mir getan.‹«
JESUS im Neuen Testament (Matthäus 25, 34 – 40b)

1 Erkundet weitere religiöse Ansprüche, z. B. die Zehn Gebote: Prüft, wie sie begründet werden.

2 Die Religionen trauen dem Menschen aus sich heraus keine vollkommene Gerechtigkeit zu: Haben sie Recht? Sucht Gründe für und gegen dieses Menschenbild.

3 Erarbeitet mit Hilfe der abgedruckten Koransure den Sinn der Auffassung des Menschen als »Muslim«, d. h. eines Gott ganz Ergebenen. Untersucht dabei auch die Konsequenzen für die Lebensführung: Diskutiert: Macht ein solcher Glaube den Menschen frei oder unfrei?

ROGIER VAN DER WEDEN, Christus als Weltenrichter und der Erzengel Michael als Seelenwäger. Mitteltafel des Altars mit dem Jüngsten Gericht (um 1449/51)

→← In Judentum, Christentum und Islam gilt der Mensch als ein Wesen, das weder allein aus Materie besteht noch sein Dasein sich selbst verdankt. Die Religionen sehen den Menschen als ein Geschöpf Gottes, versehen mit einer göttlichen Seele. Dadurch ist er frei, das Gute wie das Böse zu tun. Aufgrund einer Wendung gegen Gottes Willen leben Menschen, seit sie Menschen sind, jenseits des Paradieses und damit jenseits der ursprünglichen Harmonie von Gott, Mensch und Natur.
Religionen verlangen im Allgemeinen vom Menschen moralisches Handeln. Doch vertreten sie damit keine Sondermoral oder verstoßen gegen die menschliche Vernunft, sondern gehen davon aus, dass sich Menschen in ihrem Handeln gegenüber anderen Menschen und der Welt immer zugleich zu Gott verhalten. Doch vollkommenes Wohlergehen ist durch menschliches Handeln nie zu erlangen – der Mensch ist aus Sicht der Religionen schuldfähig und bedarf der Erlösung. Retten kann ihn das Vertrauen in Gott, der auch letzte Gerechtigkeit verheißt.

Brauchen wir überhaupt Religion?

»Weißt du eigentlich«, fragte Sven, »warum Gott bei den Gläubigen gerade die Eigenschaften hat, die uns Menschen fehlen? Wir Menschen sind ohnmächtig, endlich und unvollkommen, Gott aber ist allmächtig, ewig und vollkommen. Ist das nicht ein Einwand gegen die Religion?«

Cranach-Werkstatt, Erschaffung der Welt (Holzschnitt in der Wittenberger Luther-Bibel, 1534)

Die Antwort Ludwig Feuerbachs: Gott als Wunschprojektion

Der Wunsch ist der *Ursprung*, ist das *Wesen selbst der Religion*. [...] Im Unglück, in der Not, sei sie nun meine eigene oder die Not anderer, macht der Mensch die schmerzliche Erfahrung, dass er nicht kann, was er will, dass ihm seine Hände gebunden sind. Aber die [...] Fessel meiner Leibeskräfte ist nicht zugleich auch die Fessel meines Willens, meines Herzens. Im Gegenteil: je mehr mir die Hände gebunden sind, desto ungebundener sind meine Wünsche, desto heftiger meine Sehnsucht nach Erlösung, desto energischer mein Trieb nach Freiheit, mein Wille, nicht beschränkt zu sein. [...] Die Götter können, was die Menschen wünschen, d. h. sie *vollziehen* die Gesetze des menschlichen Herzens. [...] Die Götter sind die [...] verwirklichten Wünsche des Menschen.

Q Ludwig Feuerbach: Das Wesen der Religion (1846)

Die Antwort Sigmund Freuds: Religion als Illusion

Seiten 184/185 ◄

[Die religiösen Vorstellungen] sind Illusionen, Erfüllungen der ältesten, stärksten und dringendsten Wünsche der Menschheit, das Geheimnis ihrer Stärke ist die Stärke dieser Wünsche. Wir wissen schon, der schreckende Eindruck der kindlichen Hilflosigkeit hat das Bedürfnis nach Schutz – Schutz durch Liebe – erweckt, dem der Vater abgeholfen hat, die Erkenntnis von der Fortdauer dieser Hilflosigkeit durchs ganze Leben hat das Festhalten an der Existenz* eines – nun mächtigeren – Vaters verursacht. Durch das gütige Walten der göttlichen Vorsehung wird die Angst vor den Gefahren des Lebens beschwichtigt, die Einsetzung einer sittlichen Ordnung versichert die Erfüllung der Gerechtigkeitsforderung, die innerhalb der menschlichen Kultur so oft unerfüllt geblieben ist, die Verlängerung der irdischen Existenz durch ein zukünftiges Leben stellt den örtlichen und zeitlichen Rahmen dar, bei dem sich diese Wunscherfüllungen vollziehen sollen. [...]
Einige [der religiösen Vorstellungen] sind so unwahrscheinlich, so sehr im Widerspruch zu allem, was wir mühselig über die Realität der Welt erfahren haben, dass man sie [...] Wahnideen vergleichen kann.

Q Sigmund Freud: Die Zukunft einer Illusion (1927)

Der Philosoph LUDWIG FEUERBACH (1804–1872) und der Psychoanalytiker SIGMUND FREUD (1856–1939) entlarvten den Mechanismus, der für die Entstehung religiöser Vorstellungen verantwortlich sei. Letztlich könne nur die Abschaffung der Religion die Menschen befähigen, sich ohne Umweg über Gott einander zuzuwenden. FEUERBACH stand am Beginn einer Epoche, in der in Europa, u.a. durch die Erfolge der Naturwissenschaften, die Selbstverständlichkeit des Christentums brüchig wurde. Im Geist dieser Zeit kritisierten auch die Philosophen KARL MARX (1818–1883) und FRIEDRICH NIETZSCHE (1844–1900) die Religion.

Religion als Tröstungsmittel

Dieser Staat, diese Sozietät [Gesellschaft] produzieren die Religion, ein *verkehrtes Weltbewusstsein*, weil sie eine *verkehrte* Welt sind. [...] Die Religion ist der Seufzer der bedrängten Kreatur, das Gemüt einer herzlosen Welt, wie sie der Geist geistloser Zustände ist. Sie ist das *Opium* des Volkes. [...] Die Kritik der Religion enttäuscht den Menschen, damit er denke, handle, seine Wirklichkeit gestalte wie ein enttäuschter, zu Verstand gekommener Mensch, damit er sich um sich selbst und damit seine wirkliche Sonne bewege. [...] Die Kritik der Religion endet mit der Lehre, dass der Mensch das höchste Wesen für den Menschen sei, also mit dem kategorischen [unbedingten] Imperativ, alle Verhältnisse umzuwerfen, in denen der Mensch ein erniedrigtes, ein geknechtetes, ein verlassenes, ein verächtliches Wesen ist.

Q KARL MARX: Zur Kritik der Hegelschen Rechtsphilosophie (1843)

»Ich bin von meiner Mutter, die Kommunistin war, mit einem Hochmut gegenüber Leuten erzogen worden, die an Gott glauben [...], denn wenn ich ehrlich bin, ich gebe es doch zu, bin ich auch ein gläubiger Mensch. Nur mein Glaube ist ein bisschen banaler, ich glaube an die Menschen. Danach dürfen Sie mich nicht tiefer fragen, denn dann würden Sie nach zwei Sätzen rauskriegen, dass dieser Glaube absurder ist als der Glaube an Gott.«
WOLF BIERMANN, Liederdichter und Lyriker, in einem Interview (2006)

»Wohin ist Gott?«

In seiner Parabel »Der tolle Mensch« verdeutlichte FRIEDRICH NIETZSCHE die Konsequenzen der Religionskritik des 19. Jahrhunderts:

Wohin ist Gott? Wir haben ihn getötet – ihr und ich. Wir alle sind seine Mörder. Aber [...] was taten wir, als wir diese Erde von ihrer Sonne losketteten? Wohin bewegt sie sich nun? [...] Haucht uns nicht der leere Raum an? Riechen wir noch nichts von der göttlichen Verwesung? Ist nicht die Größe dieser Tat zu groß für uns? Müssen wir nicht selber zu Göttern werden, um nur ihrer würdig zu erscheinen? Es gab nie eine größere Tat – und wer nur immer nach uns geboren wird, gehört um dieser Tat willen in eine höhere Geschichte, als alle Geschichte bisher war.

Q FRIEDRICH NIETZSCHE: Die fröhliche Wissenschaft (1882)

1 »Wenn die Götter Wunschwesen sind, so folgt daraus für die Existenz* oder Nichtexistenz gar nichts« (EDUARD VON HARTMANN). Diskutiert FREUDS und FEUERBACHS Überlegungen unter Berücksichtigung dieses Satzes.

2 Nach MARX müssten sich religiöse Vorstellungen verflüchtigen, sobald die Menschen gerechtere gesellschaftliche Zustände erreicht haben. Erklärt diese Konsequenz der Marx'schen Religionskritik und diskutiert ihre Berechtigung. Berücksichtigt dabei auch BIERMANNS Einstellung.

Brauchen wir überhaupt Religion?

Das Theodizeeproblem*

Viele Juden, Christen und Muslime glauben an einen allmächtigen und gütigen Gott, der sich als Schöpfer der Welt und des Menschen um seine Schöpfung kümmere. Wie aber ist das Leid auf der Welt mit dieser Vorstellung vereinbar? Diese Frage wird schon im biblischen Buch Hiob gestellt – sie bewegt auch den jüdischen Schriftsteller ELIE WIESEL (geboren 1928), der das Konzentrationslager Auschwitz überlebte:

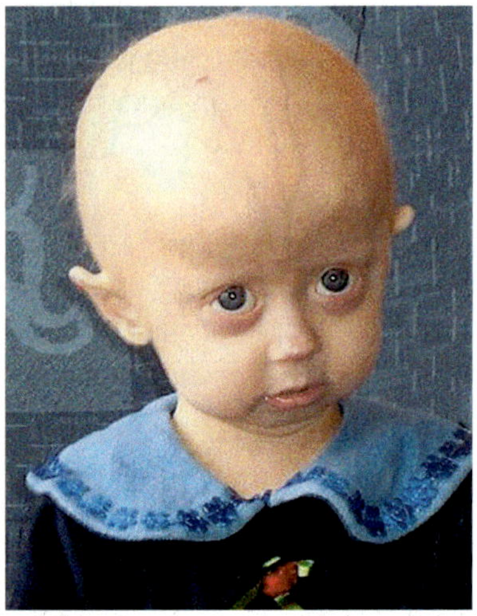

Dem Sinnlosen einen Sinn geben? Dieses Kind leidet an Progerie, einer seltenen, schon im frühen Kindesalter auftretenden Krankheit: Das Wachstum hört auf und der Körper des Kindes verwandelt sich in wenigen Jahren in den eines Greises. Der Tod erfolgt zumeist an Herzversagen, noch bevor die Pubertät durchlebt wurde.

Als wir eines Tages von der Arbeit zurückkamen, sahen wir auf dem Appellplatz drei Galgen. Antreten. Ringsum die SS mit drohenden Maschinenpistolen, die übliche Zeremonie. Drei gefesselte Todeskandidaten, darunter der kleine Pipel, der Engel mit den traurigen Augen. [...] Die drei Verurteilten stiegen zusammen auf ihre Stühle. Drei Hälse wurden zu gleicher Zeit in die Schlingen eingeführt. »Es lebe die Freiheit!«, riefen die beiden Erwachsenen. Das Kind schwieg. »Wo ist Gott, wo ist er?« fragte jemand hinter mir. Auf ein Zeichen des Lagerchefs kippten die Stühle um. Absolutes Schweigen herrschte im ganzen Lager. Am Horizont ging die Sonne unter. »Mützen ab!«, brüllte der Lagerchef. Seine Stimme klang heiser. Wir weinten. »Mützen auf!«
Dann begann der Vorbeimarsch. Die beiden Erwachsenen lebten nicht mehr. Ihre geschwollenen Zungen hingen bläulich heraus. Aber der dritte Strick hing nicht reglos: der leichte Knabe lebte noch. [...] Mehr als eine halbe Stunde hing er so und kämpfte vor unseren Augen zwischen Leben und Sterben seinen Todeskampf. Und wir mussten ihm ins Gesicht sehen. Er lebte noch, als ich an ihm vorüber schritt. Hinter mir hörte ich denselben Mann fragen: »Wo ist Gott?« Und ich hörte eine Stimme in mir antworten: »Wo er ist? Dort – dort hängt er, am Galgen ...«

Q ELIE WIESEL: Die Nacht

»Entweder will Gott die Übel beseitigen und kann es nicht, oder er kann es und will es nicht, oder er kann es nicht und will es nicht, oder er kann es und will es. Wenn er nun will und nicht kann, so ist er schwach, was auf Gott nicht zutrifft. Wenn er kann und nicht will, dann ist er missgünstig, was ebenfalls Gott fremd ist. Wenn er nicht will und nicht kann, dann ist er sowohl missgünstig wie auch schwach und dann auch nicht Gott. Wenn er aber will und kann, was allein sich für Gott ziemt, woher kommen dann die Übel und warum nimmt er sie nicht weg?«
EPIKUR, griechischer Philosoph (341–270 v. Chr.)

Die Frage »Warum leide ich? Das ist der Fels des Atheismus.«
GEORG BÜCHNER, Schriftsteller (1813–1837)

Die Theodizeefrage* lösen?

Seite 112/113 ◀

Die Lösung der Theodizeefrage ist bis heute umstritten. Dabei wird das vom Menschen verursachte Leid im jüdisch-christlichen Denken traditionell auf den Missbrauch des freien Willens zurückgeführt, den Gott den Menschen gegeben habe. Aber spätestens seit Auschwitz ist diese Antwort zweifelhaft geworden; außerdem kann sie auch nicht das Ausmaß der natürlichen Übel (z.B. Krankheiten, Erdbeben) erklären. Einige Religionsphilosophen versuchen andere Lösungen:

Wenn Gott auf gewisse Weise [...] verstehbar sein soll, dann muss sein Gutsein vereinbar sein mit der Existenz des Übels, und das ist es nur, wenn er nicht allmächtig ist. Nur dann können wir aufrechterhalten, dass er verstehbar und gut ist und es dennoch Übel in der Welt gibt.

Q HANS JONAS, jüdischer Religionsphilosoph (1903–1993)

[...] je geringer die natürlichen Übel, desto weniger kann der Mensch lernen, Unglück und Leiden herbeizuführen oder zu verhindern, desto weniger Möglichkeiten hat er, die höheren Tugenden [wie Mut und Mitleid] zu üben, und desto weniger kann er die harten Seiten des Lebens kennen lernen. [...] Gott ähnelte dann überbesorgten Eltern, die ihr Kind auch nicht für einen einzigen Moment aus den Augen lassen.

Q RICHARD SWINBURNE, christlicher Religionsphilosoph (geboren 1934)

Die geschaffenen Dinge sind unzureichend, den Schöpfer abzubilden. Und darum vermögen wir durch die geschaffenen Dinge auf keine Weise vollkommen zur Erkenntnis des Schöpfers zu gelangen; und das auch wegen der Unzulänglichkeiten unserer Erkenntniskraft, die nicht einmal all das über Gott aus den geschaffenen Dingen zu entnehmen vermag, was diese von Gott offenbaren.

Q THOMAS VON AQUIN, christlich-katholischer Philosoph (1225–1274)

1 ELIE WIESEL und das Foto des kranken Kindes werfen die Frage auf: Wo ist Gott? Warum greift er nicht ein? Sammelt weitere Beispiele für schweres Leid, das von der Natur oder vom Menschen verursacht wurde.

2 Versucht, die Argumentation EPIKURS in einer Grafik zu visualisieren: Geht von den erwogenen göttlichen Fähigkeiten und Eigenschaften aus und verdeutlicht jeweils die Konsequenzen für das Leid in der Welt. Was würdet ihr auf EPIKURS Abschlussfrage antworten?

3 Diskutiert die Überzeugungskraft der drei philosophischen Lösungsversuche des Theodizeeproblems* und sucht nach weiteren Argumenten. Ihr könnt hierzu auch eine Gerichtsverhandlung simulieren, in der Gott wegen der Übel in der Welt angeklagt und verteidigt wird.

Kritik der Religion hat die Religion zu vielen Zeiten begleitet. Die zentralen Einwände gegen den religiösen Glauben sind a) die Nähe religiöser Heilsversprechungen zu den Wünschen der Menschen, b) Erkenntnisse der Naturwissenschaften, die angeblich keinen Platz mehr für Gott lassen, c) der Machtmissbrauch vieler religiöser Bewegungen, d) die menschliche Freiheit, die mit göttlicher Lenkung unvereinbar sei, und e) das vorhandene Ausmaß an Leid in der Welt (Theodizeeproblem*). Die meisten Kritiker wollen die Religion »abschaffen«, weil sie die Verbesserung menschlicher Lebensverhältnisse behindere.

Gelebte Religion

Gott beweisen?

Den meisten religiös gebundenen Menschen ist bewusst, dass man ihren Glauben und Gottes Existenz* nicht beweisen kann. Sie sind aber überzeugt, dass es sich lohnt, aus dem Glauben heraus zu leben. Das meinte auch schon im 17. Jahrhundert der christliche Philosoph und Mathematiker Blaise Pascal (1623–1672). Für ihn gleicht die Entscheidung für oder gegen die Religion einer Wette, die jeder Mensch, ob er will oder nicht, in und mit seinem Leben eingehen muss. Dabei geht Pascal davon aus, dass mit dem Glauben auch eine religiöse bzw. moralische Lebensführung verbunden ist – im Falle von Gottes Existenz erhält der Glaubende dafür ein ewiges glückliches Leben und wird für ein egoistisches Leben entsprechend bestraft. Auf dieser Grundlage ergeben sich nebenstehend vier verschiedene Möglichkeiten des Ausgangs der Wette.

a Ich glaube und führe ein religiöses bzw. moralisches Leben; Gott existiert.
b Ich glaube und führe ein religiöses bzw. moralisches Leben; Gott existiert nicht.
c Ich glaube nicht und lebe egoistisch; Gott existiert.
d Ich glaube nicht und lebe egoistisch; Gott existiert nicht.

1 Spielt die vier Möglichkeiten der Wette Pascals in Form einer Ergebnismatrix durch und stellt dabei für jede Möglichkeit den zu erzielenden Gewinn bzw. Verlust fest.

2 Zieht eine Bilanz der möglichen Gewinne und Verluste, wobei zu berücksichtigen ist, dass ein ewiges Leben als Belohnung für den Glauben ein unendliches Gut (Gewinn) bedeutet, wogegen der für ein moralisches Leben betriebene Aufwand vergleichsweise gering ausfällt.

Was, wenn …	Gott existiert	Gott existiert nicht
Religiöser Glaube und moralisches Leben		
Unglaube und egoistisches Leben		

Die Wette

Überlegen wir uns diese beiden Möglichkeiten: Wenn Sie gewinnen, gewinnen Sie alles; wenn Sie verlieren, verlieren Sie nichts. Setzen Sie also, ohne weiter zu zögern, bei der Wette darauf, dass Gott existiert. Ja, man muss einen Einsatz wagen. Aber es gibt hier die Unendlichkeit eines unendlichen glücklichen Lebens zu gewinnen bei einer Gewinnchance gegenüber einer endlichen Zahl von Verlustchancen. Das beendet das Abwägen: man muss alles ins Spiel bringen. Und wenn man nun zum Spiel gezwungen ist, muss man daher eher auf die Vernunft [im Sinne der Religionskritik] verzichten, um das Leben zu behalten, als es zu riskieren im Hinblick auf den unendlichen Gewinn […]. Sie fragen nach einem Mittel dafür: Lernen Sie von denen, die wie Sie selbst gebunden waren und die jetzt ihr ganzes Hab und Gut einsetzen; es sind Menschen, die den Weg kennen, den Sie gehen möchten. Machen Sie es so, wie diese es angefangen haben: Sie taten, als hätten sie den Glauben. Das gerade wird Sie auf natürliche Weise zum Glauben bringen.

Q Blaise Pascal: Les Pensées (»Die Gedanken«)

Aus dem Glauben leben

Gebete dienen religiösen Menschen zur Vergewisserung ihres Glaubens. Mit den Psalmen kennt die Bibel ein ganzes Gebetsbuch. Im 119. Psalm heißt es:

»[…] Meine Seele haftet am Staub,
belebe mich gemäß deiner Rede!
Meine Wege erzählte ich und du antwortetest mir. –
Lehre mich deine Gesetze,
lasse deiner Ordnungen Weg mich verstehn,
besinnen will ich deine Wunder.
Vor Gram entsickert mir die Seele,
erhalte mich gemäß deiner Rede!
Den Lügenweg rücke mir ab,
vergönne mir deine Weisung!
Den Weg der Treue habe ich gewählt,
deine Rechtsgeheiße gehegt.
An deinen Zeugnissen hafte ich –
DU, beschäme mich nimmer!
Ich laufe den Weg deiner Gebote,
denn du weitest mein Herz. […]«

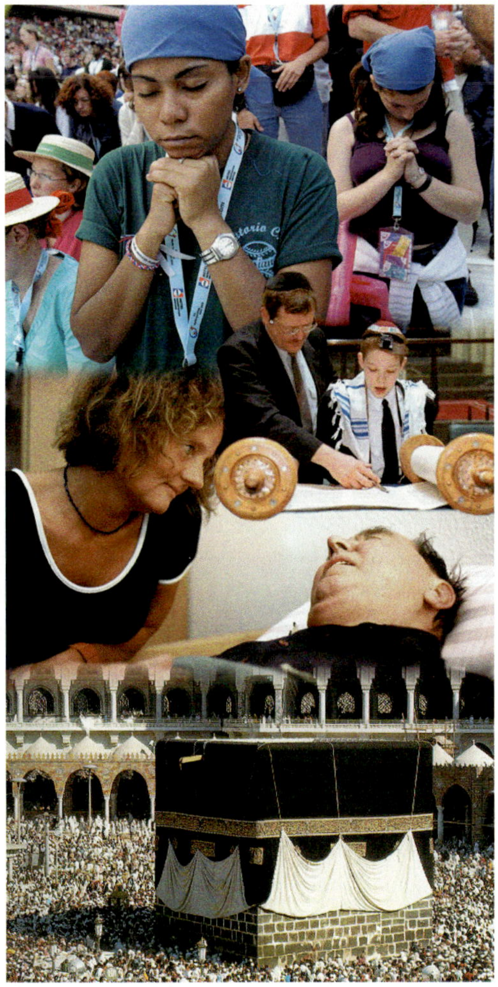

3 Diskutiert im Anschluss an eure Prüfung der Wette PASCALS, ob seine Empfehlungen überzeugend sind.

4 Überlegt, was die auf dieser Seite abgebildeten Menschen empfinden und warum sie sich so verhalten. Inwieweit kennt ihr religiöse Menschen, die Ähnliches tun?

Seite 231 ◂

5 Informiert euch über Menschen, die als religiöse Vorbilder gelten. Woraus entsteht ihre Faszination, auch für nichtreligiöse Menschen?

Seite 110 ◂
Methode Hermeneutik – die Kunst der Auslegung

6 Versucht eine existenzielle* Deutung des obigen Psalm-Gebets. Was könnte der Beter erlebt haben, dass er so redet? Was bedeutet für ihn und seine Gefühlswelt der »direkte Draht« zu Gott?

→← Religion und Glaube sind nicht allein mit menschlicher Vernunft zu begründen, aber sie brauchen dieser, auch aus religiöser Sicht, nicht entgegengesetzt zu sein. Über die innere Einstellung hinaus wird gelebte Religion sichtbar: in Gebet und Ritus, in Studium und Diskussion der Überlieferung (besonders der heiligen Texte); nicht zuletzt ist es die Lebensführung, etwa die Zuwendung zu Armen und Hilflosen, an welcher der moralische Kern einer Religion abgelesen werden kann.

Einheit in Vielfalt?

1 Geht noch einmal auf die Eingangsfragen der Seite 105 zurück und beantwortet sie, am besten arbeitsteilig, mit Hilfe des in diesem Kapitel Erarbeiteten.

2 Formuliert weitere euch interessierende Fragen zum Thema »Religion(en)« und versucht, euch gegenseitig Antworten zu geben.

Werbekampagne in Berlin

Die große Anzahl und Buntheit von Religionen und Bekenntnissen ist für viele Menschen verwirrend: Wenn es doch nur eine (religiöse) Wahrheit gibt, wieso existieren* dann unterschiedliche Religionen, die alle behaupten, die wahre zu sein? Bereits im Jahr 1453, nach der Eroberung Konstantinopels durch die Türken, verfasste der Theologe und Philosoph Nikolaus von Kues die Schrift »Vom Frieden im Glauben« (De Pace Fidei). In ihr entwickelte er, gegen den scheinbar ewigen Streit der (monotheistischen) Religionen, die Vision einer offenen Diskussion verschiedener Meinungen als Weg zur Einheit – mit folgender Begründung:

»weil Du [Gott] von Anfang an beschlossen hast, dass dem Menschen der freie Wille bleibe und, da in dieser sinnlichen Welt nichts beständig verharrt, wandelbare Meinungen und Mut-Maßungen und ebenso auch Sprachen und ihre Deutungen mit der Zeit sich ändern. Da jedoch die Wahrheit eine einzige ist und von einer freien Vernunft unmöglich begriffen werden kann, sollte die Verschiedenheit der Religionen zu einem einzigen rechten Glauben geführt werden. […] Bei der Überprüfung [der Unterschiede] stellt sich heraus, dass alle Verschiedenheit der Religionen eher in den Riten als in der Verehrung des einen Gottes gelegen ist, den alle von Anfang an stets vorausgesetzt und in jeder Verehrung gepflegt haben.«

Q Nikolaus von Kues: Vom Frieden im Glauben

3 Versucht eine Zuordnung der auf dem Werbeplakat abgebildeten Geistlichen zu den jeweiligen Konfessionen bzw. Religionen, die sie vertreten.

4 Stellt fest, was die aufgeführten Religionen gemeinsam glauben. Unterscheidet dabei die Glaubensinhalte von kulturellen, sozialen oder politischen Erscheinungsformen. Welche Unterschiede im Glauben bleiben? Fixiert die Ergebnisse auf einem Lernplakat.

5 Überlege und begründe: Welche Glaubenssätze der Religionen leuchten dir persönlich ein, welche nicht?

6 »Wenn man die Idee aufgibt, dass die Suche nach Wahrheit oder die Suche nach Gott allen menschlichen Organismen fest einmontiert sei, und wenn man statt dessen für möglich hält, dass beide auf kulturelle Prägungen zurückgehen, dann wird eine Privatisierung [religiöser Überzeugungen] ganz natürlich und richtig erscheinen.« Diskutiert diese Äußerung des amerikanischen Philosophen Richard Rorty (1931–2007): Kann eine Religion ihren Wahrheitsanspruch aufgeben und doch Religion bleiben?

Projekt: Sakralbauten – die Häuser der Religionen

In fast allen Religionen bilden besondere Häuser das bauliche Zentrum ihrer örtlichen Anhänger/innen: Dort treffen sich die Menschen regelmäßig – sie feiern Gottesdienste und andere Feste, begegnen sich, tauschen sich aus und vergewissern sich ihrer religiösen Überzeugungen. In der Architektur und Einrichtung dieser Häuser spiegeln sich nicht nur die Kulturen einer Epoche wider, sondern auch Vorstellungen über Gott und sein Handeln für die Menschen. Die Erkundung solcher religiösen Orte gibt Aufschluss über den Sinn des Religiösen.

- Informiert euch, welche Aufgabe religiöse Orte – Tempel, Gotteshäuser, Kultstätten –, aber auch Friedhöfe oder religiöse Zeichen am Wegesrand in den einzelnen Religionen haben. Sucht solche Orte auch in eurer Umgebung auf.
- Erkundet den symbolischen Sinn der Architektur religiöser Häuser (z.B. die Rund- oder auch die Kreuzform).
- Studiert innerhalb einer Religion, z.B. in Judentum, Christentum und Islam, die architektonischen Veränderungen der Gotteshäuser im Laufe der Jahrhunderte. Welche Hinweise liefern sie auf das jeweilige Gottes- und Menschenbild sowie seinen Wandel?

Außen Tempel, innen Zelt – ein nach Osten (Jerusalem) gerichteter Würfel: Die neue Synagoge in Dresden wurde am 9. November 2001, 63 Jahre nach der Zerstörung des alten Gotteshauses, eingeweiht.

Dom zu Speyer, 11. Jahrhundert: die größte erhaltene romanische Kirche in Europa (katholisch): Der Grundriss hat die Form eines Kreuzes.

Sehitlik-Moschee in Berlin-Neukölln, zwischen 1999 und 2005 im osmanischen Baustil errichtet

Neubau der evangelischen Kirche in Neu-Horno (Brandenburg), eingeweiht 2003

Lesetipps

Das visuelle Lexikon der Weltreligionen, München: Gerstenberg Verlag 2004

Hans Küng: Spurensuche. Die Weltreligionen auf dem Weg, München: Piper Verlag 2005

Catherine Clément: Theos Reise. Roman über die Religionen der Welt, München: Hanser Verlag 1998

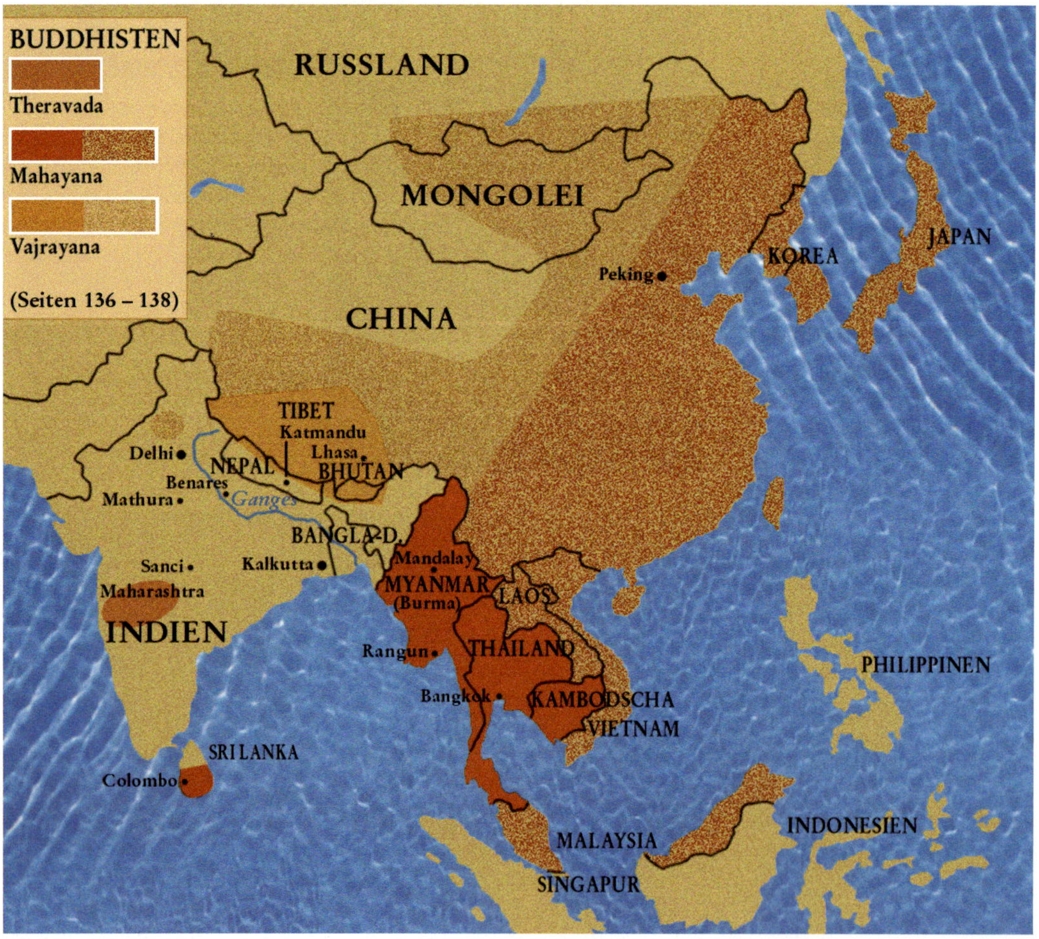

Geografische Schwerpunkte des Buddhismus

Buddhismus und chinesische Weisheit

Buddhistisches Zentrum in Berlin-Frohnau

»Im Alltag hat man es ständig mit Egoisten zu tun. In einer solchen Situation wird der Geist empfindungslos. Da hilft nur Buddha.«
Brad Pitt, geboren 1963, amerikanischer Schauspieler (»Sieben Jahre Tibet«)

»Als ich bemerkte, dass der Buddhismus hilft, die Dinge anders zu sehen, da bekam alles wieder einen Sinn. Es war keine Erleuchtung, aber ich habe gesehen, dass da ein Weg war, der zum Ende des Leidens führt.«
Richard Gere, geboren 1949, amerikanischer Schauspieler (»Pretty Woman«), seit Anfang der 1990er Jahre praktizierender Buddhist und Freund des Dalai Lama

1 Tragt zusammen, wo ihr, z. B. in Form von Buddha-Statuen, schon einmal mit dem Buddhismus in Kontakt gekommen seid.

2 Schreibt auf, was ihr über den Buddhismus bereits wisst und was ihr über ihn wissen wollt. Vergleicht eure Ergebnisse.

3 Eure Einstellung gegenüber dem Buddhismus könnt ihr sinnbildlich verdeutlichen: Stellt eine Buddha-Statue oder ein anderes buddhistisches Symbol auf und haltet euch, je nach eurer inneren Nähe oder Ferne, nah oder weit entfernt von ihr auf. Merkt euch am besten die eigene Platzierung und führt am Ende der Unterrichtsreihe die Methode nochmals durch. Hat sich etwas geändert?

Leben und Lehre des Buddha* Gautama

Der Weg zum Buddha

Als Begründer des Buddhismus gilt der um 450 v. Chr. im Gebiet des Himalaya, dem heutigen Nepal, geborene Adlige SIDDHARTA GAUTAMA. Es wird im Pali-Kanon* überliefert, dass er im Palast seines Vaters ein sorgloses Leben im Luxus führte und eine ausgezeichnete Ausbildung im Reiten, Bogenschießen, Fechten und anderen kriegerischen Fertigkeiten erhielt. Mehr als an sportlichen Aktivitäten erfreute er sich allerdings an den Teichen im Palastgarten, die mit Lotusblumen übersät waren. Mit 16 Jahren heiratete Siddharta die gleichaltrige schöne Prinzessin Yasodora, die ihm später auch einen Sohn gebar. Da er Alleinerbe seines wohlhabendes Vaters war, schien sein späteres Lebensglück vollkommen.
Doch der junge Adlige geriet in eine Lebenskrise. Nach der Legende* war es die Begegnung mit einem Greis, einem Pestkranken und einem Leichenzug, die ihm auf Fahrten außerhalb des Palastes klarmachten, dass das Leben im Ganzen mehr Leiden als Freuden mit sich bringt. Zuletzt, so erkannte Siddharta, kann keiner den negativen Seiten des Lebens – Alter, Krankheit und Tod – entrinnen. Eine weitere Begegnung mit einem Bettelmönch, der durch Askese* versuchte, den Lebenssinn zu finden, soll ihn schließlich dazu gebracht haben, im Alter von 29 Jahren heimlich nachts den Palast zu verlassen. Mit ihm verließ Siddharta auch Frau und Sohn, um in die »Hauslosigkeit« aufzubrechen und dort, wie der Bettelmönch, in Askese und Einsamkeit einen neuen Lebensinn zu finden. Mit sich führte er nur die zum Leben notwendigsten Dinge: ein dreiteiliges Gewand, eine Almosenschale, ein Rasiermesser, eine Nadel, einen Gürtel und ein Wassersieb zum Fernhalten der Insekten aus dem Trinkwasser.

Lotusblumen auf dem Wasser

Suche nach Lebenssinn und Erlösung

Die intensive Suche SIDDHARTA GAUTAMAS nach dem Lebenssinn war im 6. Jahrhundert v. Chr. im Gebiet des Ganges keine Seltenheit. Die dort damals herrschende vedische Religion, auch »Hinduismus« genannt, beruhte auf dem Kastenwesen – einer strengen Sozialordnung, nach der die oberste Kaste der Priester oder Brahmanen durch ihre Stellung der Erlösung am nächsten war. Dies wurde gerechtfertigt durch die Lehre, dass der innerste Kern des Menschen, atman (= Selbst) genannt, so lange wiedergeboren wird, bis er die endgültige Vereinigung mit Brahman, dem allumfassenden göttlichen Geist, aus dem er geschaffen wurde, erlangt hat. Je nachdem, ob jemand im Leben Gutes oder Böses getan hat, wird er nach dem Gesetz des Karma* (= Wiedervergeltung) in einer höheren oder niedrigeren Kaste, ja sogar als Tier wiedergeboren. Für die Brahmanen war klar, dass ihre besondere Stellung auf ihrem guten Wandel im vorherigen Leben beruhte. Daher konnte keiner zur Erlösung von der Wiedergeburt kommen, der nicht von Geburt an der Brahmanenkaste angehörte.
Gegen diese soziale und religiöse Bevormundung richteten sich Asketen und Bettelmönche, die aus eigener Kraft und außerhalb der Kastenordnung durch strenge Entbehrungen nach Erlösung strebten. Obwohl sie die starre Kastenordnung ablehnten, übernahmen sie die Vorstellung, dass Erlösung in der Befreiung aus dem Kreislauf der Wiedergeburten bestehe.

Die Askese – kein Weg zur Erlösung

Siddharta Gautama als Asket*. Steinfigur aus Gandhara, 2./3. Jahrhundert n. Chr.

»Und was, ihr Mönche, würdet ihr der Krankheit, dem Tode, dem Leiden unterworfen nennen? Frauen und Söhne sind dem Gesetz von Krankheit, Tod und Leid unterworfen. Knecht und Magd [...], Ziege und Schaf, Hahn und Schwein, Elefant, Kuh und Pferd sind der Krankheit, dem Tod und dem Leid unterworfen. Ein Mensch aber, der selbst gefesselt, ohnmächtig, abhängig und dem Gesetz von Krankheit, Tod und Leiden unterworfen ist, der spürt nun gerade jenen Dingen, die diesen Gesetzen unterliegen, nach.«
Aus den Lehrreden des Buddha GAUTAMA im Pali-Kanon*

Zuerst ging SIDDHARTA GAUTAMA zu zwei Mönchen in die Lehre, um von ihnen Techniken der Meditation und des Yoga zu erlernen. Obgleich er sie schnell beherrschte, führten sie ihn nicht weiter. So verließ er die beiden nach einem Jahr und versuchte sechs Jahre lang, durch härteste Entbehrungen sein Heil zu finden. Er aß und trank nur das Allernotwendigste, setzte sich schutzlos größter Hitze aus, schlief auf Dornen und wusch und rasierte sich nicht mehr. Seine Selbstkasteiungen wirkten so überzeugend, dass sich ihm fünf weitere Asketen* als Schüler anschlossen. Aber statt zur Erlösung und einem höheren Bewusstsein zu gelangen, wurde SIDDHARTA immer schwächer und war schließlich dem Tode nahe. So konnte er die Wahrheit nicht finden.
Eine neue Selbsterkenntnis sagte SIDDHARTA, dass er auch diesen Weg verlassen müsse. Er nahm wieder Nahrung zu sich, wusch und kleidete sich mit einem einfachen Tuch. Er wollte, inzwischen 36 Jahre alt, einen dritten Weg finden: zwischen dem großen Luxus seiner Jugend und den übermäßigen Entbehrungen seines mittleren Alters. Enttäuscht verließen ihn seine fünf Schüler.

1 In welchen Punkten übernahm SIDDHARTA GAUTAMA religiöse Vorstellungen seines Umfeldes, in welchen unterschied er sich davon?

2 Versuche dich in SIDDHARTA GAUTAMA hineinzuversetzen, indem du einmal seiner Frau bzw. seinem Vater und das andere Mal den fünf Schülern in einem fiktiven Abschiedsbrief erklärst, welche Gründe dich zur Abkehr von der vorherigen Lebensweise bewogen haben.

3 Tragt zusammen, was ihr am Handeln SIDDHARTA GAUTAMAS aus heutiger Sicht fremd, faszinierend, konsequent oder negativ findet. Diskutiert auch seine grundlegende Erkenntnis vom Leben als Leid, indem ihr auf verschiedene Formen des Leids eingeht.

4 Stellt Vermutungen darüber an, worin der dritte Weg SIDDHARTA GAUTAMAS bestehen könnte. Haltet sie fest und vergleicht sie anschließend mit den Informationen, die ihr auf der folgenden Doppelseite erhaltet.

Leben und Lehre des Buddha* Gautama

Das Erwachen

Auf seiner Suche nach dem wahren Lebenssinn setzte sich Siddharta GAUTAMA im Lotussitz unter einen Feigenbaum, um hier in tiefer Meditation die Erleuchtung zu erlangen. In der ersten Vollmondnacht des Monats Mai, so die Legende*, erreichte er die vollständige Erkenntnis der Wahrheit. Er erwachte aus seiner bisherigen Unwissenheit und wurde zum »Buddha« (Erwachter bzw. Erleuchteter). Die neue Erkenntnis war für ihn so bedeutsam und von solch mystischer* Tiefe, dass er sie anfangs keinem mitteilen wollte. Sein Mitleid mit den Menschen brachte ihn schließlich doch dazu, dies zu tun – in einer Predigt im Tierpark von Benares.
Diese erste Rede, bei der es sich um einen sehr alten Text handelt, ist der Überlieferung nach an seine fünf früheren Schüler gerichtet, die er durch seine Worte wiedergewinnen und von der neuen buddhistischen Wahrheit überzeugen konnte.

Buddha* im Lotussitz. Figur aus Bodh-Gaya (Indien)

Q

Rede im Tierpark von Benares

Wahrlich, ihr Mönche, das ist die edle Wahrheit vom Leiden: Geburt ist leidvoll, Alter ist leidvoll, Krankheit ist leidvoll, der Tod ist leidvoll, mit Unlieben vereint, von Lieben getrennt sein ist leidvoll, nicht erlangen, was man begehrt, kurz, die fünf Daseinsfaktoren, die das Hängen an der Welt verursachen, sind leidvoll.
Dies, fürwahr ihr Mönche, ist die edle Wahrheit vom Entstehen des Leidens: Es ist der Durst (= Lebensgier), der zur Wiedergeburt führt, der vereint mit Freude und Begehren sich hier und dort an diesem erfreut, der Durst nach den Begierden, der Durst nach dem Werden und Vergehen.
Fürwahr, ihr Mönche, dies ist die edle Wahrheit von dem Vergehen des Leidens: jenes Vergehen durch das restlose Aufgeben der Leidenschaft; die Entsagung, das Verlassen, das Freiwerden, das sich Abwenden von dem Durst.
Dies wahrlich, ihr Mönche, ist die edle Wahrheit vom Wege, der zur Vernichtung des Leides führt. Es ist der edle achtteilige Pfad, der da heißt: rechtes Erkennen (des Leides), rechter Wille, rechte Rede, rechte Tat, rechtes Leben (anderen nicht schaden), rechtes Streben (nach innerer Ausgeglichenheit), rechte Achtsamkeit (auf sich und andere) und rechtes Sich-Versenken (durch Meditation).

»So wie eine blaue, rote oder weiße Lotusblume, obwohl im Wasser geboren, im Wasser aufgewachsen, unbeschmutzt vom Wasser auf seiner Oberfläche steht, wenn sie aus ihm herauswächst, ebenso bleibe ich von der Welt unbeschmutzt, obwohl ich in der Welt geboren, in der Welt aufgewachsen bin, ich, der ich die Welt überwunden habe. Erfahre, dass ich ein Buddha bin.«
Aus dem Pali-Kanon*

In seiner Rede in Benares erklärte der Buddha Gautama auch die letzte der erkannten Wahrheiten genauer und erläuterte die Bedeutung aller vier Wahrheiten für ihn selbst:

Das Rad – Symbol für die Lehre Buddhas, die von ihm in Bewegung gesetzt wurde. Sein äußerer Kreis steht für die Bewegung der Welt; der Mittelpunkt erinnert an die Ruhe, die die Lehre gibt. Die acht Speichen symbolisieren den achtteiligen Pfad von der unruhigen Welt zur Ruhe der Erleuchtung.

Zwei gegensätzliche Verhaltensweisen gibt es, ihr Mönche, nach denen sich ein Asket, der der Welt entsagte, nicht richten sollte: Welche zwei? Die eine, die sich der Lust und Freude hingibt, die niedrige, von hässlicher Art, die dem gewöhnlichen Menschen angemessen, unedel, zu keinem Ziel führt, und jene, die sich der Selbstpeinigung weiht, die leidvolle, unedle, die keinen Zweck hat. Diese beiden Gegensätze vermeidend, führt der durch den Vollendeten offenbar gewordene mittlere Pfad zur Ruhe, zum Wissen, zur Erleuchtung, zum Verlöschen. Nachdem aber jene vier edlen Wahrheiten in voller Reinheit mir zu eigen waren, erkannte ich, dass ich in dieser Welt mit ihren Asketen und Brahmanen der höchsten und völligen Erleuchtung teilhaftig geworden war. Und es stieg in mir die Erkenntnis und innere Schau auf: Unwandelbar ist für mich die Befreiung des Geistes. Dies ist die letzte Geburt, nicht gibt es nun ein Wiedersein.

Q Aus dem Pali-Kanon*

»Derart gelangte der Buddha zu der Zeit, als die Morgenröte sich zeigte, zur allerhöchsten vollkommenen Erleuchtung und erreichte das dreifache Wissen: die Erinnerung an die früheren Geburten, die Einsicht in die Zukunft und den Einblick in die Entstehung und Vernichtung des Leidens. Da sprachen die Götter: ›Streut Blumen herab, der Erhabene ist zur Erleuchtung erwacht‹«.
Aus dem Pali-Kanon*

1 Stellt die vier Wahrheiten aus dem ersten Teil der Rede in eigenen Worten zusammen. Welche sind neu, welche Einsichten hatte Siddharta bereits vor seiner Erleuchtung?

2 Schon zur Zeit des Buddha Gautama gingen die Ärzte im Grundsatz vor wie heute: Erst werden die Symptome der Krankheit beschrieben, es folgt die Diagnose, dann wird eine Therapie verordnet und schließlich das Medikament gegeben. Vergleicht die Lehre Buddhas mit dem Vorgehen eines Arztes: Gibt es auch Unterschiede?

3 Erklärt anhand des zweiten Teils der Rede, inwieweit Buddha Gautamas Vorstellung über die Heilung vom »Leben als Krankheit« ein mittlerer Weg ist. Was bedeutet er für ihn selbst?

Seiten 238/239

4 Die vier vom Buddha Gautama verkündeten »Wahrheiten« bauen aufeinander auf. Diskutiert darüber und legt auf dieser Grundlage fest, bis zu welcher Wahrheit ihr zustimmt und wo ihr Einwände habt.

Stolz, ein Ich zu sein?

Das Ich – eine Illusion?

ich will nicht sein
so wie ihr mich wollt
ich will nicht ihr sein
so wie ihr mich wollt
ich will nicht sein wie ihr
so wie ihr mich wollt
ich will nicht sein wie ihr seid
so wie ihr mich wollt
ich will nicht sein wie ihr sein wollt
so wie ihr mich wollt

nicht wie ihr mich wollt
wie ich sein will will ich sein
nicht wie ihr mich wollt
wie ich bin will ich sein
nicht wie ihr mich wollt
wie *ich* will ich sein
nicht wie ihr mich wollt
ich will *ich* sein
nicht wie ihr mich wollt will ich sein
ich will *sein*.

Q Ernst Jandl: My own song

Das Ich-Gefühl überwinden?

In unserer Kultur sind viele stolz darauf, individuelle Persönlichkeiten zu sein und bringen das auch durch ihr »Outfit« zum Ausdruck. Anders im Buddhismus: Dort gilt das Ich-Gefühl, das Menschen unverwechselbar macht, als eine Illusion, die man als »Erwachter« (Buddha*) überwinden muss – denn das Ich ist die Hauptursache für den Durst nach Leben und damit für das Leiden. Real am Menschen sind für Buddhisten nur fünf Bestandteile (Faktoren):
– die physische Körperlichkeit (Muskeln, Knochen, Blut usw.)
– das Gefühl (angenehm, unangenehm, unbestimmt)
– die Wahrnehmung (Sehen, Schmecken, Riechen usw.)
– der Wille und seine Zustände (Hass, Liebe, Neid, Mitleid)
– das Bewusstsein (Wissen von den o.g. Faktoren).

Gewöhnlich sagen wir: »Ich habe Zahnschmerzen.« Aber weder »ich« noch »habe« noch »Zahnschmerzen« gehören in buddhistischer Sicht zu den wirklichen Daseinsfaktoren. Buddhisten formulieren diese Erfahrung so:
– Dies ist der Zahn als Materie, als Teil der physischen Körperlichkeit.
– Dies ist ein Schmerzgefühl.
– Dies ist eine Schmerzwahrnehmung des Zahnes.
– Dies ist als Reaktion des Willens eine Abneigung gegen den Schmerz und gieriges Verlangen nach physischem Wohlbefinden.
– Dies ist das Bewusstsein, d.h. das Wissen um alle genannten Faktoren.

Natürlich kann eine solche Umformulierung nicht die Empfindung des Schmerzes beseitigen; sie kann aber bewusstmachen, dass die Verknüpfung des Schmerzes mit dem Ich einen Zusatz darstellt, den man nicht benötigt, um den Schmerz genau zu beschreiben. Erst durch langes Meditieren kann der Einzelne dahin kommen, die Illusion des Ich ganz zu überwinden und so schon während seines Lebens die an das Ich gebundene Gier, den Durst nach Leben, abzutöten. Der Niederländer Janwillem van de Wetering berichtet über seine Erfahrungen mit dieser Meditation in einem buddhistischen Kloster:

Wenn man eintritt, muss man sich vor der Statue des Manjusri verbeugen, des Bodhisattva* der Meditation, der in der Hand ein Schwert zum Zerschneiden der Gedanken trägt, dann vor dem Klostervorsteher, der nahe am Eingang sitzt, von wo aus er die ganze Halle überblicken kann. Dann geht man zu seinen Kissen und verbeugt sich wieder. Die Kissen sind heilig, denn auf ihnen wird man irgendwann die Erleuchtung, die Freiheit, das Ende aller Probleme finden. Dann setzt man sich rasch nieder, die Beine ineinander geschlagen und den Rücken gestreckt. Mit offenen Augen sieht man geradeaus und die Meditation beginnt. Der Mönch schlägt seine Glocke an; 25 Minuten später schlägt er sie wieder. Wenn alles so verlaufen ist, wie es sollte, dann hat man 25 Minuten lang unbeweglich da gesessen, ruhig atmend und in tiefer Konzentration. Danach darf man nach draußen gehen, aber nach fünf Minuten muss man wieder zurück sein, denn dann beginnt die zweite Meditationsperiode. Manchmal waren die Schmerzen so groß, dass ich das Gefühl hatte, ich säße auf einem brennenden Holzstoß; meine Zähne klapperten und ich musste schluchzen, unfähig mich zu beherrschen. Dann bemerkte der Vorsteher meine schlechte Verfassung und schickte mich für 25 Minuten nach draußen. Dort musste ich auf und ab gehen und die Konzentration fortsetzen – immer in einem Teil des Gartens, den der Obere von seinem Platz nahe dem Eingang zur Meditationshalle überblicken konnte. […]
Ich glaube, dass Meditation jedem schwer fällt. Die menschliche Persönlichkeit zwingt zur Aktivität; wir gehen auf und ab, wir gestikulieren, wir erzählen Geschichten, wir reißen Witze, und das alles, um uns und anderen zu beweisen, dass wir leben, dass unsere Individualität von Bedeutung ist. Wir fürchten uns vor der Stille, vor unseren eigenen Gedanken. Wir wollen Musik anstellen oder einen Film sehen, wir wollen abgelenkt werden, an etwas herumbasteln […]. Alle diese Beschäftigungen fallen in der Meditation von uns ab. […] In jedem Training wird das Ego gebrochen, das Ich zermalmt.

Q

Meditierender Mönch

1 Versucht die wichtigste Aussage des Gedichtes in einem Satz zusammenzufassen. (Zum besseren Verständnis könnt ihr das Gedicht mit Satzzeichen versehen.) Diskutiert: Findet ihr euer Lebensgefühl in dem Gedicht wieder – und: Ist es für unseren Kulturkreis typisch?

2 Wendet die Auffassung von den fünf buddhistischen Bestandteilen des Daseins auf andere Beispiel-Ich-Sätze an. Sprecht darüber, welche Wirkungen diese Umformulierungen haben.

3 Warum fällt Janwillem van de Wetering die Meditation so schwer? Nennt die Gründe, die er im Text angibt, und überlegt weitere. Diskutiert: Findet ihr das Ziel der Meditation erstrebenswert?

Leben und Lehre des Buddha* Gautama

Erlösung im Nirwana*?

Buddhisten streben die völlige Überwindung des Durstes nach Leben an, um so den Kreislauf der Wiedergeburten zu verlassen. In tiefster Meditation können sie dieses Ziel bereits im Leben vorübergehend erlangen. Da der Lebensdurst mit der Vorstellung eines individuellen Ich verbunden ist, bedeutet seine Überwindung zugleich das Verschwinden des Ich. Diese höchste Stufe der Erlösung von sich selbst kann der Mensch dauerhaft erst nach seinem Tod im »Nirwana« (= Verlöschen, Verwehen) erreichen, das wegen seiner Leid- und Empfindungslosigkeit für Buddhisten das höchste Glück darstellt. Positiv lässt sich das Nirwana kaum beschreiben; Buddha Gautama charakterisiert es durch seinen Kontrast zum leidvollen Diesseits:

Es gibt, ihr Mönche, einen Bereich, wo weder Erde noch Wasser, noch Feuer, noch Wind ist, wo die Sphäre [der Bereich] der Unendlichkeit des Raumes und der Unendlichkeit des Bewusstseins nicht mehr besteht. Wo nicht irgendetwas mehr ist, nicht diese Welt noch die jenseitige Welt. Keinen Grund gibt es mehr für das Sehnen nach dem Leben. Dies ist das Ende des Leides. […]
Das Geborene, Gewordene, das Entstandene, das Geschaffene, Vergängliche, das Alter und Tod reifen lassen, das ein Nest der Krankheit ist, leicht zu zerstören, dies genügt nicht, um sich daran zu freuen. Welches die Befreiung von jenem bedeutet, das Ewige, das Ungeborene und nicht Entstandene, die leidfreie und fehlerlose Stätte, das Vergehen der schlechten Daseinsfaktoren, das Zur-Ruhe-Kommen der Triebkräfte, das ist das Glück.

Q Aus dem Pali-Kanon*

Ein Mandala symbolisiert als buddhistisches Meditationsbild das Nirwana*.

Ein Gleichnis zum Nirwana*

Um dem griechischen König Milinda den Zustand des Buddha im Nirwana nach seinem Tod zu verdeutlichen, erzählt der buddhistische Mönch Nagasena ein Gleichnis. Der aus dem 1. Jahrhundert n. Chr. stammende Text belegt die frühe Begegnung des buddhistischen mit dem europäischen Denken.

Milinda Kann man, verehrter Nagasena, auf den Buddha hier und dort hinweisen?
Nagasena Der Herr hat das Nirwana erreicht, in dem es keinen Überrest von Daseinsfaktoren gibt. Man kann daher nicht auf den Buddha hier oder dort hinweisen.
Milinda Führe dafür ein Gleichnis an.

Buddhistisches Rad der Wiedergeburten. Ausschnitt aus einer Wandmalerei in einem tibetischen Kloster, 19./20. Jahrhundert. Hahn, Schlange und Schwein symbolisieren die Gier, den Hass und die Verblendung – alles das, was an den Kreislauf der Wiedergeburten fesselt. Links davon sieht man zur Buddhaschaft aufsteigende Weise, rechts zum Tierischen hin fallende Menschen.

Nagasena Wenn eine Flamme über einem großen brennenden Feuer ausgeht, kann man dann auf die Flamme hier oder dort hinweisen?
Milinda Nein, verehrter Herr. Jene Flamme hat zu sein aufgehört.
Nagasena Ebenso, euer Majestät, hat der Herr das Nirwana erreicht. Der Herr ist heimgegangen. Jedoch kann man auf den Herrn weisen durch seinen Dharma-Leib; denn der Dharma [die Lehre] wurde von dem Herrn gelehrt.

Q Aus dem Milindapanha

Methode: Ein (religiöses) Gleichnis deuten
In einem religiösen Gleichnis wird ein geistig-religiöser mit einem Sachverhalt aus der Welt der Menschen verbildlicht. So können religiöse Wahrheiten besser verstanden werden (z.B. christlich: »Gott ist wie ein Vater«). Im Gegensatz zur Parabel wird die Sache, um die es geht, direkt angesprochen. Sach- und Bildseite berühren sich in einem Vergleichspunkt, der den rätselhaft erscheinenden religiösen Sachverhalt erhellt, ohne ihn völlig aufklären zu können.
Bei der Deutung von Gleichnissen sollte vorab das religiöse Problem, um das es geht, bestimmt werden. Sodann sind die Bildelemente und der Vergleichspunkt innerhalb der Bildseite zu erklären. Mit seiner Hilfe kann nun die religiöse Wahrheit erhellt werden. Oft ist es nützlich, andere Gleichnisse aus derselben Tradition hinzuzuziehen und das gedeutete Gleichnis mit ihnen zu vergleichen.

1 Tragt zusammen, durch welche Merkmale Buddha Gautama das irdische Leben bestimmt, und kennzeichnet auf dieser Grundlage das Nirwana*. Warum ist es so schwer vorstellbar?

2 Interpretiert den Dialog zwischen Milinda und Nagasena nach der angegebenen Methode zur Deutung eines Gleichnisses. Was sagt das Gleichnis über Buddhas Existenz* im Nirwana* und das dort zu erlangende Glück (religiöses Problem)?

»Die Lehre von der Wiederkehr ist zweifelhaften Sinns. Es fragt sich sehr, ob man nachher noch sagen kann: ich bin 's.«
Wilhelm Busch: Tröstlich (1909)

3 Überlegt, worin sich die im Rad des Lebens symbolisierte Vorstellung von der Wiedergeburt vom im Westen verbreiteten Glauben an Seelenwanderung unterscheidet.

Seiten 70/71

4 Das Nirwana* hat man häufig mit der christlich-islamischen Vorstellung vom Jenseits oder vom Himmel verglichen. Stellt Gemeinsamkeiten und Unterschiede zusammen und diskutiert auf dem Hintergrund der buddhistischen Auffassung vom Leben als Leid, ob ihr das Nirwana für erstrebenswert haltet.

Leben und Lehre des Buddha* Gautama

Liegender Buddha*, Steinplastik, Sri Lanka, um 1200. Die fast 14 Meter lange Figur zeigt den Buddha GAUTAMA beim Eingang ins Nirwana*.

Der Eingang ins Nirwana*

Aus den überlieferten Quellen hat eine Biografin unserer Zeit die letzten Stunden des historischen Buddha* GAUTAMA rekonstruiert.

»Verharrt nun, ihr Mönche, und seid euch selbst zur Leuchte, euch selbst zur Zuflucht. Habt sonst keine andere Zuflucht. Die Lehre diene euch zur Leuchte, die Lehre sei euch Zuflucht, die ihr sonst keine andere Zuflucht habt.« Aus dem Pali-Kanon*

Der Buddha war inzwischen 80 Jahre alt geworden. An Geist und Körper frisch und rüstig, schien ihm das Alter nichts anhaben zu können. Aber bei einem Besuch in einer Stadt erkrankte er plötzlich, vermutlich an einer Fleischvergiftung. Fieber befiel ihn und er spürte, dass er sterben würde. Liebevoll bereitete Ananda, der Lieblingsjünger, das Lager für den Meister. Im Lotussitz setzte sich der Buddha auf das Lager. Sein Körper war schwach, aber sein Geist klarer denn je. Um ihn drängten sich seine Anhänger. Ein letztes Mal begann der Buddha zu sprechen: »Nichts ist in den sichtbaren und unsichtbaren Welten außer einer einzigen Macht, die ohne Anfang und ohne Ende ist und nur ihrem eigenen Gesetz untertan. Versucht nicht, ihre Unermesslichkeit mit Worten zu fassen. Wer fragt, irrt schon, wer antwortet, irrt ebenfalls.«
Als der Buddha sah, wie Ananda weinte, sagte er vorwurfsvoll: »Wie kannst du nach allem, was ich dich gelehrt habe, dich noch so dem Schmerz hingeben? Lasse dich nicht täuschen, Ananda. Das Leben ist ein langer Todeskampf, es ist nichts als Leid. Das Kind hat Recht, wenn es weint, sobald es auf die Welt gekommen ist. Das ist die erste Wahrheit. Die zweite Wahrheit ist, dass das Leid aus dem Durst, der Begehrlichkeit, entsteht. Der Mensch stützt sich auf ein falsches Ich und richtet sich in einer bloß eingebildeten Welt ein. Wenn er stirbt, ist er gesättigt von einem vergifteten Trank und wird wiedergeboren, um von Neuem von diesem Trank zu trinken. Die dritte Wahrheit ist, dass es ein Ende des Leids gibt. Du wirst dieses Ende aber nicht finden, wenn du nicht alle Wünsche und Leidenschaften aus deinem Herzen verjagst. Nun höre die vierte Wahrheit. Sorge dafür, dass du nur gute Gefühle hegst und deinen Zorn überwindest, bewache deine Lippen, als wären sie das Tor zu einem Königspalast, damit nichts Unreines über sie komme. Danach

richte deine Handlungen so ein, dass das Übel bekämpft, das Gute befördert wird. Hast du in Befolgung dessen den Egoismus ausgerottet, so wirst du in der nächsten Existenz* fähig sein, die übrigen Stufen des achtfachen Pfades zu durchlaufen: rechtes Leben, rechtes Denken, rechtes Streben, rechte Versenkung. So wirst du ganz von selbst dem Nirwana* nahe kommen.«
Als der Buddha fühlte, dass sein Leib kalt wurde, streckte er sich aus. Nur die durften bei ihm bleiben, die er für würdig befunden hatte, sein Werk fortzusetzen. Er rief ihnen die zehn Ordensregeln ins Gedächtnis, die Vorschriften für das tägliche Leben und die Meditation. Und noch einmal zeigte er ihnen, dass alles vergehen muss: »Seht den Körper des Buddha, auch er muss, wie alles, was entstanden ist, wieder vergehen.«
Dann legte er sich auf die rechte Seite und versank in tiefe Meditation. Niemand bemerkte den Augenblick, in dem der Buddha aus der Versenkung in das ewige Schweigen des Nirwana überging.

Q NACH MAURICE PERCHERON: Buddha

1 Vergleicht euren Eindruck von der Steinplastik des sterbenden Buddha mit dem Bericht über sein Sterben. Inwiefern zeigt sein Sterben auch seine Lehre? Ihr könnt hierzu den Bericht über das Sterben von JESUS (Markus 15) als Vergleichstext heranziehen.

Seiten ◀ 128/129

2 In seinen letzten Worten ergänzt der Buddha GAUTAMA seine bereits vorher verkündete Lehre. Schreibt die Aussagen dazu heraus und vervollständigt so euer erworbenes Wissen über die vier Wahrheiten.

3 Der Buddhismus wird oft als eine Religion ohne Gott bezeichnet. Sprecht darüber, ob das zutreffend ist und bezieht euch dabei auch auf den Beginn von Buddhas letzter Rede.

4 Der sterbende Buddha ermahnt seinen weinenden Lieblingsschüler Ananda und verweist seine Anhänger auf seine Lehre. Erklärt dieses Verhalten als Konsequenz seiner Einsichten und nehmt dazu Stellung.

→← Der Buddhismus geht auf den Adligen SIDDHARTA GAUTAMA als Religionsstifter zurück, der auch historischer Buddha* genannt wird. Als Reformbewegung der Religion der Brahmanen (später als Hinduismus bezeichnet), übernahm der Buddhismus die Vorstellung von der Wiedergeburt, entwickelte aber in der Lehre von den vier edlen Wahrheiten ein eigenes Profil. Danach ist alles Leben letztlich Leiden, das nur durch die Aufhebung des Lebensdurstes überwunden werden kann. Hierbei spielt die Meditation eine zentrale Rolle - durch sie kann man in tiefster Versenkung bereits im Leben das Nirwana* erreichen. In ihm verlöschen alle Begierden und schließlich auch das Selbst. So kann der Kreislauf der Wiedergeburten verlassen werden, der eine ewige Fortsetzung des Leids bedeutet. Das endgültige Nirwana (auch Pari-Nirwana genannt) kann aber auch ein Erleuchteter (Buddha) erst nach seinem Tod erlangen. Der ursprüngliche Buddhismus benötigt keine persönliche Gottesvorstellung, da er im Kern auf die Selbsterlösung des Menschen setzt.

Die Lehre und ihre Deutungen – Ausbreitung des Buddhismus

Kleines und großes Fahrzeug

Anders als Jesus im Christentum spielt der Buddha Gautama persönlich für den nach Erlösung strebenden Buddhisten keine unverzichtbare Rolle. Er ist nur ein Vorbild oder Beispiel, das durch seine Anstrengung zur Vollkommenheit gelangt ist. Theoretisch kann jeder aus eigener Kraft ein Buddha werden, wenn er sich nur an die Lehre Gautamas hält. Aber auch diese ist veränderbar.

Die Fahrt mit einem Boot oder Floß – Symbol für die buddhistische Überschreitung des Diesseits durch die Lehre

Das Gleichnis vom Floß

Ein Wanderer sieht vor sich eine große Wasserflut. Das diesseitige Ufer ist voll Gefahren und Schrecken, das jenseitige sicher und gefahrlos. Es ist kein Schiff da, das ihn hinüberbringt und keine Brücke, die die Flut überquert. Da kommt ihm der Gedanke, dass er sich aus Schilfgras, Holz, Zweigen und Blättern ein Floß bauen könnte, um damit heil zum anderen Ufer zu gelangen. Was er denkt, führt er aus. Als er drüben ist, denkt er: Dieses Floß war mir sehr nützlich. Ich will es tragen und mitnehmen, wohin ich auch gehe. Dieser Mann handelt nicht richtig. Jetzt braucht er das Floß nicht mehr. Es wird ihm sogar zur Last. Ebenso, ihr Mönche, einem Floß vergleichbar, wurde von mir die Lehre gezeigt: zum Überschreiten geschaffen, doch nicht, um sich daran festzuklammern.

Q Aus dem Pali-Kanon*

Das kleine Fahrzeug – Theravada-Buddhismus

Die älteste Richtung des Buddhismus wird auf die fünf Schüler zurückgeführt, die der Buddha Gautama im Tierpark von Benares als erste zum Buddhismus bekehrte. Von Anhängern anderer Lehren wurde sie früh »Kleines Fahrzeug« (Hinayana) genannt, weil dort nur wenige Menschen Platz finden. Treffender ist der Begriff »Theravada-Buddhismus« (Lehre der Ältesten). Er steht der ursprünglichen Botschaft des Buddha Gautama am nächsten und übernimmt die Lehre von den vier edlen Wahrheiten und dem achtteiligen Pfad. Vor allem ist der Theravada-Buddhismus eine Mönchsreligion, die den radikalen Aufbruch in die Hauslosigkeit, wie ihn auch Siddharta Gautama vollzogen hatte, verlangt. Schon Achtjährige können in Seite 126 ◂ den Orden eintreten, mit nicht mehr ausgestattet als Buddha Gautama bei seinem Aufbruch bei sich führte. Zudem gelten für die Gemeinschaft der Mönche strenge Regeln, die das Erreichen des Nirwana* ermöglichen sollen. Indem die Mönche sich gegenseitig in der strengen Einhaltung dieser Regeln unterstützen, wird als Vorbild neben der Lehre und der Person des Buddha Gautama auch die Gemeinde (Sangha) für die Erlösung bedeutsam.

Ein Tagesablauf

Der Tag der Mönche beginnt mit Meditation, dann zieht der Mönch mit seiner Almosenschale herum, um für seinen Lebensunterhalt zu betteln; nicht er bedankt sich bei den Almosenspendern, sondern diese sich bei ihm, weil sie so ihr Karma* verbessern können. Die Mittagsmahlzeit nimmt der Mönch allein im Kloster zu sich. Am Nachmittag werden die Schüler unterrichtet und die Lehre wird studiert. Abends kommen Menschen aus der Umgebung, um mit den Mönchen zu sprechen. Es werden keine Opfer dargebracht und keine festen Gebetsriten eingehalten.

Die drei Juwelen symbolisieren den Buddha, die Lehre und die Gemeinde.

Fachübergreifend (Religion): Leben im Kloster

Auch im Christentum und im Islam gibt es eine ausgeprägte Tradition des Mönchtums, die teilweise bis heute fortexistiert:

- Informiert euch darüber in Zusammenarbeit mit dem Religionsunterricht und vergleicht z.B. die Regeln und Lebensformen christlicher Mönchsorden wie der Benediktiner, Augustiner oder Franziskaner mit denen der Mönche im Theravada-Buddhismus.
- Welche Funktion hatten und haben die Mönchsorden für ihre jeweilige Religion?

Das große Fahrzeug – Mahayana-Buddhismus

Im 3. Jahrhundert v. Chr. bildete sich die Richtung des Mahayana-Buddhismus heraus. Seine Vertreter wollten eine »Überfahrt« für viele Menschen. Nach dieser Lehre können daher nicht nur Mönche, sondern auch Laien ins Nirwana* gelangen, wenn sie sich um einen guten Lebenswandel im Sinne der buddhistischen Lehre bemühen. Feste, Riten und Kulte können dabei helfen. Dazu kommt die Hilfe so genannter Bodhisattvas* – das sind Menschen, die es vor und nach der Lebenszeit des historischen Buddha Gautama ebenfalls zur Buddhaschaft gebracht haben. Aus Mitleid für die noch nicht Erlösten wenden sie sich diesen zu und helfen ihnen auf dem Weg ins Nirwana. Ein Bodhisattva schenkt seine Verdienste selbstlos anderen und leidet mit ihnen. Er nimmt dafür in Kauf, dass sich seine eigene endgültige Erlösung über Jahrmillionen verzögert.
Eine Spielart des Mahayana ist der »Zen-Buddhismus«, bei dem man durch das stundenlange Meditieren über eine paradoxe Frage (Koan) den Verstand und den Strom der Vorstellungen in sich still zu stellen versucht, um zur völligen Seelenruhe zu gelangen.

»Jeder kennt den Klang von zwei klatschenden Händen: Wie klingt das Klatschen einer einzigen Hand?«
Koan aus dem Zen-Buddhismus

Seite 133

1 Deutet das Gleichnis vom Floß unter Einbezug der Hinweise zur Deutung von Gleichnissen. Erklärt auf dieser Basis die Entwicklung der buddhistischen Lehre nach dem Tod Buddha Gautamas.

Seite 124 (Kartenausschnitt)

2 Stellt Unterschiede zwischen Theravada- und Mahayana-Buddhismus zusammen; informiert euch auch über ihre heutige Verbreitung.

3 Informiert euch über die zehn Gebote im Buddhismus: Welche gelten nur für Mönche, welche für alle Buddhisten?

Der Potala in Lhasa. Bis zu seiner Vertreibung 1959 war die Palastanlage das Heimatkloster und der Regierungssitz des 14. Dalai Lama.

Diamantenes Fahrzeug – der Vajrayana-Buddhismus

Als letzte große Richtung hat sich der Vajrayana-Buddhismus in Tibet im 7. Jahrhundert n. Chr. herausgebildet. Sein Symbol ist der Diamant, wegen seiner Klarheit und Unzerbrechlichkeit. Vajrayana-Buddhisten können in einem einzigen Menschenleben zur Erlösung gelangen, ohne daran durch das Karma* vergangener Existenzen gehindert zu werden. Dabei spielen Mantras (Zauber- und Meditationsformeln) eine große Rolle. Das bekannteste ist das »OM MANI PADME HUM«: OM bezeichnet die göttliche Kraft, MANI einen Juwel, und mit PADME (Lotusblume) ist der Buddha gemeint. HUM ist ein Weihewort. Durch die von Mantras begleitete Meditation soll das Wissen um die Leere aller Dinge entstehen, das zur Ich-Auflösung führt. Wie der Mahayana- kennt auch der Vajrayana-Buddhismus die Vorstellung vom Bodhisattva*, der den Menschen als bereits Erlöster aus Mitleid hilft. Als ein solcher Bodhisattva gilt auch der 14. Dalai Lama, der als Tenzin Gyatso 1935 im Nordosten Tibets geboren wurde.

In Tibet herrschten seit dem 15. Jahrhundert die Dalai Lamas, deren Name »Ozean-Meister« bedeutet: Sie haben den Ozean der Wiedergeburten überwunden und besitzen unermessliche Weisheit. Jeder Dalai Lama ist die Wiederverkörperung seines Vorgängers; ihre Herkunft wird auf den Bodhisattva Avalokiteshvara zurückgeführt. Der jetzige 14. Dalai Lama wurde nach dem Tod seines Vorgängers von Mönchen gefunden, die das knapp drei Jahre alte Kind als Wiederverkörperung des 13. Dalai Lamas ausmachten, weil es Dinge aus dessen Privatbesitz erkannte und ähnliche körperliche Merkmale aufwies. Als die kommunistischen Chinesen 1951 in Tibet einmarschierten, wurde Tenzin Gyatso bereits mit 16 Jahren in sein Amt eingesetzt. Jedoch musste er 1959 das Land verlassen, nachdem ein Aufstand der Tibeter gegen die chinesische Besatzung gescheitert war. Der Dalai Lama gelangte zuerst nach Indien und bildete dort das Oberhaupt einer tibetischen Exilregierung. Durch seine Reisen, Vorträge und Bücher trug er dem tibetischen Buddhismus viele Sympathien ein; 1989 erhielt er den Friedensnobelpreis. Bis heute gilt der Dalai Lama als ein Sinnbild für Friedfertigkeit, das den Dialog der Religionen untereinander und mit den Wissenschaften gefördert hat.

Der 14. Dalai Lama 1989 bei seiner Dankesrede zur Verleihung des Friedensnobelpreises – die Rede endete mit den Worten eines alten Gebetes: »Solange das Weltall besteht, solange Lebendiges lebt, so lange möchte auch ich bestehen, um das Elend der Welt zu vertreiben.«

Faszination Buddhismus – auch in Deutschland?

Seit 1906 die »Buddhistische Gesellschaft in Deutschland« gegründet wurde, hat sich der Buddhismus auch in Deutschland verbreitet. Heute gibt es hier etwa hundert verschiedene buddhistische Gruppen und mehr als 200.000 praktizierende Buddhisten. Buddhistische Zentren finden sich in fast jeder größeren deutschen Stadt. Wie kommt man als Deutscher zum Buddhismus?

Seit ich zu meditieren begonnen habe und Buddhist bin, bin ich zwar nicht immer glücklich, aber stets voller Freude. Spüre ich Wut in mir aufsteigen, brülle ich nicht gleich los, sondern versuche zu analysieren, woher der Zorn kommt. Die Quelle von Glück und Leid liegt in dir selbst. Den Weg des Mitgefühls und des Respekts für alle Wesen zu gehen, fordert Geduld und Disziplin. Aber man lernt, die Dinge zu sehen wie sie sind, um frei zu werden von Illusionen und falschen Erwartungen.

Q HUGO ZIMMERMANN, 44, Krankenpfleger, seit 13 Jahren aktiver Buddhist

Was mich am Buddhismus fasziniert? Dass es keinen Gott gibt, der Regeln und Gebote aufstellt. Man ist für sich selbst verantwortlich und kann nicht bei anderen die Schuld suchen, wenn etwas nicht läuft. Man muss überlegen, was an einem selbst liegt und wie man sich ändern kann. Konzentrierte Meditation ist bestimmt eine gute Erfahrung, fällt mir aber sehr schwer. Dass man als Buddhist am Ende sein Ich und alles Schöne im Leben aufgeben soll, finde ich nicht so gut. Auch das Nirwana* als Ziel finde ich merkwürdig.

Q LISA HENKE, 16, lernte den Buddhismus im Religionsunterricht kennen

Seite 138 ◄

1 Versucht eine Übersetzung für das Mantra »OM MANI PADME HUM«.

Seiten ◄ 238/239 sowie 237 Methode: Internet-Recherche

2 Informiert euch im Internet und anderen Quellen über den 14. Dalai Lama. Versucht eine Erklärung, warum er bei uns viele Menschen fasziniert.

3 Schreibt eine eigene kritische Stellungnahme zur »Faszination Buddhismus«.

Nach dem Tod des historischen Buddha bildeten sich mehrere buddhistische Strömungen heraus, gemäß der Auffassung GAUTAMAS, dass die Lehre einer eigenen Deutung der Anhänger bedarf. Die älteste Richtung ist der Theravada-Buddhismus (auch: kleines Fahrzeug). Für ihn ist die Erlösung nur in strenger Befolgung der buddhistischen Regeln zu erreichen, wozu ein Leben als Mönch erforderlich ist. Im Mahayana-Buddhismus (großes Fahrzeug) können auch Laien ins Nirwana* gelangen; dazu helfen die Befolgung von Riten und Bodhisattvas. Im Zen-Buddhismus, einer Spielart des Mahayana, steht die eigene Meditation im Zentrum. Im 7. nachchristlichen Jahrhundert entwickelte sich in Tibet der Vajrayana-Buddhismus (diamantenes Fahrzeug), der die Erkenntnis der Leere aller Dinge in den Mittelpunkt stellt, dabei aber auch weltliche Herrschaft anstrebt. Die jahrhundertealte Herrschaft der Lamas endete in den 1950er Jahren mit der chinesischen Eroberung Tibets und der Flucht des 14. Dalai Lamas ins indische Exil. Das Oberhaupt des tibetischen Buddhismus hat weltweit große Anerkennung gefunden, kann aber bis heute nicht nach Tibet zurückkehren.

Laotse – der Weise des Tao*

Laotse, 6. Jahrhundert v. Chr.

Wohl noch vor Buddha Gautama, vielleicht aber auch ein Jahrhundert später, lebte im Süden Chinas der Weise Laotse (»alter Meister«). Er soll Wahrsager und Beamter am damaligen Hof des Kaisers gewesen sein. Unzufrieden über die Verhältnisse unter den Menschen, so erzählt die Legende*, machte er sich, auf einem Büffel reitend, auf den Weg in die Einsamkeit. Dort wollte er in Ruhe sterben. Vorher musste er jedoch über die Grenze des Reiches. Hierbei überredete ihn der Grenzwächter, der schon viel von seiner Weisheit gehört hatte, seine Lehre in einem Buch festzuhalten. So verfasste Laotse das »Taoteking«, das bis heute als Grundschrift des Taoismus gilt. Im ersten Teil beschäftigt sich das Tao Te King mit dem Tao* (wörtlich: der Weg), dem innersten Prinzip oder Gesetz der als harmonisch aufgefassten Welt. Das Tao kann, ähnlich wie das buddhistische Nirwana*, mit menschlichen Begriffen nicht gefasst werden, weshalb Laotse es eher poetisch beschreibt. Im zweiten Teil seiner Schrift geht es um das Handeln des Menschen, das »Te«. Das Tao Te King ist nicht systematisch gegliedert, sondern enthält eine Reihe von kurzen poetisch-philosophischen Gedanken.

Das Tao*

Das Unbegreifliche

Den äußeren Sinnen ist Tao unbegreiflich und dunkel.
Doch wer nach innen blickt, findet Licht,
Sieht das Sein hinter dem Schein,
Geist hinter der Form,
Des Bildlosen Bild,
Das ewig Unbestimmbare von Anfang und Ende.

Licht der Einheit

In Einklang mit dem Einen
Wurde der Himmel klar, die Erde fest.
In Einklang mit dem Einen
Erhielt der Raum Fülle, der Geist Einsicht.
In Einklang mit dem Einen
Wurde das Leben fruchtbar, der Weise zum Vorbild.
All das bewirkt das Eine.
Ohne Einklang mit dem Einen
Würde der Himmel dunkel, schwanken die Erde.
Ohne Einklang mit dem Einen
Würde die Fülle schwinden, schlafen der Geist.
Ohne Einklang mit dem Einen
Würde das Leben verdorren, straucheln der Weise.

Nach späterer chinesischer Überlieferung bilden Yang (das männlich schöpferische) und Yin (das weiblich-passive Prinzip) gemeinsam das Tao*.

»Himmel und Erde kommen in Berührung, und alle Dinge gestalten sich und gewinnen Form. Das Männliche und Weibliche mischen ihre Samen, und alle Wesen gestalten sich und werden geboren.«

Das Te

Gelassenheit

Wessen Geist und Gemüt von der Einheit
Allen Seins erfüllt ist,
Kennt keinen Zwiespalt,
Und Streit ist ihm fremd.
Wer Demut übt und sein Leben
Auf das Eine ausrichtet,
Lebt in Einklang mit sich selbst,
Seinen Nächsten und allem, was ist.

Einfalt des Einen

Namenlos ist das Absolute und Ewige.
Treten die Dinge in Erscheinung,
Werden sie durch Namen geschieden
Und die Alleinheit verblasst.
Doch wer innehält und sich mit dem Einen eins weiß
Der findet zurück –
Wie Tropfen und Bäche, die sich im Meer auflösen.

Wirken ohne Handeln

Wer die Welt erobern und an sich reißen will,
Erlebt, dass dieser Weg ins Scheitern führt.
Denn die Welt ist ein geistiges Gefäß,
Man kann sie nicht nehmen und machen.
Der Macher zerstört sie. Der Nehmende verliert sie.
Denn alle Dinge kommen und gehen,
Mal sind sie stark, mal sind sie schwach,
Mal steigen sie auf, mal stürzen sie ab,
Mal sind sie überlegen, mal sind sie unterlegen.
Darum vermeidet ein Weiser
Das Zusehr, das Zuviel, das Zugroß.

Klaus Holitzka (1997)

Seite 237, Methode: Internet-Recherche

1 Tragt aus den Texten des Tao Te King zusammen, was ihr über das Tao* erfahrt. Ist es mit einem Naturgesetz vergleichbar? Recherchiert ggf. auch im Internet.

2 Stellt aus den Texten zusammen, welche Eigenschaften oder Tugenden (Te) ein Weiser nach dem Tao Te King haben sollte. Wie werden diese Tugenden begründet?

Seiten 238/239

3 Verdeutlicht die Eigenschaften, die der Weise nach Laotse haben sollte, an Beispielen und diskutiert ihre Bedeutung und Realisierbarkeit heute.

Über den Begründer des Taoismus, Laotse, ist wenig bekannt. Er wurde wohl zwischen dem 3. und 6. Jahrhundert v. Chr. in China geboren und lebte zumindest eine Zeitlang als Einsiedler. Die letzte Realität und den Grund der Welt bestimmt der auf ihn zurückgehende Taoismus als Tao* (auch: Dao). Das Tao ist weniger ein Prinzip hinter den Dingen als eine den Dingen einwohnende Kraft, die für ihr (geordnetes) Dasein verantwortlich ist. Das Tao kann weder sinnlich erfahren noch rational erkannt, sondern nur mystisch* erfasst werden. Es gibt den Maßstab für den Weisen vor, der sich als idealer Mensch in diese kosmische Ordnung einfügt. Mit dieser passiven Haltung steht der Taoismus im Gegensatz zur alten Lehre des chinesischen Kaiserreichs, nach der das Leben auf der Grundlage vorgeschriebener Regeln aktiv in der Gemeinschaft anderer zu führen ist.

Konfuzius – der Weise der Erziehung

Bogenschießen	Schwertführen	Studium der Literatur	Erlernen der Li (Höflichkeitsregeln)	Musik / Musizieren
Wagenlenken	Erlernen der Li (Höflichkeitsregeln)	Schreiben / Rechnen (Anfängerkurs)	Schwertführen	Bogenschießen
Studium der Literatur	Schreiben / Rechnen (Anfängerkurs)	Musik / Musizieren	Wagenlenken	Studium der Literatur

»Der Edle fordert von sich; der Gewöhnliche fordert von anderen.«

»Wer sich am Lob freut, ohne es als Ansporn zu nehmen, wer dem Tadel zustimmt, ohne sich zu bessern, was soll ich mit dem?«

»Gewahrsein dessen, was man weiß, und dessen, was man nicht weiß, das ist Wissen.«

»Bei einem selbst beginnt das Menschlichsein. Wie könnte es bei anderen beginnen?«

Acht Fächer umfasste der Lehrplan, mit dem der im Norden Chinas um 550 v. Chr. geborene Konfuzius seine Schüler ausbildete. Das lässt sich aus dem Buch »Lunyu«, der ältesten Quelle des Konfuzianismus, entnehmen – sie enthält Worte des Meisters und seiner Schüler. Diese Fächer wurden allerdings nicht, wie heute, in Form eines regelmäßigen Stundenplans unterrichtet. Der Ablauf des Unterrichts richtete sich vielmehr nach der zur Verfügung stehenden Zeit, die durch die Wanderungen des Konfuzius und seiner Schüler sowie durch deren familiäre Verpflichtungen begrenzt war. Klar aber waren die Ziele der Erziehung: die Ausbildung der körperlichen Fähigkeiten, des Gefühls, des Denkens und des Verhaltens.

Wie Laotse wandte sich auch Konfuzius gegen die starren Verhaltensregeln des alten Kaiserreichs, die im 6. Jahrhundert v. Chr. brüchig geworden waren. Aber statt außerhalb der Gemeinschaft gemäß dem Tao zu leben, wollte er die alten Regeln auf der Grundlage von Bildung durch eigene Einsicht erneuern, um so die staatliche Ordnung zu stabilisieren und die Menschen zur Gemeinschaft zu erziehen. Während traditionell nur Adlige Zugang zur Bildung hatten, stand die Schule des Konfuzius jedem offen, der lernen wollte. Dabei kam es Konfuzius darauf an, dass seine Schüler sich am Prinzip des Menschlichseins (Ren) orientierten und nicht bloß überkommene Regeln ohne eigenes Nachdenken befolgten. Maßstab des Menschlichseins war für ihn die Goldene Regel: *»Was man mir nicht antun soll, will ich auch anderen Menschen nicht zufügen.«*
Demzufolge muss der Weise in jeder Situation neu entscheiden, wie er sich angemessen gegenüber anderen verhält. Wohlwollende Achtung dem Mitmenschen gegenüber ist dabei der allgemeine Maßstab, wie Konfuzius es auch selbst vorlebte: Als er einmal von einer Wanderung nach Hause zurückkam, erfuhr er, dass sein Stall abgebrannt war. Er fragte: »Sind Menschen verletzt?« Nach den Pferden erkundigte er sich nicht.
Obwohl Konfuzius selbst nie ein höheres Staatsamt bekleidete, wurden viele seiner Schüler später Beamte; sein gesamtes Erziehungsprogramm wurde über zwei Jahrtausende zum Vorbild für die Ausbildung zum Staatsdiener. Dieser sollte tun, was er als seine Pflicht erkennt, und sich nicht – wie der Durchschnittsmensch – an Profit und Mehrung des Reichtums orientieren.

Pflichten von Kindern und Eltern

Die Kinder erweisen den Eltern ihre Ehrfurcht. Chinesische Darstellung aus dem 12. Jahrhundert (Ausschnitt)

Besonders wichtig war Konfuzius das menschliche Handeln in der Familie. Die Frau sollte sich dem Mann und die Kinder sollten sich den Eltern unterordnen; darin sah er das Fundament der staatlichen Ordnung. Was für das Verhalten in der Familie galt, das wollte er auch im Verhältnis von Untertanen und Herrschern im Staat durchsetzen. Die Pflicht zu Dank und Gehorsam der Kinder gegenüber den Eltern sollte jedoch auch Grenzen haben, wenn die Eltern ihren Pflichten zur Erziehung nicht nachkamen.

Einmal zeigten sich Vater und Sohn in einem Rechtsstreit gegenseitig an. Konfuzius, der in der Gegend Richter war, sperrte beide ein und entließ sie erst, als der Vater nach drei Monaten Haft seine Anzeige zurückgezogen hatte. Der Herrscher des Gebietes warf Konfuzius vor, er hätte den Sohn töten lassen sollen, um dem Volk zu zeigen, dass die Kinder ihre Eltern ehren sollen. Da antwortete Konfuzius, dass man nicht den Niedrigeren bestrafen darf, wenn der Höhere versäumt hat, als Vorbild zu handeln.

Q

1 Ordnet die Erziehungsziele den einzelnen Fächern zu, die Konfuzius vorsah, und vergleicht mit dem Fächerkanon eurer Schule. Wo würdest du lieber unterrichtet werden?

2 Menschlich sein heißt für Konfuzius mehr als Menschlichkeit. Bestimmt den Bedeutungsunterschied, etwa durch eine Untersuchung der Begriffsverwendung im Sprachgebrauch. Sucht eigene Beispiele menschlichen Handelns gemäß der Goldenen Regel.

3 Übertragt die Vorstellungen des Konfuzianismus zum Verhältnis von Kindern und Eltern auf die Beziehung von Untertanen und Herrschern.

4 Viele sehen im Konfuzianismus, der bis heute z.B. das Denken in Japan prägt, einen Grund für den wirtschaftlichen Erfolg dieses Landes – im Gegensatz zum Individualismus westlichen Denkens. Sucht Gründe für diese Sicht und erörtert ihre Berechtigung.

Ein Schüler fragte Konfuzius, was es heißt, menschlich zu handeln? Konfuzius antwortete:
»Überall fünf Grundsätze verwirklichen: Höflichkeit, Großmut, Aufrichtigkeit, Eifer und Güte. Der Höfliche genießt Achtung, durch Großmut gewinnt man Sympathie, Aufrichtigkeit schafft Vertrauen, Eifer bringt Erfolg, wer Güte hat, kann anderer Menschen Herr und Leiter sein.«

→← Neben Taoismus und Buddhismus sind die Wertvorstellungen in den Ländern Ostasiens bis heute vom Konfuzianismus geprägt. Sie gehen auf den in China wirkenden Konfuzius zurück, der die sich auflösenden Sitten des alten Kaiserreichs durch die Erziehung einer staatlichen Elite zum Menschlichsein mit neuem Leben erfüllen wollte. Dass jeder an seinem Ort und aus eigener Einsicht die Pflicht zur wohlwollenden Achtung anderer erfüllt, ist für Konfuzius die Voraussetzung für ein gut funktionierendes Gemeinwesen. Dabei basiert die ideale Beziehung zwischen Herrschern und Untertanen auf den gegenseitigen Verpflichtungen von Eltern und Kindern.

Das Ziel

Eines Tages machten sich die Fürsten von Chu, Lu und She gemeinsam auf den Weg zu Meister KONFUZIUS, um von ihm zu hören, wie sich die Belange der Staatsführung und die Forderungen der Moral in Einklang bringen ließen. Unterwegs erörterten sie miteinander dieses schwierige Problem, gerieten darüber in Streit und fassten schließlich doch einige löbliche Vorsätze. Bei Meister KONFUZIUS angekommen, trugen sie ihm ihre Frage vor. Der Meister hörte sie an und schwieg dann beharrlich. Da sagten die Fürsten unwillig: »Nun sind wir endlich am Ziel unserer beschwerlichen Reise und erfahren doch nichts. Sollten wir den Weg zu einem, der als ein Weiser gilt, etwa vergeblich gemacht haben?« Der Meister antwortete: »Der Weg war das Ziel.«

Q KONFUZIUS: Der gute Weg

Wagen-Gleichnis

Nagasena (zu König Milinda) Erkläre mir, was ein Wagen ist. Seine Deichsel? Oder die Achse? Oder die Räder? Oder der Wagenkasten?

Milinda Alles das nicht.

Nagasena Soll etwa der Wagen außerhalb dieser Dinge existieren oder der Name »Wagen« der Wagen selbst sein?

Milinda Nicht doch, oh Nagasena.

Nagasena Nun, was ist denn dieser Wagen? Der Wagen existiert ja gar nicht.

Milinda In Abhängigkeit von Deichsel, Achse, Rädern usw. entsteht der Name, die Bezeichnung, das Wort »Wagen«.

Nagasena Ganz richtig, oh König. Gerade so entsteht in Abhängigkeit von Körper, Empfindung, Wahrnehmung, Willensregungen und Bewusstsein der Begriff und das Wort »Nagasena«.

Q Eine Wesenheit als Person ist aber nicht vorhanden.

KONFUZIUS zeigt LAOTSE den kleinen Buddha GAUTAMA (18. Jahrhundert). Das Bild stellt die Versöhnung der drei östlichen Weisheitslehren dar, obwohl sich deren Gründer wohl nie begegnet sind.

Gleichnis vom Kampfhahn

Der Weise JI XINGZI richtete für den König einen Kampfhahn zu. Nach zehn Tagen fragte der König: »Kann der Hahn schon kämpfen?« Er sprach: »Noch nicht, er ist noch eitel, stolz und zornig.« Nach zehn Tagen fragte der König wieder. JI XINGZI antwortete: »Noch nicht, er geht noch auf jeden Laut und Schatten los.« Nach nochmals zehn Tagen fragte der König ein weiteres Mal. Die Antwort: »Er blickt noch heftig und strotzt vor Kraft.« Nach wieder zehn Tagen fragte der König zum letzten Mal. Der Weise sprach: »Nun geht es. Wenn andere

Q Hähne krähen, so macht das keinen Eindruck mehr auf ihn.«

Seite 133 ◄
Methode: Ein (religiöses) Gleichnis deuten

1 Versucht eine Deutung der drei gleichnishaften Texte (S.144) und erklärt, inwiefern sie typisch sind für den Konfuzianismus, Buddhismus, Taoismus.

2 Vergleicht Buddhismus, Taoismus und Konfuzianismus miteinander und bezieht folgende Aspekte ein: Erlösungs- bzw. Glücksvorstellung, Rolle der Familie, Stellenwert der Individualität bzw. des Ich, Verhältnis zum Staat, Annahme der Existenz eines Gottes, Handlungsgrundsätze.

3 Diskutiert die Überzeugungskraft und Umsetzbarkeit der drei Weisheitslehren im Leben.

Filmtipps

Kundun (1997). Film von Martin Scorsese über das Leben des 14. Dalai Lama von seiner Auserwählung 1937 bis zu seiner Flucht nach Indien im Jahre 1959

Frühling, Sommer, Herbst und Winter. Film von Kim Ki-Duk über die Erziehung eines Jungen durch einen buddhistischen Mönch (2004)

Lesetipps

Malcom J. Bosse: Die Prüfung oder die abenteuerliche Reise der Brüder Chen und Hong, München: dtv Reihe Hanser 1997

Edward Conze: Eine kurze Geschichte des Buddhismus, Frankfurt/Main: Insel Verlag 2005

Projekt 1: Experten befragen

Informiert euch über buddhistische Zentren oder Begegnungsstätten in eurer Nähe, führt einen Besuch durch oder ladet einen praktizierenden Buddhisten zum Gespräch in euren Unterricht ein. Diese Expertenbefragung vor Ort oder in der Schule solltet ihr sorgfältig vorbereiten, indem ihr euch vorher überlegt:

Seite 125 ◄
Aufgabe 2

- Was will ich wissen? (dabei klären, welche Anfangsfragen noch nicht beantwortet wurden)
- Was kann der Experte (die Expertin) voraussichtlich beantworten?
- Welche Fragen sind somit sinnvoll?

Als Vorbereitung auf das Gespräch schreibt ihr eure Fragen einzeln auf Karten, sammelt sie, sortiert Doppelungen aus und fasst die übrig gebliebenen zu Themenbereichen zusammen. Günstig ist es, die gesammelten Fragen dem Experten vor der Begegnung zugänglich zu machen. Ihr könnt die Karten auch zu einem Schaubild anordnen, welches das Gespräch strukturieren hilft.

Projekt 2: Kampfsportarten erforschen

Judo, Karate und Jiu-Jitsu sind auch bei uns in Deutschland von Jugendlichen häufiger praktizierte Kampfsportarten – ihren philosophischen und religiösen Hintergrund haben sie in östlichen Weltanschauungen und Religionen.
Informiert euch genauer, z.B. im Internet oder durch den Besuch entsprechender Vereine und Sportzentren, über die philosophisch-religiösen Hintergründe dieser Kampfsportarten und findet Zusammenhänge mit dem in diesem Kapitel Gelernten.

Zusammenleben auf dem Südpol – ein Gedankenexperiment

Seite 69 Methode: Gedankenexperiment

Wir stellen uns die folgende – frei erfundene – Situation vor:
Durch die zunehmende Erderwärmung hat sich das Leben auf der Erde sehr verändert: In vielen Ländern und Regionen, die am Meer liegen, haben die Menschen wegen der ständigen Überschwemmungen nicht mehr genügend Raum zum Leben; auf der anderen Seite sind inzwischen weite Teile der Antarktis bewohnbar geworden.
So haben sich Menschen insbesondere aus den bedrohten Teilen der Welt aufgemacht, in der Antarktis eine neue Heimat zu finden. Die Einwanderer bringen Sitten und Vorstellungen aus ihren Herkunftsländern mit. Obwohl ihre Lebensgewohnheiten sehr unterschiedlich sind, müssen diese Menschen Wege und Mittel finden, ihr Zusammenleben in der neuen Heimat zu organisieren.

Zusammenleben in Vielfalt

Wir stellen uns weiter vor: Unter den Neueinwanderern in der Antarktis gibt es verschiedene Gruppen, darunter folgende:

a) streng religiöse Menschen, die aus ihren Heimatländern folgende Überzeugungen mitbringen:
- Bei allen wichtigen Entscheidungen muss man sich nach den »ewig gültigen« Überlieferungen der Religion richten, da diese von Gott gegeben sind.
- Männer und Frauen sind zwar gleichwertig, haben aber aufgrund ihrer ungleichen »Wesensmerkmale« unterschiedliche Rechte und Pflichten.
- Schwere Verbrechen müssen mit dem Tode bestraft werden – dazu zählen auch Ehebruch, Prostitution und ähnliche »Verbrechen«.

b) Menschen, die in ihrer Heimat in traditionellen Stammesverbänden gelebt haben. Sie bringen folgende Vorstellungen mit:
- Bei Entscheidungen zählt grundsätzlich nicht die Mehrheit, sondern das Wort der Ältesten.
- Wichtige Entscheidungen, z. B. vor Gericht oder in der Politik, werden mit Hilfe von Weissagungen getroffen.
- Bei medizinischen Fragen wendet man sich an traditionelle Heiler (»Medizinmänner«); moderne westliche Medizin, z. B. auch Impfungen, werden abgelehnt.

c) Menschen, die aus großen Städten verschiedener Erdteile kommen und keine engen Bindungen an herkömmliche Religionen und Sitten haben. Für sie ist klar:
- Als Entscheidungsgrundlage zählen nur vernünftige Argumente und Beschlüsse der Mehrheit.
- Männer und Frauen sind gleichberechtigt und werden gleich behandelt.
- Alle müssen sich nach den wissenschaftlichen Errungenschaften richten (z. B: ihre Kinder impfen lassen).
- Als Verbrechen gilt nur, was anderen schadet. Niemand darf mit dem Tode bestraft werden.

1. Welche Probleme können im Zusammenleben dieser Gruppen in der neuen Heimat entstehen?
2. Was können die Angehörigen der unterschiedlichen Gruppen tun, um die Vorstellungen der anderen jeweils besser zu verstehen?
3. Welche Regeln, an die sich alle halten müssen, sollte man aufstellen? Schreibt einen Katalog solcher Regeln auf.
4. Diskutiert, warum es gerade diese Regeln sein und warum sich alle an sie halten sollten.
   Überlegt, welche Einwände die einzelnen Gruppen geltend machen könnten und welche Argumente für die Regeln ihr dagegensetzt.

Ausflug in eine fremde Kultur

Hinweisschild

Ein Badestrand in Thailand

In einem fremden Land

Jedes Jahr wiederholt es sich: Viele Menschen reisen in andere Länder – nicht um dort zu leben, sondern um ihren Urlaub zu verbringen. Die einen wollen Erholung, andere suchen ein Abenteuer oder das Erleben von Gastfreundschaft und angenehmer Atmosphäre. Urlauber verlassen oft das Vertraute, um etwas Neues, vielleicht auch Fremdes zu erfahren. Dabei stoßen sie auf Sitten und Vorstellungen, die sich sehr von ihren unterscheiden, besonders wenn sie in weit entfernte Länder reisen.
Eines dieser Länder, das von immer mehr deutschen Touristen besucht wird, ist Thailand in Südostasien – ein Land mit einer alten, vom Buddhismus geprägten Kultur. Eine junge Frau berichtet aus ihrem Urlaub dort und denkt über die Begegnung mit der fremden Kultur und den Tourismus nach:

Ich saß im Dschungel und schaute einer Thai-Familie zu. Mit Kokosnussschalen sammelten sie Kautschuk auf, der an den Bäumen herunter lief, rührten die Gummilösung von Hand an und teilten den Gummi schließlich in kleine Stücke. Eine ganze Familie arbeitete von 5 Uhr in der Frühe bis 1 Uhr mittags – pro Erwachsenen sprangen dabei ca. 100 Euro im Monat raus. Mit meinem Reise-Budget von 5 Euro pro Tag erzählte ich den Leuten im Dorf, ich sei arm. Rückblickend frage ich mich, wie ich ernsthaft glauben konnte, dass sie mir das abnehmen! Da stand ich: Kamera um den Hals, relativ neue Klamotten. Offensichtlich hatte es mich eine Menge Geld gekostet, hierher zu fliegen. Was glaubte ich bloß, den Leuten erzählen zu können?
[...] Beim Herumreisen fiel mir auf, dass ich eine von Millionen TouristInnen war, völlig blind gegenüber den kulturellen Unterschieden und dem kulturellen Schaden, den wir – wenn auch unbeabsichtigt – anrichteten. Wenn man schon das Glück hat, einen der idyllischen Strände zu finden, ist dann dort das Sonnen anbetende Oben-ohne wirklich das Wesentliche? [...] Sonnenbaden, selbst im Bikini, wird in der thailändischen Gesellschaft als etwas höchst Geschmackloses angesehen. Das wird klar, wenn man zufällig mal eine thailändische Familie beim Urlaub am Strand sieht. Warum sonst springen sie komplett angezogen

ins Wasser? Kurze Shorts und neckische T-Shirts sind ebenso unvertretbar. Auf der Suche nach dem perfekten Paradies scheint der Masse der TouristInnen bedauerlicherweise jegliches Interesse und jeder Respekt für die thailändische Kultur zu fehlen. Alle wollen nur zu den abgelegenen und exotischen Plätzen, die immer einfacher zu erreichen sind. Um so mehr suchen dann neue, noch unberührte Ecken. Ich denke, es ist allemal an der Zeit, einige unserer typischen Ferienerwartungen aufzugeben und zu sehen, dass es andere Dinge zu erleben gibt. Und die sind nicht einfach den üblichen Urlaubsfreuden in westlichen Ländern hinzuzufügen.

Q SUE WHEAT: Postkarte aus Thailand

Nach Thailand reisen? Was ein Reisebüro empfiehlt

Die Thai legen auf Höflichkeit und gutes Auftreten sehr großen Wert. Vermeiden Sie alles, was eine Thailänderin oder einen Thailänder das »Gesicht verlieren« lässt. Dies geschieht dann, wenn Thais vor anderen bloßgestellt oder heftig kritisiert werden.
Sie sollten unbedingt darauf achten, niemals den Kopf eines anderen zu berühren. Denn der Kopf gilt als Sitz der Seele und des Geistes. Die Füße gelten als unrein. Man darf deshalb die Füße niemals in Richtung auf eine andere Person strecken.
Gibt man jemandem die Hand oder übergibt man etwas, darf dies nur mit der rechten Hand geschehen. Der Grund liegt darin, dass die linke Hand als unrein gilt, da sie zur persönlichen Reinigung (z.B. auf der Toilette) benutzt wird.
Zeigen Sie niemals mit dem Zeigefinger auf eine Person. Schauen Sie Menschen bei Gesprächen nicht direkt in die Augen.
Nacktbaden oder »oben ohne« ist in Thailand tabu, und Sie sollten auch nicht im Badeanzug auf der Straße oder im Hotel herumlaufen.
Das Berühren des anderen Geschlechts sollte möglichst vermieden werden und der Austausch von Zärtlichkeiten in der Öffentlichkeit ist tabu!
Leeren Sie Ihren Teller nicht, bis er blitzblank ist; sie riskieren sonst, als noch hungrig oder, schlimmer, als gierig dazustehen.

1 Viele von euch waren vermutlich schon einmal in einem anderen Land, z.B. im Süden Europas: Was kam euch dort an den Verhaltensweisen der Menschen fremd vor? Habt ihr eine Erklärung für diese »fremdartigen« Verhaltensweisen gefunden? Schreibt eigene Erfahrungen auf, in denen ihr eure Eindrücke von einem Urlaub in einem anderen Land beschreibt.

2 In Ländern wie Thailand gibt es einen großen Gegensatz zwischen dem Wohlstand der Touristen und der Armut vieler Einheimischer. Wie sollte man mit diesem Gegensatz umgehen?

3 Die Urlauberin SUE WHEAT kritisiert das Sonnenbaden im Bikini in einem Land mit anderen Verhaltensregeln: Was ist für euch ein angemessenes Verhalten an einem Urlaubsort? Wie weit würdet ihr Rücksicht nehmen? Was sollte andererseits von Einheimischen toleriert werden?

4 Welche kulturellen Unterschiede zwischen Deutschland und Thailand werden in den Verhaltensregeln für Touristen deutlich?
Überlegt und diskutiert: Wie lassen sich die einzelnen Verhaltensregeln aus den kulturellen Vorstellungen der Thais (und der Deutschen) erklären?

Ausflug in eine fremde Kultur

Weltbilder treffen aufeinander

In jeder Kultur gibt es Vorstellungen und Regeln, die die Mehrheit der dort lebenden Menschen für selbstverständlich hält und nach denen sich alle richten sollten: Essgewohnheiten, Erziehungsregeln, Beerdigungsrituale, Kleidungsvorschriften usw. Darin kommt ein Verständnis der Welt zum Ausdruck, das sehr verschieden von unseren Vorstellungen sein kann – wenn Menschen die Welt anders sehen als »wir«, handeln sie auch anders. Zum Beispiel glauben die Menschen in vielen Kulturen, die Natur und das menschliche Leben werde von Geistern und Dämonen beherrscht. Diese Kräfte, so scheint es, nehmen unmittelbar Einfluss auf den Alltag – sie werden bei wichtigen Entscheidungen um Rat gefragt und vollbringen wundersame Krankenheilungen.
Der Schweizer Schriftsteller André Kaminski erzählt die Geschichte eines Prozesses in Westafrika, in dem afrikanische und europäische Vorstellungen aufeinandertreffen:

Beim Medizinmann in Behandlung

Eine gewisse Frau Diop, […] Gattin des berüchtigten Schürzenjägers Abdulaj Diop, stand unter Anklage, den sechs Monate alten Säugling ihrer Nachbarin aufgefressen zu haben. […] Frau Diop hatte aus verletzter Eigenliebe gehandelt. Um sich an ihrer Rivalin zu rächen und sie zu strafen. […] Als der Richter die Frage stellte, ob es wahr sei, dass die Angeklagte den halbjährigen Kejta Bangui verzehrt habe, erwiderte diese bereitwilligst: »Jawohl, das ist wahr!« […] »Wie haben Sie das Kind verzehrt?«, fragte er, […]. »Es gibt verschiedene Methoden, Monsieur. Meine, zum Beispiel.« […] Frau Diop verlangte, dass man ihr eine Papajafrucht hereinbringe. […] Sie bat um ein Streichholz. […] Zwei Gerichtsdiener schleppten die Papajafrucht in den Saal. Sie glich einem überlebensgroßen Kürbis. Man legte sie auf eine Waage, die neben der Türe stand. […]. Frau Diop lächelte und steckte sich das Streichholz zwischen die Lippen. Sie begann daran zu saugen wie ein Kind an der Mutterbrust. […] Sie horchte in sich hinein, starrte mit gläsernen Augen in die Menge und fing an, sich hin und herzuwiegen, mit dem Kopf zu wackeln und leise zu stöhnen. […] Kurz vor Mittag ging ein Raunen durch den Saal. Die Angeklagte spuckte aus und erhob sich von ihrem Sitz. […] Sie drehte sich zum Beisitzer und sagte, er möge jetzt die Papajafrucht noch einmal wiegen. Sie hatte 170 Pfund gewogen, als man sie hereintrug. Jetzt […] wog sie noch knappe neun Pfund […] Die Angeklagte verlangte, man solle die Papajafrucht aufschneiden. Ein Gerichtsdiener nahm ein Buschmesser aus der Tasche und hackte hinein. Der Riesenkürbis war leer. Frau Diop hatte ihn gefressen. Ohne hineinzubeißen. Ohne Zähne. Mit dem Geist. Die Hülle war geblieben. Der Inhalt war weg. […]. Der Richter erklärte, es gebe kein Gesetzbuch auf der Welt, das untersagt, eine Papajafrucht mit Hilfe eines Streichholzes zu verzehren. Oder einen sechsmonatigen Knaben durch Telepathie. Menschenfresserei finde erst dann statt, verkündete er, wenn ein lebendiger oder toter Mensch verzehrt und mit den Zähnen zerbissen, beziehungsweise zerkaut wird. Die Klage gegen Frau Diop sei hinfällig, der Prozess aufgehoben, und die Leute sollten nach Hause gehen. Das Publikum war begeistert.

Q

Ein Gesetz gegen Zauberei?

In Simbabwe trat 2006 ein Gesetz in Kraft, das die Wirkungen von »Zauberei« begrenzen soll. Danach ist es verboten, anderen Menschen mit übernatürlichen Praktiken Schaden zuzufügen. 1899 hingegen hatte es die britische Kolonialgesetzgebung noch unter Strafe gestellt, jemanden überhaupt zu beschuldigen, eine Hexe oder ein Zauberer zu sein. Doch für die meisten Simbabwaner ist es immer selbstverständlich gewesen, dass es übernatürliche Kräfte gibt.

Seite 26: ◄ ein Beispiel

Methode: Dichte Beschreibung – Kulturen kennen lernen

Wer Kulturen verstehen möchte, kann dies mit der Methode der »dichten Beschreibung« tun. Ihr stellt euch absichtlich fremd und versucht, Handlungen und Äußerungen der beobachteten Menschen als einen Ausdruck bestimmter (kultureller) Bedeutungen zu beschreiben und zu verstehen. Folgende Schritte helfen dabei:

- Eine Kultur untersuchen: Handlungen (Wer macht mit wem was wie?) und Menschen (ihre Kleidung, ihr Auftreten) genau beschreiben (eventuell auch fotografieren) und sich dabei vorstellen, man käme von einem anderen Stern.
- Die Menschen nach der Bedeutung dieser Handlungen, ihres Auftretens, ihrer Kleidung befragen oder selbst Vermutungen darüber anstellen.
- Versuchen, dem Ganzen einen Sinn zu geben. Die Hauptfragen sind immer: «Warum tun sie das? Was bedeutet das?«
- Ein Porträt der Kultur erstellen: Welche Werte und Bedeutungen sind wichtig, wodurch wird dies zum Ausdruck gebracht? Was bedeuten die Handlungen, das Auftreten, die Kleidung der Menschen? Stellt euch diese »Kulturporträts« gegenseitig vor oder zeigt sie in einer kleinen Ausstellung.

1 Wie würdet ihr im auf Seite 150 beschriebenen Prozess entscheiden? Verfasst eine Urteilsbegründung und geht dabei auf die unterschiedlichen Weltbilder ein, die in diesem Prozess zum Ausdruck kommen.

2 Welche Vorstellungen stehen hinter den Gesetzen zur Zauberei in Simbabwe? Beschreibt die Folgen, wenn »Hexerei« als Straftatbestand anerkannt ist?

3 Regeln verstehen: Andere Kulturen gibt es nicht nur in fremden Ländern – auch in unserer Gesellschaft lassen sich verschiedene (Sub-)Kulturen beobachten, etwa in Jugendcliquen. Bestimmte Handlungen und »Äußerlichkeiten« – z.B. in der Kleidung – haben dabei immer eine ganz bestimmte Bedeutung. Überlegt euch, welche (Sub-)Kultur ihr untersuchen möchtet und versucht, nach der Methode der »dichten Beschreibung« herauszufinden, was einzelne »Äußerlichkeiten« bedeuten.

→← In unterschiedlichen Kulturen gelten zum Teil sehr verschiedene Regeln, nach denen sich die Menschen in ihren Handlungen und Äußerungen richten (sollen). Diese Regeln sind Ausdruck der Wertvorstellungen und des grundlegenden Weltbildes einer bestimmten Kultur. Darum ist es wichtig zu verstehen, welche Vorstellungen hinter den Regeln einer »fremden« und auch hinter denen der »eigenen« Kultur stehen. Beim Zusammenleben der Kulturen treffen oft ganz verschiedene Weltbilder aufeinander; darum kann es schwierig sein, gemeinsame Lösungen für gesellschaftliche Probleme zu finden.

Leben in und zwischen den Kulturen

Heimat und Fremde

Immer schon sind Menschen ausgewandert: in Gegenden, in denen sie besser leben konnten. Viele taten es freiwillig; andere wurden verfolgt und vertrieben oder wollten ihrer wirtschaftlichen Not entkommen. Jahrhundertelang war die Auswanderung nach Amerika für viele Europäer, die ihrer schwierigen sozialen Lage oder der politischen und religiösen Unterdrückung in ihrer Heimat entkommen wollten, der Inbegriff eines Neuanfangs. Zwischen 1933 und 1945 flohen aus dem von Nazi-Deutschland besetzten Festlandeuropa hunderttausende Juden und Andersdenkende in die USA, nach Großbritannien, Palästina, China, in die Türkei und nach anderswo – nur so konnten diese Menschen überleben. Auch heute fliehen, aus unterschiedlichen Gründen, viele Menschen in andere Länder.

Seit den 1960er Jahren kommen Menschen aus Mittelmeerländern, z.B. aus der Türkei, zu uns – freiwillig: Sie wurden zunächst als Gastarbeiter zum Arbeiten in Deutschland angeworben; viele von ihnen leben schon in der zweiten oder dritten Generation hier.

Flucht, aber auch freiwillige Auswanderung, bedeutet immer, einen Neuanfang zu machen, sich an andere Bräuche und Sitten zu gewöhnen. Jedem Einwanderer stellt sich die Frage, wie viel von seiner alten Kultur er bewahren, wo er sich anpassen soll und in welcher Kultur, der alten oder der neuen, er jetzt seine Heimat sieht.

In den folgenden Texten sagen Schülerinnen und Schüler, was sie unter Heimat verstehen.

Bayerisches Themendorf in Leavenworth/USA: Deutschamerikaner? US-Bayern?

Heimat Deutschland?

Marco *Auf die Frage, wo meine Heimat ist, würde ich im Ausland wahrscheinlich mit Deutschland antworten. Würde mir dieselbe Frage in Bayern gestellt werden, würde ich stattdessen jedoch spontan »Köln« angeben. […] Es gibt für mich auch eine private Ebene von Heimat, die in meinem Fall von der Wohnung meiner Eltern eingenommen wird. […] Wenn ich sage, dass Deutschland für mich meine Heimat darstellt, dann habe ich von Deutschland ein bestimmtes (Ideal)Bild vor meinem geistigen Auge. Dieses Bild beinhaltet Kultur (z. B. Esskultur oder Musikkultur), Wälder und Landschaften, belebte Städte (mit Wahrzeichen und Discos) und für mich Demokratie als beste Regierungsform.*

Heimat Istanbul?

Ömer *Wenn ich mich wieder einmal erinnere, dann fällt mir der Sonnenaufgang von Istanbul ein, der mich mit Geborgenheit und Zuversicht für den Tag erfüllt. […] Der Bosporus, der wie eine Lebensader durch die Stadt fließt und durch die Sonne das Gesicht eines goldenen Teppichs bekommt. Dann erinnere ich mich an die Menschen, deren Herzen mit Offenheit und Herzlichkeit gefüttert sind.*

Heimat Welt?

Deutschinder?
Indischer Deutscher?

Tamara *Ich bin mit meiner Familie schon in verschiedenen Ländern gewesen, da meine Mutter Diplomatin ist. Auch später, denke ich, möchte ich in verschiedenen Ländern leben und arbeiten. Wo ich offene Menschen finde, fühle ich mich zu Hause. Heimat, in diesem alten Sinn, das gibt es doch heute gar nicht mehr.*

Doppelte Heimat?

Tijen *Tatsache ist für mich, in Deutschland bin ich Ausländerin wegen meines Aussehens und meiner Abstammung (Pass usw.) und in der Türkei bin ich Ausländerin, weil ich in Deutschland geboren und aufgewachsen bin und dort lebe. […] Hier auf den Straßen fühle ich mich sicherer, heimischer als in der Türkei. In der Türkei kann ich sagen »Das ist mein Land« aber nicht: »das ist meine Heimat«, obwohl ich das wünschte. Meine Aufgabe ist es, beide Lebensweisen harmonisch miteinander zu vereinbaren (aber nicht zu vermischen).*

Seite 237 ◄
Methode: Internet-Recherche

Fachübergreifend (Geschichte, Geografie, Politik): Wanderungsbewegungen

Informiert euch über die genannten Wanderungsbewegungen (z.B. Emigration oder Flucht in die USA, Gastarbeiter in Deutschland).

- Was waren und sind die Gründe für Flucht oder Auswanderung?
- Auf welche Probleme trafen und treffen die Auswanderer?
- Stellt die Wanderungsbewegungen auf einer Karte dar. Informationen findet ihr z.B. beim UNHCR, dem »Hohen Flüchtlingskommissariat der Vereinten Nationen« (www.unhcr.de); vgl. auch www.einbuergerung.de; www.fluechtlinge.de.

Deutschtürkinnen? Deutsche türkischer Herkunft?

1 Vergleicht die Aussagen der Jugendlichen. Auf was beziehen sie sich, wenn sie von Heimat sprechen?

2 Schreibe selbst einen Text, in dem du ausführst, was Heimat für dich ist. Was würdest du verlieren, was gewinnen, wenn du auswandertest? Vergleicht eure Texte und versucht genauer herauszufinden, was »Heimat« bedeuten kann.

3 In einem Textausschnitt sagt Tamara, dass es Heimat für sie gar nicht mehr gebe. Führt ein Gedankenexperiment durch: Stellt euch vor, es gäbe keine Heimat. Welche Konsequenzen würden sich daraus für euch ergeben?

Seite 69 ◄
Methode: Ein Gedankenexperiment

→← Schon immer sind Menschen ausgewandert, oft auf der Flucht vor Armut und Unterdrückung. Für alle Einwanderer stellt sich die Frage, ob sie die Kultur und Lebensweise ihres Herkunftslandes beibehalten und wo nun ihre »Heimat« ist.

Einwanderung: kulturelle Konflikte und Toleranz

Seit Jahrzehnten ist Deutschland, ebenso wie andere Länder Westeuropas, ein Einwanderungsland. Viele Zuwanderer kommen aus anderen Kulturkreisen, vor allem aus islamisch geprägten Ländern. Ihre Vorstellungen, die nicht selten von streng religiösen Überzeugungen und traditionsbewussten Heimatgefühlen geprägt sind, stoßen auf die »moderne« westliche Lebensweise.

Frauenschwimmen für Muslima?

Mehrere öffentliche Schwimmbäder in Deutschland haben spezielle Zeiten für muslimische Frauen eingerichtet: »Die gelben Vorhänge sind zugezogen. Der Blick ins Innere bleibt den Passanten verwehrt. Auch der Eintritt ins Genovevabad ist an diesem Tag nicht ganz so einfach. Jeden Freitag von 15 und 18 Uhr findet dort ›muslimisches Frauenschwimmen‹ statt. Männer sind nicht geduldet. Und deutsche Frauen sind offenbar seltene Gäste. […] Zwischen 50 und 150 Muslima nehmen das Angebot Woche für Woche wahr. […]. Manche tragen auch im Wasser ein Kopftuch. Zwei ältere Frauen schwimmen in langärmeligen Gymnastikanzügen und synthetischen Leggings. Auch das Personal ist weiblich.«

Q Nach einem Bericht im Kölner Stadtanzeiger

**Lebenshilfe oder Bevormundung?
Positionen deutscher Muslime**

»Frage: Darf eine Muslima zum Schwimmunterricht gehen? Antwort: Wenn die Gruppe aus Frauen besteht und Männer keinen Zugang haben, dann ist es erlaubt. Frauen haben sich in Gegenwart von Männern […] entsprechend den islamischen Kleidungsvorschriften zu bedecken.«

Islamgläubige versuchen, den Alltag der Einwanderer in Deutschland immer mehr zu dominieren, sagt [die türkischstämmige Islamkritikerin] Azur Toker. Kaum seien im Schwimmbad bestimmte Badezeiten nur für muslimische Frauen eingeführt, schon seien Frauen schweren Vorwürfen ausgesetzt, wenn sie an anderen Tagen schwimmen gingen.

Ein Muslim erklärt die Badevorschriften: »Männer reagieren auf Reize der Frauen, das lenkt sie ab und bringt sie auf schlechte Gedanken. Sie sehen Frauen dann nicht mehr als Mensch an, sondern schauen vor allem auf ihren Körper.«

Erzwungene Ehen?

In fast allen Kulturen, auch bei uns, war es früher üblich, dass die Eltern die Ehepartner ihrer Kinder aussuchten; in vielen ist es noch heute so. Man glaubte, dass der Zusammenhalt der Familie und die Überlegungen der Eltern wichtiger seien als die Entscheidungen der Jugendlichen. Oft wird die Heirat auch gegen den Willen der Kinder arrangiert. Solche Zwangsheiraten sind unter Einwanderern in Deutschland nicht selten. Ob sie vom Islam gerechtfertigt werden, ist umstritten. Für viele Migranten, vor allem aus den ländlichen Gegenden ihrer Heimatländer, ist es eine selbstverständliche Tradition, die sie auch gegen ihre Kinder durchsetzen.

Ich bin in Marokko geboren und mit einem Jahr nach Berlin gekommen; dort lebe ich seither. Im Sommer 1995 bin ich zu meinen Verwandten mit meiner Mutter und meinem kleinen Bruder gefahren. Dort wurde ich mit meinem Cousin verlobt. Und im Sommer 1996 bin ich mit meiner Familie wieder hingefahren und dann haben wir geheiratet. Aber bevor ich 1995 zu meinen Verwandten gefahren bin, war ich mit meinem Freund in Berlin zusammen gewesen. Wir sind schon seit drei Jahren zusammen, und ich liebe ihn. Ich möchte mit ihm leben und nicht mit meinem Cousin.

Q Leyla, 17 Jahre

Ein Badeanzug für konservative Muslima

Pluralismus und Toleranz

Die heutige deutsche Gesellschaft ist pluralistisch, d. h unterschiedliche Werte und Interessen, Weltanschauungen und Religionen existieren einigermaßen friedlich nebeneinander. Das war nicht immer so. Eine wesentliche Voraussetzung für ein friedliches Zusammenleben ist die gegenseitige Toleranz: Die hier lebenden Menschen müssen bereit sein, andere Weltanschauungen, Religionen und Überzeugungen gelten zu lassen. Dabei stellt sich aber zugleich die Frage, wo die Grenzen der Toleranz verlaufen und an welche Regeln sich alle Teile der Gesellschaft halten müssen.

1 Versetze dich in die Lage eines muslimischen Mädchens im Freibad, für das es sehr unangenehm und unmoralisch ist, in Badekleidung von einem Mann gesehen zu werden: Was würdest du tun? (Stell dir zum Vergleich den Besuch in einer gemischten Sauna vor.)

2 Sollte man in öffentlichen Bädern eigene Öffnungszeiten für Frauen einrichten, um muslimischen Frauen den Besuch zu ermöglichen? Wägt ab, ob dies ein Ausdruck von Respekt für islamische Überzeugungen oder eine ungerechtfertigte Ausnahmeregelung für eine Gruppe der Gesellschaft ist.

3 Diskutiert, ob man Zwangsehen verbieten und die Verantwortlichen bestrafen – oder aber sie als Teil einer anderen Kultur respektieren sollte.

4 In welchen Fällen sollte man die Vorstellungen anderer Kulturen akzeptieren, in welchen Fällen sollte man dies nicht tun? Erörtere die folgenden Beispiele und versuche, einen Maßstab für die Entscheidung aufzustellen:
– *Muslimische Schüler wollen auf der Klassenfahrt bestimmte Gerichte (z. B. mit Schweinefleisch) nicht essen.*
– *Schülerinnen, deren Eltern Anhänger einer strengen christlichen Religionsgemeinschaft sind, dürfen von zu Hause aus nicht an Klassenfahrten und am Sexualkundeunterricht teilnehmen.*
– *Eine Schülerin läuft von zu Hause weg, weil die Eltern sie gegen ihren Willen verheiraten wollen. Die Lehrerin überlegt, ob sie sie gegen ihre Eltern unterstützen soll.*

→← Einwanderung von Menschen führt häufig zu Konflikten zwischen den kulturellen Vorstellungen der Einwanderer und der Einheimischen; dies gilt auch für die Einwanderung aus fremden Kulturkreisen nach Westeuropa. Einerseits ist in einer pluralistischen Gesellschaft Toleranz zwischen unterschiedlich geprägten Menschen unverzichtbar; andererseits muss eine freie Gesellschaft gut überlegen, welche kulturell abweichenden Vorstellungen toleriert werden können und welche nicht – und an welche Regeln sich alle Angehörigen einer Gesellschaft halten müssen.

Die Menschenrechte – ein Maßstab für alle?

Im Zusammenleben der Menschen, besonders wenn sie in unterschiedlichen Kulturen aufgewachsen sind, stellt sich die Frage nach einem Maßstab, an dem sich alle Menschen orientieren sollten. Ein solcher Maßstab sind die so genannten »Menschenrechte«.

Jeder Mensch hat die Vorstellung, dass er bestimmte Rechte hat – allein, weil er ein Mensch ist: Das Recht, nicht geschlagen, beraubt oder getötet zu werden; das Recht, seine Meinung zu äußern; das Recht, nicht wegen seiner Hautfarbe oder seines Geschlechts benachteiligt zu werden usw. Dass alle Menschen, überall auf der Welt, bestimmte allgemein gültige Rechte haben, ist eine alte Idee, die sich allerdings lange nicht durchsetzen konnte. Erst in der Neuzeit wurden die Menschenrechte in mehreren Ländern, besonders in Westeuropa und in Nordamerika in der Epoche der Aufklärung, gegen die Herrschaft von Königen und anderen Machthabern eingefordert. Selbst in Staaten, wo die Menschenrechte wenig gelten, werden sie vielfach in den Verfassungen erwähnt. In Deutschland sind die Menschenrechte als »Grundrechte« Teil unseres Grundgesetzes – und damit einklagbar: Wer glaubt, in seinen Menschenrechten verletzt worden zu sein, kann sich vor Gericht wehren. Die Vereinten Nationen haben die Menschenrechte 1948 – nach den verheerenden Erfahrungen im Nationalsozialismus – sehr weit ausgelegt und weltweit in der »Allgemeinen Erklärung der Menschenrechte« festgehalten. Sie wurde von über 150 Staaten ratifiziert.

Die Allgemeine Erklärung der Menschenrechte (Auszüge):

Artikel 1 Alle Menschen sind frei und gleich an Würde und Rechten geboren. [...]

Artikel 2 Jeder hat Anspruch auf die in dieser Erklärung verkündeten Rechte und Freiheiten ohne irgendeinen Unterschied, etwa nach Rasse, Hautfarbe, Geschlecht, Sprache, Religion, politischer oder sonstiger Überzeugung, nationaler oder sozialer Herkunft, Vermögen, Geburt oder sonstigem Stand. [...]

Artikel 3 Jeder hat das Recht auf Leben, Freiheit und Sicherheit der Person. [...]

Artikel 5 Niemand darf der Folter oder grausamer, unmenschlicher oder erniedrigender Behandlung oder Strafe unterworfen werden. [...]

Artikel 7 Alle Menschen sind vor dem Gesetz gleich und haben ohne Unterschied Anspruch auf gleichen Schutz durch das Gesetz. [...]

Artikel 12 Niemand darf willkürlichen Eingriffen in sein Privatleben, seine Familie, seine Wohnung und seinen Schriftverkehr [...] ausgesetzt werden. [...]

Artikel 14 (1) Jeder hat das Recht, in anderen Ländern vor Verfolgung Asyl zu suchen und zu genießen. [...]

Artikel 16 (1) Heiratsfähige Frauen und Männer haben ohne Beschränkung auf Grund der Rasse, der Staatsangehörigkeit oder der Religion das Recht zu heiraten und eine Familie zu gründen. Sie haben bei der Eheschließung, während der Ehe und bei deren Auflösung gleiche Rechte und Pflichten. (2) Eine Ehe darf nur bei freier und uneingeschränkter Willenseinigung der künftigen Ehegatten geschlossen werden. [...]

Artikel 18 Jeder hat das Recht auf Gedanken-, Gewissens- und Religionsfreiheit; dieses Recht schließt die Freiheit ein, seine Religion oder Überzeugung zu wechseln, [...].

Artikel 19 Jeder hat das Recht auf Meinungsfreiheit und freie Meinungsäußerung; [...].

Artikel 20 Alle Menschen haben das Recht, sich friedlich zu versammeln und zu Vereinigungen zusammenzuschließen. [...]

Artikel 25 Jeder hat das Recht auf einen Lebensstandard, der seine und seiner Familie Gesundheit und Wohl gewährleistet, einschließlich Nahrung, Kleidung, Wohnung, ärztliche Versorgung und notwendige soziale Leistungen [...].

Projekt Weltethos

Hans Küng

Allgemeine Regeln für das Zusammenleben wie die Menschenrechte müssen auf Wertvorstellungen beruhen, die alle Menschen teilen – trotz ihrer kulturellen Verschiedenartigkeit. Der katholische Theologe Hans Küng und Angehörige anderer Religionen im »Rat für ein Parlament der Weltreligionen« gehen davon aus, dass es in den verschiedenen Religionen ähnliche moralische Vorstellungen gibt, auf denen Regeln für das weltweit friedliche Zusammenleben aufbauen können. Sie formulierten 1993 in Chicago eine »Erklärung zum Weltethos«.

Wir sind Männer und Frauen, welche sich zu den Geboten und Praktiken der Religionen der Welt bekennen. Wir bekräftigen, dass es bereits einen Konsens unter den Religionen gibt, der die Grundlage für ein Weltethos bilden kann: einen minimalen Grundkonsens bezüglich verbindender Werte, unverrückbarer Maßstäbe und moralischer Grundhaltungen. […]
Uns ist bewusst: Religionen können die […] Probleme dieser Welt nicht lösen. Wohl aber können sie […] das Herz des Menschen verändern und ihn zu einer Umkehr bewegen. […]
Angesichts aller Unmenschlichkeit fordern unsere religiösen und ethischen Überzeugungen: Jeder Mensch muss menschlich behandelt werden! […]
[Es] ergeben sich vier umfassende uralte Richtlinien, die sich in den meisten Religionen der Welt finden:
1. Verpflichtung auf eine Kultur der Gewaltlosigkeit und der Ehrfurcht vor allem Leben […]
2. Verpflichtung auf eine Kultur der Solidarität und eine gerechte Weltordnung […]
Es gibt keinen Weltfrieden ohne Weltgerechtigkeit. […]
3. Verpflichtung auf eine Kultur der Toleranz und ein Leben in Wahrhaftigkeit. […]
4. Verpflichtung auf eine Kultur der Gleichberechtigung und die Partnerschaft von Mann und Frau. […]
Unsere Erde kann nicht verändert werden, ohne dass ein Wandel des Bewusstseins beim Einzelnen und der Öffentlichkeit erreicht wird. […]
Wir plädieren für einen individuellen und kollektiven Bewusstseinswandel, für ein Erwecken unserer spirituellen Kräfte durch Reflexion, Meditation, Gebet und positives Denken, für eine Umkehr der Herzen.

Q Erklärung zum Weltethos (1993)

Auf dem Weg zu einem gemeinsamen Weltethos?

Die Menschenrechte – ein Maßstab für alle?

Gelten die Menschenrechte für alle Menschen?

Viele Regierungen erkennen die Menschenrechte an, verstoßen aber immer wieder dagegen – sie lassen unschuldige Menschen einsperren, foltern und töten. Menschenrechtsorganisationen wie z. B. »amnesty international« setzen sich für diese bedrängten Menschen ein.
Doch in zahlreichen Ländern und Kulturen herrschen sehr unterschiedliche Vorstellungen von Moral und Recht. Strafen wie Auspeitschen sind in manchen Ländern üblich, hierzulande dagegen eine Menschenrechtsverletzung; Blutrache ist bei uns ein Verbrechen, anderswo aber Pflicht; Ehebruch gilt bei uns als eine Privatsache, in früheren Zeiten dagegen war und in anderen Kulturen ist er eine Straftat; das Recht auf freie Wahl des Partners oder der Partnerin gilt keineswegs in allen Kulturen.
Kann die »Allgemeine Erklärung der Menschenrechte« dann überhaupt ein Maßstab für alle Menschen sein?

»Der Relativismus ist vernünftig, denn er beachtet die Vielzahl von Traditionen und Werten. [...] er nimmt nicht an, dass das winzige Dorf, in dem man wohnt, am Nabel der Welt liegt und dass seine seltsamen Sitten Maßstäbe für die ganze Menschheit sind.«
Paul Karl Feyerabend, österreichischer Philosoph (1924–1994)

Anhänger/innen des Kulturrelativismus* behaupten:

- Es gibt in den zahlreichen Kulturen derart unterschiedliche Vorstellungen von Moral, dass sich kein gemeinsamer Maßstab finden lässt.
- Die Regeln der Moral beruhen auf den Vorstellungen einer bestimmten Kultur, auf ihrer Leitreligion und ihren Überlieferungen: die islamische Moral z. B. auf dem Koran und den islamischen Überlieferungen, die westliche Moral auf hellenistischen, jüdisch-christlichen und aufklärerischen Traditionen.
- Wer etwas moralisch bewertet, kann dies nur von der eigenen Tradition aus tun. Einen Maßstab für alle Kulturen kann es nicht geben. Jeder sollte sich nach der Moral seiner Kultur richten.
- Wer sagt, alle müssten die Menschenrechte akzeptieren, zwingt anderen Kulturen die westlichen Werte auf. Er oder sie unterdrückt damit diese anderen Kulturen, so wie früher die Eroberer und viele Missionare.

»Es kann doch nicht richtig sein, dass alles, was im Namen der Tradition einer Kultur gemacht wird, akzeptiert wird. Häufig hat sie einen bestimmten Zweck, nämlich bestimmte Formen der Unterdrückung und Gewalt zu verteidigen [...]. Darf man es akzeptieren, wenn mit der Berufung auf die Traditionen Witwen verbrannt [...] werden? Ich meine nein. Menschen haben einen Anspruch auf ein gutes Leben.«
Nach Martha Nussbaum, US-amerikanische Philosophin (geboren 1947)

Die Gegenposition zum Kulturrelativismus* – der Universalismus*:

- Obwohl Kulturen sehr unterschiedlich sein können, gibt es überall einen gemeinsamen Kern von Moral und Recht: Mord und Raub sind z. B. überall verboten. Eine Kultur ist nicht etwas Einheitliches und sie wandelt sich. Es gibt einzelne Menschen und Gruppen, die anders denken als die Mehrheit der Kultur.
- Die Rechte des Einzelnen sind wichtiger als die Vorschriften einer Kultur. Dass niemand in seiner Menschenwürde verletzt werden darf und jeder das Recht hat, sein Leben nach eigenen Vorstellungen zu leben, das kann jeder Mensch verstehen, unabhängig von seiner Kultur.
- Man kann die Menschenrechte verbreiten, ohne anderen Völkern die westliche Kultur aufzuzwingen. Nur wer die Menschenrechte anerkennt, kann anderen Menschen und Kulturen tolerant begegnen.

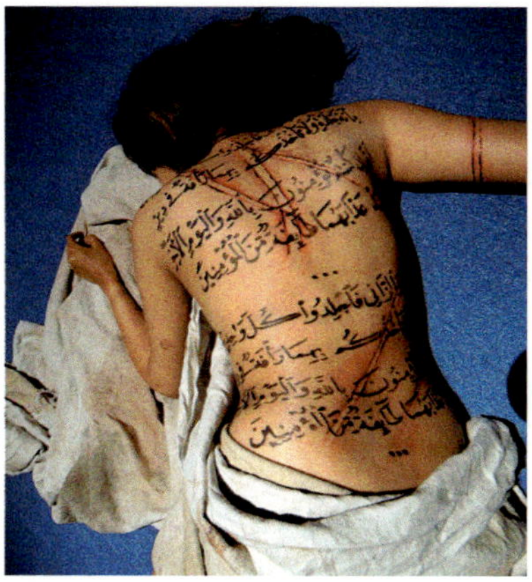

Wie freizügig darf eine freie Gesellschaft sein? Die Szene stammt aus dem holländischen Film »Submission« (2004): Frauenfeindliche Passagen aus dem Koran bedecken den Körper einer Muslima. Wenig später ermordete ein fanatischer Islamist in Amsterdam den Regisseur Theo van Gogh auf offener Straße.

Seite 157 ◄

Was sollte ein demokratisches Land von Zuwanderern fordern?

Es wird häufig so getan, als wolle man gläubige Muslime zwingen, Schweinshaxe mit Sauerkraut zu essen. Unsinn! Aber man darf erwarten, dass sie sich zum Grundgesetz und zu westlichen Werten wie Demokratie, Pluralismus und der Gleichberechtigung von Mann und Frau bekennen.

Q Necla Kelek, deutsch-türkische Soziologin (geboren 1957)

1 Bildet zu jedem aufgeführten Menschenrecht einen Titel (»Recht auf ….«). Dann sucht ein (euch bekanntes) Beispiel, in dem dieses Recht verletzt wird.

2 Informiert euch über die Arbeit von Menschenrechtsorganisationen wie »amnesty international«.

3 Überlegt, inwiefern die Menschenrechte ein Maßstab sein können, wenn es um Kleidungsvorschriften oder Zwangsheirat geht (siehe Seiten 154/155).

4 Klärt, ob ihr den vier Grundforderungen des Projekts »Weltethos« zustimmen könnt und in welchem Zusammenhang sie mit den Menschenrechten stehen.
Diskutiert: Können sich Anhänger verschiedener Religionen auf diese vier Grundforderungen einigen und damit Meinungsverschiedenheiten über Rechte von Frauen und Männern auflösen?

5 Diskutiert und begründet: Sollten die Menschenrechte – z.B. die Gleichberechtigung von Mann und Frau oder das Verbot der Zwangsverheiratung –
- von allen Einwanderern, die zu uns kommen, anerkannt werden?
- in allen Ländern und Kulturen der Welt gelten?
- in der ganzen Welt durchgesetzt werden, auch mit politischen (z.B. finanziellen) Druckmitteln?

Die Menschenrechte bilden einen gemeinsamen Maßstab für das friedliche, freie und gleichberechtigte Zusammenleben der Menschen und der Kulturen. Sie sind in der »Allgemeinen Erklärung der Menschenrechte« der Vereinten Nationen niedergelegt. Im Projekt »Weltethos« versuchen Vertreter verschiedener Religionen, den Menschenrechten eine religiöse und moralische Grundlage zu geben.
Die Menschenrechte müssen ständig gegen die Übergriffe radikaler Regierungen und politischer oder religiöser Extremisten verteidigt werden.
Der Kulturrelativismus* bestreitet, dass es gemeinsame moralische Regeln für alle Kulturen geben kann. Die Gegenposition des Universalismus* hält die Menschenrechte für Regeln, die für alle Kulturen und alle Menschen gelten.

Wir in Europa

Europa der Kriege und des Friedens

Propagandapostkarte: Der erste Weltkrieg – auch ein Krieg der Feindbilder

Europa – das ist Spaghetti aus Italien, Baguette aus Frankreich und Käse aus Holland, aber auch Stierkampf in Spanien und Walfang in Norwegen: eine Vielfalt an Kulturen. Die Vielfältigkeit Europas ist heute überwiegend friedlicher Natur.
Doch so friedlich ging es nicht immer zu. Im Gegenteil: Stets neue Kriege prägten Europas Geschichte. Über die Jahrhunderte hinweg versuchten einzelne Staaten, sich auf Kosten anderer auszudehnen und verwüsteten ihre Nachbarn. Kaum eine Generation erlebte keinen Krieg. Andere Völker wurden als Feinde angesehen; der gegenseitige Hass wurde über Generationen weitergegeben. Nach dem 2. Weltkrieg 1945 waren die meisten europäischen Nationen entschlossen, niemals mehr die Waffen gegeneinander zu erheben. Der britische Staatsmann WINSTON CHURCHILL entwickelte die Vision eines europäischen Traums:

»Wir hoffen, ein Europa zu sehen, wo die Menschen aller Länder sich ebenso sehr als Europäer betrachten wie als Bürger ihres Heimatlandes, und wo immer sie in diesem großen Reich hinkommen, das Gefühl haben werden: ›Hier bin ich zu Hause‹«

Die Europäische Union

Die europäischen Nationen suchten nach einem politischen System für eine friedliche Zusammenarbeit untereinander. 1957 schlossen sich zunächst Frankreich, die Bundesrepublik Deutschland, Italien, Belgien, Luxemburg und die Niederlande zu einer Wirtschaftsgemeinschaft zusammen, später kamen immer neue Länder hinzu, heute besteht die Europäische Union (EU) aus 27 Staaten. Sie hat sich zu einer politischen Union mit einem gemeinsamen Parlament und gemeinsamen Regeln für viele Bereiche der Politik weiterentwickelt. Heute können Bürgerinnen und Bürger aus Staaten der EU ihren Aufenthalt frei wählen und dort arbeiten, wo sie möchten.

Was ist Europa?

Auch im heutigen Europa sind Vorurteile über andere verbreitet; zum Teil werden Interessenkonflikte kompromisslos ausgetragen. Manchmal, wenn Menschenrechte verletzt werden, schaut Europa lieber weg, obwohl in Sonntagsreden gerne die Lehren der Vergangenheit beschworen werden. In den 1990er Jahren kam es im ehemaligen Jugoslawien zu völkermordähnlichen Ausschreitungen – allein im bosnischen Srebrenica wurden 7.500 Menschen ermordet. Die Vereinten Nationen sprachen von den »schlimmsten Gräueltaten« in Europa seit Ende des Zweiten Weltkrieges.

Was ist die »Seele« Europas? Diese Frage stellt sich immer wieder, wenn es um die Aufnahme weiterer Staaten, z. B. der Türkei, in die EU geht. Was haben Bulgaren, Portugiesen und Finnen eigentlich gemeinsam – außer der Tatsache, dass sie auf dem gleichen Erdteil wohnen? Inwieweit alle Europäer eine gemeinsame Geschichte und Kultur haben, ist eine offene Frage. Gewiss helfen die wirtschaftlichen und politischen Verflechtungen in der EU, dass Konflikte friedlich ausgetragen werden. Darüber hinaus gibt es gemeinsame Werte, auf denen das Zusammenleben beruht: die mühsam entwickelten Überzeugungen von der Gleichheit und Freiheit aller Bürger/innen, konkretisiert in den Menschenrechten. Jedes Land, das Mitglied in der EU wird, muss diesen Werten zustimmen und sie in seine Verfassung aufnehmen. Seit 1953 gibt es die Europäische Menschenrechtskonvention. Sie schützt Rechte und Freiheiten der Bürger Europas und verpflichtet die Staaten, diese Rechte den Bürgern Europas zu garantieren. Die Bürger/innen können sie einklagen.

Beispiele staatlicher Reaktionen auf Urteile des Europäischen Gerichtshofes:

– Verbot der Prügelstrafe in Schulen in Großbritannien;
– Gewährung der Sozialhilfe für in Österreich wohnende Ausländer;
– Beseitigung der Benachteiligung nichtehelicher Kinder in Belgien.

Grenzen der Menschenrechte?

Jährlich zieht es zehntausende Flüchtlinge nach Europa. Viele Westafrikaner setzen auf seeuntüchtigen Booten ihr Leben aufs Spiel. Sie suchen in Europa Zuflucht, weil sie sich dort ein menschenwürdiges Leben erhoffen. Dies löst bei uns Überfremdungsängste aus: Die gleichen Europäer, die die Globalisierung im Tourismus ansonsten sehr schätzen, schotten sich nach außen ab. Viele der Armutsflüchtlinge werden wieder in ihre Herkunftsländer abgeschoben.

Fachübergreifend (Geschichte, Politik): Kriege in Europa
Tragt Material über die verschiedenen Kriege in Europa zusammen, die im Laufe der Geschichte stattgefunden haben: Warum wurden sie geführt? Haben diese Kriege noch heute sichtbare Spuren hinterlassen? (römische Rechtsprechung, arabische Wurzeln der Medizin und Mathematik, Nebeneinander von Katholiken und Protestanten) – Sucht nach Hintergrundinformationen.

1 Welche Gemeinsamkeiten und Unterschiede siehst du zwischen europäischen Nationen?

2 Hat sich Churchills europäischer »Traum« deiner Ansicht nach heute verwirklicht?

3 Wozu braucht Europa gemeinsame Werte und welche sollten das sein?
Überlegt, ob jedes europäische Land der Europäischen Union beitreten darf und sollte.

4 Befragt Mitschüler/innen zu ihren Europa-Gefühlen: Empfinden sie sich als Europäer? Finden sie es richtig, wenn Steuergelder an die EU gehen, um wirtschaftlich ärmere Gegenden in Europa (auch bei uns) zu unterstützen. – Denkt euch weitere Fragen aus.

5 Diskutiert, inwieweit sich Europa nach außen hin abgrenzen darf und sollte.

→← Nach jahrhundertelangen kriegerischen Auseinandersetzungen haben sich die meisten Länder Europas zur Europäischen Union zusammengeschlossen. Ihre Grundlage sind eine enge wirtschaftliche und politische Zusammenarbeit sowie die Menschenrechte.

In diesem Kapitel konntet ihr sehen, dass ein gelungenes Zusammenleben sich nicht einfach von allein einstellt. Es ist abhängig von gegenseitiger Toleranz und Verständigung auf bestimmte Werte und Normen* – vor allem den Menschenrechten. Vom Gelingen eines Zusammenlebens in Vielfalt wird auch in Zukunft vieles abhängen. Politisches Zusammenwachsen, wirtschaftliche Globalisierung, Wanderungsbewegungen, Tourismus sowie technischer Fortschritt in der Verkehrs- und Kommunikationstechnik stellen alle Beteiligten vor die Aufgabe, sich immer wieder zu fragen, wie ein gutes Zusammenleben gestaltet werden kann.

Seite 69 Methode: Gedankenexperiment

Seiten 146/147

1. Gedankenexperiment: Zusammenleben auf dem Südpol

Am Beginn des Kapitels stand ein Gedankenexperiment an: Ihr habt euch vorgestellt, Menschen aus unterschiedlichen Kulturen seien in die Antarktis ausgewandert und müssten dort ihr Zusammenleben organisieren. Ihr habt überlegt, welche Regeln sie dabei aufstellen würden. Im weiteren Verlauf des Kapitels seid ihr dann vertieft den Fragen von Heimat und Fremdheit, kulturellen Unterschieden und ihren Bewertungen nachgegangen.

Erörtert nun die Frage nach den Regeln für das Zusammenleben noch einmal neu und bringt dabei mit ein, was ihr in diesem Kapitel dazu gelernt habt. Berücksichtigt dabei a), wie Verhaltensregeln und Weltbilder miteinander zusammenhängen; b) die Rolle der Menschenrechte und die Diskussion über den Kulturrelativismus*.

Seite 17 Methode: Rollenspiele trainieren

2. Rollenspiel: unmoralische Schulveranstaltungen?

Situation: Eltern, die einer fundamentalistischen Religionsgemeinschaft angehören, möchten nicht, dass ihre Kinder an schulischen Veranstaltungen teilnehmen, die sie für moralisch bedenklich halten; dazu gehören der Schwimm- und der Sexualkundeunterricht sowie mehrtägige Klassenfahrten. Nach der Überzeugung dieser Eltern ist es unmoralisch, sich weitgehend zu entkleiden und über Sexualität zu reden; bei Klassenfahrten befürchten sie den schlechten Einfluss der Mitschüler/innen. Sie klagen vor Gericht gegen das Schulministerium und möchten, dass ihre Kinder von diesen Veranstaltungen befreit werden. Doch das Ministerium besteht darauf, dass die Teilnahme aller Schüler/innen zum Programm der Schule gehöre und Pflicht sei. Die Ziele dieser Veranstaltungen – Schwimmen lernen, aufgeklärter Umgang mit Sexualität, soziales Lernen auf Klassenfahrten – seien für Jugendliche aus allen Kulturen und Religionen wichtig.

Diskussionsrunde: Sie findet im Fernsehen statt. Teilnehmer/innen sind je ein(e):

- Vertreter(in) der klagenden Eltern oder der Religionsgemeinschaft);
- Philosoph(in), der oder die den Kulturrelativismus* vertritt;
- Vertreter(in) des Schulministeriums;
- Philosoph(in), der oder die die Gegenposition zum Kulturrelativismus vertritt (Universalismus*);
- Diskussionsleiter(in).

Auswertung: Beobachtungen, Erfahrungen, Lösungen.

Flüchtlinge aus dem Osten nach dem 2. Weltkrieg (1945)

Der millionste Gastarbeiter stammt aus Portugal (1964)

Russlanddeutsche Jugendliche heute

Projekt: Vielfalt unter uns erforschen

In jeder Schule und in jeder Klasse gibt es Menschen, die aus verschiedenen Gegenden und Kulturen kommen oder deren Eltern oder Großeltern eingewandert sind. Dabei stießen und stoßen unterschiedliche Vorstellungen immer wieder aufeinander, z. B.:

– Lebensgewohnheiten einheimischer Katholiken;
– spezielle Überzeugungen zugezogener Protestanten*;
– die Lebensweise von Gastarbeitern aus Italien, Spanien und Portugal;
– Religion und Lebensstil muslimischer Zuwanderer aus der Türkei und aus arabischen Ländern;
– Lebensweise und Wertvorstellungen von aus Osteuropa zugezogenen Spätaussiedlern.

• Erforscht mit Hilfe von Interviews und Internet-Recherchen, woher eure Mitschüler/innen oder deren Eltern und Großeltern stammen;
• Findet heraus, wie sich das Zusammenleben der Zugezogenen mit den Einheimischen gestaltet hat;
• Listet auf, welche Probleme es im Zusammenleben gab und wie sie gelöst wurden;
• Präsentiert die Ergebnisse eurer gesamten Jahrgangsklasse oder der ganzen Schule (z. B. in Wandzeitungen)

Seite 237 ◀ Methode: Internet-Recherche

GERALD ASAMOAH, deutscher Fußballspieler afrikanischer Herkunft (Ghana)

Medientipp

HELGA HUBER und PETRA MORITZ: Fremd im eigenen Land? Mit Arbeitsblättern und Projektangeboten (Reihe: Position beziehen), Berlin: Cornelsen Verlag 2004

RENÉ MAGRITTE nannte sein Kunstwerk »Das Pyrenäenschloss« (Le chateau des Pyrénées). Versucht, das Widersprüchliche des Bildes zu beschreiben. Welche Assoziationen (Gedankenverbindungen) habt ihr dazu?

»Lasst uns auf die Reise gehen«

Lasst uns auf die Reise gehen,
anderes Land zu suchen.
Wo man den Sommer ohne Whiskey erträgt
und im Winter ohne Kohlen auskommt
Und das Lieben nicht müde macht.
[…]
Leg dir etwas Kleingeld hin,
das Kleingeld der Träume
über die Lieder von Abschied
und Ankunft.

Der Abschied ist leicht
und die Ankunft ist schwer,
der Rückweg ist dunkel und weit
aus anderer Landschaft.

Lasst uns auf die Reise gehen
anderes Land zu suchen,
wo Mauern und Zäune schon abgebaut sind,
wo Wiesen ohne Kettenspur grünen
und wo man ohne Theater stirbt.

THOMAS ROTHER
von der Gruppe
»Witthüser & Westrup« (1970)

Utopien – nur Luftschlösser?

»Virtual Teacher« – ein Traum

In meinen Lieblingsträumen gibt es einen Hauptdarsteller. Sein Name ist Virtual Teacher, das bedeutet virtueller Lehrer. VT ist ein freundlicher Roboter für Kinder, einer, der unterrichtet und genau weiß, was sie besonders interessiert. Er kennt ihre neuesten Witze und weiß über die TV-Shows von gestern Abend Bescheid. Er ist also eine Art bester Freund – mit einer guten Portion Humor. [...] Er kann individuell auf jeden Schüler eingehen, auf seine Schwächen, seine Stärken, seine Auffassungsgabe. Prüfungen werden überflüssig. [...] Lehrer sind Menschen und deshalb nie perfekt. Entsprechend dürfen auch ihre virtuellen Kollegen nie perfekt sein. Sie haben wie reale Lehrer Wissenslücken. Es kann vorkommen, dass ein virtueller Lehrer auf die Frage eines Schülers keine Antwort weiß. Und er wird sich informieren und sich über spezielle Programme im Internet fortbilden müssen. Das macht ihn seinen Schülern umso sympathischer. Und ich träume weiter: von einem virtuellen Lehrer, der zum lebenslangen Begleiter wird. Zu einem klugen Berater, der mich so gut wie mein bester Freund kennt und mir als Coach, Mentaltrainer und Diskussionspartner zur Seite steht. Bis ins hohe Alter.

Q STEVE WOZNIAK: Ich habe einen Traum

STEVE WOZNIAK baute 1975 in Kalifornien einen der ersten PC, arbeitete später als Lehrer.

1 Über die Spiele-Plattform »Second Life« führen immer mehr Menschen ein digitales Doppelleben (vgl. Seite 108). Informiert euch über »Second Life« und versucht eine Erklärung für den Erfolg des Spieles.

2 Was haltet ihr von Menschen, die den Traum von einem anderen Leben träumen?

3 Schreibt selbst eine fantastische Geschichte mit dem Titel: »Ich träume von ...«

Die Zukunft beginnt heute

Zu allen Zeiten haben Menschen versucht, gedanklich die Zukunft vorwegzunehmen oder Szenarien zu entwickeln, wie die Welt von morgen aussehen könnte. Prognosen können heute dahingehend überprüft werden, ob sie sich erfüllt haben oder nicht. Darüber hinaus verraten sie etwas über Wertvorstellungen, Wünsche und Hoffnungen einer vergangenen Zeit, die uns bis heute prägen.

Wissenschaftliche Prognosen von 1968 für das Jahr 2000

- Verlässlichere und langfristigere Wettervorhersagen
- Neue Methoden des Wassertransports (z. B. Riesenunterseeboote)
- Weitgehende Verminderung vererbter Gebrechen
- Anwendung von Cyborg-Methoden (mechanische Hilfs- oder Ersatzmittel für menschliche Organe, Sinne, Gliedmaßen oder sonstige Körperteile)
- Neue nützliche Tier- und Pflanzenarten
- Dreidimensionale Fotografie, Illustrationen, Filme, Fernsehen
- Drogen zur Bekämpfung von Ermüdungserscheinungen, zur Entspannung und zu Veränderungen der Persönlichkeit
- Die Möglichkeit, das Geschlecht von ungeborenen Kindern zu bestimmen
- Bemannte Satelliten- und Mondstationen, interplanetarische Reisen
- Bewohnte Unterseestationen oder Unterseekolonien
- Verwendung von Robotern und Maschinen als »Sklaven« der Menschen
- Fernsehtelefon für private und geschäftliche Zwecke

Q Aus einer Liste von 100 wahrscheinlichen technischen Neuerungen, die in 2000 realisiert sein sollten

Gedankenexperiment ◂ »Reise in die Zukunft«
Was, glaubt ihr, wird im Jahr 2050 technisch realisierbar sein, was wird sich voraussichtlich nicht ändern? Haltet euer Ergebnis in zwei Listen fest. Stellt euch anschließend vor, ihr könntet euch für 15 Minuten in das Jahr 2050 »beamen«, verfügt aber für diesen Zeitraum nur über eine Sinneswahrnehmung. Bildet entsprechend eine Hör-, eine Riech-, eine Tast-, eine Geschmacks- und eine Sehgruppe. Berichtet von euren Sinneseindrücken, die ihr bei eurem Ausflug in die Zukunft gemacht habt. Wollt ihr in dieser Welt leben? Diskutiert die Auswirkungen eures prognostizierten »Fortschritts« auf den Menschen.
(Seite 69 Methode: Ein Gedankenexperiment)

Commander McLane, Kapitän des Raumschiffs Orion, flog 1966 zum ersten Mal im deutschen Fernsehen mit seiner Crew durch ferne Galaxien; die fiktive Handlung spielt um das Jahr 3000.

Als das Konzept von »Biosphäre II« in den 1980er Jahren entworfen wurde, war der Wettkampf im Weltraum noch im vollen Gange. Es gab Pläne, bis zum Jahr 2004 eine permanente Raumstation auf dem Mars zu bauen. Zu dieser Zeit wurde viel über Überlebenssysteme geforscht. [...] Das war der Ausgangspunkt für die Gründer der Biosphäre II. Die Frage war, was passiert, wenn man Erde, Pflanzen, Tiere und Menschen in eine Glasflasche steckt und diese dann verschließt. Gibt es einen selbstregulierenden Mechanismus, der das Lebenssystem erhält?
BERND ZABEL, technischer Leiter der Biosphäre II (1996)

Meine Zukunftsvisionen in Bezug auf Wissenschaft und Technologie sind insgesamt recht positiv. Je weiter beispielsweise das menschliche Genom* entschlüsselt wird, desto besser können kranke Menschen adäquat behandelt werden. Den Tod werden wir wahrscheinlich nicht besiegen können, aber das ist auch gut so. Eine positive Entwicklung sehe ich für die Humangenetik aber nur, wenn wir verantwortungsbewusst mit neuen Ergebnissen umgehen.
JANA IVANIDZE, Siegerin von »Jugend forscht« 2003 mit einer Arbeit aus der Molekularbiologie

1 Geht die Liste der technischen Neuerungen für das Jahr 2000 durch. Welche Prognosen sind heute Teil unserer Realität, welche bleiben aus heutiger Sicht noch irreal?

2 Aus den Prognosen kann auf Wertvorstellungen aus den 1970ern geschlossen werden. Diskutiert, ob diese eurer Meinung nach gleich geblieben oder sich weiterentwickelt haben.

3 Konkretisiert den Slogan »Die Zukunft beginnt heute«. Bezieht in eure Überlegungen die Äußerungen von BERND ZABEL und INA IVANIDZE ein.

Biosphäre II: Seit 1996 dient das riesige Glashaus in Arizona (USA) Forschungszwecken der Columbia-Universität; es steht interessierten Besuchern offen. Die Forscher/innen beobachten, wie sich Pflanzen und Tiere veränderten Bedingungen der Atmosphäre anpassen.

Der Blick in die Zukunft kann faszinieren, aber auch verunsichern. Das zeigt sich besonders in der Beurteilung von Chancen und Risiken des technischen Fortschritts. Immer wieder taucht die Frage auf, ob der Mensch den Herausforderungen der Errungenschaften in Medizin und Technik gewachsen ist. Nicht alle Prognosen, die in Science-Fiction-Filme oder -Bücher Eingang gefunden haben, treten tatsächlich ein. Sie verraten jedoch viel darüber, wie Menschen zu bestimmten Zeiten gedacht und gefühlt haben. Sie bestimmen auch die zukünftige Entwicklung, da sich nicht wenige Forscher/innen von ihnen inspirieren lassen.

Wie viel Utopie braucht der Mensch?

Der Begriff Utopie

lässt sich von den griechischen Worten »ou« (nicht) und »topos« (Ort, Stelle, Land) herleiten und kann mit »Kein Ort, Nichtland, Nirgendwo« übersetzt werden. »Utopie« meint eine völlig andere – visionäre – Wirklichkeit, die auf einer Idee oder Glaubensgewissheit beruht. Utopien entwickeln in kritischer Distanz zur Realität Gesellschaftsentwürfe, in denen Gesetzmäßigkeiten der Realität (z.B. die Mühen der Existenzsicherung) außer Kraft gesetzt sind. Bekannt sind vor allem technische, soziale und so genannte absolute Utopien. Absolute Utopien begegnen uns in den Schriften der Religionen, aber auch im Märchen vom Schlaraffenland.

Lernen – einmal ganz anders?

Ich war auch in der mathematischen Fakultät, wo der Magister [Lehrer] seine Schüler nach einer Methode unterrichtete, die uns in Europa kaum vorstellbar erscheint. Lehrsatz und Beweis wurden mit Tinte, die aus einer Gehirntinktur bestand, deutlich auf eine dünne Oblate [papierdünnes Gebäck] geschrieben. Der Student musste diese auf nüchternen Magen hinunterschlucken, und die drei folgenden Tage durfte er nur Brot und Wasser zu sich nehmen. Während die Oblate verdaut wurde, stieg ihm die Tinktur ins Gehirn und nahm den Lehrsatz mit sich.

Q JONATHAN SWIFT, Gullivers Reisen (1726)

Arbeiten nach Lust und Laune?

Sowie nämlich die Arbeit verteilt zu werden anfängt, hat Jeder einen bestimmten ausschließenden Kreis der Tätigkeit, der ihm aufgedrängt wird, aus dem er nicht heraus kann; er ist Jäger, Fischer oder Hirt oder kritischer Kritiker und muss es bleiben, wenn er nicht die Mittel zum Leben verlieren will – während in der kommunistischen Gesellschaft, wo jeder nicht einen ausschließlichen Kreis der Tätigkeit hat, sondern sich in jedem beliebigen Zweig ausbilden kann, die Gesellschaft die allgemeine Produktion regelt und mir eben dadurch möglich macht, heute dies, morgen jenes zu tun, morgens zu jagen, nachmittags zu fischen, abends Viehzucht zu treiben, nach dem Essen zu kritisieren, wie ich gerade Lust habe, ohne je Jäger, Fischer, Hirt oder Kritiker zu werden.

Q KARL MARX über das Idealbild einer kommunistischen Gesellschaft (1845)

Schwerter zu Pflugscharen?

Am Ende der Tage wird es geschehen: Der Berg mit dem Haus des Herrn steht fest gegründet als höchster der Berge; er überragt alle Hügel. Zu ihm strömen alle Völker. Viele Nationen machen sich auf den Weg; sie sagen: Kommt, wir ziehen hinauf zum Berg des Herrn und zum Haus des Gottes Jakobs. Er zeige uns seine Wege, auf seinen Pfaden wollen wir gehen. Denn von Zion* kommt die Weisung des Herrn, aus Jerusalem sein Wort. Er spricht Recht im Streit der Völker, er weist viele Nationen zurecht. Dann schmieden sie Pflugscharen aus ihren Schwertern und Winzermesser aus ihren Lanzen. Man zieht nicht mehr das Schwert, Volk gegen Volk, und übt nicht mehr für den Krieg.

Q Die Vision des Propheten JESAJA (Hebräische Bibel, Jesaja 2,2–4, 8. Jahrhundert v. Chr.)

»Dann legte Gott, der Herr, in Eden, im Osten, einen Garten an und setzte dorthin den Menschen, den er geformt hatte. Gott, der Herr, ließ aus dem Ackerboden allerlei Bäume wachsen, verlockend anzusehen und mit köstlichen Früchten, in der Mitte des Gartens aber den Baum des [ewigen] Lebens und den Baum der Erkenntnis von Gut und Böse.«
(Genesis 2, 8–9)

LUCAS CRANACH d. Ä., Wien (1530)

Fachübergreifend (Religion): Paradiesvorstellungen
Die Vorstellung einer ursprünglichen Harmonie zwischen Gott, Mensch und Tier findet sich in allen monotheistischen Religionen. Sie wird mit dem Bild eines idealen Gartens verknüpft:

- Recherchiert, wo ihr etwas in der Bibel und im Koran über Paradiesvorstellungen erfahrt.
- Lest nach, ob und wie der Verlust einer ursprünglichen Harmonie von Mensch und Natur erklärt wird. Was hat der Mensch gewonnen, was verloren? Nehmt Lexika oder Kommentare zur Hilfe.
- Ist das Paradies nach jüdisch-christlicher und islamischer Vorstellung grundsätzlich verloren? Befragt dazu Juden, Christen und Muslimen, wie sie sich ihr Leben nach dem Tod vorstellen.

»Die Welt schreit von Gewalt. Der Friede kommt durch die Herzen der Menschen, eines jeden einzelnen. Sonst nirgendwo her. Und Gott ist der Friede. Indem das Herz für Gott durchlässig wird, beginnt eine Utopie Wirklichkeit zu werden.«
Eine Ordensfrau des Klosters St. Gabriel, 2004

1 In Gullivers Reisen wird eine utopische Lernmethode beschrieben. Würdet ihr gerne nach dieser Art lernen? Schreibt eine Begründung.

2 Beschreibt die idealen Gesellschaften von Seite 168. Grenzt die verschiedenen Utopien voneinander ab und findet weitere Beispiele.

3 Begründe, welche Argumentation zum Frieden dich überzeugt – die der Ordensfrau oder die des Friedensforschers. Besprecht, ob sich beide Sichtweisen ausschließen.

4 Diskutiert, warum die Menschen immer wieder Utopien entwerfen und ob wir sie brauchen.

»Ein Zustand paradiesischer Eintracht, in dem alle Menschen ohne Konflikte miteinander leben – das wäre der Traum. Die Herausforderung wäre, dafür zu sorgen, dass Konflikte zwischen Staaten nicht mehr mit Waffengewalt ausgetragen werden. [...] Und das ist eben keine Utopie, sondern eine politische Aufgabe.
REINHARD MUTZ, Institut für Friedensforschung und Sicherheitspolitik in Hamburg, 2004

→← Erzählungen über ein paradiesisches Leben gibt es in vielen Kulturen und Religionen. Das Land der Sehnsucht hat verschiedene Namen: Atlantis, Garten Eden, Schlaraffenland, Himmel usw. Utopien müssen nicht unbedingt Vorstellungen über Zukünftiges enthalten. Der ideale Zustand kann auch in die Vergangenheit, in ein jenseitiges Leben oder in eine »andere Wirklichkeit« übertragen werden. Eine Utopie kann als Gegenentwurf zu einer bedrückenden Wirklichkeit umwälzende oder rettende Kräfte freisetzen.

Der Traum von sozialer Gleichheit – Morus' Utopie

Das 1516 verfasste Werk »Utopia« von THOMAS MORUS* begründete die utopische Literatur der Neuzeit. Es erregte in seiner Zeit viel Aufsehen. Obwohl MORUS' Bericht eine Erfindung war, gab er vor, dass ihm ein Reisegefährte über die Verhältnisse auf der Insel Utopia berichtet habe.

Die Insel der Utopier dehnt sich in der Mitte, wo sie am breitesten ist, zweihundert Meilen weit aus. Sie hat vierundfünfzig Städte, alle weiträumig und prächtig, in Sprache, Sitten, Einrichtungen und Gesetzen vollständig übereinstimmend. Alle haben dieselbe Anlage und, soweit es die geografische Lage gestattet, dasselbe Aussehen. […] Aus jeder Stadt kommen jährlich drei bejahrte und erfahrene Bürger in Amarotum [der Hauptstadt] zusammen, um über die gemeinsamen Angelegenheiten der Insel zu beraten. […] Es gibt kein Haus, das nicht, genauso wie es sein Vordertor zur Straße hat, eine Hinterpforte zum Garten besitzt. Diese zweiflügligen Türen, die durch einen leichten Druck der Hand zu öffnen sind und sich darauf wieder von allein schließen, lassen einen jeden ein: so gibt es keinerlei Privatbereich. Denn sogar die Häuser wechseln sie alle zehn Jahre durch Auslosung. […]

Und doch ist dies fast überall das Los der Handwerker, außer bei den Utopiern, die, während sie den Tag mit Einschluss der Nacht in vierundzwanzig Stunden einteilen, doch nur sechs Stunden für die Arbeit bestimmen: drei vor Mittag, nach denen sie zum Essen gehen; nach der Mahlzeit ruhen sie zwei Nachmittagsstunden, widmen dann wiederum drei Stunden der Arbeit und beschließen das Tagewerk mit dem Abendessen. […] Die Stunden zwischen Arbeit, Schlaf und Essen sind jedem zur eigenen Verfügung überlassen, jedoch nicht, um sie zu Ausschweifungen und Faulenzerei zu vergeuden, sondern um die Freizeit, die ihm sein Handwerk lässt, nach eigenem Gutdünken zu irgendeiner nützlichen Beschäftigung zu verwenden. Die meisten benützen diese Unterbrechungen zu geistiger Weiterbildung.

An dieser Stelle müssen wir jedoch, um einen Irrtum zu vermeiden, einen bestimmten Punkt genauer betrachten. Weil sie nämlich nur sechs Stunden an der Arbeit sind, könnte man vielleicht auf den Gedanken kommen, es müsse sich daraus ein Mangel an lebensnotwendigen Dingen ergeben. Weit gefehlt! Diese Arbeitszeit genügt vielmehr zur Erzeugung aller Dinge, die lebensnotwendig sind oder zur Bequemlichkeit dienen, ja, es bleibt sogar noch Zeit übrig. […]

Die ganze Stadt ist in vier gleich große Bezirke eingeteilt; in der Mitte jedes Bezirkes liegt der Markt für Waren aller Art. Dort werden in bestimmte Gebäude die Erzeugnisse aller Familien zusammengebracht und die einzelnen Warengattungen werden gesondert auf die Speicher verteilt. Aus diesen wieder fordert der Familienälteste, was er selbst und die Seinigen brauchen, und erhält ohne Bezahlung, überhaupt ohne jegliche Gegenleistung, alles, was er verlangt. Warum sollte man ihm etwas verweigern, da doch alles im Überfluss vorhanden ist und keinerlei Befürchtung besteht, es könne einer mehr fordern, als er braucht?

Q THOMAS MORUS: Utopia

»Der Traum von einer künstlichen Insel wird Wirklichkeit.« Im arabischen Dubai entstand innerhalb weniger Jahre eine palmenförmige künstliche Inselanlage. Dazu wurden 120 Kilometer Sandstrand angelegt, 2.000 Villen, 40 Luxushotels, Shoppingzentren und Jachthäfen gebaut – eine Realisierung von Morus' Utopia?

1 Beschreibt Morus' Utopia. Untersucht den Text im Blick auf folgende Punkte: das Verhältnis von Arbeit und Freizeit, den Anspruch auf Privateigentum und die Mitbestimmung des Einzelnen.

2 Stellt euch vor, alle Einwohner eures Heimatortes müssten per Gesetz alle zehn Jahre wie auf der Insel »Utopia« umziehen. Mit welchen Reaktionen rechnet ihr?

3 Informiert euch über den Kommunismus* und vergleicht dessen Grundidee mit der von Morus.

4 Wenn Utopien von sozialer Gleichheit nicht umsetzbar sind, warum gibt es sie dann? – Formuliert abschließend eigene utopische Ideen und haltet sie an der Tafel fest.

Thomas Morus* beschrieb 1516 mit »Utopia« ein Traumland, in dem ein gesellschaftspolitischer Idealzustand herrscht. Sein Roman richtete sich gegen die ungerechten Verhältnisse seiner Zeit. Aus dem erdachten Eigennamen der Insel entwickelte sich ein Kunstwort, das heute eine Literaturgattung bezeichnet. Auch in unserer Zeit werden gesellschaftliche Zustände in Form von Utopien kritisiert. »Utopisch« heißt keineswegs unmöglich, sondern (noch?) unwirklich.

»Eine andere Welt ist möglich!« – was verbindet ihr mit diesem Slogan einer internationalen Protestbewegung?

Vision von totaler Technik – Moravec' nachbiologisches Zeitalter

Star Trek (deutsch: Zug zu den Sternen) spielt in einer utopischen Zukunft. Ziel der Besatzung des Raumschiffs Enterprise ist es, fremde Welten und Zivilisationen auf friedliche Weise zu erforschen.
Im Film »Der erste Kontakt« (1996) kommt es zu einer kriegerischen Auseinandersetzung mit den »Borg«, einer außerirdischen nachbiologischen Lebensform, die halb Mensch, halb Maschine, von der »Borg-Königin« gesteuert wird.

1988 beschrieb ein amerikanischer Informatik-Professor und Leiter des »Mobile Robot Laboratory« der Universität Pittsburgh seine Vision von der Zukunft der Menschheit – sie erinnert an so genannte »Antiutopien« der letzten Jahrzehnte:

Was uns erwartet, ist nicht Vergessen, sondern eine Zukunft, die man aus heutiger Sicht am ehesten als »postbiologisch« oder auch »übernatürlich« bezeichnen kann. In dieser zukünftigen Welt wird die menschliche Art von der eigenen künstlichen Nachkommenschaft verdrängt werden. Wie diese Welt am Ende aussehen wird, wissen wir nicht; doch viele Zwischenschritte sind nicht nur vorhersagbar, sondern bereits vollzogen. Heute sind unsere Maschinen noch einfache Geschöpfe, die wie alle Neugeborenen der elterlichen Pflege und Fürsorge bedürfen und kaum als »intelligent« zu bezeichnen sind. Doch im Laufe des nächsten Jahrhunderts werden sie zu Gebilden heranreifen, die ebenso komplex sind wie wir selbst, um schließlich über uns und alles, was wir kennen, hinauszuwachsen, so dass wir eines Tages stolz sein dürfen, wenn sie sich als unsere Nachkommen bezeichnen. […] Wir sind dem Zeitpunkt schon sehr nahe, zu dem praktisch jede wichtige körperliche oder geistige Funktion des Menschen ihr künstliches Pendant haben wird. […] Solche Maschinen könnten ohne unsere Mitwirkung und ohne Beteiligung der Gene, der auch sie ihre Existenz* verdanken, die kulturelle Evolution fortsetzen – wozu auch die Konstruktion ihrer selbst und ein immer rascher ablaufender Prozess der Selbstvervollkommnung gehören würden. Wenn dieser Fall eintritt, hat unsere DNA* das evolutionäre Wettrennen gegen eine ganz neue Art von Konkurrenz verloren und ist fortan ohne Aufgabe. […] Früher oder später werden unsere Maschinen so klug sein, dass sie sich ohne fremde Hilfe instand halten, reproduzieren und vervollkommnen können. Sobald dies der Fall ist, wird die neue genetische Wachablösung abgeschlossen sein. Unsere Kultur wird dann in der Lage sein, sich unabhängig von der menschlichen Biologie und ihren Grenzen zu entwickeln und wird stattdessen direkt von einer Maschinengeneration auf die nächste, noch leistungsfähigere, noch intelligentere übergehen. [...] Eine postbiologische Welt, die von sich selbst vervollkommnenden denkenden Maschinen beherrscht würde, wäre von unserer Welt der Lebewesen so verschieden, wie diese von der Welt der leblosen Chemie, die ihr voranging. Sich eine Bevölkerung von solchen Kindern des Geistes, die durch keinerlei materielle Zwänge mehr eingeengt sind, vorzustellen, übersteigt eigentlich die Kraft unserer Fantasie.

Q HANS MORAVEC: Mind Children

Filme wie »Matrix« (1999) oder »Der erste Kontakt« machen auf Gefahren für den Menschen aufmerksam, die aus einer unkontrollierten Ausbreitung von Maschinen und Computern erwachsen können. Alles nur »Science-Fiction« (Wissenschaftsdichtung)?

1 Wer aus eurer Klasse sieht gern Science-Fiction-Filme, wer lehnt sie ab? Erstellt ein Stimmungsbild. Versucht zu klären, was die Faszination von Science-Fiction ausmacht.

2 Beschreibt das Menschenbild, das MORAVEC für die Zukunft entwirft. Deutet er es selbst negativ oder positiv? Bezieht euch in eurer Argumentation auf entsprechende Stellen in seinem Text.

3 Prüft, ob ihr MORAVEC' Entwurf des Menschen in Science-Fiction-Filmen findet, z.B. in Star Trek, Waterworld, Matrix. Wie unterscheiden sich diese Filme voneinander, an welchen Punkten findet ihr Übereinstimmungen mit Antiutopien als Literaturgattung?

»Big Brother« im TV – die Bewohner/innen unter ständiger Video-Kontrolle; Fernsehzuschauer/innen entscheiden, wer gehen muss. Eine Antiutopie, die in der Wirklichkeit angekommen ist?

In Reaktion auf einen ungehemmten Fortschrittsglauben bildeten sich in den letzten Jahrzehnten so genannte Antiutopien heraus. Diese haben inzwischen einen festen Platz in der utopischen Literatur eingenommen und sogar weitgehend positive Utopie-Entwürfe verdrängt. Ihre Szenarien kreisen um eine vollständige Zerstörung menschlicher Lebensgrundlagen und die Machenschaften entfesselter totalitärer Systeme. In den Antiutopien wird der Mensch zum Spielball von Manipulationen durch Wissenschaft und Technik, die er selbst erschuf. Zu den bekanntesten Antiutopien des 20. Jahrhunderts zählen ALDOUS HUXLEYS »Brave New World« (1932) sowie GEORGE ORWELLS 1949 entstandener Roman »1984«.

Die Zukunft als Hoffnung der Gegenwart?

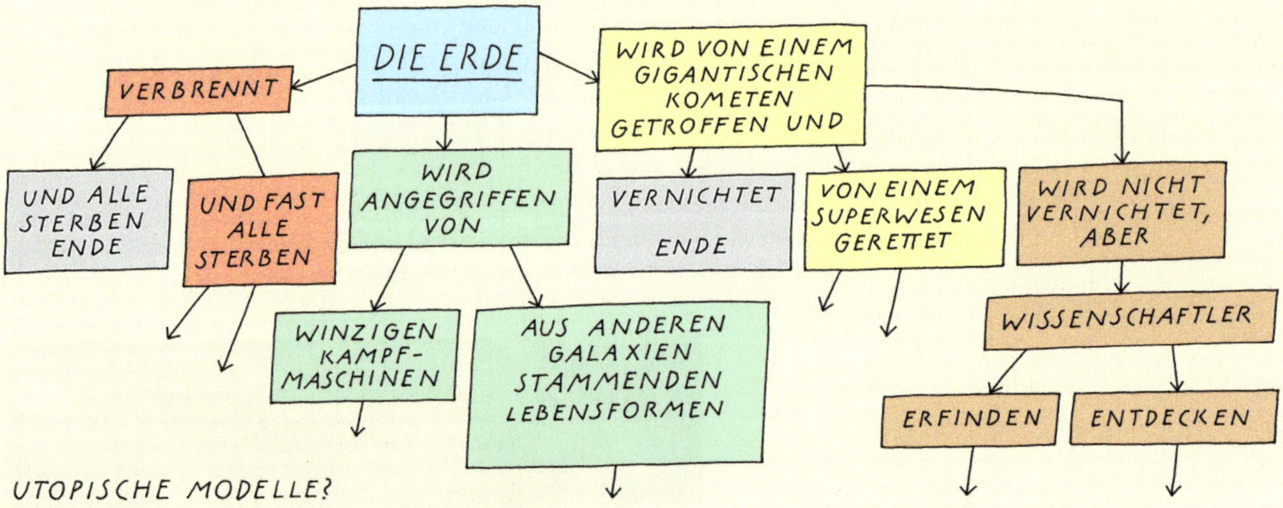

Für den 11. August 1999 glaubte ein Modemacher voraussehen zu können, die Welt werde von der russischen Raumstation »MIR« zerstört werden. Zwischen 1996 und 2006 wurden insgesamt 62 Weltuntergänge prophezeit.

Fachübergreifend (Deutsch): Ein Science-Fiction-Drehbuch schreiben

Die Abbildung zeigt das vereinfachte Schema eines Antiutopie-Taschencomputers.

- Inwieweit könnt ihr darin das »Strickmuster« bekannter Science-Fiction-Filme erkennen? Entwickelt das Schema weiter.
- Schreibt auf dieser Grundlage ein Drehbuch zu einem Science-Fiction-Film.
- Stellt einander die Ergebnisse vor. Vereinbart Kriterien, nach denen das beste Drehbuch eurer Klasse prämiert werden könnte. Stimmt über den ersten Preis ab.

»Die unechte Zukunft ist die, dass etwas hundert- oder tausendmal Wiederholtes sich auch in der Zukunft wiederholt. Das ist zwar auch eine Zukunft, aber es geschieht doch wirklich gar nichts Neues darin. Echte Zukunft dagegen enthält ein Novum, zu dem hin es meist eine Tendenz gibt, eine Möglichkeit, unter Umständen eine Wahrscheinlichkeit.

Ernst Bloch, deutsch-jüdischer Philosoph (1885–1977)

1 Erzählt von Science Fiction-Filmen, die »zwischen den Zeilen« eine Botschaft über die Welt von morgen transportieren. Welche Utopie-Formen entdeckt ihr dabei?

2 Definiert in Abgrenzung zum Antiutopie-Taschencomputer, was eine Utopie im Sinne Ernst Blochs ausmachen könnte.

3 Diskutiert, was heutige Science Fiction-Filme über den Menschen aussagen.

Robert Jungk (1913–1994) entwickelte die Zukunftswerkstatt als Methode. 1988 forderte der Friedensaktivist und Zukunftsforscher: »Wir brauchen eine starke Fantasiebewegung, an der nicht nur wenige Experten, sondern alle Interessierten – also auch Laien – beteiligt sein sollten. Ich will dazu anregen, dass viel mehr Zeitgenossen als bisher geistigen Widerstand leisten, indem sie konkret über neue gesellschaftliche Verhältnisse, andere produktive Möglichkeiten nachdenken, ohne schon ganz genau wissen zu können, wann und wie sie verwirklicht werden. Nur wer derart die Zukunft im Voraus erfindet, kann hoffen, sie wirksam zu beeinflussen.

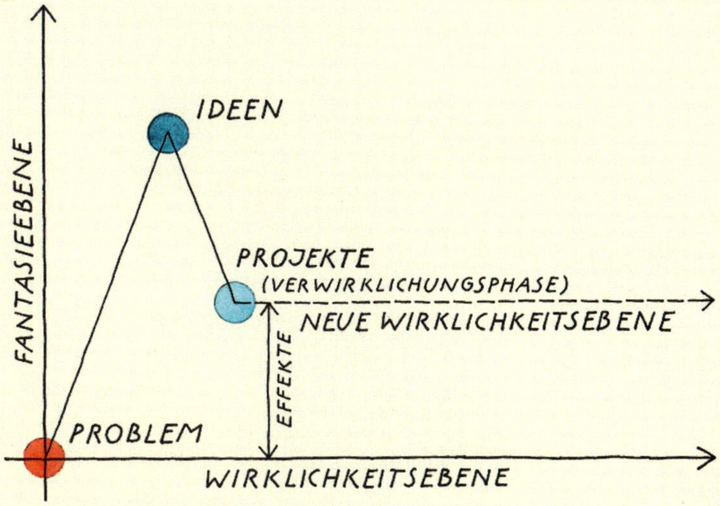

Drei Regeln: Alles ist wichtig
Alle kommen zu Wort
Alle Entscheidungen werden gemeinsam getroffen
www.jungk-bibliothek.at

Methode: Zukunftswerkstatt

Wer eine »Zukunftswerkstatt« plant, sollte vier Phasen berücksichtigen:

1. Sprecht in Begleitung eines Moderators oder einer Moderatorin alle Einwände und Vorwürfe aus, die ihr gegen einen herrschenden Zustand habt (Kritikphase).
2. Formuliert eure vorgebrachte Kritik positiv um: Hier sollte nicht danach gefragt werden, ob ein Vorschlag sinnvoll oder machbar ist (Fantasiephase).
3. Überprüft eure (auch verrückten und utopischen) Vorschläge auf Umsetzbarkeit. Plant dazu ein Projekt und entwickelt Strategien, es umzusetzen (Verwirklichungsphase).
4. Überlegt, wem und wie ihr eure Ergebnisse präsentieren wollt, z. B. in der Schule (Nachbereitungsphase).

Medientipps

Science-Fiction-Filme: 1984 (nach dem Roman von George Orwell); Fahrenheit 451 (nach Ray Bradbury)

Aldous Huxley: Schöne Neue Welt (1932), Frankfurt/Main: Fischer TB 1981 (63. Auflage)

Projekt: Zukunft gestalten – z. B. eine Klassengemeinschaft

Ihr könnt an einem Thema, das euch auf den Nägeln brennt, ausprobieren, ob und wie die Zukunftswerkstatt funktioniert:

- Sammelt, was in eurer Lerngruppe in eine Zukunftswerkstatt gehört.
- Ordnet die Beiträge: Geht es um Streit und Missgunst in der Klasse, um Beteiligung an Entscheidungen im Schulalltag? Steht ein großes Projekt an, das ihr zu organisieren habt?
- Entscheidet euch für ein Thema. Ihr könnt darüber abstimmen. Viel Erfolg!

Q

Und was mich zornig macht, ist, dass mir zwar genug Gehirn in meinen Schädel gestopft worden ist, um zu entdecken, dass da ein unglaubliches Geheimnis die Grundlage unserer Existenz* ist, aber dieses Stückchen reicht eben mit Gewissheit nicht aus, um mir die Antwort darauf zu geben, worin dieses Geheimnis besteht.
Hoimar von Ditfurth, Arzt und Wissenschaftsjournalist (1921–1989)

Vom Mythos zum Logos – zum Mythos?

Angesichts eines Universums voller Ungewissheiten und Rätsel schaltet sich der Mythos ein, um die Dinge zu vermenschlichen: die Wolken des Himmels, das Licht der Sonne, die Stürme des Meeres, all dieses Außermenschliche büßt ein Gutteil seines Schreckens ein, wenn man darin ein Empfindungsvermögen […] zu erkennen glaubt, wie sie jedes Individuum tagtäglich erfährt. Es ließe sich einwenden, diese »Erklärungen« seien kindlich und falsch. Wenn aber der Mythos ein Irrtum ist, sind dann nicht auch die wissenschaftlichen Wahrheiten Irrtümer, die doch verurteilt sind, ständig von neuen Wahrheiten überholt zu werden?

Q Pierre Grimal, französischer Mythenforscher (1912–1996)

1 Denkt nach: Woher rührt die Faszination, die das Unlogische in Mythen und fantastischen Geschichten auf viele Menschen ausübt?

2 Eine Welt ohne Mythen, in der es nur wissenschaftliche Erklärungen gäbe – wäre sie erstrebenswert?

3 Beratschlagt, ob es Phänomene und Vorgänge gibt, die erahnen lassen, dass wir Menschen die Wirklichkeit (noch) nicht voll erkennen können.

4 Frühere Menschen schlossen aus ihren Träumen, dass es außer der Alltagswirklichkeit noch eine zweite Realität gibt: Welche Schlüsse würdet ihr aus den künstlichen Realitäten ziehen, die heute mittels Medien erzeugt werden können?

Wer sind wir?

Mythos (griechisch): ◀ Wort, Rede, Erzählung

Überall erzählen sich Völker Geschichten (Mythen), in denen bedeutsame Fragen fantasievoll beantwortet werden: Wo kommt die Welt mit all ihren verlockenden Schönheiten und beängstigenden Gefahren her? Was ist Sinn und Aufgabe des Menschenlebens? Und: Welches Ende wird das alles einmal nehmen?
Die Maoris Polynesiens erzählten sich folgende Geschichte:

Von Rangi, dem Himmel und Papatua, der Erde …

Einst lebten die beiden in völliger Dunkelheit miteinander und waren sich so zärtlich zugetan, dass sie nicht voneinander geschieden werden konnten. Sie hatten mehrere Kinder, einige davon waren: Tane Mahuta, der Gott des Lichts; Tawhiri, der Gott der Winde; Tu, der Gott des Krieges; Tangaroa, der Gott der Fische; Rongo Matane, der Gott der Süßkartoffel und Haumia Tikitiki, der Gott des wilden Farnkrauts. Tawhiri aber dachte sich einen Plan aus, seine Eltern zu trennen und die anderen Geschwister beschlossen, ihm dabei zu helfen. Das war indessen eine sehr schwere Aufgabe, denn Rangi und Papatua hingen sehr fest aneinander.
Als die Kinder ihr Werk begannen, flehte Papatua sehr, sie bei ihrem Gatten zu lassen, aber Tane ließ sich nicht erweichen, denn er wollte die Eltern voneinander trennen, damit Licht und Luft dazwischen kommen und Bäume, Blumen und Sträucher gedeihen könnten. Tane gab seinem Vater einen starken Stoß, aber der trieb ihn nicht sehr hoch, und Rangi blieb in recht unbehaglicher Lage auf den Spitzen der Hügel hängen. Da schleuderte ihn Tane mit einem noch stärkeren Windstoß zu der ungeheuren Höhe hinauf, in welcher er seitdem verblieb. Herzzerreißend erklang Papatuas Klage um den Gatten, der auf ewig aus ihrer liebenden Umarmung gerissen ward. […]
Als Rangi und Papatua voneinander geschieden waren, begannen Bäume, Sträucher und Blumen zu wachsen. Tane, der Gott des Lichtes, liebte seine Mutter sehr und war stets darauf bedacht, sie immer noch schöner zu schmücken. Er versuchte auf alle Weise, sie zu trösten, aber sie war und blieb sehr unglücklich. Und sein Vater blickte so kalt und gramvoll aus seiner großen Höhe herab, dass Tane Furcht bekam, er könne ihn zu hoch geschleudert haben. – Papatua weinte sehr, als sie ihn so frieren sah. Darum beschloss Tane, seinem Vater ein wärmendes Gewand zu geben und er hüllte ihn in ein Rahuika, das ist ein heiliges rotes Kleid. Er gab ihm auch die Sterne, damit er sie als Augen gebrauchen und durch sie herabschauen könne auf seine geliebte Papatua; aber sie wollten nicht recht passen zu dem Rot des Kleides, in dem sie ihren schönen Glanz verloren, deshalb bekam Rangi noch ein tiefdunkles Gewand, das ihr hell funkelndes Licht besser

Die auf der Osterinsel gefundene Steinzeichnung zeigt ein vogelköpfiges Lebewesen, das das »Ur-Ei« trägt. Es enthält mit den noch ungetrennten Welteltern (Himmel und Erde) die Welt mit all ihren Entwicklungsmöglichkeiten.

hervorhob. Und Tane gab ihm auch Sonne und Mond, dass sie ihm als Augen dienten, um Papatua zu sehen bei Tag und bei Nacht, und Papatua war sehr zufrieden mit ihrem Sohn Tane. […]
Rangi beteuerte Papatua, er könne sie niemals vergessen. Als Zeichen seiner Liebe zu ihr würden seine Tränen, der Regen, auf sie herabfallen und sie immer schöner machen. […] Papatua war getröstet, denn sie fühlte sich von der großen, unwandelbaren Liebe ihres Gatten umgeben, und die zartesten, duftigsten Wolken trugen die Liebesbotschaften von einem zum anderen.

Q Die Scheidung von Himmel und Erde (nach einer Überlieferung aus der Südsee)

Ein Götterlied aus Island

In den Überlieferungen zahlreicher Kulturen findet man den umgekehrten Mythos. So enthält die Völuspâ, eine isländische Sammlung von Helden-Mythen, die Weissagung vom drohenden Weltende:

»Schwarz wird die Sonne, die Erde sinkt ins Meer
Vom Himmel schwinden die heiteren Sterne
Glutwirbel umwühlen den allnährenden Weltenbaum,
Die heiße Lohe beleckt den Himmel.«

Diese Illustration aus der Kölner Bibel um 1478 zeigt den biblischen Noah mit Familie und geretteten Tieren in der Arche.

Fachübergreifend (Geschichte, Geografie, Religion): Sintflutsagen

Weltweit verbreitete Sagen von der Großen Flut dokumentieren nicht nur ein massenhaftes Sterben, sondern auch das heldenhafte Überleben kleiner Menschengruppen, denen ein Neubeginn möglich ist. Recherchiert einige dieser Sintflutsagen. Vergleicht sie unter folgenden Gesichtspunkten:

- Dimensionen und Verlauf der Überschwemmung;
- Techniken des Überlebens;
- »Moralische« Deutungen;
- Bilder und Visionen von der Zukunft.

1 Klärt, welche Elemente der Erzählung von Ranga und Papatua euch aus naturwissenschaftlicher Sicht wahr bzw. möglich scheinen. Was haltet ihr für Fantasie?

2 Findet Gründe, warum Himmel und Erde in Mythen weltweit nach dem Familien-Modell als zeugende »Welteltern« gedeutet werden.

3 Diskutiert: Welcher Typus von Mythen trifft heutiges Lebensgefühl und seine Zukunftserwartungen eher – die von der gerade entstandenen »geordneten« Welt oder die vom bevorstehenden Einsturz dieser Ordnung?

4 Aus der Sicht der Hopis Nordamerikas leben wir heute in der vierten Welt – nachdem die ersten drei wegen Vergehen der Menschen nacheinander durch Feuer, Vereisung und Wasser untergegangen sind. Was müssten wir tun, um unserer Verantwortung für Bestand und Ordnung der jetzigen Welt gerecht zu werden? Erstellt einen Anforderungskatalog.

Wer sind wir?

In der entzauberten Welt von heute gelten göttliche Mächte durch wissenschaftlich bestimmte Kräfte und Naturgesetze ersetzt – der Mensch verlässt sich auf seine eigenen Fähigkeiten, Probleme zu lösen. Sind nun Mythen lediglich überholte Geschichten über Herkunft und Zukunft der Welt und die Stellung des Menschen in ihr – oder enthalten sie eine tiefere Weisheit, die es erst noch zu entdecken gilt?
Nach dem griechischen Mythos löste der Held Ödipus das Rätsel der Sphinx, eines grausamen geflügelten Wesens – halb Frau, halb Löwe (vgl. S.181, Aufgabe 1). So befreite Ödipus die Stadt Theben von dem Ungeheuer, das sich aus Zorn über seine Niederlage in den Abgrund stürzte. Ihr Rätsel hieß: »Ein Zweifüßiges gibt es auf Erden und ein Vierfüßiges mit dem gleichen Wort gerufen, und auch dreifüßig [...]. Die Gestalt ändert es allein von allen Lebewesen, die sich auf Erden, in der Luft und im Meere bewegen. Schreitet es, sich auf die meisten Füße stützend, so ist die Schnelle seiner Glieder am geringsten.«

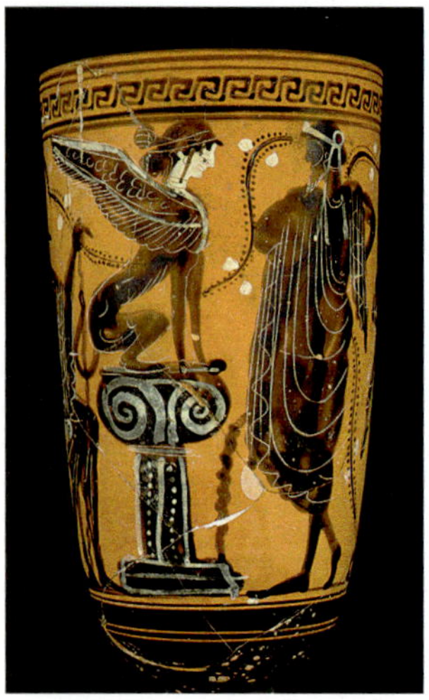

Ödipus und die Sphinx, griechische Vasenmalerei (480 v.Chr.)

Prometheus und die Lage des Menschen

In den Mythen vieler Kulturen trifft man auf die rätselhafte Helden-Figur des Tricksters, eines göttlichen, übermenschlichen (bisweilen auch tiergestaltigen) Kulturbringers. Im griechischen Mythos ist es der Titan Prometheus, der nach seinem und dem Ebenbild der Götter den ersten Menschen aus Lehm erschuf: einen Mann. Im Gegenzug stellten die Götter im Auftrag des Zeus, der die Aktivitäten des klugen Prometheus argwöhnisch beobachtete, Pandora her: die erste Frau. Dieses heimtückische Ding hatte – so der Mythos – eine Büchse unter dem Arm, die alle nur denkbaren Übel, Laster und Krankheiten enthielt. Frau und Büchse wurden nicht dem Prometheus, sondern seinem Bruder Epimetheus als Geschenk übersandt; denn ihn, der nicht gerade klug und weitblickend war, hoffte Zeus eher zu übertölpeln. Und tatsächlich nahm Epimetheus trotz der Warnung seines Bruders vor den Geschenken der Götter Frau und Büchse dankend entgegen. Pandora aber [...] riss, von Neugier getrieben, den Deckel von der Dose. Im Nu war der Teufel los: Ein Übel nach dem anderen entwich und überfiel die bis dahin zufrieden lebenden Menschen. Als Pandora den unflätigen Inhalt erkannte, schloss sie schnell den Deckel. Doch umsonst! Die Büchse war schon fast leer. Zum Inhalt der Büchse gehörte ebenfalls die Elpís (Hoffnung), die die Menschen befähigte, trotz aller Übel weiter zu leben. Prometheus ersann unzählige Listen, um die Lage seiner Schützlinge, der Menschen, zu verbessern. Eine überragende Rolle spielt dabei die Gewinnung des Feuers, einer für die kulturelle und zivilisatorische Entwicklung höchst bedeutungsvollen Errungenschaft. Erst durch den listigen Raub des Feuers (das ursprünglich »Monopol« der Götter war) war der Fortschritt möglich geworden, auf den man so stolz sein durfte.

Q Nach Fritz Jürss: Vom Mythos der alten Griechen

Fachübergreifend (Physik, Chemie, Deutsch): Feuer im Alltag

Auch heute wird Feuer von vielen Menschen verehrt, obwohl dies oft außerhalb religiöser Zusammenhänge geschieht:

- Untersucht alltagssprachliche Wendungen, in denen die magische Kraft des Feuers zum Ausdruck gebracht wird (z.B. »Feuerstuhl« für Motorräder, die Mannschaft »anfeuern«).
- Bei welchen außerreligiösen Ritualen wird Feuer verwendet (z.B. Böller, Kerze, Fackel)?
- Welche weiteren Formen von »Feuer« (d.h. Energie) haben sich die Menschen erschlossen (z.B. elektrischen Strom)?

Afrikanische Dogon stellen den himmlischen Schmied Lu als eiserne Reitergestalt dar, der für die Menschen das Feuer stahl.

1 In einer anderen Variante des Mythos begleitet die Sphinx ihren Sturz mit einem lauten Lachen. Diskutiert, ob Ödipus ihr Rätsel durch seine logische Antwort (der Mensch: als Erwachsener, als Kleinkind, als Greis) wirklich vollständig gelöst hat.

2 Das griechische Wort »elpís« kann mit »Hoffnung«, aber auch mit »Zukunftserwartung« übersetzt werden: Unter welchen Bedingungen ist elpís ein Gut, unter welchen ein Übel?

3 Welche Rolle spielt die weibliche »Neugierde« in der Entwicklung von Kultur, Wissenschaft und Technik, die sowohl der biblischen Eva als auch der Pandora zugeschrieben wird?

4 Die olympischen Götter reagieren neiderfüllt, aber auch entsetzt, als sie die künftigen Auswirkungen des Feuerraubs durch Prometheus in der Menschenwelt beobachten: Überlegt, welche aktuelle »Wahrheit« dieses mythologische Motiv enthält – für eine Menschheit, die das atomare Feuer gezündet hat.

WALTER CRANE, Pandora öffnet die Büchse. Farblithografie (1910)

→← Mythen sind mehr als fantasievolle Kunstprodukte unaufgeklärter Menschen und Zeiten. Sie enthalten zeitübergreifende Wahrheiten über Stellung und Möglichkeiten des Menschen in der Welt; sie transportieren aber auch kollektive Fehlannahmen und Vorurteile.

Logos – was ist das?

Stell dir vor, du könntest mit einer Zeitmaschine zu den alten Griechen reisen und dort fragen: Womit hat alles angefangen – die Welt mit ihren Geschöpfen, der Kosmos? Du bekämest wahrscheinlich sehr unterschiedliche Antworten. HESIOD, ein griechischer Bauer und berühmter Mythenerzähler (etwa 740–670 v. Chr.), würde folgendes antworten:

Zuerst war das Chaos

[gähnende Leere des Raumes], danach die breitbrüstige Gaia [Göttin der Erde], niemals wankender Sitz aller Unsterblichen, die den Gipfel des beschneiten Olymps und den finsteren Tartaros [Unterwelt] bewohnen in der Tiefe der breitstraßigen Erde; weiter entstand Eros [Liebesbegehren], der schönste der unsterblichen Götter, der gliederlösende, der allen Göttern und Menschen den Sinn in der Brust überwältigt und ihr besonnenes Denken. Aus dem Chaos gingen Erebos [finsterer Grund] und die dunkle Nacht hervor, und der Nacht wieder entstammten Aither [Himmelshelle] und Hemere [Tag], die sie gebar, befruchtet von Erebos' Liebe. Gaia brachte zuerst, ihr gleich, den sternreichen Uranos [Himmel] hervor, damit er sie ganz bedecke und den seligen Göttern ein niemals wankender Sitz sei. Weiter gebar sie hohe Berge, liebliche Göttersitze für Nymphen, die zerklüftete Höhen bewohnen. Auch das unwirtliche Meer, das anschwillt und stürmt, erzeugte sie, doch ohne verlangende Liebe. Dann aber gebar sie, von Uranos umarmt, den tiefwirbelnden Okeanos [Ozean]. […] Dann wieder gebar sie Kyklopen, die ein trotziges Herz haben, Brontes [Donner], Steropes [Blitz] und den ungestümen Arges [den Grellen], die Zeus den Donner gaben und ihm den Blitz schmiedeten.

Q HESIOD: Theogonie

Zeus raubt die Jungfrau Europa (griechische Vasenmalerei, 450 v. Chr.)
Für den Philosophen XENOPHANES wurden solche und andere »Geschichten« (Mythen) zum Anlass herber Kritik: »Homer und Hesiod haben alles den Göttern angedichtet, was nur immer bei den Menschen Schimpf und Schande ist: Stehlen und Ehebrechen und sich gegenseitig Betrügen.«

Eine andere Antwort entwickelte der Naturforscher THALES (624–546 v. Chr.), der in Milet lebte, einer Hafenstadt des griechischen Siedlungsgebietes Ionien (heutige Türkei). Seine Antwort lautete:

»Alles entsteht wahrscheinlich aus Wasser«

Thales hatte erkannt, dass alles Lebendige in der Natur feucht ist. Zum Beispiel: die Pflanzen sind feucht, die Lebensmittel sind feucht, der Samen ist feucht, während die Felsen trocken sind und die Leichen schnell austrocknen. Sein Lieblingssatz war: »Das Wasser ist das schönste Ding der Welt.« Vergessen wir im Übrigen auch nicht, dass Thales seine Geistesbildung in trockenen Gebieten wie Ägypten und

THALES ging den natürlichen Ursachen der Dinge nach und gilt als Begründer der (griechischen) Wissenschaft – und als erster Philosoph. So erklärte er beispielsweise das Phänomen des Erdbebens folgendermaßen: Die Erde schwimme als flache Scheibe auf dem Wasser und bebe in Folge von Schwankungen. Im Volksmund dagegen galt der seinen Dreizack in die Erde stoßende Gott Poseidon als Urheber von Erderschütterungen. Die Suche nach einem ersten Ursprung, einem alles erklärenden Prinzip (griechisch: »arché«) markiert den Beginn philosophischen Denkens.

Mesopotamien erhalten hatte, wo der Wasserkult besonders verbreitet war – vor allem auch, weil die Entwicklung der Landwirtschaft und damit das Überleben der Bevölkerung in jenen Ländern den Überschwemmungen zu verdanken war. […] Thales wollte aber mit seiner Gleichung »Wasser gleich Leben« gewiss ein höheres Konzept ausdrücken und nicht einfach nur feststellen, dass in jedem lebendigen Wesen der Erde Wasser enthalten ist. Das Wasser, oder besser gesagt die Feuchtigkeit, war für ihn die Seele der Dinge, das Wesen der Schöpfung. […]

NACH LUCIANO DI CRESCENZO: Geschichte der griechischen Philosophie

Noch nach Jahrtausenden verrät das gestenreich geführte Gespräch etwas über den Rang, den der Logos, das freie und freimütige Wort, bei den Griechen hatte.

Seiten 178 und 182

1 Vergleicht den Mythos der Maoris mit dem von HESIOD. Inwiefern lassen sich Gemeinsamkeiten erkennen, die typisch für Mythen sind?

2 Bei HESIOD steht der göttliche Ozean am Ende der Weltentstehung, bei THALES das Wasser als Urgrund der Dinge am Anfang. Worin liegt das ganz Neue in der Erklärung, die Thales gegenüber den überlieferten Mythen gibt?

3 Entwerft eine Szene, in der HESIOD und THALES ihre jeweiligen Ansichten gegenüberstellen. Sammelt dazu vorher weitere Unterschiede zwischen Mythos und Logos.

Seiten 36 und 37

4 Heutige Weltraumforscher/innen sind überzeugt, dass sich das Weltall seit dem Urknall fortwährend ausdehnt. Diese Bewegung erfolge aber nicht in den leeren Raum, sondern in das »Nichts«. Diskutiert: Kann man unsere Welt mit logischen Mitteln erkennen und beschreiben – oder müssen wir weiter auf Mythen zurückgreifen?

Indem der Mensch unterschiedliche Antworten auf die Fragen nach Herkunft und Entwicklung der Welt sowie nach dem Lebenssinn sucht, verhält er sich typisch »menschlich«. Die große Leistung der frühen griechischen Philosophie war es, zum ersten Mal bewusst nach dem einen Ursprung aller Dinge gefragt und darauf eine vernünftige Antwort gegeben zu haben.

Prinzipien der Wahrheitsfindung

Doch wähnen die Sterblichen, die Götter würden geboren und hätten Gewand und Stimme und Gestalt wie sie.
Doch wenn die Ochsen und Rosse und Löwen Hände hätten oder malen könnten mit ihren Händen und Werke bilden wie die Menschen, so würden die Rosse rossähnliche, die Ochsen ochsenähnliche Göttergestalten malen und solche Körper bilden, wie jede Art gerade selbst ihre Form hätte.
Die Äthioper behaupten, ihre Götter seien stumpfnasig und schwarz, die Thraker, blauäugig und rothaarig.

Q XENOPHANES aus Kolophon (ca. 570–475/70 v. Chr.)

Im Griechenland des 5. Jahrhunderts v. Chr. setzten sich einige Menschen zunehmend kritisch mit Mythen und überlieferter Religion auseinander. Männer wie PROTAGORAS, GORGIAS und KRITIAS, bekannt unter dem selbst gewählten Namen der Sophisten* (»Weisheitslehrer«), zweifelten nicht nur die überlieferten mythischen Mächte, sondern auch das menschliche Erkenntnisvermögen und seinen Geltungsanspruch an. Der wirtschaftlich-kulturelle Austausch mit anderen Völkern hatte den Blick für die Sitten anderer geöffnet – und damit auch den Sinn für die Relativität unterschiedlicher Sichtweisen geweckt. Die Sophisten verstanden sich als Könner ihres Fachs. Für die professionelle Vermittlung ihrer rhetorischen Fähigkeiten an junge Menschen, die Karriere in Wirtschaft, Rechtspflege oder Politik machen wollten, ließen sie sich gut bezahlen.

Der Sophist PROTAGORAS (um 485–415 v. Chr.): »Aller Dinge Maß ist der Mensch, der seienden, dass (wie) sie sind, der nicht seienden, dass (wie) sie nicht sind. – Sein ist gleich jemandem Erscheinen.«

Nicht die, nur unsere Wahrheit kennen wir!

[…] Es ist doch nicht möglich, dass dasselbe Ding zugleich in mehreren Personen, die voneinander getrennt sind, vorhanden ist! Denn dann wäre ja das Eine zwei! Wenn es aber auch in mehreren Personen vorhanden und dasselbe wäre, so spricht doch nichts dagegen, dass es ihnen nicht gleich erscheint, wenn sie nicht in jeder Hinsicht gleich sind und in demselben Körper? Denn wenn es so wäre, dann wäre es eine einzige, aber nicht zwei Personen! Es nimmt aber überhaupt nicht ein und dieselbe Person in derselben Zeit das Gleiche wie sie selber wahr, sondern anderes mit dem Ohr als mit dem Auge, und vorhin und jetzt sind ihre Wahrnehmungen verschieden, so dass schwerlich jemand ganz dasselbe wie ein anderer wahrnimmt!
Es ist daher, wenn es etwas gibt, dies doch nicht erkennbar [und wenn es auch erkennbar ist], so kann es doch keiner dem andern mitteilen, erstens, weil die Dinge nicht Worte sind, und zweitens, weil niemand dasselbe wie der andere [unter ein und demselben Worte] versteht.

Q GORGIAS von Leontinoi

»Jede Herrschaft gibt die Gesetze nach ihrem Vorteil, die Demokratie demokratische, die Tyrannis tyrannische usw. Nach diesen Gesetzen kündigen sie diesen ihren eigenen Vorteil als das Gerechte für die Untertanen an, und jedem, der es übertritt, bestrafen sie, weil er das Gesetz verletzt und Unrecht tue. […] Daraus folgt: Überall ist das Recht dasselbe, nämlich der Vorteil des Mächtigeren.«
THRASYMACHOS, Sophist (ca. 650 v. Chr.)

Die Wahrheit herausfinden? Meinungen

Ich finde, die Sophisten mit ihrer Skepsis haben die Hoffnung auf objektive Erkenntnis und wirkliche Einsicht zu schnell aufgegeben. Wir Menschen haben doch die Möglichkeit, der Wahrheit schrittweise näher zu kommen – in den Wissenschaften. Und darin liegt eine große Chance.
ALEX H., Physikstudent

Vielleicht stimmt es, was einige Sophisten behaupten, dass nämlich das als Recht gilt, was die Stärkeren, die Mächtigen durchsetzen. Auch in unserer Gesellschaft hat ja der Ehrliche, Anständige oft das Nachsehen. Ich denke aber, es wäre ein Fehlschluss zu sagen: So ist die Welt und so soll sie halt sein, also Ellbogen raus und los.
JUREK G., Schüler

Wenn der Satz »Der Mensch ist das Maß aller Dinge« so etwas wie ein Ding ist, das existiert, behaupte ich als Mensch jetzt eben mal, dass es ihn gar nicht gibt.
MARTINA M., Designerin

Seiten ◀ 156–159

1 Informiert euch genauer über die Sophisten*, besonders über ihre Auffassung von Recht und Moral. Wie sähe eine nach ihren Prinzipien gestaltete Gesellschaft aus, etwa in Bezug auf die Geltung der Menschenrechte?

2 Diskutiert, welche Auswirkungen die Relativierung aller Wahrheits- und Geltungsansprüche auf das soziale Miteinander in einer menschlichen Gemeinschaft haben kann.

3. Der Sophist KRITIAS meinte, ein »Schlaukopf« habe die Götter erfunden, um auch noch Kontrolle über die Menschen in ihrer Privatsphäre zu haben. Diskutiert, ob er damit tatsächlich das Wesen der Religion getroffen hat.

→← Die Sophisten haben viele Menschen dazu ermutigt, sich ein eigenes (kritisches) Urteil über Sinn und Wert traditioneller Vorstellungen in Mythos und Religion sowie in Recht und Sitten zu bilden. Daher spricht man in ihrem Zusammenhang von einem Zeitalter der griechischen Aufklärung, das geprägt war durch die Emanzipation (Befreiung) der Vernunft. Der damit verbundene »Relativismus« und »Skeptizismus« wirft grundlegende Probleme der Erkenntnis auf und hat die weitere Philosophiegeschichte nachhaltig beeinflusst.

Was kann ich wissen?

Mit seinem Lehrsatz, der Mensch sei das Maß aller Dinge, hat PROTAGORAS eine Frage beantwortet, die bis heute zugleich fasziniert und beunruhigt: Was ist das – »Wirklichkeit«? Womit können wir Menschen eigentlich zuverlässig feststellen, ob oder wie etwas wirklich »ist«?

Aufbruch aus der Welt der Schatten

Angenommen, du stehst vorm Spiegel und lachst dich selbst an. Bist du jetzt einmal da oder gleich zweimal? Und wer (oder was) ist das, was du im Spiegel siehst? PLATON hat vor langer Zeit eine nachdenklich stimmende Antwort gegeben – in Form eines Gleichnisses.

Der Philosoph PLATON
Seine adligen Eltern gaben ihrem Sohn ARISTOKLES vielfältige Bildungschancen. Und so wurde er zunächst ein in ganz Griechenland bekannter Ringkämpfer. Der bis heute übliche Name PLATON (»der Breite«) erinnert an seine imponierenden Muskelkräfte.

Stellen wir uns eine große Höhle vor und in ihrem Inneren einige Männer, die von klein auf dort so gefesselt sind, dass sie zeitlebens nur auf die rückwärtige Wand sehen und ihren Blick nie dem Ausgang zuwenden können. Im Rücken dieser Unglückseligen, gleich außerhalb der Höhle, verläuft eine ansteigende Straße, die von einer kleinen Mauer gesäumt wird, hinter der andere Männer vorübergehen, die auf ihren Schultern Statuen und Gegenstände jeder Art und Form tragen, so ein wenig wie die Schausteller, die den Zuschauern in der Schattenbühne Puppen zeigen. Die Träger unterhalten sich lebhaft miteinander, und ihre Stimmen werden durch das Echo in der Höhle verzerrt. Hinter dem Ganzen beleuchtet […] ein großes Feuer die Szene.
Frage: Was werden die gefesselten Männer über die Schatten denken und über das Stimmengewirr, das sie hören? Antwort: Sie werden besten Glaubens sein, dass die Schatten und die Geräusche die einzig bestehende Wirklichkeit sind.
Nehmen wir jetzt einmal an, dass es einem von ihnen gelingt, sich zu befreien, sich umzudrehen und so die Statuen zu sehen. Im ersten Augenblick würde er sie, vom Licht geblendet, sehr undeutlich erkennen und die Schatten, die er vorher gesehen hat, für klarer halten. Sobald er aber dann ganz aus der Höhle hinausträte und sich an das Sonnenlicht gewöhnte, würde er bald merken, dass alles, was er bisher gesehen hatte, nur der Schatten der greifbaren Objekte gewesen war. Stellen wir uns einmal vor,

was er seinen Gefährten erzählen würde, wenn er wieder in die Höhle zurückkehrte: »Leute, ihr habt keine Ahnung, da draußen gibt es unglaubliche Dinge! Ein Licht, das ihr euch nicht vorstellen könnt. Dinge, die ich nicht beschreiben kann! Und dann wunderbare, vollkommene, außergewöhnliche Statuen, nicht nur solche unwirklichen Schatten, wie wir sie von morgens bis abends sehen!« Aber sie würden ihm nicht glauben. Bestenfalls würden sie sich über ihn lustig machen, und wenn er dennoch darauf beharrte, dass er die Wahrheit sage, würde man ihn einfach, wie man ja schon bei Sokrates gesehen hat, zum Tode verurteilen.

Q PLATON: Höhlengleichnis

Lara Croft – die visualisierte Idee der Frau?

Was wissen wir von der »wirklichen« Welt?

Gegen den Relativismus der Sophisten* wie Protagoras behauptet PLATON, Menschen hätten ein angeborenes, wenn auch unbewusstes Wissen über alle Dinge dieser Welt (wie etwa über einen Baum), an das sie sich bei der Begegnung mit solchen Dingen dann erinnern. Zur klaren Einsicht in dieses Ideenwissen ist aber ein mühseliges Studium (= Aufstieg aus der Höhle) nötig. Andere Philosophen bestehen aber darauf, dass Allgemeinbegriffe wie »der Baum« erst allmählich durch die Kenntnis vieler verschiedener Bäume entstehen. Wer hat Recht?

PLATON hat unsere Alltagswelt nicht für die absolut wirkliche Welt gehalten, sondern für ein Schattenspiel, das Abbild einer überirdischen »metaphysischen« Welt, in der alles, was wir so im Alltag erleben, noch einmal in reinen, vollkommenen Formen gegeben ist, die er »Ideen« nannte.

1 Fertigt in Partnerarbeit einen »Lageplan« der Höhle und ihrer Umgebung an. Vergleicht anschließend eure Entwürfe.

2 Klärt: Für welche Art menschlicher Erkenntniskraft steht wohl das flackernde Feuer in der Unterwelt; für welche das stetige und helle Sonnenlicht der Oberwelt?

3 Welches Interesse haben die verbliebenen Höhlenbewohner daran, ihren »erleuchteten« Mitmenschen nach dessen Wiederkehr aus der oberen Welt zu verunglimpfen oder gar zu töten?

4 Die modernen Medien konfrontieren uns heute immer mehr mit künstlichen, virtuellen Welten. Woher rührt die Faszination von Helden oder Heldinnen wie z. B. Lara Croft? Haltet ihr solche künstlichen Welten für Schattenbilder oder gehören sie der Wirklichkeit an? Gibt es möglicherweise verschiedene Wirklichkeiten?

Auf der Suche nach Nahrung sind der Fruchtfliege ihre riesigen Facettenaugen eine wichtige Hilfe: Sie bestehen aus fast 3000 Einzellinsen und erlauben dem Insekt eine Rundumsicht. Dieses Foto wurde mit einem Raster-Elektronen-Mikroskop in etwa 40-facher Vergrößerung aufgenommen.
Wie sähe für uns die Welt aus, wenn wir mit Facettenaugen ausgestattet wären? Und wenn die Menschen gar keine Augen hätten, wie sähe sie dann in Wirklichkeit aus?

Eine Frage des Blickwinkels?

Sind wir wie die Höhlenbewohner, von denen Platon berichtet? Sie leiten aus der Wahrnehmung ihrer Umgebung und ihrem Wissen ab, wie die Dinge wirklich sind. Durch moderne Vergrößerungsverfahren wie Raster- oder Transmissions-Elektronen-Mikroskope erscheint die Welt in einem anderen Licht als bei »normaler« Sicht. Kommen wir auf diese Weise der Wirklichkeit der Dinge ein Stück näher? Der Philosoph Ernst von Glasersfeld stellt die radikale These auf, Erkennen und Wissen seien nichts als Konstruktionen (Entwürfe). Daher bezeichnet man ihn als Vertreter des Konstruktivismus.

»Und das Genaue freilich erblickt kein Mensch und es wird auch nie jemand sein, der es weiß […], denn selbst wenn es einem im höchsten Maße gelänge, ein Vollendetes auszusprechen, so hat er selbst trotzdem kein Wissen davon: Schein [meinen] haftet an allem.« ◀

Xenophanes

Unseren Sinnen erscheint er glatt, duftend, süß und gelb – aber es ist keineswegs selbstverständlich, dass der Apfel diese Eigenschaften wirklich besitzt, und ebenso wenig selbstverständlich ist es, dass er nicht auch andere Eigenschaften hat, die unseren Sinnen entgehen. […] was immer wir machen, wir können unsere Wahrnehmung von dem Apfel nur mit anderen Wahrnehmungen vergleichen, niemals aber mit dem Apfel selbst, so wie er wäre, bevor wir ihn wahrnehmen. […] Es ist […] nicht mehr nur zweifelhaft, ob der wirkliche Apfel so glatt, duftend, süß und gelb ist, wie er erscheint, sondern auch, ob da ein wirklicher Gegenstand existiert, der sich als zusammenhängendes Ganzes, so wie wir ihn als »Ding« erleben, von der restlichen Welt absetzt.

Q Ernst von Glasersfeld: Einführung in den radikalen Konstruktivismus

Wahrheit und Wirklichkeit – bloß ein Mythos?

Da ist zunächst die Einsicht, dass Erkennen und Wissen nicht der Niederschlag eines passiven Empfangens sein können, sondern als Ergebnisse von Handlungen eines aktiven Subjekts entstehen. Diese Handlungen sind freilich nicht ein Handhaben von »Dingen an sich«, d. h. von Objekten, die eben schon in einer von der Erfahrung unabhängigen Welt so beschaffen und als Dinge strukturiert gedacht werden müssten […]. Ein […] Beispiel ist der Kinofilm, den wir, je nach den Umständen der Wahrnehmung, als eine Folge einzelner, jeweils verschiedener Bilder sehen oder als eine kontinuierliche Bewegung. Ganz abgesehen davon, ob da zum Beispiel irgendwo und irgendwann ein »wirkliches« Pferd in der Wirklichkeit trabte und dabei gefilmt wurde, wenn wir den Film vorgeführt bekommen, müssen wir die Bewegung als kontinuierliche Veränderung [ein und desselben Pferdes] selber aus der Bilderfolge konstruieren. […]

Aus Sicht der Konstruktivisten sind »Wahrheiten« beliebig und austauschbar. Der Philosoph Karl Popper dagegen hält an der Vorstellung der Wahrheit fest und schlägt folgende Prinzipien der Wahrheitssuche vor:
Das Prinzip der Fehlbarkeit: Vielleicht irre ich und du hast Recht oder umgekehrt, aber wir können auch beide Unrecht haben.
Das Prinzip der vernünftigen Diskussion, in der Gründe für und wider abgewogen werden.
Das Prinzip der Annäherung an die Wahrheit durch ständige Prüfung von Theorien an der Erfahrung.

Ein Maurer, der ausschließlich mit Ziegelsteinen baut, wird früher oder später zu dem Schluss kommen, dass alle Fenster- und Türöffnungen einen Bogen haben müssen, der das obere Bauwerk tragen kann. Wenn der Maurer dann glaubt, er habe ein Gesetz der absoluten Welt entdeckt, so irrt er […]. Was immer wir als Bausteine wählen […], bestimmt Grenzen. Wir erfahren diese Grenzen aber sozusagen nur von »innen«, aus der Ziegelperspektive […]. Die Schranken der Welt, an denen unsre Unternehmen scheitern, bekommen wir nie zu Gesicht. Was wir erleben und erfahren, erkennen und wissen, ist notwendigerweise aus unseren eigenen Bausteinen gebaut und lässt sich auch nur aufgrund unserer Bauart erklären.

Q Ernst von Glasersfeld: Einführung in den radikalen Konstruktivismus

1 Berichtet über eigene Erfahrungen, in denen die Welt für Augenblicke völlig »unwirklich« auf euch gewirkt hat. Wie hat diese Erfahrung eure Vorstellung von »Wirklichkeit« verändert?

2 Analysiert und definiert Begriffe, die im Zusammenhang der Frage, was »Wirklichkeit« ist, auftreten, z. B.: »harte« und gedachte Wirklichkeit; Scheinwirklichkeit, Unwirklichkeit, Überwirklichkeit; Illusion, Betrug, Echtheit.

3 Deute das im Text verwendete sprachliche Bild: Aus welchen Ziegelsteinen konstruiert sich der Mensch sein Erleben, sein Wissen und seine Welt?

4 Verfasse eine Antwort auf folgende These: »Wenn wir keine Chance haben, die Welt wirklich zu verstehen, dann kann sich auch jeder sein Weltbild bauen, wie er gerade möchte.«

Unser Bild von der Wirklichkeit ist Ergebnis unserer eigenen Wahrnehmungs- und Erkenntnisweise – nicht einfach »die« Wirklichkeit. Ob es sich dabei um undeutliche Abbilder wirklicher Urbilder handelt oder um selbst konstruierte individuelle Welten, darüber streiten sich die Philosophen. Ob es so etwas wie wahres, »objektives« Wissen gibt?

Gibt es moderne Mythen?

Die Wissenschaft durchleuchtet, was der Mythos im Fantastischen lässt; Forschungen vermitteln die Zusammenhänge des Seins immer lückenloser. Ist demnach die Zeit der Mythen vorbei – abgelöst durch vernünftige Welterklärungsmodelle? Aber: Ist nicht auch in der hoch technisierten Welt das Mythische allgegenwärtig, auch wenn an die Stelle von Gaia und Zeus andere Götter getreten sind? Was ist es, das den Mythos so faszinierend macht, dass er selbst in unserer entzauberten Gegenwart seinen Platz behauptet?

In der Gesellschafts- und Wirtschaftspolitik werden Gedanken und Konzepte zu Mythen erhoben. Auch politische Bewegungen (der Sozialismus beispielsweise) drücken ihre Anliegen in Bildern mit hohem Wiedererkennungswert und Identifikationsangeboten aus – ihre Ideen und Programme wollen nicht so sehr begründet, sondern geglaubt werden.

Symbol für Marktwirtschaft und Wirtschaftswachstum

Symbol für die Sehnsucht nach Freiheit und einem besseren Leben: »Freiheit, die die Welt erleuchtet.«

LUDWIG ERHARD, der zweite Bundeskanzler der Bundesrepublik Deutschland, verkörpert wie kein anderer den wirtschaftlichen Aufschwung des westlichen Nachkriegsdeutschlands.

Superman: einsamer Kämpfer gegen das Verbrechen. Seine Vorbilder sind der skandinavische Held Sigurd, der babylonische Gilgamesch, der griechische Theseus.

Methode: Begriffe analysieren und definieren

Sinn einer Begriffsdefinition ist es, den in der Alltagssprache unscharfen oder vieldeutigen Bedeutungsgehalt eines Wortes verbindlich festzulegen. Ein erster Schritt hierzu ist die Analyse jener Teilvorstellungen, die bei der Verwendung des Begriffes unausgesprochen mitgedacht werden. Eine Definition ist dann vollständig, wenn alle zum Verständnis des Begriffs mitzudenkenden Bedeutungsaspekte in einem Satz zusammengefasst werden: *Ein Quadrat (Begriff) ist ein Rechteck (Teilvorstellung I) mit vier gleich langen Seiten (Teilvorstellung II).*

Nach Aristoteles benennt eine Definition zuerst die nächst höhere »Klasse« von Vorstellungen [hier die Gattung aller nur denkbaren Rechtecke] und dann das unterscheidende Merkmal [hier die gleiche Länge aller Seiten]. Eine vollständige Definition ist nur bei den rein gedanklichen Gegenständen der Mathematik möglich, während »reale« Dinge oder Vorgänge in aller Regel nicht vollständig und eindeutig definiert werden können. Hier muss es genügen, sich auf eine vorläufige Definition zu einigen, die »nachgebessert« werden kann.

1 Diskutiert, ob und inwiefern die Abbildungen dieser Doppelseite moderne Mythen verkörpern. Findet Unterschiede und Gemeinsamkeiten zu alten Mythen.

2 Führt eine Definition des Begriffs »Mythos« durch (vgl. die obige Methodenerläuterung).

3 Die Alltagssprache enthält viele Anspielungen auf Mythen, z.B: Sisyphus-Arbeit, trojanisches Pferd. Sucht weitere Beispiele und findet ihre mythologischen Bezüge heraus.

4 Diskutiert und begründet: Brauchen wir heute noch oder wieder Mythen?

Mythen können einzelnen Menschen wie ganzen Gesellschaften Anleitung und Hilfestellung für ihre Selbstdeutung und die Ausrichtung ihres Handelns in der Welt geben. Sollen sie positiv zum menschlichen Zusammenleben beitragen, müssen die von ihnen gelieferten Wertmaßstäbe allerdings kritisch geprüft und weiterentwickelt werden. Dies erfordert eine gewisse Entmythologisierung, die aber nicht im Gegenzug dazu führen sollte, Rationalität um jeden Preis zu verabsolutieren. Denn sonst entstünde ein neuer Mythos: der Mythos der Vernunft.

Die pilzköpfige Musikgruppe mit den langen Haaren verkörperte viele Jahre das Lebensgefühl einer gegen Elternhaus und Gesellschaftskonventionen aufbegehrenden Jugend.

Die Titanic galt als unsinkbar – ein Symbol der Überlegenheit menschlicher Berechnung und Konstruktion. Ist mit dem Untergang der Titanic im Jahre 1912 ein Mythos gestorben?

Die Macht der Bilder

Am 30. Januar 1933, dem Tag der so genannten »Machtergreifung« der Nationalsozialisten, inszenierten die neuen Machthaber Fackelzüge mit kämpferischen Reden, die landesweit übertragen wurden.

Am 9. November 1989 meldeten westliche Medien »DDR öffnet Grenzen«. Dies ermutigte in der DDR Tausende von Fernsehzuschauern, an die Grenzübergänge in Berlin zu eilen. Erst ihr massenhaftes Erscheinen führte zur Öffnung der Mauer, die zum Zeitpunkt der Berichterstattung noch geschlossen war.

Der chinesische Staat gewährt seinen 1,3 Milliarden Menschen keine Pressefreiheit. Selbst das Internet unterliegt der Zensur.

Medienmacher/innen bedienen sich der Bilder, um ihre Botschaften nachdrücklicher zu gestalten. Immer häufiger übernehmen Bilder die Aufgabe der Sprache, oft ersetzen sie sie. Wie weit reicht die Macht der Bilder, die uns die Medien als »Wirklichkeit« bieten? Vergrößern sie die menschliche Freiheit? Oder sind sie neue Volksverführer? Warum sind Diktatoren und Führungseliten so sehr daran interessiert, über die Kontrolle von Worten und Bildern die Meinungsbildung zu beherrschen?

Für die Wahrheit sterben?

In ihrem letzten Auftritt trägt die Fernsehreporterin Atwar Bahjat ein Kopftuch, ihre Augen sind geschminkt und blicken direkt in die Kamera. Der arabische Sender al-Arabija zeigte den Bericht seiner prominenten Irak-Korrespondentin am Donnerstagmorgen. Da war die junge Frau schon tot. Ihre Leiche wurde am Vormittag am Ortsrand von Samarra gefunden – jenem Ort, an dem am Tag zuvor Attentäter eine der heiligsten Stätten der schiitischen Muslime in die Luft gesprengt hatten. Atwar Bahjat war dort, um über die Reaktionen auf das Ereignis zu berichten.
Sie war eine der wenigen Frauen, die sich als Reporterinnen im Irak an die Frontlinie wagten, […]. »Wir wollen die Reporterin«, rief ein bewaffneter Mann und feuerte aus einer Menschenmenge heraus in die Luft, während Atwar Bahjat in ihrem Übertragungswagen saß. Sie rief um Hilfe. Da packten Bewaffnete die Journalistin, ihren Kameramann Adnan Kairallah und dessen Ton-Kollegen Khaled Mohsen. Sie zerrten sie aus dem Wagen, stießen sie in ein anderes Auto und brausten davon.

[…] Sehr weit brachte man die Entführten nicht, wie der Fundort der drei Leichen später zeigte. Atwar Bahjat war Sunnitin*; schon das machte sie für ihre Angreifer offenbar zur Feindin. Aber das ist nicht alles: Die Journalistin wollte sich in dem Konflikt nicht auf eine Seite schlagen. »Sie liebte ihr Land, und sie starb wegen ihrer Unabhängigkeit«, sagte Ahmed al-Saleh, ein Kollege von al Arabija.

Q CHRISTIANE SCHLÖTZER: Letzter Auftritt einer mutigen Reporterin (2006)

Bilder sind vieldeutig. Selbst ohne Retusche könnte ein böswilliger Kommentar aus dem abgebildeten Fußballspieler einen gemeinen Foulspieler machen.

Und wenn die Wahrheit selbst stirbt?

Journalisten sollen ihr Publikum mit gesicherten Informationen versehen und damit freie und vielfältige Meinungsbildung ermöglichen. Dabei praktizieren sie das, was eine Demokratie am Leben hält: Kontrolle über staatliche Einrichtungen und Entscheidungen, aber auch Kritik an unhaltbaren Vorgängen oder Zuständen. Investigativer, d.h. »aufspürender« Journalismus ist aber eine riskante Angelegenheit, denn Journalisten leben auch davon, aufregende Meldungen gut verkaufen zu können, um ihren »Marktwert« zu steigern.

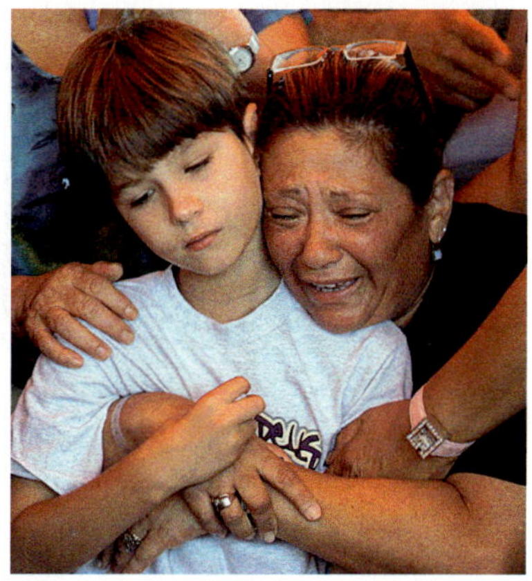

Trauer um den Vater und Ehemann (Acre, Nordisrael 2006): Wo liegen für die journalistische Verpflichtung zur Wahrheit die Schamgrenzen?

Ohne Recherchen, die Missstände aufspüren und aufdecken, bleibt Journalismus eine Volkshochschulveranstaltung. Dabei können auch Fehler passieren. Vom Katheder lässt sich gut über Ethik und Moral im Journalismus räsonieren. Ein Reporter aber, der den Stoff besorgt, der die Informationen und die Dokumente beibringt, arbeitet mit erhöhtem Risiko. Flop und Scoop liegen dicht beieinander. Manchmal ist die beschaffte Information eine Mogelpackung. Jeder Journalist kennt das mulmige Gefühl, ob ein Informant letztlich glaubwürdig ist […].

Q HANS LEYENDECKER: Informationssammler – Detektive oder Journalisten?

1 Weltweit kommen immer mehr Journalisten bei Einsätzen in Krisengebieten zu Tode. Diskutiert: Lohnt es sich, wie ATWAR BAHJAT für eine gute Sache zu sterben?

2 Der Gesetzgeber räumt Menschen und Einrichtungen, die durch Falschmeldungen oder verzerrende Darstellungen betroffen sind, ein Recht auf Gegendarstellung ein. Sammelt Beispiele, wie die Medien mit diesem Recht und den damit verbundenen Pflichten umgehen.

3 Es ist erwiesen, dass Medienberichte über kriminelle Untaten jedweder Art zur Nachahmung verleiten können. Sollten die Medien bei diesen Themen eher »reden« oder schweigen?

4 Entwickelt Vorschläge, wie ihr selbstbestimmt und kritisch mit dem von der Boulevardpresse oft praktizierten »Katastrophen-Journalismus« umgehen könnt.

Die Macht der Bilder

1856 erhielt der Berliner Kaufmann Ernst Theodor Amandus Litfass die Lizenz zur Aufstellung seiner Erfindung, die anfänglich noch multifunktional gedacht war. Heute bedient sich Werbung der unübersehbaren Möglichkeiten von Multimedia; dabei nutzt sie gezielt psychologische Mittel, um neue Bedürfnisse zu wecken.

Plakatwerbung für Litfaßsäulen, um 1856

Bis in die Film-Mythologie dringt verdeckte Werbung. Gestylte Frisur und sonstiges Outfit überstehen alle Abenteuer des Helden unbeschadet. Insider erkennen sogar die Automarke im Hintergrund.

Schöner Schein – fauler Zauber?

Stets aber braucht die Ware noch einen Zettel dazu, der sie lobt. Der sie im Wettbewerb besonders ansprechend macht und sie nicht nur im Schaufenster glänzen lässt. Die gezeichnete und gesprochene Auslage, die große Glocke ihrer heißt Reklame. Sie besonders verwandelt den Menschen ins Heiligste, was es neben Eigentum gibt, in den Kunden.
Auch frühere Zeiten […] hatten eine Art Reklame, doch sie war mehr zufriedenes Selbstlob als Mittel im Erwerbskampf. Sie übersprang, sie ironisierte die Ware […]. Bereits im alten Peking gab es folgende Firmenschilder: über einem Korbgeschäft »Die zehn Tugenden«; über einem Opiumladen »Die dreifache Rechtschaffenheit«; über einer Weinhandlung »Nachbarschaft der Hauptschönheit«; über einem Holzkohleladen »Springbrunnen aller Schönheit«; […]. Doch das sind Gedichte, nicht Kassenmagnete, wenn sie auch als Lockung und sozusagen Übertreibung lange der kapitalistischen Reklame vorhergehen.
Noch schöner als der Dekorateur spielt nun der Werbefachmann auf dem Klavier der Wunschträume; sie im Gereizten unwiderstehlich machend, bis ein Kunde aus ihnen reift. […] Die Reklame macht aus der Ware, auch aus der beiläufigsten, einen Zauber, worin alles und jedes gelöst ist, wenn man sie nur kauft. […] Schaufenster und Reklame sind […] ausschließlich Leimruten für die angelockten Traumvögel. Die so glänzend angepriesenen Waren werden […] der Köder, womit man das Wesen des anderen, sein Geld, an sich locken kann und jedes wirkliche und mögliche Bedürfnis in eine Schwachheit verwandeln will.

Q Ernst Bloch: Licht der Reklame

Fachübergreifend (Deutsch, Kunst, Musik, Politik): Werbespots analysieren und herstellen

Werbefachleute arbeiten daran, die Wirkungen von Bildern, Plakaten und Spots durch immer neue technische und psychologische Effekte zu erhöhen. Welche Leistungen muss ein guter Werbespot erbringen, damit die angepriesene Ware auch tatsächlich den gewünschten Absatz findet? Eine Antwort gibt das AIDA-Modell zur Psychologie der Kaufhandlung:

Attention (Wecken gezielter Aufmerksamkeit)
→ **I**nterest (Information über die Ware)
→ **D**esire (Wecken des Kauf- bzw. Besitzwunsches)
→ **A**ction (Entschluss/Plan zum Erwerb)
→ Kaufhandlung

• Findet an ausgewählten Werbespots heraus, in welcher Reihenfolge und Form die vier Kategorien, die das Modell benennt, umgesetzt werden.

• Untersucht Aspekte psychologischer Überredungstechniken: erzählende Einkleidung (»story«); Überraschungs- und Verfremdungseffekte; Wortwahl, Satzform und Stil; Muster der Personenwahl (z.B. naive Erwachsene gegen kluge Kinder); musikalische Untermalung und akustische/optische Spezialeffekte; Verhältnis von Glücks-/Erfolgsversprechen und Realität.

• Gestaltet in Teams faire Werbespots (oder Anti-Werbespots). Vergleicht eure Ergebnisse.

Stefan Brüggemann, »Nichts« in der Box (2006).
In der Wegwerfgesellschaft ist die Neuheit von Waren bereits so etwas wie ein Gütesiegel. Welche Funktion kommt hierbei der oft aufwändigen Mehrfachverpackung zu?

1 Welche Kritik an erfolgreicher Werbung kleidet Ernst Bloch in das Bild der angelockten Traumvögel? Ist sie berechtigt?

2 Bloch behauptet mit Karl Marx, das »Wesen« des Kunden sei sein Geld. Diskutiert: Ist die freundliche Bedienung, die man teilweise beim Kauf erlebt, ein Widerlegung dieser einschränkenden Sichtweise des Menschen?

3 In welcher Weise kehren in der Traumwelt der Werbung auch Bilder und Motive aus den Mythen wieder?
– ewige Jugend ≈ Anti-Aging-Welle
– Paradies ≈ Wohlstandsgesellschaft
– Allwissenheit der Götter ≈ […]

Die Macht der Bilder

Die informationstechnische Revolution hat zu einem gigantischen Zuwachs an jederzeit verfügbaren Wissensbeständen geführt. Nicht zuletzt das Internet hat die Möglichkeiten von Kommunikation und Freizeitgestaltung beträchtlich erweitert. Was aber machen die auf uns einstürzenden Bilderfluten und Datenmengen aus uns?

Der Angriff fremder Bilder

Gehirnphysiologen haben festgestellt, dass die Verständigung zwischen der linken Gehirnhälfte (für Logik und Sprache zuständig) und ihrem rechten Gegenstück (für Fantasie verantwortlich) während des Fernsehkonsums nahezu unterbrochen ist.

Das Fernsehen ist als ein Medium erkennbar geworden, das seit Jahrzehnten in steigendem Maße spezifische Sehgewohnheiten prägt [...]. Immer mehr Konsumenten der millionenfachen Bilder haben zu glauben begonnen, dass die gelieferten Abbilder der Natur, der gezeigten Ereignisse – authentisch oder nicht – der eigenen Erfahrung gleichgesetzt werden könnten. Bilder, die von weither kommen, aus fernen Ländern, in denen wir nie waren, von Geschehnissen, deren Zeugen wir nicht sein konnten, von Konflikten und Kriegen, die wir mitzuerleben meinen, deren Zeuge wir zu sein glauben, wandern, ob Fiktion, ob Dokumentation, ob Bericht, ob Kriegsreport oder Science-Fiction, anonym, nicht regulierbar, wirr durcheinander in unsere Psyche. Eine »Als-ob-Welt« entsteht in unseren Köpfen: [...] Die bildliche Realität des Fernsehens vermengt sich in unserem Bewusstsein mit derjenigen der Wirklichkeit, beginnt diese zu unterwandern, stört die natürliche Orientierung unseres Sinns für die Realität. So gelangen wir [...] zu dem Begriff des Informationssammlers [...], der zu dem Schluss gekommen ist, dass er unfähig, den Verlauf des politischen Geschehens zu ändern, diesem nur noch Verständnis, aber keinen Handlungsimpuls entgegenbringen kann. [...] Die Bilder dringen in die unbewussten Bereiche der Psyche vor. Wir können, während sie strömen, sie nicht aktiv verarbeiten und zu unseren eigenen machen und überlassen uns ihnen einfach. Die Bilder sind in unseren Köpfen, bevor sie auf dem Schirm erscheinen. Sinn und Verstand wollen sie fassen. Aber sie haben bereits das Bewusstsein passiert, machen den unaufhörlich nachfolgenden Bildern Platz – und für das kritische Wachbewusstsein weitgehend untauglich. Eine vorbei schleichende und sich sammelnde Besatzungsmacht von Bildern in unserem Bildpotential. Sie bleiben im Gedächtnis und irgendwann reagieren wir vielleicht auf sie, ohne es zu wissen. [...] Wir wissen nicht mehr, welche Bilder von uns stammen und welche aus der Ferne kommen.

Im Gegensatz zum herkömmlichen Fernsehen ermöglichen digitale Medien eine aktive Beteiligung des Nutzers. Sind damit alle Bedenken gegen die Invasion der Bilder zerstreut?

Q Norbert Kückelmann: Fernsehen, Film und autonome Bildproduktion

Meinungen, Erfahrungen, Standpunkte

Referate für die Schule sind für mich eher Spaß als Arbeit. Hol ich mir alle samt Bildern aus dem Internet. Und die meisten Pauker merken es nicht.
Charlotte A., Schülerin, 15 Jahre

Mein Computer ist so lahm und alt wie 'ne Dampflokomotive. Was Neues kommt nicht in Frage, seit meine Eltern arbeitslos sind.
Isabel N., Azubi 16 Jahre

Wer behauptet, der Bildschirm würde Menschen zu Einsiedlerkrebsen machen, hat keine Ahnung. Der sollte mal erleben, wenn meine Freunde und ich vor der Spielkonsole sitzen.
Michel U., Student, 19 Jahre

Neulich, als ich im Computer-Kurs für Senioren war, klingelte mein Handy. Ich dachte nur: »Komisch, früher ging's doch auch ohne das alles.«
Willy W., Rentner, 67 Jahre)

»Noch steuern wir von außen durch die Maus oder einen Joystick nur irgendein Symbol oder Männchen auf dem Bildschirm; doch bald wird es in den Computerspielwelten die Regel sein, dass die Monster oder Jagdbomber uns selber angreifen, die wir uns virtuell in dieser künstlichen Welt befinden.«
Florian Rötzer: Vom Bild zur Umwelt

1 Wie (emotional) reagierst du auf Störungen deines Computers? Inwieweit ist das Gerät bereits Teil deines »Selbst« geworden?

2 Welche schulischen und privaten Konsequenzen hätte es für dich, wenn du einen Monat lang auf jegliche Mediennutzung verzichten würdest?

3 Die Anforderungen vieler Berufe sind nur noch mit informationstechnischem Wissen und Können zu bewältigen. So hat der »Mechatroniker« den Automechaniker« abgelöst. Findet weitere Beispiele.

4 Politiker haben sich von der digitalen Revolution auch eine stärkere Teilnahme junger Menschen an den politischen Tagesfragen versprochen. Tauscht eure Erfahrungen aus, inwieweit sich diese Hoffnungen erfüllt haben.

→← Die Möglichkeit, Bilder der Wirklichkeit zu entwerfen, durch deren Macht Menschen und Menschengruppen beeinflusst werden können, ist unübersehbar geworden. Hierin liegen Chancen auf die Erweiterung menschlicher Freiheiten, aber auch Gefahren undurchsichtiger Fremdbestimmung. Indem die modernen Medien immer stärker Bilder einsetzen, übernehmen sie Elemente, die auch dem Mythos eigen sind.

Mythos und Logos – ein Widerspruch?

SALVATORE DALI, Erscheinung des Gesichts der Aphrodite von Knidos in einer Landschaft (1981)

Die überraschende Wiederkehr der Göttin Aphrodite, einer mythischen »Macht«, in einer stark geometrisierten, gleichsam logisch strukturierten Landschaft provoziert die Frage, ob die einseitige Betonung aufgeklärten menschlichen Denkens der »wahren« Wirklichkeit gerecht wird.

Aphrodite (griechisch): Tochter des Zeus, Göttin der Schönheit und Liebe

1 Beschreibe das Bild und erläutere das zentrale Spannungsverhältnis zwischen geometrischen und »natürlichen« Formen.

2 Wie verhalten sich die Gegenpole »Göttin« und »Landschaft« zueinander und welche Schlüsse könnte man daraus für den Menschen ziehen?

3 Entwickle eine Mindmap zu den Begriffen »Mythos« und »Logos«. Die Begriffsfelder dürfen sich überschneiden.

4 Was verstehst du unter »Wirklichkeit«?
Welche Rolle spielt bei deiner Antwort die menschliche Vernunfterkenntnis?

Seite 240 Methode: Einen (philosophischen) Essay verfassen

5 Entwickle ein eigenes Erklärungsmodell der Wirklichkeit in Form eines Essays: »Mythos und Logos – ein Widerspruch?«

Mythische Gestalten der Antike

Amazonen: ein Volk kriegerischer Frauen in Kleinasien (1)
Antigone: die Tochter des Ödipus, die gegen geltendes Recht für sich in Anspruch nimmt, ihren toten Bruder zu bestatten (2)
Dädalus und Ikarus: Dädalus konstruiert ein Gestell, mit dem man fliegen kann. Ikarus hält sich nicht an die Regeln und stürzt in den Tod (3)
Kassandra: Prophetin in Troja, deren Warnungen stets ungehört verhallen (4)
Ödipus: Sohn des Königs von Theben, der seinen Vater tötet und seine Mutter zur Frau nimmt (5)
Prometheus: Titan, der den Menschen erschafft und den Göttern das Feuer stiehlt (6)
Sisyphus: auf ewig dazu verdammt, in der Unterwelt einen Felsbrocken einen Berg hinaufzuwälzen (7)

Projekt: Die Wirkung eines Mythos nachvollziehen

Einigt euch in Kleingruppen auf einen Mythos der griechischen Antike oder einer anderen Kultur: Recherchiert den genauen Inhalt des Mythos sowie seine Wirkungsgeschichte und denkt über seine aktuelle Bedeutung nach. Folgende Fragen können als Anhaltspunkte dienen:

- Beschreibe konkret, wo wir heute noch Mythen begegnen: in Worten oder Redewendungen, in Fantasy-Romanen, Comics oder auch als Statuen auf Straßen und Plätzen?
- Notiert, warum die Themen eines Mythos noch aktuell sind.
- Findet heraus, welche Bedeutung der Mythos in Literatur, Musik und Kunst hat.
- Präsentiert die Ergebnisse eurer Recherchen als Wandzeitung.

Lesetipp

50 Klassiker Mythen. Die bekanntesten Mythen der griechischen Antike, Hildesheim: Gerstenberg Verlag 2000

»Entdeckungen gleichen Mosaiken, an denen viele mitgestalten.«

Q

WOLF SINGER, einer der führenden Hirnforscher in Deutschland

Wissenschaft und Verantwortung

In seinem Drama »Die Physiker« lässt FRIEDRICH DÜRRENMATT Möbius, einen genialen Physiker, der die Weltformel entdeckt hat, in einem Irrenhaus Zuflucht suchen. Dort möchte er sich der Verantwortung gegenüber der Menschheit entziehen. Doch Geheimdienstagenten verfolgen ihn – unter den Namen Newton und Einstein –, um Möbius seine Erkenntnisse zu entreißen.

Möbius […] Es war meine Pflicht, die Auswirkungen zu studieren, die meine Feldtheorie und meine Gravitationstheorie haben würden. Das Resultat ist verheerend. Neue, unvorstellbare Energien würden freigesetzt und eine Technik ermöglicht, die jeder Fantasie spottet, falls meine Untersuchung in die Hände der Menschen fiele.

Einstein Das wird sich kaum vermeiden lassen.

Newton Die Frage ist nur, wer zuerst an sie herankommt.

Möbius lacht.

Möbius Sie wünschen dieses Glück wohl ihrem Geheimdienst, Kilton, und dem Generalstab, der dahinter steht?

Newton Warum nicht? Um den größten Physiker aller Zeiten in die Gemeinschaft der Physiker zurückzubringen, ist mir jeder Generalstab heilig. Es geht um die Freiheit unserer Wissenschaft und um nichts weiter.
Wer diese Freiheit garantiert, ist gleichgültig. Ich diene jedem System, lässt mich das System in Ruhe. Ich weiß, man spricht heute von der Verantwortung der Physiker. Wir haben es auf einmal mit der Furcht zu tun und werden moralisch. Das ist Unsinn. Wir haben Pionierarbeit zu leisten und nichts außer dem. Ob die Menschheit den Weg zu gehen versteht, den wir ihr bahnen, ist ihre Sache, nicht die unsrige.

Einstein Zugegeben. Wir haben Pionierarbeit zu leisten. Das ist auch meine Meinung. Doch dürfen wir die Verantwortung nicht ausklammern. Wir liefern der Menschheit gewaltige Machtmittel. Das gibt uns das Recht, Bedingungen zu stellen. Wir müssen Machtpolitiker werden, weil wir Physiker sind. Wir müssen wissen, zu wessen Gunsten wir unsere Wissenschaft verwenden. […]

Q FRIEDRICH DÜRRENMATT: Die Physiker

1 Klärt, welche Auffassung zur Verantwortung der Wissenschaftler NEWTON und EINSTEIN in dem fiktiven Dialog vertreten. Setzt den Dialog mit der Absicht fort, Möbius zur Preisgabe seiner Weltformel zu bewegen: Wie könnten NEWTON und EINSTEIN ihre jeweilige Auffassung Möbius plausibel machen?

2 Vervollständige den Satz: »Der Wissenschaftler ist verantwortlich für […].« Schreibt eure Beispiele auf Karten und stellt sie auf einer Wandzeitung ordnend zusammen.

Wie Wissenschaftler/innen forschen (1)

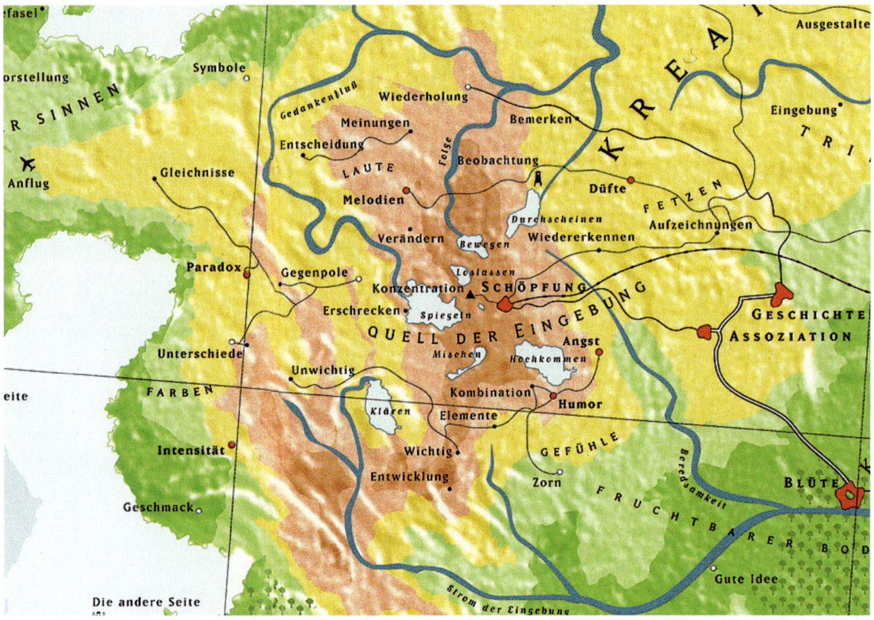

»Ich glaube nicht, dass Kreativität die Gabe einer guten Fee ist. Ich glaube, sie ist eine Fertigkeit, die wie Autofahren geübt und gelernt werden kann. Wir halten die Kreativität nur für eine Gabe, weil wir uns nie bemüht haben, sie als Fertigkeit zu sehen.«
Edward de Bono, britischer Kreativitätsexperte

Atlas der Erlebniswelten (Ausschnitt)

»Wie kommt die Idee in den Kopf?«

Ich besuchte die Schulklasse meiner Tochter, um mit den Schülern einige wissenschaftliche Versuche auszuführen. Bei einem unserer Projekte wollten wir herausfinden, welche Dinge Strom leiten und welche nicht. Dazu schlossen die Kinder eine Batterie und eine Glühbirne mit Hilfe von Drähten zusammen. Die Kinder fügten nun verschiedene Gegenstände zwischen beiden Drähten ein und beobachteten, ob die Glühbirne leuchtete oder nicht. Wenn sie anging, dann handelte es sich bei dem Gegenstand um einen Leiter. Es stellte sich heraus, dass die meisten Leiter aus Metall waren (Büroklammern, Schlüsselanhänger, Zahnspangen usw.) Aber dann gab es für die Kinder eine große Überraschung: Auch (Grafit-) Bleistifte funktionierten als elektrische Leiter, obwohl sie weder glänzten noch metallisch aussahen wie der Rest ihrer Sammlung. […]
Diese kleine Geschichte veranschaulicht viele Aspekte dessen, wie Wissenschaft funktioniert: Man beginnt mit einigen bekannten Ideen, Vorstellungen und Begriffen. Man beobachtet die Welt und probiert verschiedene Dinge aus. Man bildet einen stimmigen Kontext und erkennt Muster, formuliert Hypothesen* und Vorhersagen. Man stößt an Grenzen, an denen das bisherige Verständnis versagt. Man macht plötzlich neue Entdeckungen, weil etwas Unvorhergesehenes passiert, und formuliert neue und umfangreichere Zusammenhänge, mit Hilfe derer man versucht, die beobachteten Dinge und Vorkommnisse zu verstehen.

Q Gregory N. Derry: Wie Wissenschaft entsteht

1 Ihr habt alle schon selbst Experimente im naturwissenschaftlichen Unterricht durchgeführt. Tragt euer Wissen darüber zusammen. Was ist in eurem Kopf passiert, wenn ihr etwas erkannt habt? Nehmt Stellung zu der Aussage von Edward de Bono.

Seite 202 ◄

2 Die kleine Geschichte beschreibt experimentelles Vorgehen in der Physik. Sucht für die einzelnen Arbeitsschritte die entsprechenden »Landschaften« auf der Landkarte und haltet Gemeinsamkeiten und Unterschiede zu euren eigenen Erfahrungen fest.

3 Versucht, ein Flussdiagramm* zu erstellen für systematisches Experimentieren, wie ihr es selbst erlebt habt. Benutzt dabei auch die Begriffe aus der Geschichte und aus der »Landkarte« von Seite 202.

4 Formuliert mit eigenen Worten, was der französische Physiker Henri Poincaré über das Vorgehen der Wissenschaft aussagt. Vergleicht seine Aussagen mit euren persönlichen Erfahrungen und zieht Schlussfolgerungen.

Experimente können zu wissenschaftlichen Erkenntnissen führen. Dabei setzen sich Forscher/innen mit ihrem Gegenüber (z.B. mit der Natur) auseinander – in der Absicht, Muster zu entdecken, um so Abläufe und Zusammenhänge zu verstehen. Wissenschaft ist also eine systematische und an Methoden gebundene Suche nach Erkenntnissen.

»[…] nur zu beobachten reicht nicht aus. Wir müssen unsere Beobachtungen gebrauchen, und dazu müssen wir verallgemeinern. […] Ein Wissenschaftler muss Ordnung schaffen. Wissenschaft ist aus Fakten gebaut wie ein Haus aus Steinen. Aber eine Sammlung von Fakten ist ebenso wenig Wissenschaft wie ein Steinhaufen ein Haus ist.«
Henri Poincaré, französischer Mathematiker und Physiker (1854–1912)

Weltbilder im Wandel

Galt die Erde jahrtausendelang als Zentrum des Universums (geozentrisches Weltbild), rückte im 16. Jahrhundert die Sonne in den Mittelpunkt (heliozentrisches Weltbild). Und heute?

Wissenschaftler untersuchen methodisch kontrolliert nach Regelmäßigkeiten in Naturerscheinungen. Sie leiten aus beobachteten Regelmäßigkeiten Gesetze ab, mit deren Hilfe sie diese Erscheinungen erklären und Prognosen für die Zukunft aufstellen können.

Seit etwa 4.000 Jahren betrachten Menschen den Sternenhimmel und die Bewegungen der Gestirne. Was sie sehen, fassen sie zu ihrem Weltbild zusammen. Das sah anfangs so aus: *Die Erde und damit auch der Mensch stehen im Mittelpunkt des Weltsystems. Die Bewegungen am Himmel verlaufen in Kreisbahnen.* Diesen ersten wissenschaftlichen Erklärungsversuch bezeichnet man als geozentrisches Weltbild (griechisch »geos« – die Erde). ARISTOTELES war einer der einflussreichsten Vertreter des geozentrischen Weltbildes.

ARISTOTELES, griechischer Philosoph (384–322 v. Chr.)

Bis zum Ende des Mittelalters war das geozentrische Weltbild in Europa allgemein verbreitet. Im 16. Jahrhundert erkannte NIKOLAUS KOPERNIKUS, dass sich die Bewegungen der Himmelskörper sehr viel einfacher beschreiben ließen, wenn man annahm, dass statt der Erde die Sonne im Mittelpunkt des Universums stünde.

NIKOLAUS KOPERNIKUS, polnischer Astronom und Kleriker (1473–1543)

GALILEO GALILEI stellte als erster Forscher systematische Himmelsbeobachtungen mit einem selbst erbauten Teleskop an. Er beobachtete, dass der Jupiter von vier Monden umkreist wird. Das war eine Sensation, denn wenn die vier Jupitermonde wirklich dem Jupiter bei seinen Bewegungen durch den Himmel folgten, stand dies im Widerspruch zur Hypothese* des geozentrischen Weltbildes, dass die Erde im Zentrum stehe und dass sich alles um die Erde drehe. Fortan bekannte sich Galilei aufgrund seiner Beobachtungen nachdrücklich zum heliozentrischen Weltbild (griechisch »helios« – die Sonne) als adäquater Beschreibung des Universums.

GALILEO GALILEI, italienischer Mathematiker, Physiker und Astronom (1564–1642)

Forschungsergebnisse der nachfolgenden Jahrhunderte zeigen, dass inzwischen auch das heliozentrische Weltbild überholt ist und deswegen mehrfach verändert und in größere Zusammenhänge gestellt werden musste. Forschungen mit dem Ziel, unser Bild von der Welt genauer zu beschreiben und zu erklären, dauern bis heute an.

Sternzeichen im Jahreskreis

»Was wir nicht wissen, ist erstaunlich. Noch erstaunlicher ist, was wir als Wissen betrachten.«
PHILIP ROTH

KARL RAIMUND POPPER, österreichisch-britischer Philosoph (1905–1994)

Wissenschaft oder Scheinwissenschaft?

Viele Ideen werden als wissenschaftlich dargestellt, damit die Autorität der Wissenschaft ihnen Geltung verschafft. Wie aber kann man herausfinden, ob eine Idee wirklich den Kriterien der Wissenschaftlichkeit genügt? Wie können wir wissen, ob eine Theorie* wie beispielsweise die Astrologie tatsächlich wissenschaftlich ist?
Der Philosoph KARL RAIMUND POPPER sagte dazu: Wissenschaftliche Theorien sind dadurch charakterisiert, dass sie prinzipiell durch die Erfahrung überprüft und widerlegt werden können. Jedes wissenschaftliche System muss an der Erfahrung scheitern (POPPER nennt das »falsifiziert werden«) können. In der Wissenschaft darf es keine Sätze geben, die einfach hingenommen werden müssen.

1 Beschreibe die Abbildungen des geozentrischen und heliozentrischen Weltbildes und falsifiziere (widerlege) auf der Grundlage deiner Beschreibung und deiner eigenen Beobachtungen den Satz: »Die Sonne geht auf – die Sonne geht unter.«

2 Begründet auf der Basis der Aussage von KARL RAIMUND POPPER, warum das geozentrische Weltbild falsifiziert wurde. Inwiefern war dies auch eine Folge der im 16./17. Jahrhundert aufkommenden wissenschaftlichen Methodik*? Findet eine Erklärung, warum dies mit vielen Widerständen der Kirche des 16. Jahrhunderts verbunden war.

3 Sammelt Beispiele für Aussagen aus Astronomie und Astrologie: Sucht nach Gemeinsamkeiten und Unterschieden in der jeweiligen Arbeitsweise.

4 Untersuche Aussagen der Astrologie (z.B. dein Tageshoroskop in der Zeitung) darauf, wie du sie an der Erfahrung überprüfen kannst und wie sie sich widerlegen lassen. Versuche auf der Grundlage deiner eigenen Untersuchung Gründe dafür zu finden, warum Astrologie oft als Schein- oder Pseudowissenschaft bezeichnet wird.

→← Wissenschaftliche Theorien* haben den Charakter von gut begründeten Vermutungen, die jedoch durch neue Erkenntnisse widerlegt werden können. Wissenschaft und Pseudowissenschaft kann man durch die Art der Aussagen unterscheiden, die aus ihnen abgeleitet werden. Die Funktion von Aussagen ist es, Theorien bzw. Hypothesen* zu prüfen und sie gegebenenfalls zu widerlegen. Aus Theorien abgeleitete Aussagen müssen also prinzipiell widerlegbar sein.

Wie Wissenschaftler/innen forschen (2)

Wir alle kennen die Regelmäßigkeit von Ebbe und Flut. Gestattet aber diese kontinuierliche Wiederkehr, die wir zu erkennen glauben, eine sichere Aussage darüber, dass es immer so weitergeht?
Informiert euch, wodurch der Ablauf von Ebbe und Flut verursacht ist.

Kein Mensch kann aus der Flüssigkeit und Durchsichtigkeit des Wassers oder aus der Helle und Wärme des Feuers ohne Erfahrung erschließen, dass es ihn ersticken bzw. verbrennen würde. Kein Gegenstand enthüllt durch seine typischen Eigenschaften die Ursachen, die ihn hervorgebracht haben oder die Wirkungen, die aus ihm entstehen werden; auch kann unser Denken ohne Unterstützung durch die Erfahrung nie auf das wirkliche Dasein und auf Tatsachen schließen.

Q NACH DAVID HUME, schottischer Philosoph (1711–1776)

Alle Schwäne sind weiß?

Es ist ein weit verbreitetes Vorurteil, dass wissenschaftliche Forschung mit dem Sammeln von Beobachtungen beginnt, in diesen Beobachtungen ein Muster erkannt und dieses dann zu einer Theorie* verallgemeinert wird. Menschen rechtfertigen danach ihr Wissen, indem sie auf Erfahrungen verweisen. Die Übertragung besonderer Sätze (z. B. über Beobachtungen) auf ein allgemeines Gesetz bezeichnet man als »Induktionsschluss«.
Ein solcher Schluss ist jedoch lediglich wahrscheinlich und nicht sicher. Aus noch so vielen Beobachtungen von weißen Schwänen kann man nicht den Satz schlussfolgern: »Alle Schwäne sind weiß.« Der Grund ist, wir können nie ganz sicher sein, ob eine allgemeine Aussage über die Welt wirklich wahr ist, wie die Existenz* schwarzer Schwäne zeigt. Aus diesem Grund sollte die Blickrichtung eine andere sein: Wissenschaftliche Hypothesen* müssen kritisch überprüfbar sein. Wenn aus einer wissenschaftlichen Hypothese Sätze abgeleitet werden können, die an der Erfahrung überprüfbar sind, nennt man dieses Verfahren: die deduktive Überprüfung von Theorien.

deduktiv: den Einzelfall aus dem Allgemeinen ableiten
induktiv: vom Einzelnen zum Allgemeinen hinführen

Das Fundament unseres Wissens

So ist die empirische [auf Erfahrung beruhende] Basis der objektiven Wissenschaft nichts »Absolutes«; die Wissenschaft baut nicht auf Felsengrund. Es ist eher ein Sumpfland, über dem sich die kühne Konstruktion ihrer Theorien* erhebt; sie ist ein Pfeilerbau, dessen Pfeiler sich von oben her in den Sumpf senken – aber nicht bis zu einem natürlichen, »gegebenen« Grund. Denn nicht deshalb hört man auf, die Pfeiler tiefer hineinzutreiben, weil man auf eine feste Schicht gestoßen ist: Wenn man hofft, dass sie das Gebäude tragen werden, beschließt man, sich vorläufig mit der Festigkeit der Pfeiler zu begnügen.

Q KARL RAIMUND POPPER: Logik der Forschung

Das steinzeitliche Pfahldorf Unteruhldingen am Bodensee

»Alles Wissen ist Vermutungswissen. Wir wissen zwar ungeheuer viel, aber nichts wissen wir absolut sicher.«
KARL RAIMUND POPPER

1 Vergleicht eure Informationen zum Ablauf von Ebbe und Flut mit der Aussage DAVID HUMES. Was würde HUME einem Physiker oder Geografen von heute auf seine Erklärung antworten?

2 Sucht Beispiele, in denen induktiv oder deduktiv auf ein Gesetz geschlossen wird.

3 Informiert euch über die Bauweise von Pfahlbauten. Stellt einen Zusammenhang her zwischen der Tragfähigkeit des Untergrundes bei Pfahlbauten und dem Fundament der Wissenschaften. Welche Konsequenzen zieht ihr aus diesem Gedankenbild für die Vorgehensweise von Forschern?

→← Wissenschaftliches Arbeiten ist gekennzeichnet durch die systematische Suche nach Strukturen und Gesetzen. Ziel ist es, wissenschaftliche Theorien* zu entwickeln, die einen möglichst großen Bereich von Phänomenen (Erscheinungen) erklären sowie Voraussagen über zukünftige Ereignisse ermöglichen.
Wenn man von wiederholten Ereignissen aus verallgemeinert, denkt man induktiv. Bei der Deduktion wird der Einzelfall aus einem allgemeinen Gesetz abgeleitet.
Wissen muss unterschieden werden vom »Meinen« und »Vermuten«. Gesetze sollten so formuliert sein, dass sie auf einem möglichst sicheren Fundament ruhen. Aus den wissenschaftlichen Gesetzen müssen Aussagen abgeleitet werden können, die jederzeit an der Erfahrung überprüfbar sind. Führt die Überprüfung zu einem Widerspruch, so muss die Aussage der Theorie neu und damit anders gefasst werden.

Ziele der Wissenschaften

»Kunst und Wissenschaft, Forschung und Lehre sind frei.« Artikel 5, Absatz 3 des Grundgesetzes

Wissenschaftsethik

Seite 208

Das dem Wissenschaftler eingeräumte Recht auf freie Forschung und Lehre ist [...] kein Freibrief für beliebige wissenschaftliche Untersuchungen und Experimente. Die Freiheit der Wissenschaft muss wie jede andere Freiheit verantwortet werden und ist somit rechtfertigungspflichtig.
Die Verantwortung des Wissenschaftlers ist eine doppelte; eine *interne* und eine *externe*. Seine interne Verantwortung wird ihm durch sein Berufsethos diktiert: herauszufinden, wie die von ihm erforschten Dinge sich in Wahrheit verhalten. [...] Seine externe Verantwortung gegenüber der Gesellschaft besteht darin, dass er auf potenzielle Risiken von Projekten aufmerksam macht, vor möglichen Gefahren durch Missbrauch warnt und auf Forschungen verzichtet, die voraussehbar schädigende, in keinem vernünftigen Verhältnis zu ihrem erhofften Nutzen stehende Folgen haben.

Q ANNEMARIE PIEPER: Einführung in die Ethik

LOUIS PASTEUR, ein französischer Biologe, entwickelte u.a. Impfstoffe gegen verschiedene Krankheitserreger – hier in seinem Labor, 1885.

Seite 208

1 Nennt verschiedene Ziele und Motive, die Wissenschaftler/innen beim Forschen leiten.

2 Sucht Oberbegriffe für die einzelnen Motive der Forscher. Sammelt in Arbeitsgruppen Argumente für die jeweilige Forscherperspektive.

3 Führt einen kritischen Diskurs zu den unterschiedlichen Gründen.

4 Die Philosophin ANNEMARIE PIEPER denkt über die moralischen Rahmenbedingungen nach, unter denen Wissenschaftler forschen. Sind ihre Überlegungen zur Freiheit der Wissenschaft mit den zusammengestellten Zielen der Wissenschaft vereinbar?

Seite 240
Methode:
Einen (philosophischen) Essay schreiben

5 Schreibe, aufbauend auf den Überlegungen von PIEPER, einen Essay über Freiheit und Verantwortung in den Wissenschaften. Zur Vorbereitung kannst du auch noch einmal den Dialog auf der Auftaktseite 201 lesen.

→← Ziel der Wissenschaft ist es, ein Denk-Modell zu erstellen, mit dessen Hilfe man Phänomene und Erscheinungen erklären kann. Ein solches Modell hilft, verlässliche Prognosen zu erstellen zur Lösung aktueller und zukünftiger Probleme. Dabei müssen mögliche Risiken der Forschung mitbedacht werden.
Motive für die Forschungsarbeit mögen sich unterscheiden – ihre Forschungsergebnisse müssen jedoch verantwortet werden.

Verantwortung in der Forschung

Verantwortlich handeln

Stell dir vor, ein Mann namens George hat gerade seinen Doktor in Chemie gemacht; er empfindet es als äußerst schwierig, einen Job zu finden. George ist nicht sehr gesund, dieser Umstand reduziert die Anzahl der Stellen, die für ihn in Frage kommen. Georges Frau ernährt seit einigen Jahren die Familie. Dies ist für sie insofern besonders belastend, als sie zusätzlich die Betreuung der drei gemeinsamen kleinen Kinder sicherstellen muss, da George wegen seiner Forschungen selten zuhause ist. Großeltern und Nachbarn können nur in Ausnahmefällen die Kinderbetreuung übernehmen. All diese Umstände wirken sich negativ auf die Entwicklung der Kinder aus.
Ein Labor, das an Waffen zur chemischen Kriegsführung arbeitet, macht George ein überaus großzügiges Angebot für einen sicheren Arbeitsplatz.

Q NACH LUDWIG FRESE: Abenteuer im Kopf

Stell dir vor, du seiest George und müsstest dich entscheiden. Was tust du? Begründe deine Entscheidung. Würde sich etwas ändern, wenn George überzeugter Pazifist* wäre?

Seite 93 Methode: Über ein Dilemma nachdenken

Der Philosoph GÜNTER ROPOHL erläutert anschaulich, welche Fragen man beantworten muss, wenn man verantwortliches Handeln erklären will.

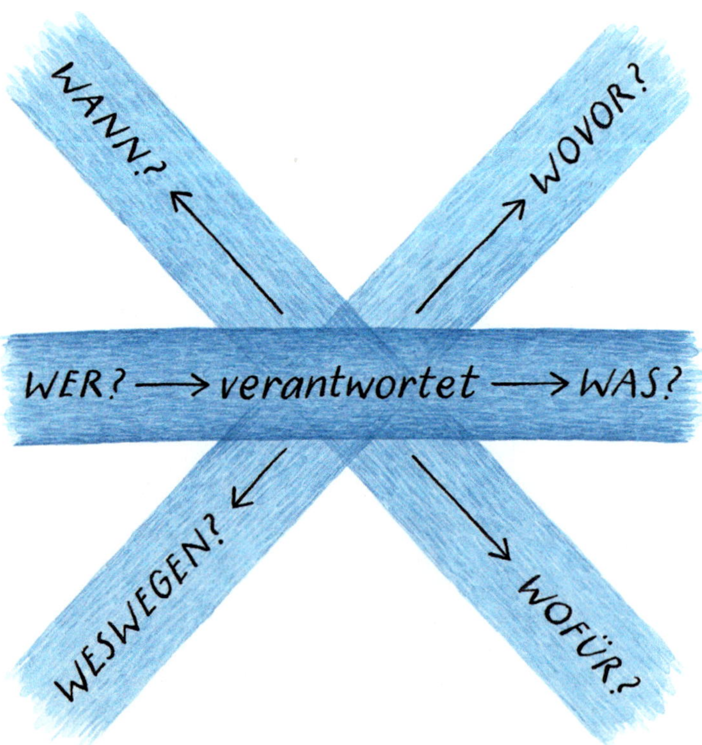

Etwas verantworten hieß ursprünglich: »einem Richter auf die Frage antworten, was man getan hat, weil einem eine bestimmte Tat und deren Folgen zugerechnet werden.«

Verantwortung für andere

1 Analysiere die Bilder auf dieser Seite und beantworte die Frage: Um welche Arten von Verantwortung handelt es sich?

2 Beantworte die Fragen von Günter Ropohl für die in den Bildern dargestellten Arten von Verantwortung.

3 Kommt noch einmal auf das Eingangsbeispiel zurück: Handelt George verantwortlich, wenn er die ihm angebotene Stelle in dem Labor annimmt?

4 »Verantwortlich ist man nicht nur für das, was man tut, sondern auch für das, was man nicht tut« (Laotse).
Welche Konsequenzen haben die Worte Laotses für den jeweils Handelnden, z.B. für George. Suche nach weiteren Beispielen, um die Position Laotses zu verdeutlichen.

Seiten 140/141 ◄

Verantwortung ist ein mehrstelliger Relationsbegriff, dessen Kern daraus besteht, dass es ein Subjekt und ein Objekt der Verantwortung gibt. Je nach Ausprägung der Elemente der Verantwortungsrelation kann man unterschiedliche Typen der Verantwortung unterscheiden.

Forschung zwischen Freiheit und Selbstbeschränkung

In einem Gespräch mit BERND KUBBIG stellt der Atomphysiker und Friedensforscher CARL FRIEDRICH VON WEIZSÄCKER* einen Zusammenhang her zwischen der technischen Möglichkeit der Herstellung von Massenvernichtungswaffen und der Notwendigkeit von Friedensforschung.

Hiroshima (Japan), fotografiert am 27. November 1945

»Hiroshima war ein tiefer Schock«

Kubbig Kein Physiker hat alle Facetten der Atomproblematik so beständig umfassend und tief durchdacht wie Sie. Weltweit hat sich kein Physiker professionell der Sache des Friedens, bei der das Element der Rüstungsminderung eine zentrale Rolle spielt, jahrzehntelang so verschrieben wie Sie. Ist Ihr vielfältiges Engagement direkt oder indirekt auch auf die Atombombenabwürfe vom 6. und 9. August 1945 zurückzuführen?

von Weizsäcker Mein Engagement ist zurückzuführen auf die Erkenntnis, welche im März 1939 wohl wenigstens 100 Physiker auf der Erde hatten, dass Atombomben als Folge der Kettenreaktion vermutlich möglich wurden. Hiroshima war nur der Schock, dass das Problem definitiv vorliegt.

Kubbig [...] Könnten Sie [...] Ihre Position, und vielleicht auch die Ihrer Kollegen [...], einmal kurz darlegen?

von Weizsäcker Meine Position ergab sich aus drei Folgerungen, die ich schon im März 1939 gezogen hatte:

A. Wenn Atombomben möglich sind, wird es in der heutigen Menschheit jemanden geben, der sie herstellt.
B. Wenn Atombomben hergestellt sind, wird es jemanden geben, der sie einsetzt.
C. Beides folgt aus der jahrhundertealten politischen Institution des Krieges. Also hat die Menschheit jetzt nur noch die Wahl, entweder die Institution des Krieges zu überwinden oder sich selbst zugrunde zu richten.

Kubbig [...] Wie war Ihre unmittelbare Reaktion auf die Atombombenabwürfe?

von Weizsäcker Hiroshima, als Angriff auf eine bewohnte Stadt, war für mich ein tiefer Schock. Und die Bombe war früher da, als ich [...] gehofft hatte. Meine Erwartungen A und B waren erfüllt. Nun ist C die große Aufgabe.

Kubbig [...] In Ihren »Unabgeschlossene[n] Aufzeichnungen vom August 1945« [...] haben Sie geschrieben: »Heute tragen wir, und zwar jeder von uns, der geholfen hat, die Kenntnis des Atomkerns zu fördern, mit an der

Schuld am Tode von 90.000 Männern, Frauen und Kindern, mit an Verwundung und der Heimatlosigkeit von Hunderttausenden. [...] Die Verantwortung für das, was im August 1945 in Japan geschehen ist, kann von der Gruppe, die die Bombe entwickelt hat, nicht genommen werden.« [...] Fragen hierzu, Herr von Weizsäcker:
1. Gibt es so etwas wie eine »Kollektivverantwortung« oder gar »Kollektivschuld« aller an den damaligen Atomprogrammen beteiligten Physikern?
2. Sprechen Sie den US-Wissenschaftlern im Hinblick auf Hiroshima und Nagasaki eine besondere Verantwortung zu? [...]

von Weizsäcker 1. Es gibt keine legale, keine von außen vorwerfbare Kollektivverantwortung. Aber wer von uns darf damit sein spontanes Mitschuldempfinden verdrängen? Dieses Empfinden ist eine Gewissenspflicht.
2. Natürlich hatten die Physiker, die die Bombe faktisch hergestellt haben, den meisten Anlass zu solchen Gewissenregungen. Und sie wandten sich alsbald der Friedenssicherung als Hauptpflicht zu. Nur das war für sie der Trost, ja die dann mit der Atombombe verbundene Hoffnung. [...]

Nach der Explosion einer Atombombe über Nagasaki (Japan) im August 1945

Fachübergreifend (Geschichte, Politik): Atombombenabwürfe

Eine Vielzahl von politischen und militärischen Gründen hat 1945 zum Abwurf von Atombomben geführt.

- Informiert euch in Kooperation mit dem Geschichtsunterricht über die Hintergründe der Atombombenabwürfe vom 6. und 9. August 1945 in Hiroshima und Nagasaki.
- Welche Rolle spielte die Atomforschung in Nazi-Deutschland? Dokumentiert die Ergebnisse eurer Recherche.
- Benennt und diskutiert Gefahren der Weiterverbreitung von Atombomben in der heutigen Zeit.

1 Überlegt, warum Forschungsfreiheit, Verantwortung und Selbstbeschränkung zusammen gedacht werden müssen.

»[...] der Forscher [ist], da er keine Gewalt über die Anwendung seiner Entdeckung hat, auch nicht für den Missbrauch verantwortlich. Sein Produkt ist Wissen und nichts sonst. [...] Die Wissenschaft an sich und in der Person ihrer Diener ist unschuldig, gewissermaßen jenseits von Gut und Böse. Plausibel, jedoch zu einfach. Die Gewissenkämpfe der Atomforscher nach Hiroshima deuten darauf hin.«
Hans Jonas, deutsch-jüdischer Philosoph (1903–1993)

2 Diskutiert die Argumentation von Carl Friedrich von Weizsäcker hinsichtlich der Verantwortung der Forscher. Sammelt Argumente dafür und dagegen.

3 Welche Konsequenzen für den Umgang mit Atomforschung auf dieser Welt würdet ihr ziehen? Bildet zwei Gruppen: Eine Gruppe sucht nach Argumenten für verstärkte Forschungen in Risikobereichen; die andere Gruppe sammelt Argumente aus der Perspektive von Carl Friedrich von Weizsäcker. Führt nach dieser Vorbereitung ein Streitgespräch zum Thema: »Forschung zwischen Freiheit und Selbstbeschränkung«.

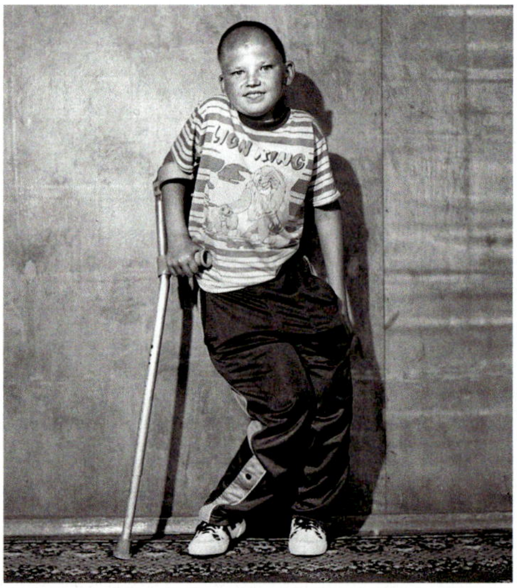

Als am 25. April 1986 der sowjetische Kernreaktor in Tschernobyl eine Fehlfunktion hatte, war die Auswirkung der Katastrophe nahezu global. Nachdrücklicher denn je stellten viele Menschen die Frage nach den Risiken von Atomkraftwerken.
Die nukleare Explosion setzte große Mengen an radioaktiver Materie frei. Es bildeten sich gefährliche Aerosole, die in einer radioaktiven Wolke teilweise tausende Kilometer weit getragen wurden und dann niedergingen. (Aerosol ist ein Gas, das feste oder flüssige Stoffe in feinstverteilter Form enthält.)
Vor allem zahlreiche Kinder im weiten Umkreis des Reaktors sind an Krebs erkrankt. Weitere Langzeitfolgen des Unglücks können bis heute nicht abgeschätzt werden.

Kernenergie: Geschenk der Natur – oder Fluch …?

In seinem Buch »Das Prinzip Verantwortung« analysiert der Philosoph Hans Jonas die Herausforderung durch die moderne Technik und formuliert einen »Imperativ« zum Umgang mit ihr:

Die moderne Technik hat Handlungen von so neuer Größenordnung, mit so neuartigen Objekten und so neuartigen Folgen eingeführt, dass der Rahmen früherer Ethik sie nicht mehr fassen kann. Man nehme zum Beispiel die kritische Verletzlichkeit der Natur durch die technische Intervention des Menschen. Nicht weniger als die gesamte Biosphäre des Planeten ist dem hinzugefügt worden, wofür wir verantwortlich sein müssen, weil wir Macht darüber haben. […]
»Handle so, dass die Wirkungen deiner Handlungen nicht zerstörerisch sind für die künftige Möglichkeit solchen Lebens« oder einfach: »Gefährde nicht die Bedingungen für den Fortbestand der Menschheit auf Erden.«
Hans Jonas: Das Prinzip Verantwortung

Fachübergreifend (Physik, Politik): Formen der Energiegewinnung – Risikoabschätzungen

Wissenschaftliche Entdeckungen finden in der Regel ihre Anwendung in der täglichen Praxis. Eine langfristige Lösung des Energieproblems schien durch die Kernenergie gefunden. Aber dann explodierte der Kernreaktor in Tschernobyl.

- Informiert euch in Zusammenarbeit mit dem Physik- und Politikunterricht über unterschiedliche Methoden der Energiegewinnung. Bildet Interessengruppen, die sich mit einer Form der Energiegewinnung näher beschäftigen wollen.
- Sucht im Internet oder in der Bibliothek nach Daten über die Verteilung der einzelnen Energiequellen. Formuliert Fragen hinsichtlich der Risikoabschätzung und dokumentiert diese Fragen mit Hilfe eurer Recherche-Ergebnisse auf Wandzeitungen. Berücksichtigt dabei auch Aspekte, die in der aktuellen Tagespolitik diskutiert werden (z.B. die Abschaltung von Atomkraftwerken in Deutschland).
- Stellt eine Beziehung her zwischen Hans Jonas' »Imperativ« für den Umgang mit moderner Technik und den Daten eurer Recherche. Welche Formen der Energiegewinnung entsprechen Jonas' Vorstellungen?

Forscher/innen kommen im Rahmen ihrer Forschungstätigkeit manchmal zu Ergebnissen, deren Anwendung globale Konsequenzen nach sich ziehen können. Einmal veröffentlicht, haben die Forscher keinen Einfluss mehr auf die Nutzung ihrer Ergebnisse. Aus diesem Grunde ist es notwendig, Freiheit und Verantwortung und gegebenenfalls auch Selbstbeschränkung miteinander zu verbinden. Die Frage »Darf der Mensch alles, was er technisch vermag?« muss jeder Forscher verantwortungsvoll selbst beantworten. Bürger und Politiker sind gehalten, gesetzliche Rahmenbedingungen zu schaffen, die einen Missbrauch oder einen leichtfertigen Einsatz verhindern.

Darf der Mensch alles, was er kann?

Maschinenmenschen – hat die Zukunft begonnen?

Die Glasscheibe, die Karl immer noch von ihr trennt, spiegelt die schwarzen Buchstaben wider, die auf dem blauen Besucherkittel genau über seiner Brust stehen: AUIII. Das ist die Abkürzung für »Artificial Uterus III«. Hier fing es an, hier fing er an.

Karl sieht sie durch das beschlagene Glas, seine Mutter, die Maschine, seine Maschinenmutter. Dort steht sie, in sanftes Licht getaucht.

Meine Mutter ist eine Maschine. Ich bin ein Maschinenkind. Er möchte aufschreien, sich dieses Bild von der Seele schreien. Hier steht er, der erste Maschinenmensch, geboren 1999.

»Seht her, ich bin's«, möchte er rufen. »Man nennt mich den Kalten Karl. Zu Recht wohl, die Schraube fällt nicht weit von der Maschine.« [...]

Die neue Zeit der Supermütter, die Zeit der Muttermaschinen ist längst angebrochen. Sein Blick tastet jedes Detail dieser Gebärerin ab.

Das Wichtigste an ihr ist natürlich der Bauch, gefertigt aus stufenlos dehnbarem Kunststoffmaterial. Er hat die Form eines eiförmigen Balles, länglich und rund zugleich. Als er als Achtzeller hineinkam, hatte der künstliche Uterus, so hatte Karl gelesen, gerade einen Umfang von fünfzehn Zentimetern. Als er nach neun Monaten herauskam, war die elastische Kugel auf einen Umfang von neunzig Zentimetern angewachsen.

Die Bauchwand ist nicht dünn und glasklar, eher trübe und dick, aber trotzdem durchsichtig. Karl sieht – wie in einem Aquarium leicht vergrößert und etwas verzerrt – ein kleines Kind darin schwimmen. Es füllt den Plastikbauch ganz aus; seine Arme, Beine und der Kopf sind gut zu erkennen. So hat auch er sich einmal in diesem Apparat gekrümmt, Beine und Arme angezogen. [...]

Ein seltsames Gefühl steigt in ihm hoch. Empfindet er so etwas wie Dankbarkeit und Zuneigung sogar zu dieser Mutter?

Er schüttelt den Kopf, schüttelt dieses abstruse Gefühl ab. Wie hat er nur vergessen können, was sie ist. Dafür sieht er sie jetzt umso klarer, eine bittere Einsicht.

Sie ist eine seelenlose Maschine.

Und niemand kann eine Maschine lieben. [...]

Die Nabelschnur des Kindes pulsiert. Karl versucht vergeblich die Stelle zu orten, wo sich die Nabelschnur mit

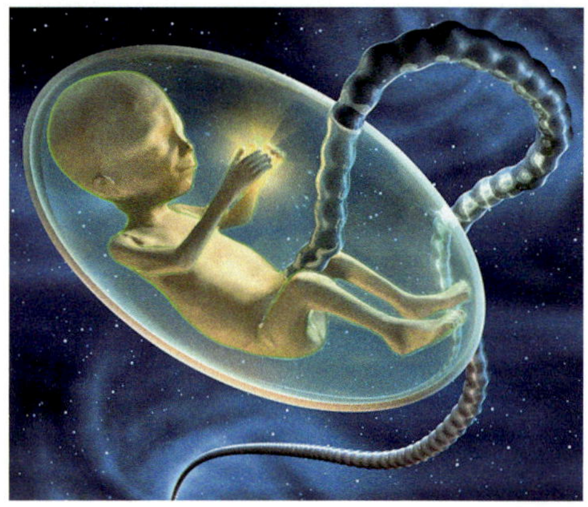

Lesetipp:

Wenn du mehr über die Geschichte des Karl Meiberg lesen willst:

Charlotte Kerner: Geboren 1999, Weinheim und Basel: Beltz & Gelberg 1995 dem Kasten am Fußende verbindet. Hier steht sie, die künstliche Plazenta, ein Ergebnis der – wie stand das noch gleich in der Akte? – »Ergebnis der vereinten, langjährigen Bemühungen von Biochemikern, Gynäkologen, Technikern und Pädiatern, mit dem die Bundesrepublik früher als erwartet eine internationale Spitzenstellung in der Medizintechnik erwerben konnte.« […] Du glückliches 21. Jahrhundert! Nur unter den besten Bedingungen gebrütete Kinder leben in dir, glückliche Menschen aus glücklichen Maschinen.

Q CHARLOTTE KERNER: Geboren 1999

»Im Ganzen […] ist das Problem, wie der gewaltigen Verantwortung entsprochen werden kann, die der schier unwiderstehliche wissenschaftliche Fortschritt sowohl auf seine Träger wie auf die ihn genießende oder erleidende Allgemeinheit legt, noch gänzlich ungelöst, und die Wege zu seiner Lösung liegen im Dunkeln. Nur die Anfänge eines neuen Bewusstseins, das eben erst […] erwacht […], geben Hoffnung, dass wir uns freiwillig Schranken der Verantwortung auferlegen und unserer so groß gewordenen Macht nicht erlauben, zuletzt uns selbst […] zu überwältigen.«
HANS JONAS

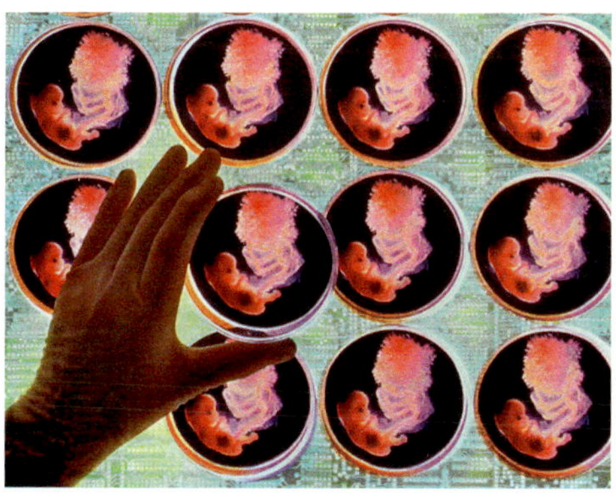

Embryonen als Ersatzteillager?

Jonas 7 ist ein Duplik. Er lebt mit vielen anderen Dupliks in einem so genannten Hort, abgeschottet von der Welt, und muss nichts anderes tun als Sport treiben, sich richtig ernähren und auf seine Gesundheit achten. Nur eine Bedrohung gibt es in diesem idyllisch anmutenden Leben: den FRASS. Eine Krankheit, die plötzlich und völlig unbemerkt auftritt, die alle Organe befallen und die nur mit der sofortigen Entfernung des jeweiligen Körperteils »geheilt« werden kann. Die grausame Wirklichkeit, die dahintersteckt, ahnt keiner der Dupliks: Sie sind genetische Zwillinge von in der »normalen« Welt lebenden Menschen und müssen jederzeit als Ersatzteillager fungieren, Eines Tages ist auch Jonas vom FRASS befallen …

Q BIRGIT RABISCH: Duplik Jonas 7

1 Informiert euch über die Technik des Klonens im Biologieunterricht oder im Internet. Welche Vorteile hätte die Existenz eines Dupliks für euch im Falle eines Autounfalls, bei dem ihr z. B. beide Augen verloren hättet?

2 CHARLOTTE KERNER beschreibt in ihrem Roman »Geboren 1999« eine Vision wissenschaftlichen Fortschritts. Im Nachwort fragt sie: »Wollen wir bestimmte biotechnische Entwicklungen überhaupt?« Beantwortet diese Frage, indem ihr das Bild des Babys »nach Maß« in eure Überlegungen einbezieht.

3 Diskutiert: Hat HANS JONAS Recht, wenn er die Anfänge eines neuen Bewusstseins sieht, das uns daran hindert, »zuletzt uns selbst zu überwältigen«? Oder tun die Menschen zuletzt stets, was sie technisch können?

www.ethikrat.org

4 Informiert euch über den Nationalen Ethikrat: Zu welchen Themen haben seine Mitglieder seit seiner Gründung 2001 Stellung genommen? Welche Möglichkeiten einzuschreiten hat der Ethikrat, wenn aus seiner Sicht ethische Bedenken gegen biotechnische Entwicklungen bestehen?

Darf der Mensch alles, was er kann?

Das Milgram Experiment – oder: vom fehlenden Mut zum Ungehorsam

Eines der bekanntesten, aber auch umstrittensten Experimente der Psychologie ist das so genannte Milgram-Experiment. Die Frage, die der amerikanische Sozialpsychologe Stanley Milgram in den 1960er Jahren beantworten wollte, bezog sich auf die Bereitschaft ganz normaler Menschen, sich einer Autorität zu beugen und offensichtlich »unmenschliche« Anforderungen zu befolgen. Das Experiment wurde 1985 von der Grazer Psychologin Grete Schurz leicht abgewandelt und führte zu ähnlichen Ergebnissen.

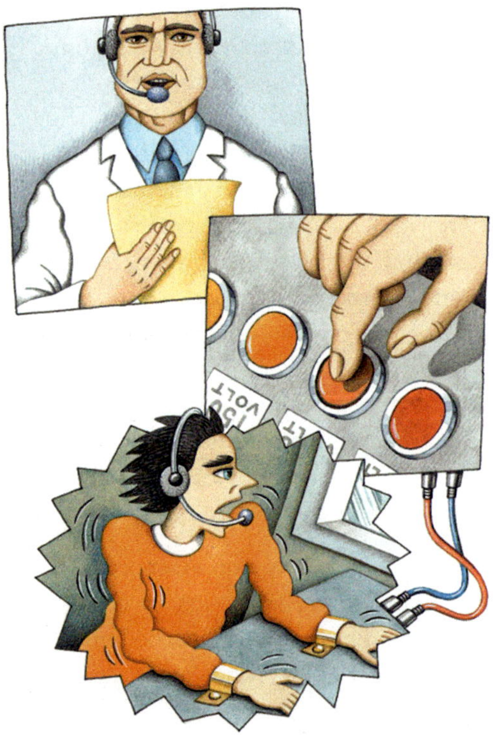

Es nehmen jeweils zwei Versuchspersonen an einem Experiment teil. Der Versuchsleiter erläutert den Probanden, dass untersucht werde soll, welche Auswirkung Bestrafung auf das Lernen hat. […]
Die Aufgabe des Lehrers besteht nun darin, jedes Mal, wenn der Schüler eine falsche Antwort gibt, die jeweiligen Schalter mit den sich steigernden Elektroschocks zu betätigen. […]
In Wirklichkeit ist der »Schüler« ein Schauspieler, die Schocks sind nicht real. Die Versuchsperson wird aber in dem Glauben gelassen. […]
Nun beginnt das eigentliche Experiment. Der Lernende antwortet zu Anfang mehrfach richtig und einige Male falsch. Bei jedem Fehler bedient der Lehrer ordnungsgemäß den nächsten Knopf und bestraft somit seinen Schüler mit vermeintlich immer stärkeren Stromstößen. Beim fünften Schock angelangt (75 Volt), beginnt der Schüler zu stöhnen und zu klagen. Bei 150 Volt bittet das Opfer darum, das Experiment abzubrechen und bei 180 Volt schreit es, dass es den Schmerz nicht mehr aushalten könne.
Nähert sich das Experiment dem Punkt, an dem der mit »Gefahr: extremer Stromstoß« gekennzeichnete Knopf vom Lehrer betätigt werden muss, hört er das Opfer im Nebenraum an die Wand hämmern. Der Schüler fleht regelrecht darum, dass man ihn aus dem Nebenraum befreien möge. Der Versuchsleiter erläutert dem Probanden, dass es sich bei dieser Reaktion natürlich um eine falsche Antwort handle und fordert den Lehrer auf, den nächsten Schalter mit der entsprechend höheren Voltzahl zu betätigen. […]
Natürlich reagierten die Versuchspersonen auch emotional auf die offenkundige Notlage ihrer Opfer. Einige protestierten, andere schwitzten, zitterten, begannen zu stottern oder zeigten andere Zeichen der Anspannung. Dennoch gehorchten sie den Anweisungen des Versuchsleiters. […]

Das Muster von Befehl und Gehorsam funktioniert nicht nur in offen gewalttätigen Gruppen. Auch in Familien und Schulen, in der Arbeitswelt und im Freizeitbereich gibt es Abhängigkeiten zwischen Menschen, die von Angst und Unterdrückung, manchmal auch von Bedrohung und Hass, geprägt sind: Tauscht dazu eure Erfahrungen aus.

CHRISTIAN HANS GEORG SAEHRENDT, Der Betriebsrat (1997)

STANLEY MILGRAM kommentierte die Ergebnisse seines Experiments so: »Ich habe ein einfaches Experiment an der Yale-Universität durchgeführt, um herauszufinden, wie viel Schmerz ein gewöhnlicher Mitbürger einem anderen zufügen würde, einfach weil ihn ein Wissenschaftler dazu aufforderte. Starre Autorität stand gegen die stärksten moralischen Grundsätze der Teilnehmer, andere Menschen nicht zu verletzen, und obwohl den Testpersonen die Schmerzensschreie der Opfer in den Ohren klingelten, gewann in der Mehrzahl der Fälle die Autorität. Die extreme Bereitschaft von erwachsenen Menschen, einer Autorität fast beliebig weit zu folgen, ist das Hauptergebnis der Studie, und eine Tatsache, die dringendster Erklärung bedarf.«

Die große Mehrheit der Versuchspersonen, mehr als 62 Prozent, ging bis zum Ende der Skala (450 Volt), auch wenn einige Versuchspersonen durch vier sich steigernde Aufforderungen des Versuchsleiters dazu verbal gedrängt werden mussten: »Bitte fahren sie fort!« – »Bitte machen Sie weiter!« – »Das Experiment erfordert, dass sie weitermachen!« – »Sie müssen unbedingt weitermachen!« – »Sie haben keine Wahl, Sie müssen weitermachen!«

1 Versetzt euch in die Rolle der »Opfer« oder in die Rolle der »Drücker«. Beantwortet – jeder für sich – die Frage: »Wie lange hätte ich bei dem Experiment mitgemacht?« Notiere deine Gründe dafür oder dagegen. Berücksichtige auch deine emotionale Reaktion.

2 Versucht eine Erklärung: Warum haben sich so wenige Versuchspersonen den Anweisungen des Leiters widersetzt?

3 Experimente in den Sozialwissenschaften müssen sich, ebenso wie naturwissenschaftliche Versuche, ethischen Fragen stellen. Wer ist in dieser Versuchsanordnung in welcher Hinsicht verantwortlich: die Versuchspersonen, der Versuchsleiter, derjenige, der den Versuch entworfen hat?
Untersucht, ob sich die Antworten unterscheiden. Sucht gemeinsam nach Gründen.

Der Glaube an die Autorität der Wissenschaften ist offenbar so groß, dass wir erst einmal geneigt sind, ihren Richtlinien fraglos zu folgen. Verantwortungsvolle Forschung setzt aber die Berücksichtigung aller durch die Forschungsergebnisse Betroffenen voraus. Gleichzeitig muss eine Kontrollmöglichkeit der Gesellschaft gegeben sein, damit ökonomische Interessen, die oft hinter den wissenschaftlichen stehen, nicht das Allgemeinwohl dominieren.

Die Eule wird schon im antiken Athen mit der Weisheit in Verbindung gebracht: Sie sieht auch im Dunkeln, gilt als ernst und nachdenklich. So ist die Eule als Begleiterin der Weisheitsgöttin Athene zum Symbol geworden – für die Aufhebung des (dunklen) Nichtwissens und die Philosophie.

Das Ende der Eulen

ich spreche von euerm nicht,
ich spreche vom ende der eulen.
ich spreche von butt und wal
in ihrem dunkeln haus,
dem siebenfältigen meer,
von den gletschern,
sie werden kalben zu früh,
rab und taube, gefiederten zeugen,
von allem was lebt in lüften
und Wäldern, und den flechten im kies,
vom weglosen selbst, und vom grauen moor
und den leeren gebirgen:
auf radarschirmen leuchtend
zum letzten mal, ausgewertet
auf meldetischen, von antennen
tödlich befingert floridas sümpfe
und das sibirische eis, tier
und schilf und schiefer erwürgt
von warnketten, umzingelt
vom letzten manöver, arglos
unter schwebenden feuerglocken,
im ticken des ernstfalls.
[…]
ich spreche nicht mehr von euch,
planern der spurlosen tat,
und von mir nicht, und keinem.
ich spreche von dem was nicht spricht,
von den sprachlosen zeugen,
von ottern und robben,
von den alten eulen der erde.

Q Hans Magnus Enzensberger, deutscher Dichter und Schriftsteller (geboren 1929)

1 Lest das Gedicht laut vor und lasst es auf euch wirken. Notiert dann – jeder für sich – die gedanklichen Verknüpfungen (Assoziationen), die sich beim Zuhören eingestellt haben. Versucht, die wesentliche Aussage des Gedichtes zu bestimmen und bezieht dabei die Erklärung zur Eule als Symbol der (menschlichen) Weisheit mit ein.

2 Beantwortet gemeinsam die Frage: »Wohin führen die Wege der Wissenschaft?« Berücksichtigt dabei eure Gedanken zum Gedicht sowie Aussagen zur Verantwortung der Wissenschaften, die ihr auf den vorherigen Doppelseiten kennen gelernt habt.

3 Überlegt gemeinsam, welchen Beitrag zur Verantwortung ihr persönlich übernehmen könnt, z.B. im Umgang mit Energie, Wasser, Müll.

Methode: Ergebnisse präsentieren

Für eine gelungene Präsentation ist es notwendig, dass sie gut vorbereitet ist und dass frühzeitig festgelegt wird, wie präsentiert werden soll und wer was vorstellt.

Wie? Ihr könnt zwischen verschiedenen Visualisierungsmöglichkeiten auswählen?

- großformatige Plakate (Poster)
- Wandzeitungen
- Folien (Overhead-Projektion) oder PowerPoint
- Tafel oder Flipchart
- Szenisches Gestalten, usw.

Wer? Bereitet die Vorstellung in Gruppen vor. Je nach gewählter Präsentationsform wählt ihr einen Gruppensprecher, der die gemeinsam erarbeiteten Ergebnisse erläutert. Präsentieren mehrere Personen, müsst ihr die Einzelbeiträge genau absprechen. Aufmerksamkeit erreicht ihr, wenn ihr berichtet, was die Gruppe besonders interessiert hat und wie ihr bei der Arbeit vorgegangen seid.

Was? Bei der inhaltlichen Gestaltung könnt ihr euch an folgenden Merkmalen orientieren:

- Einfachheit und Verständlichkeit;
- übersichtliche Gliederung und Ordnung;
- nicht zu weitschweifig, aber auch nicht zu knapp;
- lebendig, die Interessen der Zuhörer/innen berücksichtigend.

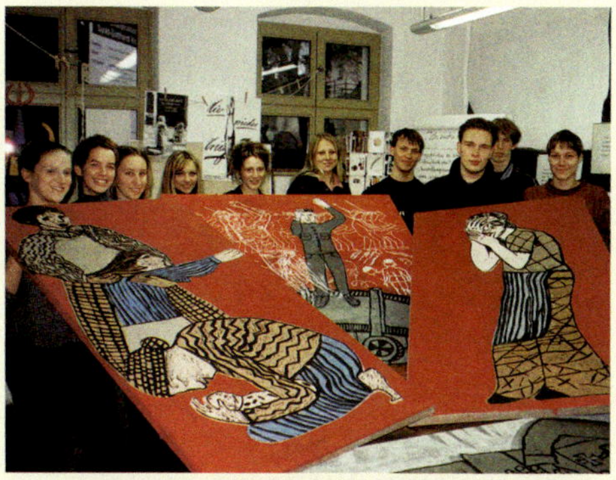

Projekt: Ein ethisch umstrittenes Thema präsentieren

Informiert euch in Interessengruppen über ein Gebiet der angewandten Ethik, das durch den wissenschaftlichen Fortschritt besonders brisant ist, z.B.: Tierversuche, therapeutisches Klonen (von Menschen), Euthanasie* (vgl. S.72/73), Organtransplantation, Geschlechtsumwandlungen, Klimawandel, Waldsterben, Artenschutz.

- Ordnet die gewonnenen Informationen unter sinnvolle Gliederungspunkte und unterscheidet dabei zwischen Tatsachen, gelösten und ungelösten naturwissenschaftlichen Problemen sowie umstrittenen ethischen Fragen.
- Gestaltet daraus ein Referat und präsentiert dieses in der Lerngruppe.
- Lasst euch anschließend von den Zuhörern ein Feedback* geben – anhand der im Methodenkasten genannten Merkmale zur inhaltlichen Gestaltung.

Lesetipp

Josef W. Seifert: Visualisieren. Präsentieren. Moderieren. Das Standardwerk, Offenbach: GABAL Verlag 2001 (17. Auflage, 2005)

Blauer Schmetterling

Flügelt ein kleiner blauer
Falter vom Winde geweht,
Ein perlmutterner Schauer,
Glitzert, flimmert, vergeht.
So mit Augenblickswinken,
So im Vorüberwehn
Sah ich das Glück mir winken,
Glitzern, flimmern, vergehn.

HERMANN HESSE

Der Wunsch, ein glückliches Leben zu führen, ist ein elementares Bedürfnis. Zu jeder Zeit und an jedem Ort dieser Welt waren und sind Menschen auf der Suche nach dem Glück.

Doch was ist Glück? Was ist das »gute«, sinnvolle Leben, das viele anstreben?

Glück und Sinn des Lebens

Hoch- und Tiefpunkte im Leben – ein Beispiel im Glücksdiagramm

1 Überlege für dich persönlich, in welchen Momenten deines bisherigen Lebens du besonders glücklich oder unglücklich gewesen bist. Veranschauliche deine Überlegungen in einem Diagramm.

2 Tauscht euch in einem stummen Schreibgespräch über eure persönlichen Vorstellungen von »Glück« aus. Wählt dabei eine freie oder, wie abgebildet, die Form einer Mindmap.

3 Präsentiert eure Ergebnisse und versucht dabei eine Erklärung, was unter »Glück« zu verstehen ist.

4 Sucht Zitate und Sprichworte zum Thema »Glück«, die euch gefallen, und erstellt eine Collage.

Medientipp

In der Schul- oder Stadtbücherei findest du Sammlungen von Sprüchen, Sprichwörtern und Lebensweisheiten. Eine weitere ergiebige Quelle ist das Internet.

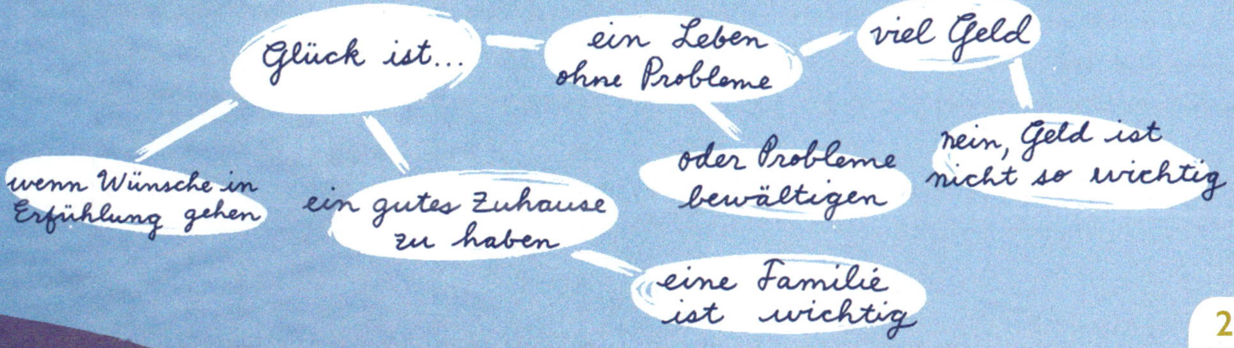

Glück – Geld, Spaß und Genuss?

Das Wort »Glück« kann im Deutschen sowohl den günstigen Zufall als auch einen Zustand des Wohlergehens meinen; wir können »Glück haben« oder »glücklich sein« [...]. Gerade deswegen ist es wichtig, den Begriff »Glück« [...] für die Bezeichnung von Zuständen des menschlichen Wohlergehens zu reservieren und vom günstigen Zufall zu unterscheiden, der dieses Wohlergehen mehr oder weniger stark beeinflussen kann.

Q MARTIN SEEL, deutscher Philosoph (geb. 1954)

Was ist notwendig, um das menschliche »Wohlergehen« zu gewährleisten? Welche Rolle spielen Besitz und Geld? Darüber gehen die Ansichten auseinander.

»Geld allein ist das absolut Gute«

Die Wünsche der Menschen sind hauptsächlich auf Geld ausgerichtet. Es wird ihnen oft zum Vorwurf gemacht, dass sie das Geld über alles lieben. Es ist jedoch ganz natürlich [...], das zu lieben, [...] durch das man sich jeden Augenblick einen Wunsch oder ein Bedürfnis erfüllen kann. Jeder andere Besitz kann nämlich nur *einen* Wunsch oder *ein* Bedürfnis erfüllen: Nahrung ist nur für den Hungernden gut, Wein nur für den Gesunden, Medikamente nur für den Kranken [...]. Folglich sind sie alle nur relativ gut. Geld allein ist das absolut Gute: weil es nicht nur die Erfüllung eines konkreten Bedürfnisses ermöglicht, sondern die Erfüllung aller Bedürfnisse.

Q ARTHUR SCHOPENHAUER, deutscher Philosoph (1788–1869)

»Den Drang nach Geld stillt weder Silber noch Gold«

»Geld macht nicht glücklich. Aber es gestattet uns, auf verhältnismäßig angenehme Weise unglücklich zu sein.« Amerikanische Redewendung

Wer reich ist, macht sich darum nicht weniger aus dem Reichtum und wer Überflüssiges besitzt, verliert keineswegs das Bedürfnis nach Überflüssigem. Von welchem Übel also befreit der Reichtum, wenn nicht einmal vom Hang zum – Reichtum? Das ist beim Trinken und Essen anders: Getränk löscht das Begehren nach Getränk, Nahrung stillt das Verlangen nach Nahrung. Den Drang nach Geld aber stillt weder Silber noch Gold und das Mehr-Haben-Wollen hört mit dem Mehrerwerb nicht auf. Zum Reichtum kann man nur sagen wie der Patient in der Komödie zu dem Arzt mit dem Wunderrezept: »Dein Mittel macht nur, dass mein Leiden schlimmer wird.«

Q PLUTARCH, griechischer Schriftsteller und Philosoph (45–125)

Die Bedürfnispyramide*

Der amerikanische Psychologe ABRAHAM MASLOW erforschte gesunde, erfolgreiche und sich glücklich nennende Menschen. Dabei entdeckte er, dass man die menschlichen Bedürfnisse durchschnittlich in einer bestimmten Rangfolge ordnen kann.

Seite 242 ◄

»Gesundheit ist nicht alles, aber ohne Gesundheit ist alles nichts.« ARTHUR SCHOPENHAUER zugeschrieben

1 Kann man Glück haben und trotzdem unglücklich sein? Erklärt mit eigenen Worten die Behauptung MARTIN SEELS, der Begriff »Glück« solle sich nur auf das menschliche Wohlergehen beziehen.

2 Vergleicht die Positionen SCHOPENHAUERS und PLUTARCHS: Wie schätzen die beiden Philosophen die Rolle des Geldes für das Glücklichsein ein? Welcher Position könnt ihr eher zustimmen?

3 Tragt in kleinen Gruppen menschliche Bedürfnisse zusammen und bringt diese in eine Rangfolge. Vergleicht eure Ergebnisse mit der Bedürfnispyramide* von ABRAHAM MASLOW und diskutiert die Überzeugungskraft der unterschiedlichen Rangfolgen anhand von Beispielen.

4 Erstelle eine persönliche Bedürfnispyramide und gestalte dazu ein Plakat.

Seite 224 ◄

5 Wie schätzt ihr selbst die Bedeutung des Geldes für das Glücklichsein ein? Bezieht die Karikatur in eure Überlegungen ein.

Die Frage, was »Glück« im Sinne des menschlichen Wohlergehens ausmacht, haben Menschen von jeher unterschiedlich beantwortet. Nach MASLOW gibt es eine hierarchische Abstufung menschlicher Bedürfnisse: Die Basis bilden elementare lebenserhaltende Bedürfnisse; mit jedem Schritt nach oben wächst jener Bereich, der individuell gestaltet werden kann. Die heutige Glücksforschung bestätigt dieses gedankliche Modell. Es gilt als erwiesen, dass die Stillung von Grundbedürfnissen die notwendige Voraussetzung bildet, um auch so genannte höhere Glücksstufen wie Anerkennung und Selbstverwirklichung erreichen zu können.

Glücksvorstellungen – hier und dort

Vorstellungen vom Glück – wie kommen sie zustande? Sicher ist, dass sich Glücksdefinitionen mit dem politischen, sozialen, wirtschaftlichen und kulturellen Umfeld verändern. Und so dürfte eine Suche nach Glück in verschiedenen Kulturen neben Gemeinsamkeiten auch Unterschiede ergeben. In einem literarischen »Brief« lässt der Reiseschriftsteller HANS PAASCHE den Afrikaner LUKANGA MUKARA eine Sicht des Glücks formulieren, die sich erheblich von der der Mitteleuropäer unterscheidet.

Die Sungu und das Glück

Ich ging einem großen Rauch nach und kam in einen Trupp von Leuten, die denselben Weg gingen. Es waren Männer und Frauen, die alle nicht froh aussahen. Ich fragte einen jungen Sungu [Europäer], weshalb er so schnell gehe, ob es da, wo er hingehe, etwas Schönes zu sehen gäbe? Er lachte spöttisch und unfreundlich und sagte, er gehe zur Arbeit und wenn er zu spät komme, schelte »der Alte«. Und der Eilige hatte nicht Zeit, mit mir weiter zu sprechen.

Es gibt überhaupt keinen Sungu, der es nicht eilig hat. Jeder hat immer etwas vor und jetzt weiß ich auch, weshalb der Sungu, der Kitara [Fantasieland in Afrika] bereiste, die Männer oft fragte: »Was arbeitest du?« Und weshalb er sich erregte, wenn er die Antwort bekam: »Tinkora mlimo mingikala.« – »Ich arbeite nicht; ich bin vorhanden.« Das erboste ihn, weil es in Deutschland keinen Mann gibt, der ohne Arbeit zufrieden sein dürfte; es sei denn, er habe viel Geld. Sie arbeiten alle, weil sie Geld haben wollen. Und wenn sie Geld haben, benutzen sie es nicht dazu, sich Glück zu verschaffen, was ja nichts kosten würde, sondern sie lassen sich von anderen, die Geld gewinnen wollen, einreden, sie müssten, um glücklich zu sein, alle möglichen Dinge kaufen. Dinge, die ganz unnütz sind und da gemacht werden, wo der Rauch aufsteigt.

Ich glaube, ein Mann, der mit wenigem auskommt und nichts kauft, ist in Deutschland nicht angesehen. Ein Mann aber, der sich mit tausend Dingen umgibt, die er aufbewahren, beschützen, verschließen und reinigen, ja, die er täglich ansehen muss, der gilt etwas. Und solch ein Mann kann doch zu nichts Rechtem Zeit haben, er kann auch nichts Nützliches tun. Er wird immer auf seinen Sachen sitzen müssen, anstatt in die Welt hinauszugehen und Lieder kennenzulernen.

Q LUKANGA MUKARA: Briefe aus Kitara (1912/13)

Fachübergreifend (Geografie, Politik): Arm, aber glücklich?

Kirsten Resch arbeitete im Auftrag der Organisation »Ärzte ohne Grenzen« ein Jahr lang in Indien. Durch das extreme Klima stieß sie an ihre Grenzen: »Entweder man hat das Gefühl davonzufließen oder man muss schauen, wie man bei 5 Grad Celsius ohne Heizung zurechtkommt.« Dennoch bedeutet die Zeit in Indien für die Ärztin eine große persönliche Bereicherung. Der Aufenthalt habe sie ausgeglichener gemacht und sie habe das Gefühl intensiver Erfüllung erlebt, berichtet sie. In dieser »abgelegenen Welt«, wie Resch die Provinz Assam bezeichnet, völlig losgelöst von materiellen Werten, bekomme man den Blick für das Wesentliche. »Ich habe noch nie in meinem Leben so viel gelacht.« Vor allem gelang es der Ärztin, viele nationale Helfer dazu zu motivieren, sich um ihre eigenen Leute zu kümmern. »Die Arbeit hat enorm viel Spaß gemacht, weil ich den Leuten viel beibringen konnte. Es hat mich sehr berührt, zu sehen, wie das Engagement der Einheimischen füreinander immer größer wurde.« So bleiben trotz Armut und Leid gute Erinnerungen an die Zeit in Indien. »Ich habe die Menschen dort als sehr glücklich in Erinnerung, viel glücklicher als die Menschen hier.« Meist war der Dank, den sie für ihre Arbeit bekommen hat, ein Lächeln – bei der schüchternen Mentalität der Menschen in Assam ein großer Vertrauensbeweis.

- Informiert euch genauer über Indien und das Leben der Menschen dort.
- Sucht nach Erklärungen, warum Kirsten Resch und ihre indischen Kollegen trotz der schwierigen Lebensbedingungen ein hohes Maß an Zufriedenheit und Glück ausstrahlen.
- Diskutiert, ob Menschen unter materiell schwierigen Bedingungen »Glück« anders empfinden als wenn sie wohlhabend sind.

1 Fasst zusammen, wie der Afrikaner Lukanga Mukara uns Europäer (Deutsche) beschreibt und welches Glücksideal er selbst (bzw. sein Volk) vertritt. Könnt ihr seiner Kritik zustimmen?

2 Die Geschichte über den türkischen Eulenspiegel (rechte Spalte) verdeutlicht, wovon menschliches Glücksempfinden abhängt und dass es sehr relativ ist. Erkläre beides, auch anhand eigener Erlebnisse.

3 Erläutert die Fotos und Materialien dieser Seite. Informiert euch dabei auch über die unterschiedlichen Lebensbedingungen der Menschen – hier in Europa und »dort« in Afrika oder Asien.

→← Während in den westlich geprägten Kulturkreisen die Vorstellung von Glück sehr stark auf das Individuum – seine Bedürfnisse und Wünsche – konzentriert ist, wird das Glück in vielen afrikanischen Kulturen in eine enge Beziehung zur umgebenden Gemeinschaft (Gesellschaft) gerückt. Auch in vielen asiatischen Ländern ist das individuelle Glück ohne Gemeinschaft mit anderen nicht vorstellbar, denn traditionell erfordern die Lebensbedingungen das Zusammenleben in großen Familienverbänden.

»Wie im Paradies«

Eine arme Frau, die in einem Vorort von Ak-Schehir eine elende Hütte bewohnte, kam eines Tages zu Nasreddin und erbat sich seinen Rat. »Mein Mann, meine fünf Kinder und ich«, jammerte sie, »sind in unserem einzigen Raum schrecklich schlecht dran. Was könnten wir nur tun, um unsere Lage zu verbessern?« Der Hodscha dachte einen Augenblick nach, dann rief er: »Trage deine Hühner ins Zimmer!« Die Frau blickte ihn erstaunt an: »Ich will es tun, Meister Hodscha.« Am nächsten Tag: »Jetzt ist es noch viel schlimmer.« – »Nimm deine Hasen herein!« – »Es wird immer ärger.« – »Hole den Hund zu dir!« – »Es ist fürchterlich.« – »Dann zögere nicht länger und nimm auch noch den Ziegenbock dazu!« – »Hodscha, bei uns geht es wie in der Hölle zu.« Wiederum überlegt Nasreddin, dann erklärte er: »Trage die Hühner wieder hinaus!« – »Nun ist es etwas besser, Herr« – »Nimm die Hasen fort!« – »Wir haben es bequemer.« – »Lasse den Hund wieder draußen schlafen!« – »Es wird immer leichter.« – »schaffe dir den Ziegenbock vom Hals!« – »Hodscha, jetzt ist es bei uns wie im Paradies!«

Volkstümliche Erzählung über den türkischen »Eulenspiegel« Mullah Nasreddin

Die Sucht nach dem Glücksgefühl

Lifestyle-Magazine und Fernsehserien suggerieren, dass derjenige, der nicht glücklich ist, etwas falsch gemacht habe. Auch in der Arbeitswelt, in der Schule, ja sogar im Freundeskreis scheint nur derjenige Anerkennung zu finden, der ein erfolgreiches, glückliches Leben führt. Um da mithalten zu können, greifen manche junge Menschen zu mehr oder weniger legalen chemischen Hilfsmitteln.

Ecstasy oder: Glück ist eine Pille?

In den letzten Jahren hat der Konsum von Ecstasy-Drogen stark zugenommen – in Deutschland ebenso wie in anderen europäischen Ländern. Der sprunghafte Anstieg steht vor allem im Zusammenhang mit der Techno- und House-Musik, ist aber auch außerhalb der Techno-Szene zu beobachten. Die meisten Konsumenten nehmen Ecstasy in Verbindung mit anderen Substanzen wie Alkohol, Cannabis, Amphetaminen oder Kokain. Laut Wiederholungsbefragungen der Bundeszentrale für gesundheitliche Aufklärung zur Probierbereitschaft Jugendlicher »stieg die Bereitschaft der 12–25-Jährigen, Ecstasy auszuprobieren, von 5 Prozent im Jahr 1994 auf fast 12 Prozent (1997). Seither ist dieser Anteil unverändert hoch.«

Medientipp

Kinofilm »Glück in kleinen Dosen« – eine Satire auf den American Way of Life, die auch deutsche Verhältnisse spiegelt.

Natürliche Drogen im Gehirn?

Gerhard Roth, Philosoph und Biologe, ist Leiter des Instituts für Hirnforschung an der Universität Bremen. Er setzt sich im folgenden Beitrag mit den physiologischen Vorgängen auseinander, die in unserem Gehirn ablaufen, wenn wir »Glück« empfinden.

Chemisch gesehen sind die Stoffe, die in einem Teil des Gehirns freigesetzt werden, Drogen wie Ecstasy sehr ähnlich. Die Ausschüttung dieser Stoffe kann man bei Testpersonen verfolgen. So gesehen ist Glück messbar. Je mehr hirneigene Opiate ausgeschüttet werden, desto glücklicher sind wir. […] Leider ist dieser Zustand auch rein chemisch nur von kurzer Dauer. […] Dieser rauschhafte Augenblick, den unser Gehirn für uns bereithält, entlohnt für alles. Für diese kurzen und seltenen Momente trainieren und ackern wir oft jahrelang und nehmen viel Frust auf uns. Je länger wir für etwas gekämpft haben, desto stärker ist das Glücksgefühl, das wir empfinden.

Glück kann man auch mit Drogen hervorrufen. Das Drogenglück kann so stark sein wie zehn Nobelpreise oder zehn Olympiasiege auf einmal – und das ist problematisch. Denn wer ein solches Gefühl einmal erlebt hat, hat eine Vorstellung von Glück, die ohne Drogen nicht zu erreichen ist. Außerdem stellt das Gehirn fest, dass die Belohnung nicht verdient war. Es reagiert dann wie ein verwöhntes Kind, es will die Belohnung immer wieder, ohne etwas dafür tun zu müssen. Nach häufigerem Konsum ruft die Droge aber kein Glück mehr hervor, sondern betäubt nur noch das Unwohlsein. Auch eine tragische Eigenschaft des Glücks: Es ist in derselben Form auf Dauer selbst mit Drogen nicht wiederholbar. […]

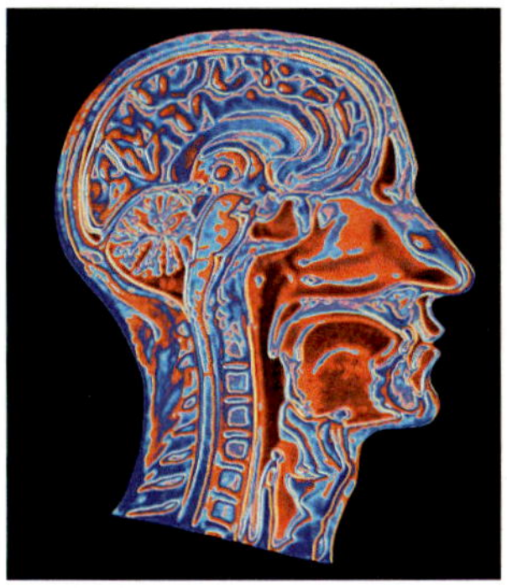

Das Gehirn merkt sich […], wenn wir ein Glücksgefühl schon einmal hatten. Beim zweiten Mal ist es nicht mehr so stark. Auch dafür gibt es einen biologischen Grund. Unser Unbewusstes treibt uns dazu, neue Dinge zu probieren: neue Beziehungen zu haben, neue Berge zu besteigen, neue Welten zu erforschen. Der Mensch ist so verbreitet auf diesem Planeten, weil er sehnsüchtig ist, immer auf der Suche. Auch aus diesem Grunde gibt es wohl kein endgültiges Glück. Denn wenn es das geben würde, würden wir wahrscheinlich gar nichts mehr machen und aussterben.

Q GERHARD ROTH: Happy – Thalamus

1 Wie erklärt ihr euch, dass manche Jugendliche bereit sind, so genannte Partydrogen auszuprobieren?

2 Gebt die Kerngedanken des Textes von GERHARD ROTH wieder: Worin besteht nach den Erkenntnissen des Hirnforschers die Problematik des Drogenkonsums?

3 Diskutiert: Ist Glück nichts als Chemie?

4 Falls die in GERHARD ROTHS Text genannten hirneigenen »Glücksauslöser« als (unschädliche) Medikamente auf den Markt kämen und ein dauerhaftes Glück vermittelten. Wägt ab: Würdet ihr sie regelmäßig nehmen?

→← Mit den Methoden der modernen Hirnforschung kann nachgewiesen werden, wann Menschen Glück empfinden und wie stark dieses Glücksgefühl ist. Rein naturwissenschaftlich betrachtet ist »Glück« die Ausschüttung chemischer Substanzen, die eine drogenähnliche euphorisierende Wirkung haben. Diese ist jedoch nur von kurzer Dauer und kann nicht in der gleichen Intensität wiederholt werden. Durch die Einnahme von Drogen versetzt man sich künstlich in einen euphorischen Glückszustand, zu dessen Wiederholung man immer stärkerer Dosierungen bedarf.

Welchen Vorbildern folgen?

Viele Jugendliche in Deutschland streben nach Konsum, Karriere und privatem Glück. Sie orientieren sich dabei verstärkt an Idolen, haben Forscher der Universität Siegen herausgefunden. Bei Mädchen stehen demnach – neben Sängerinnen aus den Charts – die eigenen Mütter als Vorbilder vorne.
Bei den Jungen dienen nicht Popstars und Mütter als Vorbilder, sondern eher erfolgreiche Sportler – ihre Väter folgen mit deutlichem Abstand.

Für den Erfolg leben

»Ich wollte mich gerade auf mein Fahrrad schwingen, als eine Frau mittleren Alters auf mich zugeschossen kam und mich am Arm festhielt. Ich dachte zuerst, ich hätte irgendeine Verkehrsregel missachtet oder einen Rentner angerempelt, aber da fragte sie mich, ob sie ein Polaroid von mir machen dürfe.«
Dass die Frau ein »Model-Scout« sein könnte, hätte die siebzehnjährige Karen nicht gedacht. Irritiert und unsicher stimmt sie den Aufnahmen zu, ohne zu ahnen, was sich daraus ergeben wird. [...]
Karen kann es nicht fassen, dass gerade sie, so »dünn und bleich«, mit »Minibrüsten« und »Haaren voller Spliss«, zum Model geeignet sein soll. Doch sie erfährt, dass die Agentur mit ihr einen »neuen Typ« aufbauen möchte. [...] Dieser Typ, prophezeien ihr die Mitarbeiter der Agentur, sei »ganz stark im Kommen.«
Doch Karen ist skeptisch. »War es nicht ziemlich idiotisch, sich ein neues Outfit aufs Auge drücken zu lassen, nur weil irgendjemand sich das so ausgedacht hatte?« Doch die Neugier und der Wunsch nach Erfolg und Berühmtheit sind größer als die Bedenken. Sie stimmt den Plänen der Agentur zu. Eine rasende Karriere beginnt.
Karen weiß sich bald vor Aufträgen nicht mehr zu retten. Überall scheint der neue Typ in der Modebranche gefragt. Für die Schule, ihre Eltern und für ihren Freund Robin bleiben kaum noch Zeit. Hotels in München, Paris, Milano – Visagisten, Probeaufnahmen und immer wieder die Agentur. Mit ihr muss Karen jeden Schritt genau absprechen, bei ihr hat sie sich täglich zu melden, von ihr erfährt sie, ob Termine angenommen oder abgesagt werden.
Trotz dieser Erfolge fühlt sie sich immer öfter einsam. Dennoch macht sie weiter. Doch dann schlägt ihr die Agentur eine Schönheitsoperation vor, um ihre Chancen auf dem Markt noch weiter zu verbessern.

Q SUSANNE FÜLSCHER: Schöne Mädchen fallen nicht vom Himmel

Sinnvoll für andere leben

Nicht nur Jugendliche orientieren sich an Vorbildern, wie eine Umfrage der Illustrierten »Stern« unter Bundesbürgern aller Altersklassen bestätigt. In der Rangliste erscheinen Namen von Idolen des Erfolgs wie MICHAEL SCHUMACHER, ROBBIE WILLIAMS und MADONNA. »Doch, wenn es um echte Vorbilder geht, scheint mehr gefragt als Fahrstil und Stimme. Unter den Top Ten [...] finden sich fünf Männer und Frauen, die mit dem Friedensnobelpreis geehrt wurden, darunter ALBERT SCHWEITZER, MARTIN LUTHER KING und MICHAIL GORBATSCHOW – Ikonen des Friedens, Selige, Ideale. Ganz oben jedoch steht jemand, der nicht täglich über den Bildschirm flimmert, sondern eine, die manchmal gern davor sitzt - Mama. Wer hätte das gedacht? Die eigene Mutter ist das Vorbild der Deutschen. Die andere, Mutter Teresa, belegt Platz zwei.«

Fotos, von links nach rechts: ALBERT SCHWEITZER, deutscher Theologe, Philosoph und Arzt im afrikanischen Lambarene/Gabun (1875–1965); MARTIN LUTHER KING, afroamerikanischer Baptisten-Pfarrer und Bürgerrechtler (1929–1968); MICHAIL GORBATSCHOW, ehemaliger sowjetischer Präsident und Reformer (geboren 1931); MUTTER TERESA, katholische Ordensfrau in Indien, Friedensnobelpreis-Trägerin (1910–1997)

1 Tauscht euch aus: Habt ihr einen Star als Vorbild? Wer ist es? Was ist an ihm oder ihr vorbildlich?

2 Schildert Karens Erfahrungen als Star. Überlegt, inwieweit sie glücklich ist.

3 Besprecht: Würdet ihr euch – wie Karen – für ein Leben als Star entscheiden und auch noch die Schönheitsoperation machen lassen?

4 Welche Eigenschaften hat ein Mensch, der für euch ein Vorbild sein könnte?

5 Informiert euch genauer über das Leben und die Ideale der abgebildeten Menschen, die für viele Vorbilder in der Lebensführung sind (Seite 237, Methode: Internet-Recherche).

6 Gestaltet in Gruppen eine Collage aus Illustrierten und Tageszeitungen, die gesellschaftliche Leitbilder von Glück und Sinn heute zeigt.

Vorbilder und Idole spielen für viele Menschen eine große Rolle, da sie sich auf der Suche nach Glück und Lebenssinn an Menschen orientieren, die etwas Besonderes erreicht oder geleistet haben. Solche Vorbilder verkörpern häufig auch Ideale, die viele ansprechen. Bei den meisten Menschen stehen »klassische Vorbilder« in höherem Ansehen als erfolgreiche Stars und Idole aus Film, Sport und Musik – das Leben dieser Vorbilder gilt als besonders sinnvoll und wird daher auch für nachhaltig glücklich gehalten.

Glücks- und Sinnverheißungen menschenfeindlicher Gruppen

In Zeiten immer höherer Anforderungen, besonders in der Arbeitswelt, ist es schwierig, eine Perspektive für eine gute Zukunft zu gewinnen. Viele Jugendliche sind entmutigt und suchen Orientierung und Anerkennung in Cliquen Gleichaltriger. Einige schließen sich in einer Art Protesthaltung gegen »die Gesellschaft« zusammen, von der sie sich nicht ernst genommen fühlen. Diese Gruppierungen verheißen ihren Mitgliedern das Glücksgefühl der Geborgenheit unter Gleichgesinnten – im Zusammenhalt gegen eine feindliche Außenwelt. Weitere Merkmale solcher oft »Sekten« (lateinisch: sequi – jemandem folgen) genannter Gruppen sind streng hierarchische Strukturen, alleinige Heilsversprechen sowie klare Feindbilder und Gruppendruck gegenüber Abweichlern und Kritikern. Diese Merkmale finden sich auch bei Gruppen, die sich selbst »Satanisten« nennen.

Satanismus – eine »Religion«?

Seiten 112–115 ◄
Siehe 3. Buch Mose 19, 18 ◄

Trotz ihrer Unterschiede sind sich die meisten Religionen in einer Frage einig: Das Leben kann nur dann gelingen, wenn wir »gut« mit uns und unseren Mitmenschen umgehen. In der Bibel heißt es zum Beispiel: »Liebe deinen Nächsten wie dich selbst!« Weitere Regeln für ein gelingendes Zusammenleben enthalten die Zehn Gebote – sie sind über die jüdische und christliche Religion hinaus bedeutsam.

Radikal anders präsentiert sich der Satanismus: Wohl ist eine einheitliche Definition nicht möglich, weil es »den« Satanismus nicht gibt, sondern vielerlei Vorstellungen; zwar stehen nicht Figuren wie Satan (wahlweise Teufel, Luzifer) im Mittelpunkt des Interesses, sondern die »Selbstvergottung« des Menschen. Doch die Erkenntnis der eigenen Göttlichkeit soll mit Hilfe von Ritualsystemen vorangetrieben werden, die das Ausleben des menschlichen Urtriebes – der Sexualität – in den Vordergrund stellen. Eine besondere Glücksverheißung liegt für Anhänger satanistischer Gruppierungen im rücksichtslosen Ausleben des eigenen Willens. Zu den Wegbereitern des modernen Satanismus gehört Aleister Crowley (1875–1947). Als zugrunde liegende Ideologie* und »Gesetz« akzeptieren die meisten satanistischen Gruppen folgende Gedanken Crowleys: »Das Gesetz des Starken: das ist unser Gesetz und die Freude der Welt. Tu was du willst, soll sein das ganze Gesetz. Du hast kein Recht als deinen eigenen Willen zu tun. Tue den, und kein anderer soll Nein sagen. Jeder Mann und jede Frau ist ein Stern. Es gib keinen Gott außer dem Menschen.«

1904 schrieb der Okkultist und Schwarzmagier das so genannte »Buch des Gesetzes«. Dort ist zu lesen: »Mitleid ist das Laster der Könige: tretet nieder die Jämmerlichen und die Schwachen: dies ist das Gesetz der Starken: dies ist unser Gesetz. […] Erbarmen lasst beiseite: verdammt die, die Mitleid haben! Tötet und foltert; verschont nicht; kommt über sie!«

1 Pentagramm (Fünfeck).
2 Gehörnte Hand: Sie soll den Teufelskopf mit seinen Hörnern darstellen.
3 Satanskirche: Symbol der »Church of Satan« in San Francisco.
4 666 – die Zahl des »Antichristen«. Angespielt wird auf eine geheimnisvolle Stelle im letzten Buch der Bibel: »Und ich sah ein Tier aus dem Meer steigen, das hatte zehn Hörner und sieben Häupter. […] es ist die Zahl eines Menschen und seine Zahl ist sechshundertsechsundsechzig« (Kapitel 13, 1–18).
5 Umgekehrtes Kreuz: steht für die Verkehrung von Werten wie Mitmenschlichkeit in ihr Gegenteil.

»Wie der Satanskult junge Menschen zerstört«

Als Satanspaar von Bochum gingen Manuela und Daniel Ruda in die Geschichte ein. Gemeinsam töteten sie […] einen Bekannten mit 66 Stichen – um dem Teufel ein Opfer zu bringen. Jetzt sitzen beide in der Psychiatrie. Manuela Ruda büßt. Doch ihre Tat bleibt. Jugendliche aus der schwarzen Szene verehren sie als Idol. […] Schockierendes Fazit: Es hat Nachahmungstaten gegeben. […] Im Film »Eine Mörderin als Idol – wie der Satanskult junge Menschen zerstört« porträtiert das ZDF eine geläuterte Manuela, die sich heute gegen den Satanismus engagiert. Denn auch wenn ihre Tat schon fünf Jahre zurückliegt, pilgern noch heute junge Satanisten zum Tatort, schreiben Manuela Fanbriefe und malen sie sogar. »Sicherlich kann ich nichts dafür, wie Menschen sich draußen verhalten«, sagt Manuela Ruda. »Aber ich stehe ich in der Verantwortung, weil ich als Vorbild galt.«

Q Nach Katrin Osterkamp: Ein Idol – weil sie für Satan tötete!

Worin bestehen die Gefahren des Satanismus? Solveig Prass, Vertreterin der sächsischen »Eltern- und Betroffeneninitiative«, erläutert:

Der Satanismus propagiert eine scheinbare Freiheit, Anarchie* – ist aber streng hierarchisch aufgebaut. Wer schwach ist, hindert nur und darf getötet werden. […] Wirklich gefährlich, gesellschaftlich betrachtet, sind diese Kleinstzellen, in denen Jugendliche sich quasi über Nacht in einem satanischen Netzwerk finden. […] Und die Kinder trauen sich kaum, etwas zu sagen. Sie sind zum Schweigen verpflichtet worden, haben auch Angst, so genannte Bannflüche, mit denen die Schweigensverpflichtung unterstrichen wird, könnten tatsächlich wirken, wenn sie etwas sagen.

Q Solveig Prass (Interview-Auszüge)

1 Fasst die »Glaubensüberzeugungen« der Satanisten zusammen und überlegt, worin ihre Attraktivität liegen könnte.

2 Diskutiert die Tragfähigkeit des Satanismus für ein sinnvolles Leben.

3 Stellt verschiedene Ursachen zusammen, die speziell Jugendliche zu satanistischen Gruppen führen könnten und einigt euch auf eine Gewichtung.

4 Der Anteil Jugendlicher, die Mitglieder einer satanistischen Gruppe sind, ist insgesamt sehr gering. Wie erklärt ihr das öffentliche Interesse, das solchen Gruppen gleichwohl entgegengebracht wird.

Seiten ◄ 80–103 (Kapitel 5: Ewige Gewalt?)

5 Informiert euch über die »Glücksverheißungen« anderer so genannter Sekten, Psychogruppen (z.B. Scientologen) und rechtsextremer Kreise.

→← Die Suche nach dem persönlichen Glück treibt einige Menschen zerstörerischen Gruppen zu, die die Sehnsucht nach Sinn und Geborgenheit zu erfüllen versprechen. Es ist wichtig, diese Versprechungen kritisch daraufhin zu hinterfragen, welche Folgen ihre Praktiken haben können.

Ein selbstbestimmtes Leben führen

Was sagt die Philosophie?

»Wie man Glück erwirbt, wie man es bewahrt und wie man es wiedererlangt, ist in der Tat für die meisten Menschen zu allen Zeiten das geheime Motiv aller Handlungen«.
WILLIAM JAMES, amerikanischer Psychologe und Philosoph (1902)

Der griechische Philosoph ARISTOTELES (384–322 v. Chr.) bestimmte »Glück« im Sinne innerer Zufriedenheit als das letzte Ziel und höchste Prinzip menschlichen Handelns. Er gilt damit als Begründer der Glückseligkeitsethik. Glückseligkeit* (griechisch: eudaimonia) erlangt ein Mensch nach ARISTOTELES durch eine vernunftgemäße tugendhafte Lebensweise innerhalb der Gemeinschaft. Weil ARISTOTELES das Erreichen der Glückseligkeit von der Wahl einer bestimmten Lebensform abhängig macht, gilt er, wie viele antike Philosophen nach ihm, als Ethiker des gelingenden Lebens. Ein solches Leben führt, wer die in ihm von Natur aus liegenden Fähigkeiten entfaltet und dabei mit äußeren Gütern hinreichend ausgestattet ist.
Ein anderer griechischer Philosoph, EPIKUR (342–270 v. Chr.), begründete eine einflussreiche Philosophenschule, die ganz an seinen ethischen Prinzipien ausgerichtet war. Kernstück seiner Lehre war die Ethik. Als Hedonist* führte für ihn ein lustvolles Leben zur Glückseligkeit – genau wie für den Sophisten* KALLIKLES. Dennoch unterscheiden sich ihre Vorstellungen über ein gelingendes Leben beträchtlich.

Für Menschen, die denken können, ist die Lust des Fleisches die höchste und sicherste Freude. Man muss das Edle, die Tugenden und ähnliche Dinge schätzen, wenn sie Lust verschaffen. Tun sie das nicht, kann man auf sie verzichten. [...] Darum nennen wir auch die Lust Anfang und Ende des glücklichen Lebens. [...] Lust ist eine angeborene Eigenschaft. Wir entscheiden uns nicht für jede Lust, sondern es kommt vor, dass wir auf viele Lustempfindungen verzichten, wenn es so viele sind, dass sie lästig werden. Wir ziehen auch viele Schmerzen den Lustempfindungen vor, wenn auf das lange Ertragen von Schmerzen eine größere Lust folgt. Jede Lust ist also gut, weil sie unserer Natur entspricht, aber nicht für jede Lust müssen wir uns entscheiden. Genauso ist jeder Schmerz ein Übel, aber nicht jeden Schmerz müssen wir vermeiden. Durch genaues Überlegen der Vor- und Nachteile kann man beurteilen, wofür man sich entscheiden soll. [...] Wenn wir also die Lust für das Ziel des Lebens halten, so verstehen wir darunter, dass man weder körperliche Schmerzen noch Beunruhigungen in der Seele empfindet.
Q NACH EPIKUR: Von der Überwindung der Furcht

EPIKUR

»Wer ein möglichst glückliches Leben führen will, muss seine Begierden so groß wie möglich werden lassen. Nicht, um sie zu bändigen, sondern um diese Begierden, wie groß sie auch sein mögen, zu befriedigen und sich das in Fülle zu verschaffen, was er gerade begehrt.«
Q NACH KALLIKLES/PLATON

»Darum muss man sich durchringen zur Freiheit; diese erlangt man nur durch Gleichgültigkeit gegen das Schicksal. Daraus erwächst jenes unschätzbare Gut: die Ruhe und Erhabenheit einer Seele, die ihren festen Standpunkt gefunden hat […]. Glücklich ist daher, wer ein richtiges Urteil hat, glücklich, wer mit dem Bestehenden, es sei wie es wolle, zufrieden ist und an die eigenen Verhältnisse sich gern gewöhnt hat; glücklich ist der, dessen ganze Lage von seiner Vernunft gutgeheißen werden kann.«
Nach SENECA, römischer Philosoph (4 v. Chr.–65 n. Chr.)

»Nicht Unerreichbares wünschen«

Der französische Philosoph RENÉ DESCARTES (1596–1650) war ein Anhänger der in der Antike ebenfalls einflussreichen Schule der Stoa*. Einer ihrer wichtigsten Vertreter war der römische Philosoph und Staatsmann SENECA (4 v. Chr. bis 65 n. Chr.). Die Stoiker waren der Auffassung, die menschliche Glückseligkeit* bestehe hauptsächlich in der Vermeidung von Unglück; dies könne man am besten durch die vollkommene Beherrschung seiner Wünsche und Leidenschaften erreichen. Im Folgenden formuliert DESCARTES seine den stoischen Idealen ähnlichen Lebensgrundsätze.

Mein Grundsatz war, immer bemüht zu sein, lieber mich als das Schicksal zu besiegen, lieber meine Wünsche als die Weltordnung zu verändern, und überhaupt mich an den Glauben zu gewöhnen, dass nichts vollständig in unserer Macht sei als unsere Gedanken […]. Und dieses allein schien mir hinreichend, um mich für die Zukunft nicht mehr Unerreichbares wünschen zu lassen und also mich zufrieden zu machen, denn unser Wille geht in seinen Wünschen von Natur aus nur auf solche Dinge, die unser Verstand ihm irgendwie als möglich darstellt; und wenn wir nun alle Güter außer uns als in gleicher Weise jenseits unserer Macht betrachten, so werden wir uns über den unverschuldeten Verlust unserer natürlichen Glücksgüter gewiss ebenso wenig grämen wie, dass wir die Reiche China oder Mexiko nicht besitzen; und indem wir, wie man zu sagen pflegt, aus der Not eine Tugend machen, werden wir im kranken Zustande die Gesundheit und im gefangenen die Freiheit nicht mehr wünschen, als wir etwa im Augenblick einen Körper haben möchten von einem so wenig zerstörbaren Stoff wie Diamanten oder Flügel, um wie die Vögel zu fliegen.

Q RENÉ DESCARTES: Über die Methode des richtigen Vernunftgebrauchs

Medientipp

Über die Positionen weiterer Philosophen und Philosophinnen könnt ihr euch im digitalen »Glücksarchiv« informieren: www.gluecksarchiv.de/inhalt/philosophie_menschenbild_zwei.htm.

1. Vergleicht die Glückskonzepte von EPIKUR, KALLIKLES und DESCARTES. Welche Rolle spielt jeweils die Vernunft?
2. Welches der vorgestellten Glückskonzepte hat sich eurer Meinung nach heute am stärksten durchgesetzt? Überlegt Gründe hierfür.
3. Führt ein Streitgespräch, bei dem ihr als Anhänger EPIKURS, KALLIKLES' oder DESCARTES' deren Vorstellungen vom gelingenden Leben argumentativ gegeneinander verteidigt. Achtet dabei auf die Tragfähigkeit der Konzepte für das ganze Leben.

Ein selbstbestimmtes Leben führen

Was sagt die Glücksforschung?

In westlichen Kulturen ist die Ansicht weit verbreitet, dass Glück etwas ist, worauf der Mensch ein Anrecht hat. Den Bürgern der USA ist das Recht, nach Glück zu streben, sogar in der Unabhängigkeitserklärung garantiert. Vielleicht liegt darin die Ursache, warum vor allem amerikanische Glücksforscher/innen sich ausgiebig mit der Frage beschäftigen, welche Menschen am glücklichsten leben und auf der Grundlage von Umfragen gern Glücksrezepte formulieren.
Glücksforscher/innen knüpfen an den antiken Gedanken besonders des Aristoteles an, wonach dauerhaftes »Glück« durch die Wahl einer den jeweiligen Fähigkeiten entsprechenden Lebensform entsteht; sie widmen sich darüber hinaus der Erforschung von Glücksgefühlen, wie sie in bestimmten Lebenssituationen entstehen.

Glückliche Menschen ...

- haben ihr Leben selbst in der Hand – sie meinen, ihr eigenes Glück (und auch ihr Unglück) selbst herbeiführen zu können;
- schaffen die Balance zwischen Anspannung und Entspannung;
- sind kreativ und neugierig;
- haben häufig positive Erlebnisse – dabei ist nicht die Intensität entscheidend.
- sind Realisten bei der Einschätzung ihrer Ziele und Möglichkeiten. Sie senken entweder die Ansprüche ab oder intensivieren ihre Anstrengungen;
- investieren in ihre sozialen Beziehungen, sie bekommen Unterstützung von Freunden und der Familie. Außerdem glauben sie, dass andere Menschen sie schätzen und mögen (egal, ob das der Wahrheit entspricht);
- sind eher extrovertiert, optimistisch – mit ausgeprägtem Selbstwertgefühl.

Menschen sind glücklich beim Essen, Reden, bei Geselligkeiten, beim Sex, wenn sie Hobbys nachgehen, Sport machen oder ins Kino gehen. Daneben gibt es Aktivitäten, die Gefühle auslösen ähnlich dem Glück und am besten mit »Flow« zu bezeichnen sind.

Q Nach Karl Kreichgauer, Psychologe (geboren 1961)

Glück als Erleben von »flow«

flow (englisch): »fließen«, »strömen«

In der Regel entsteht flow, wenn wir unsere Fähigkeiten voll einsetzen, um eine Herausforderung zu bestehen, die wir gerade noch bewältigen können. Zum optimalen Erleben gehört normalerweise ein feines Gleichgewicht zwischen den Handlungsfähigkeiten und den verfügbaren Möglichkeiten zum Handeln. Überfordert uns eine Aufgabe, so reagieren wir frustriert, dann besorgt und schließlich ängstlich. Ist eine Anforderung im Verhältnis zu den eigenen Fähigkeiten zu leicht, ist man erst entspannt, dann gelangweilt. Empfindet man das Niveau der Anforderungen wie auch den Grad des nötigen Könnens als eher niedrig, wird man am Ende teilnahmslos. Entspricht eine schwierige Herausforde-

rung einem großen Können, so kann das zu einem völligen Aufgehen in der Aktivität führen, Darin unterscheidet sich der flow-Zustand vom normalen Leben. […]
Sind die Ziele klar, ist Feedback* vorhanden und befinden sich die Anforderungen und Fähigkeiten im Gleichgewicht, wird die Aufmerksamkeit gelenkt und vollständig investiert. Wegen der umfassenden Anforderungen an die psychische Energie ist jemand, der flow erlebt, völlig auf etwas konzentriert. Nun ist im Bewusstsein kein Raum mehr für ablenkende Gedanken oder Gefühle, die nichts mit der Sache zu tun haben. Jede Gehemmtheit verschwindet und man fühlt sich stärker als sonst. Das Zeitgefühl weicht vom normalen Empfinden ab: Stunden scheinen in Minuten zu vergehen. Wenn das ganze Sein einer Person im völligen »Wirken« von Körper und Geist beansprucht wird, ist jede Tätigkeit lohnend um ihrer selbst willen […].

sprich: tschick-sent-mihaj ◀ Q MIHALY CSIKSZENTMIHALYI, amerikanischer Psychologe (geboren 1934)

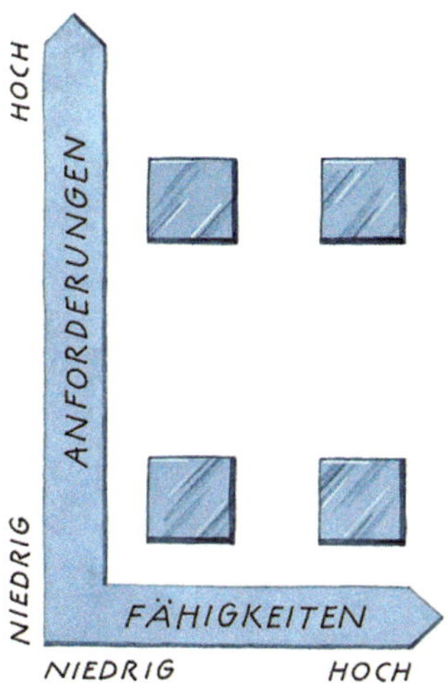

flow: Koordinaten des Glücks?

Methode: Internet-Recherche

Das Internet ist eine wichtige und viel genutzte Informationsquelle. Aber nicht alle Auskünfte sind zuverlässig:

- Zur Absicherung eurer Recherchen (Nachforschungen) solltet ihr mehrere Quellen nutzen und die Informationen in Lexika oder Fachbüchern auf ihre Richtigkeit überprüfen.
- Schaut nach, ob ihr Angaben über die Autoren der jeweiligen Beiträge findet. Mit Vorsicht zu genießen sind Texte von Nicht-Fachleuten (z.B. in Hausaufgabenpools).
- Achtet darauf, eure Internet-Quellen immer vollständig anzugeben.
- Wenn ihr Auskunft über einen Begriff wie »Glück« haben möchtet, könnt ihr gezielt hier suchen: www.phillex.de oder http://pyrrhon.de (Suchmaschine). Ihr erhaltet dann eine Liste mit verschiedenen Internet-Adressen, in denen der Suchbegriff vorkommt.
- Eine Quelle ist auch das Internet-Lexikon »Wikipedia«. Hierbei handelt es sich allerdings um ein interaktives Medium, an dem jeder mitwirken kann. Daher kann für die fachliche Richtigkeit nicht in jedem Fall gebürgt werden.

Seite 236 ◀

1 Setzt euch mit den Aussagen über glückliche Menschen auseinander und diskutiert, wie ihr zu solchen »Glücksrezepten« steht.

2 Informiert euch im Internet über die Ergebnisse der Glücksforschung.

3 MIHALY CSIKSZENTMIHALYI beschreibt Gefühlszustände, die sich aus dem Verhältnis von Anforderungen und Fähigkeiten ergeben: Wo würdest du folgende Gefühlszustände im Koordinatensystem platzieren: Flow – teilnahmslos – entspannt/gelangweilt – frustriert/ängstlich?

4 Was unterscheidet »flow« von Glücksgefühlen beim Essen, ins Kino gehen, Party feiern usw. sowie von der Glückseligkeit* eines gelingenden Lebens?

5 Tausche dich mit deinem Nachbarn aus, wann du schon einmal »flow« erlebt hast und stelle Tätigkeiten zusammen, bei denen du persönlich glaubst, »flow« erleben zu können.

Ein selbstbestimmtes Leben führen

Östliche Wege zu Glück und Sinn

Seiten 124–145 ◄ (Kapitel 7: Buddhismus und chinesische Weisheit)

Östliche Traditionen unterscheiden sich erheblich von den westlich geprägten Vorstellungen vom Glück und Sinn als Weg zu einem gelingenden Leben.

Das Glück lebt im Verborgenen

Im Gegensatz zu Konfuzius nahm sein Zeitgenosse LAOTSE (6. Jahrhundert v. Chr.) den Einzelnen und sein Glück wichtiger als das Wohl der Gesellschaft. Seine Glücksphilosophie handelt vom Leben im Verborgenen. Das Streben der Menschen nach »äußerlichem Glück« wie Reichtum, Gesundheit, Genuss, Liebe lehnt er als oberflächlich ab:

»Nicht-Handeln« (chinesisch ◄ »Wu Wei«) bedeutet hier kein bloßes Nichts-Tun, sondern ein natürliches Tun, ohne ein unnötiges Eingreifen in den Gang der Dinge.

Und was das betrifft, was die Welt tut, und die Art, wie die Leute ihr Glück suchen, weiß ich wirklich nicht, ob ein solches Glück wirklich Glück ist oder nicht vielleicht Unglück. […] Ich betrachte Nicht-Handeln als Glück, während die Welt dies als großes Unglück ansieht. […] Vollkommenes Glück ist das Nichtvorhandensein des Strebens nach Glück.

Die Gründe für das Leid erkennen

Manche Menschen leben aufgrund einer geistigen Störung in einem Zustand naiven Glücks. Für sie ist immer alles in Ordnung. […] Für andere gründet das Glück auf dem Besitz materieller Güter und auf sinnlicher Befriedigung. […]
Andere wiederum fühlen sich glücklich, weil sie moralisch denken und handeln. Das ist Glück, das wir brauchen, denn dieses Glück hat tiefere Wurzeln und hängt nicht von den Umständen ab.
Um dauerhaft glücklich sein zu können, müssen wir zuallererst erkennen, dass auch Leid zum Leben gehört. Das ist vielleicht anfangs deprimierend, aber auf lange Sicht können wir mit dieser Einstellung nur gewinnen.
Wer es vorzieht, die Wirklichkeit zu leugnen, indem er Drogen nimmt, das falsche Glück in einer blinden Spiritualität sucht oder ungezügelt lebt, nur um nicht nachdenken zu müssen, erwirkt dadurch bloß einen kurzen Aufschub. Wenn dann die Probleme akut werden, sind diese Menschen oft nicht gegen Schwierigkeiten gefeit […]. Zorn oder Verzweiflung überkommen sie und zu den anfänglichen Schwierigkeiten gesellt sich der Schmerz.
Versuchen wir herauszufinden, woher unser Leiden kommt. Wie jedes andere Phänomen ist es das Ergebnis unendlich vieler Ursachen und Umstände. Hingen unsere Gefühle jeweils nur von einer einzigen Ursache ab, dann müssten wir nur einer einzigen »Glücksursache« ausgesetzt sein, und wir wären hundertprozentig glücklich. Wir wissen aber genau, dass dem nicht so ist. Geben wir also die Vorstellung auf, dass wir sie

道

Chinesisches Schriftzeichen des Tao

Dickbäuchiger »Lucky Buddha«, populäre Figur der japanischen und chinesischen Volksreligion. Sein dicker Bauch steht ursprünglich für einen prall gefüllten Sack voller Almosen, die der selbst Bedürfnislose an Kinder und Arme verteilt.

nur finden müssten, um nicht mehr zu leiden. Anerkennen wir, dass das Leid Teil des Lebens oder, buddhistisch gesprochen, des Samsara, des Kreislaufs der bedingten Existenzen, ist. Wenn wir das Leid als etwas Negatives oder Abnormales betrachten, dessen Opfer wir sind, dann führen wir ein erbärmliches Leben, denn dann werden wir Opfer unserer Einstellung. Glück ist nur dann möglich, wenn selbst das, was wir als Leid ansehen, uns nicht unglücklich macht.

Nach buddhistischer Auffassung führt die Beschäftigung mit der Existenz des Leids nie zu Pessimismus oder Verzweiflung. Sie lässt uns die eigentlichen Gründe für unser Unglücklichsein erkennen, nämlich Begierde, Hass und Nichtwissen, und durch dieses Erkennen können wir uns davon befreien. Mit Nichtwissen ist hier das Unverständnis für die wahre Natur der Wesen und Dinge gemeint. Es ist die Ursache der beiden anderen Gifte.

Sobald das Nichtwissen sich auflöst, haben Hass und Begierde keine Grundlage mehr, und die Quelle des Leids ist erschöpft. Daraus ergibt sich ein spontan altruistisches Glück, das nicht mehr der Spielball negativer Gefühle ist.

Q DALAI LAMA: Ratschläge des Herzens

1 Formuliert die Kerngedanken des LAOTSE mit eigenen Worten.

2 Könnt ihr euch seiner Glücksvorstellung anschließen? Begründet euren Standpunkt.

3 Fasst in eigenen Worten zusammen, was der DALAI LAMA über das Verhältnis von Glück und Unglück sagt. Worin besteht demnach wahres, dauerhaftes Glück?

4 Der DALAI LAMA fordert dazu auf, Leid nicht als etwas Negatives anzusehen. Wie begründet er seine Forderung?

5 Diskutiert: Ist die Erkenntnis der Leid-Ursachen der Weg zum sinnvollen gelingenden Leben?

Im Gegensatz zur weit verbreiteten Ansicht, dass Glück in der Häufigkeit zeitlich begrenzter Glückzustände zu finden sei, verstehen antike Philosophen darunter eine Lebensform, die durch das richtige Handeln der Menschen bestimmt wird und eine dauerhafte Zufriedenheit im Sinne eines »gelingenden Lebens« ermöglicht. EPIKUR und KALLIKLES sehen in der Lust das oberste Prinzip dieser gelingenden Lebensführung. Für die Stoiker ist es der durch die Vernunft gelenkte Gleichmut, welcher das Entstehen von Leidenschaften unterbindet und so verhindert, dass der Mensch unglücklich sein kann.
In den Glücksvorstellungen östlicher Lehren kommen weitere, für Europäer ungewöhnliche Aspekte hinzu. Im Taoismus (LAOTSE) liegt das Glück im Nicht-Handeln. Für die Buddhisten lebt derjenige glücklich und sinnvoll, der das Leid als Bestandteil des Lebens akzeptiert und dadurch zur Erkenntnis der Ursachen dieses Leids gelangt. Da diese Ursachen, besonders die Gier nach einem (glücklichen) Leben, in ihm selbst liegen, kann der Mensch durch deren Überwindung ein dauerhaftes begierdefreies Glück empfinden.

Über Glück und Sinn nachdenken

Ihr habt eine Reihe von Denkmodellen zur Frage nach Glück und Sinn kennengelernt – antike und neuere, westliche und östliche Vorstellungen aus unterschiedlichen Kulturen. Nun ist es an euch, Position zu beziehen.

Verfasst einen Essay mit dem Titel »Welche Bedingungen müssen erfüllt sein, damit der Mensch glücklich bzw. sinnvoll leben kann?« Und so geht's:
- Erklärt den Begriff »Glück« bzw. »Sinn«.
- Bezieht verschiedene Vorstellungen über Glück und Sinn mit ein, die ihr in diesem Kapitel kennengelernt habt. Berücksichtigt dabei sowohl die philosophischen und weltanschaulichen Überlegungen als auch die Erkenntnisse der Glücksforschung und versucht, sie in einen gedanklichen Zusammenhang zu bringen.
- Nehmt abschließend Stellung, indem ihr eure eigene Meinung nachvollziehbar darlegt.

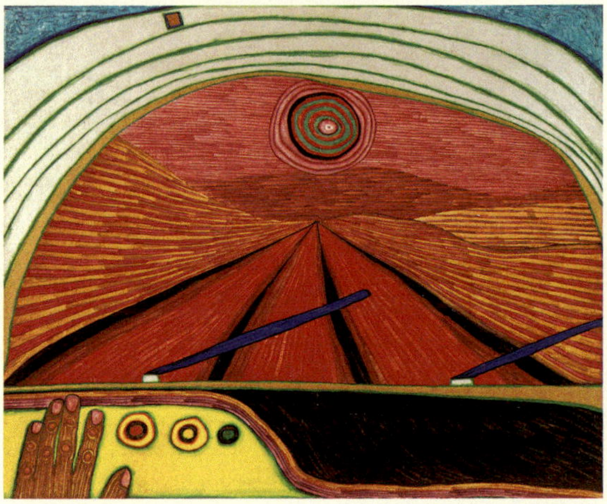

FRIEDENSREICH HUNDERTWASSER, Der Weg zu Dir (1966)

Methode: Einen (philosophischen) Essay verfassen

Ein philosophischer Essay ist eine schriftliche Form des Nachdenkens über philosophische Fragen, die, neben anderen, auch eigene Gedanken enthalten sollte. Philosophisch ist ein Essay, wenn er …
- sich über Grundsätzliches Gedanken macht und zu allgemeinen Aussagen kommt, statt sich in einzelnen Beobachtungen zu erschöpfen (also: »Was ist Glück?« und nicht nur »Meine glücklichsten Tage«);
- sich mit philosophischen Fragen (oder mit einem Zitat) beschäftigt und dann Antworten von Philosophen oder Philosophinnen hinzuzieht;
- sich argumentierend mit der Problemstellung oder Frage auseinandersetzt und dabei die zentralen Begriffe klärt.

Wie schreibe ich einen philosophischen Essay?
- Sammelt die Vorstellungen, Gedanken, Erinnerungen, Bilder, die euch zum Thema bzw. zur Fragestellung des Essays einfallen (evtl. in einer Mindmap, in einem Cluster, in Skizzen oder Gesprächen mit anderen).
- Greift einen oder einige zentrale Gedanken auf und geht ihnen möglichst genau nach. Überlegt euch, was ihr dazu als These vertreten wollt und welche Voraussetzungen und Folgerungen damit verbunden sind.
- Sucht nach Argumenten, Gegenargumenten (aus dem Unterricht und euch bekannten Theorien) und Beispielen (z.B. aus der eigenen Erfahrung). Versucht dabei unterschiedliche Perspektiven einzunehmen; dadurch wird eure Argumentation anschaulich und interessant – und ihr liefert ein differenziertes Bild des Reflexionsgegenstands.
- Formuliert eure Überlegungen so, dass andere sie nachvollziehen können.

Glück und Sinn im Beruf

Ihr werdet bald die ersten Schritte in die Arbeitswelt tun und bereitet euch durch euer Berufspraktikum hierauf vor. Natürlich sind Kompromisse nötig, um später in der Arbeitswelt Fuß fassen zu können. Dennoch ist für ein gelingendes Leben von entscheidender Bedeutung, dass man einen für sich geeigneten Beruf auswählt, in dem man seine persönlichen Interessen und Fähigkeiten finden und entfalten kann.

Projekt: Ein Berufspraktikum vorbereiten

Um einen Beruf für dich zu finden, solltest du dir deine eigenen Fähigkeiten und Eigenschaften bewusst machen und sie dann mit den Anforderungsprofilen der in Frage kommenden Berufe vergleichen.

• Lies die folgenden Eigenschaften und notiere aus jeder Gruppe die zwei Ausdrücke, die dich am Besten beschreiben.

1.	4.	7.
a. fantasievoll, kreativ **b.** nachforschend, probend **c.** realistisch **d.** analytisch	**a.** teilt mit anderen **b.** ordentlich **c.** vernünftig **d.** unabhängig	**a.** möchte etwas verändern **b.** hat eine gute Urteilsfähigkeit **c.** entscheidet spontan **d.** liebt klare Anweisungen
2.	**5.**	**8.**
a. organisiert **b.** anpassungsfähig **c.** kritisch **d.** wissbegierig	**a.** liebt den Wettbewerb **b.** perfektionistisch **c.** kooperativ **d.** logisch	**a.** mitteilsam **b.** forschend **c.** vorsichtig **d.** nachdenklich
3.	**6.**	**9.**
a. überlegt hin und her **b.** kommt schnell auf den Punkt **c.** gestaltend **d.** vernetzend	**a.** intellektuell **b.** empfindsam **c.** fleißig **d.** risikofreudig	**a.** herausfordernd **b.** übend **c.** um andere besorgt **d.** prüfend

• Gib eine weitere unbearbeitete Fragebogen-Kopie an deinen Nachbarn weiter und bitte ihn anzukreuzen, welche Eigenschaften und Fähigkeiten du seiner Einschätzung nach besitzt. Einigt euch anschließend auf eine auf jeden Fall zutreffende Eigenschaft pro Viererkästchen.

• Vergleicht: Bist du eher ein rationaler oder ein emotionaler Typ? Arbeitest du lieber allein oder im Team, eher zügig oder bedächtig, eigeninitiativ oder auf Anweisungen usw.?

• Unternehmt einen Besuch im nächstgelegenen Berufsinformationszentrum der Bundesagentur für Arbeit. Nutzt eure ausgefüllten Fragebögen für den Berufseignungstest, den man an den dort eingerichteten Terminals machen kann.

• Reflektiere in deinem Praktikumsbericht, ob der von dir ausgewählte Beruf zu dir passt und ob deine Selbsteinschätzung sich in der Praxis bewährt hat.

Lektüretipp

Alexa Hennig von Lange: Ich habe einfach Glück. Roman, Reinbek: Rowohlt Verlag 2002 (bitterböse Betrachtungen der 15 Jahre alten Lelle in ihrer ganz »normalen« Familie).

Man wird sich vielleicht darüber wundern, dass ich von vernünftigem Gespräch mit Kindern rede; und doch kann ich nicht umhin, dies als die rechte Art des Umgangs mit ihnen anzusehen. Sie verstehen es so früh, wie sie die Sprache verstehen; und wenn ich recht sehe, wollen sie gern als vernunftbegabte Wesen behandelt werden, und zwar früher, als man denkt. Es ist dies ein Stolz, den man in ihnen nähren und soweit es geht, zum wichtigsten Werkzeug ihrer Bildung machen sollte.

Q JOHN LOCKE: Gedanken über die Erziehung (1692)

Gut zusammenleben – aber wie? Erziehung und Kommunikation

»Eitel Sonnenschein ist bei uns zu Hause auch nicht immer, aber Konflikte lassen wir nicht lange anbrennen. Wir reden halt offen miteinander – und irgendwann sind wir uns dann auch wieder einig.«
JOHANNA, 16 Jahre

»Elternhaus? Da schüttelt's mich, wenn ich an den ewigen Zoff denke. Werde wohl in der allernächsten Zeit gehen: für immer!«
PIERRE, 15 Jahre

1 Versucht euch zu erinnern: Was war euer erstes Wort? Was hat es alles für euch bedeutet?

2 Malt oder zeichnet ein Bild, das eure Position in der Familiensituation eurer Kindheit zum Ausdruck bringt.
Drückt in einem zweiten Entwurf aus, wie ihr euch heute in Bezug auf eure derzeitige Familie seht.

3 Wie würdest du deine eigenen Kinder erziehen? Formuliere Erziehungsziele und Erziehungsmittel:
Kläre, welches Verhältnis der Familienmitglieder untereinander du anstrebst.

Erziehungsstile und -ziele

Francisco José de Goya (1746–1828), Don Manuel Osorio

Thomas Gainsborough (1727–1788), The Blue Boy (1770)

Wer gehorcht wem? ◄

Ein anderes Bild des Eltern-Kind-Verhältnisses zeichnet Alexander S. Neil (1883–1973), der jahrelang die englische Internatsschule Summerhill leitete (vgl. S. 245).

Der Mensch ist nach Aristoteles ein Lebewesen, das seine Möglichkeiten nur im Zusammenleben mit anderen Menschen verwirklichen kann. Im Gegensatz aber zu Tieren, deren Zusammenleben durch Instinktmechanismen geregelt ist, müssen die Menschen erst mühsam Werte und Normen ihres Handelns erlernen, wobei ihnen Erziehung helfen soll. In der Frage allerdings, was eine »gute« Erziehung ausmacht, herrscht bis heute keine Einigkeit.

Im mittelalterlichen Europa endete die Kindheit mit sieben Jahren – übergangslos begann das Erwachsenenalter. Dass Kinder noch weit über dieses Alter hinaus schonungsbedürftig sind, ist bis in die frühe Neuzeit unbemerkt geblieben. Die »Entdeckung« der Kindheit und Jugendzeit als eigenständige Entwicklungsphasen erfolgte im Zusammenhang mit der Emanzipation des Bürgertums gegenüber dem Adel. Doch auch heute wird weltweit gegen die besondere Schutzbedürftigkeit von Kindern und Jugendlichen verstoßen: durch Kinderarbeit, Kindesmissbrauch, aber auch durch bloße Vernachlässigung. Nicht selten ersetzen bei uns die Medien – Fernseher oder Computer – die elterliche Erziehung. Verfasse aus der Sicht eines sich selbst überlassenen Kindes oder Jugendlichen einen Brief an die Erziehungsberechtigten: als Plädoyer für ein Recht auf Erziehung.

Der Prager Schriftsteller Franz Kafka beschreibt in einem literarischen »Brief« die Folgen väterlicher Erziehung:

Ein rätselhafter Tyrann

Deine äußerst wirkungsvollen, wenigstens mir gegenüber niemals versagenden rednerischen Mittel bei der Erziehung waren: Schimpfen, Drohen, Ironie, böses Lachen und – merkwürdigerweise – Selbstbeklagung. Dass Du mich direkt und mit ausdrücklichen Schimpfwörtern beschimpft hättest, kann ich mich nicht erinnern. Es war auch nicht nötig. Du hattest so viele andere Mittel, auch flogen im Gespräch zu Hause und besonders im Geschäft die Schimpfwörter rings um mich in solchen Mengen auf andere nieder, dass ich als kleiner Junge manchmal fast davon betäubt war und keinen Grund hatte, sie nicht auf mich zu beziehen […]. Und auch hier wieder Deine rätselhafte Unschuld und Unangreifbarkeit, Du schimpftest, ohne Dir irgendwelche Bedenken deshalb zu machen, ja Du verurteiltest das Schimpfen bei anderen und verbotest es. […] Wenn ich etwas zu tun anfing, was Dir nicht gefiel, und Du drohtest mit dem Misserfolg, so war die Ehrfurcht vor Deiner Meinung so groß, dass damit der Misserfolg, wenn auch vielleicht für eine spätere Zeit, unaufhaltsam war. Ich verlor das Vertrauen zu eigenem Tun. […]

Q Franz Kafka: Brief an den Vater (1919)

Autorität ohne Gehorsam

Bei dem Prinzip der Selbstbestimmung gibt es keine Autorität in de Familie. Das heißt, es gibt keine laute Stimme, die ruft: »Ich sage das und damit basta!« In der Praxis gibt es natürlich Autorität. Diese Art von Autorität kann man vielleicht Schutz, Fürsorge, Verantwortung der Erwachsenen nennen. Eine solche Autorität verlangt manchmal Gehorsam, doch bei anderen Gelegenheiten gehorcht sie auch. So kann ich zu meiner Tochter sagen: »Du kannst diesen Schmutz und das Wasser da nicht ins Wohnzimmer bringen!« Das ist nicht mehr, als wenn sie zu mir sagt:« Geh hinaus, Papi. Ich mag nicht, dass du jetzt in meinem Zimmer bist!«; ein Wunsch, dem ich natürlich ohne Widerrede Folge leiste. […] Erwachsene sollten kein Recht auf den Gehorsam der Kinder haben. Gehorsam muss von innen kommen – und [darf] nicht von außen aufgezwungen werden.

Q ALEXANDER S. NEIL: Theorie und Praxis der antiautoritären Erziehung (1970)

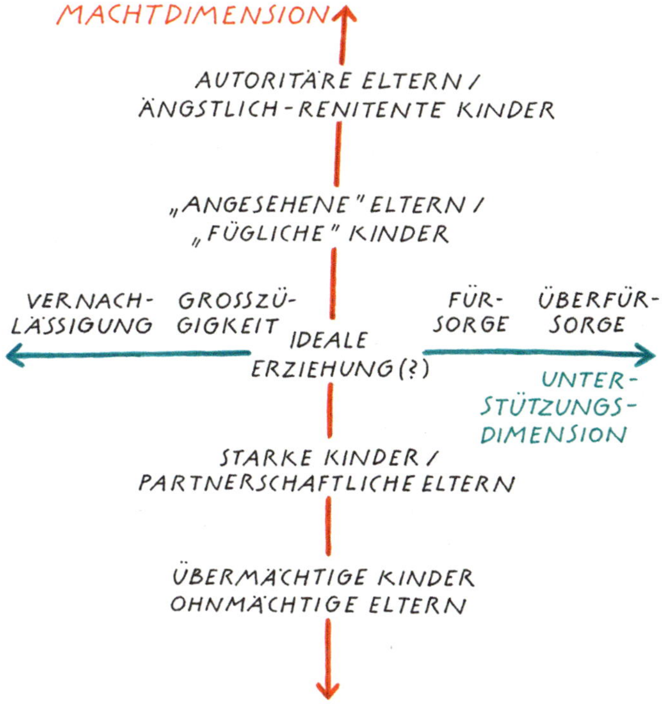

Vielfalt der Erziehungsstile
Im Gegensatz zu älteren Zivilisationen (etwa in China), in denen ein einziger Erziehungsstil bestimmend war, nämlich der autoritäre, der Grenzen ohne Freiheit, ohne Möglichkeiten zur Selbstbestimmung von Kindern und Jugendlichen setzte, findet sich in der modernen Lebenswelt westlicher Prägung eine häufig schwer zu durchschauende Vielfalt.

1 Vergleicht die Texte von FRANZ KAFKA und ALEXANDER S. NEIL: Welche Werte werden durch die gegensätzlichen Erziehungsstile vermittelt? Was heißt hier jeweils »Autorität«?

2 Eine Weiterentwicklung der antiautoritären Erziehung nach NEIL ist die »Anti-Pädagogik«: Kinder seien von Natur aus frei und gut; erziehungsbedürftig seien die durch autoritäre Erziehung beschädigten Eltern und Erzieher. Klärt, welcher Erziehungsstil aus dieser Annahme abgeleitet werden kann und diskutiert dessen Überzeugungskraft.

3 Klärt: Wo sind folgende »paradoxe« Erziehungssituationen einzuordnen: wenig unterstützende und doch sehr strenge Eltern; tyrannische Kinder überfürsorglicher Eltern?

4 Wo würdet ihr im »Fadenkreuz« den für eure eigene künftige Elternrolle optimalen Erziehungsstil einordnen? Vergleicht und begründet eure Lösungen.

5 Formuliert einen Grundsatz zur Erziehung, der Erziehungsmittel und Erziehungsziele miteinander in Einklang bringt.

Gelingende Erziehung muss die Interessen aller am Erziehungsprozess Beteiligten berücksichtigen. Ihr höchstes Ziel ist der selbstbestimmte Erwachsene, der in der Lage ist, Verantwortung in allen Bereichen seines jetzigen und künftigen Handelns zu übernehmen. An diesem Maßstab muss Erziehung auch die Wahl ihrer Mittel ausrichten.

Sich miteinander verständigen

Es gab im alten China die Redensart, Staat und Gesellschaft seien dann geordnet, wenn die kleinste Form des menschlichen Zusammenlebens, die Familie, wohlgeordnet sei. Auch heute verbinden viele Menschen mit dieser intimen Form des Zusammenlebens, was immer sie auch unter »Familie« verstehen, ein Höchstmaß an Vertrauen und Verständnis, Lebenszuversicht und Glück. Wie neuere Befragungen zeigen, empfinden die meisten Jugendlichen in Deutschland trotz beunruhigender Scheidungsraten Familie als »sicheren sozialen Heimathafen«; viele äußern den Wunsch, eines Tages auch eine eigene Familie zu gründen.

15. Shell-Studie, Jugend 2006, S. 49–62

Der große Krach ist da …

Der Psychoanalytiker Tilmann Moser beschreibt eine Familie, in der es seit längerer Zeit kriselt. Hat die sechsjährige Annette die Lawine ins Rollen gebracht, die an diesem Abend zwischen den Eltern losgeht? Warum musste ausgerechnet sie, die Kleinste, der Mutter etwas von der netten »Tante« Gerda (einer jüngeren Kollegin des Vaters) erzählen? Gerda hatte Annette zum Eis eingeladen, weil sie den Papi auch so gerne mag – wo doch die Mutter seit langem ahnt, warum der Vater so oft am Abend auf »Konferenzen« in den Betrieb muss. Und warum kommen der 15-jährige Christof und seine um ein Jahr jüngere Schwester Vroni trotz mehrfacher Aufforderung nicht zum Abendessen ins Esszimmer? Ahnen sie, dass in der Familie heute noch etwas Entscheidendes passieren wird?

– Hör auf, Christof, hör auf, mir ist schwindlig …
– Das macht nichts. Das ist jetzt alles ein bisschen Nervensache. Versuch mal ganz ruhig zu sein. Entweder die kommen jetzt gleich herauf und stürmen hier den Laden, dann wird es sehr unangenehm, oder der Krach bricht unten aus, das wäre mir fast lieber. Ich glaube, Mami kann das verstehen […]. Ja, du hast vielleicht Recht, dass sie mich auch heimlich bewundert, ich sage dir, sie wartet darauf, bis ich ihm mal die Stirn biete. Also, ihr bleibt die Spucke weg und er geht hoch. Das ist jetzt für mich eine Nervensache. Der Herr Papa hat sich die schöne Gerda angelacht, das imponiert mir, dieser Ganove …
– Christof, sei still, du drehst ja durch! Der Ganove, du redest, als ob du voll wärst, mit Schnaps oder Hasch …
– Ich bin nur voll mit Wut über das, was die mit uns machen! Aber ich will mitspielen. Sonst haue ich ab oder mache einen unheimlichen Stunk. Also, ich sagte, der Ganove, und das meine ich auch, obwohl ich ihn bewundere, der hat sich die Gerda angelacht oder sie sich ihn. Aber damit hat er sich auch ganz schön was eingebrockt, was er noch gar nicht so ganz übersieht, der große Taktierer und Intrigant. Pass auf, der merkt zur Zeit, und vielleicht heute Abend, dass er nicht mehr der ganz große King ist hier im Haus. Ich bin kein Bäuerchen in seinem Schachspiel und auch kein Läufer, ich bin ein Turm und du bist ein eigenwilli-

ger Springer und Annette ist auch kein kleines Bäuerchen, sondern mindestens drei Bauern; aber leider hast du davon keine Ahnung. Der König ist zwar die wichtigste Figur und das Zentrum des Kampfes, aber er kann selbst nur ganz kleine Schritte machen, und so weiter … Wenn er jetzt hochkommt und mich verprügelt, dann ist es ganz und gar aus zwischen ihm und mir. Ich hoffe, dass er das ahnt. Und deshalb ist es mir lieber, die führen den Krieg unten weiter. […]
– Ich hab ganz einfach wahnsinniges Herzklopfen, Christof, und möchte gern hinunter rennen und sagen: Es ist alles gar nicht so schlimm. Wir kommen sofort nach der Suppe.
– Ich sage dir, wir kommen zum Nachtisch, außer du kapitulierst zu früh, dann hau ich ab und schlafe bei Georg …
– Ich haue nicht ab. Du kommst mir vor wie ein General, der einen Aufstand macht … da kommt Annettchen und heult …
– Na, was gibt's zu heulen, Annettchen?
– Ihr sollt endlich runterkommen … aber es ist schon zu spät. Vati hat gesagt, es ist unerhört, und er will dich schlagen. Aber dann haben Vati und Mutti wieder angefangen mit Streiten, so schlimm wie noch nie, der Pudding ist jetzt auch weg …
– Wieso ist der Pudding weg?
– Mami hat ihn durchs Fenster in den Garten geworfen, und Vati hat ihr eine Ohrfeige gegeben; jetzt sitzt sie am Tisch und weint, und Vati ist weggelaufen und hat die Türen geknallt, aber er ist wiedergekommen … Jetzt sitzen sie ganz still in der Küche, und es kommt kalt herein zum Fenster. Habt ihr denn das alles nicht gehört?

Q TILMANN MOSER: Familienkrieg

CLAIRE LIER: Kinderbildnis
Wie viel bekommen Eltern von den Gefühlen mit, die ihre Streitrituale bei ihren Kindern auslösen?

MELINA SEDÓ: Das arme Waisenkind (Stimmungsbild einer 15-Jährigen)

1 Die Eltern reagieren in der von Annette beschriebenen Szene mit verschiedenen Formen von Aggression*. Was wollen sie eigentlich damit einander mitteilen? Wie erleben die Kinder der Familie solche außersprachlichen Botschaften?

2 Christof empfindet massive Wut auf seine Eltern: Klärt, woher sein Zorn rührt. Welche anderen Gefühle bringt Christof im Gespräch mit Veronika zum Ausdruck? Welche Rolle versucht er, vor ihr zu spielen?

3 Welche Erwartungen, Hoffnungen und Zielsetzungen hegt ihr hinsichtlich eigener künftiger Partnerschaft oder Elternschaft?

4 Diskutiert: Welche Chancen und Risiken birgt das Zusammenleben in der Familie? Berücksichtigt Faktoren wie Gleichberechtigung der Geschlechter, Mobilität und Technisierung der Arbeitswelt, aber auch Arbeitslosigkeit und neue Armut.

http://ftp.iza.org/dp2750.pdf (englisch) ◄

5 Eine Vergleichsstudie der US-amerikanischen Harvard-Universität weist nach, dass die Familie bei uns eine relativ geringe Bedeutung hat. Ein gelingendes Familienleben werde am meisten in Afrika sowie in Teilen Asiens und Amerikas geschätzt; es sei dort ein wichtiges Glückskriterium: Informiert euch über die Studie von ALBERTO ALESINA und PAOLO GIULIANO – und findet Erklärungen für die unterschiedliche Einschätzung von Familie.

Sich miteinander verständigen

So ein richtiger »Knuddel-Papa« zu sein, verlangt auch heute noch Mut. Der Lohn der Mühe ist aber eine tiefe gegenseitige Bindung, die Kindern das für ihr weiteres Leben wichtige Urvertrauen vermitteln kann (vgl. S.11).

Es gibt wohl kaum eine Form der Gemeinschaft, in der menschliche Verständigung einen so hohen Grad der Feinabstimmung erreichen kann wie das familiäre Zusammenleben. Kleinste Andeutungen sprachlicher, aber auch außersprachlicher Art genügen hier, um nachhaltige Wirkungen auszulösen. Warum kommt es aber gerade in Familien so häufig zu Missverständnissen und Verstimmungen – bis hin zu schweren Zerwürfnissen –, obwohl doch alle Beteiligten guten Willens sind und nichts mehr zu wünschen scheinen als Frieden und Eintracht, Anerkennung und Geborgenheit?

Ein ganz normales Wochenende?

»So, endlich Feierabend!« Ingo lässt sich in den Wohnzimmersessel fallen. »Sag nur, Schatz, es war wieder nichts dabei?«, fragt Ute besorgt zurück. »Nichts als Absagen und Eingangsbestätigungen, die auch nicht gerade Mut machen. Wenn das so weiter geht bis zur 250sten Bewerbung, dann kann ich mich bald Diplom-Arbeitsloser nennen. Wäre ja auch mal was zu meinem 50. Geburtstag.« Sanft legt Ute den Arm um ihn: «Lass jetzt einfach mal los; es ist Wochenende und wir machen uns einen schönen Fernsehabend. Gleich kommt der Fernsehkrimi.« – »Klar, nichts geht über einen schönen Mord, wenn anschließend das Gute wieder einmal siegt«, antwortet Ingo schon versöhnter.
»Wo ist übrigens Jessica? Ich vermisse die dröhnenden Lautsprecher aus ihrem Zimmer!« Die Mutter wirkt etwas zögerlich: «Die ist vorhin mit dem Bus zu Nicole. Dort steigt heute eine Fete.« – »Die hat auch nichts als Partys im Kopf, sollte mal was für die Schule tun!«, grollt Ingo: »Und spät in der Nacht darf der Papi sie dann wieder abholen, hat ja sonst keine Müh und Anstrengung.« – »Jetzt sei aber nicht ungerecht, das ist doch jetzt das Alter. Und so viel Arbeit macht das auch nicht, die paar Kilometer hin und

»Jedes Kind sollte einen Ort des guten Lebens als seine Heimat erkannt haben.« Donata Elschenbroich

zurück. Ach, übrigens: Jessica wird bei Nicole übernachten ...« Ingo explodiert: »So!? Sie wird bei Nicole übernachten! Wieso erfahre ich das jetzt erst? Abholen darf ich sie, wenn die junge Dame das mal eben so wünscht! Aber mich um Erlaubnis fragen, ob sie bei fremden Leuten übernachten darf, das ist zu viel verlangt?! Macht wohl zuviel ›Arbeit‹, um es in deinen Worten zu sagen!?«
Zornig geworden, dreht Ingo den Kopf weg und starrt für eine Weile wortlos ins Leere.
»Was machen die dort eigentlich die ganze Nacht, hast du dir das mal überlegt!?«, fängt er wieder an, »Jessica ist erst fünfzehn! Was da alles passieren kann, hast du da mal dran gedacht? Verantwortung ist für dich wohl ein Fremdwort!« Mühsam sucht Ute nach einer passenden Antwort: »Das stimmt schon, dass sie in letzter Zeit nur noch mich gefragt hat, wenn sie was erreichen wollte. Aber was soll

ich denn machen? Du würdest sie ja am liebsten einsperren wie der König die Müllerstochter. Dabei muss sie doch lernen, ihr eigenes Leben zu leben.« – »Genau das musste ich, wie du weißt, viel zu früh«, entgegnet Ingo mit plötzlich rau wirkender Stimme: »Ich will sie doch einfach nur davor bewahren, sich genau so verloren in der Welt zu fühlen, wie es mir damals ging. Das kann doch nicht falsch sein?!« – »Nein!«, sagt Ute: »Ein Rabenvater bist du auch dann nicht, wenn du Jessica vertraust und ihr auch im Guten etwas zutraust.«

Fachübergreifend (Deutsch, Geschichte, Politik):
Formen der Verständigung

a) Menschen teilen sich sprachlich mit, aber auch durch Gestik, Mimik und Körpersprache.
b) Jede sprachliche Mitteilung hat vier Seiten (Quadratische Botschaft). Außer der sachlichen Information sagt sie auch etwas über den Sprecher selbst (Selbstkundgabe) und über seine Beziehung zum Zuhörer aus. Hinzu kommen offene oder versteckte Aufforderungen (»Appelle«).
c) Man kann nicht nicht kommunizieren. D.h. jede Form der Verweigerung von Kommunikation enthält selbst eine Vielzahl von Botschaften.
Ihr könnt euch diese Grundeinsichten an einer Alltagsszene klarmachen:

Mutter: »Wo ist denn wieder die Fernbedienung vom TV?«
Sohn (mit dem Kinn): »Da!«

Nehmen wir an, aus diesem kurzen »Gespräch« ergibt sich ein Streit – die Mutter »fährt aus der Haut« und der Sohn ist (oder tut) überrascht:

- Inwiefern bestätigt diese kurze Szene die Erkenntnisse a) und b)?
- Welche »Störfaktoren« setzen Mutter und Sohn in ihren jeweiligen Mitteilungen ein? Analysiert die quadratischen Botschaften jeweils aus der Sicht der Mutter und des Sohnes.
- Sucht Beispiele, in denen aus nichtigen Anlässen Streit entsteht: Was tun?

Lesetipp

Jean Le Camus: Vater sein heute. Für eine neue Vaterrolle, Weinheim: Beltz Verlag 2006

Seite 23 Methode: Perspektivenwechsel

1 Spielt das Streitgespräch mit wechselnden Rollen szenisch nach. Welche Erfahrungen ergeben sich aus dem Perspektivenwechsel?

2 Welche nonverbalen (= mimischen, gestischen, körpersprachlichen) Ausdrucksmöglichkeiten nutzen Ute und Ingo in ihrer Auseinandersetzung? Welche Elemente steigern den Streit?

Seiten 244/245

3 Besprecht, welche Erziehungsstile bei Ingo und Ute aufeinanderprallen.

4 Ingo äußert sich widersprüchlich. Klärt, mit welchen Mitteln es Ute gelingt, Ingo dem Verstehen seines inneren Zwiespaltes näher zu bringen? Welchen Beitrag leistet er selbst dabei?

5 Stellt euch vor, Jessica verpasst den Bus und bekommt unbemerkt den Streit der Eltern mit. Erprobt szenisch, welche Handlungsmöglichkeiten ihr dabei offen stehen: Welche Reaktion würdet ihr Jessica empfehlen?

6 Diskutiert, an welchen Zielen sich gelingende Kommunikation in der Familie orientieren sollte: Welche Erziehungsstile stimmen damit überein? Unterscheidet auch nach den vier Seiten einer Botschaft.

»Mario oder ich!« Ein ganz normaler Streit?

Fernsehmoderatorin PETRA GERSTER wundert sich, dass sie, nach Dienstschluss erwartungsvoll zu Hause ankommend, immer seltener von Ehemann Christian und ihren Kindern Livia und Moritz begrüßt wird. Müde und gestresst platzt ihr eines Abends der Kragen.

[…] Die Familie saß so vertieft vor dem Monitor, dass niemand ihr Kommen bemerkt hatte. Sie sagte: »Guten Abend«. Keine Reaktion. Da wurde die Mutter laut und sprach den Satz: »Dieses Spiel kommt aus dem Haus.« Darauf der Vater: »Dieses Spiel bleibt hier.« Und so gab ein Wort das andere:

Sie Dieses Spiel macht das Familienleben kaputt. Ich komme nach Haus und werde ignoriert, weil die Kinder wie gebannt vor diesem Kasten hocken, und der Vater hockt dabei, statt sich ums Abendessen zu kümmern […]. Was verplempert ihr eigentlich eure Zeit mit diesem Quark?!

Er Wieso »Quark«? Das ist ja das Tolle daran, dass hier mal Eltern und Kinder zusammen spielen und man sich als Erwachsener nicht wie bei anderen Kinderspielen tödlich langweilt. Außerdem herrscht zwischen Erwachsenen und Kindern Chancengleichheit. Ich kann und weiß auch nicht mehr als die Kinder, muss mich genauso anstrengen wie sie, und das macht ihnen und mir Spaß.

Sie Sag' mir bitte einen einzigen vernünftigen Grund, warum sich unsere Kinder mit so einem Mist abgeben sollen?

Er Wie kannst du behaupten, Mario sei »Mist«? Du hast es doch noch nie selbst gespielt. […] Bei Mario gibt es zum Beispiel am Ende nicht wie sonst einen Sieger und mehrere Verlierer; hier kommt es nur auf Findigkeit, ja sogar auf Fantasie an. Der Spieler muss Probleme lösen und braucht dazu Ideen. […] Außerdem ist SuperMario auch ein Märchen, und was hast du gegen Märchen?

Sie Mario soll ein Märchen sein? Diese wie von einer Tarantel gestochen herumrennende Comic-Figur vergleichst du tatsächlich mit einem Märchen?

Er Mario ist zwar Klempner von Beruf, aber in Wahrheit natürlich der klassische Prinz. Er erfährt, dass seine Freundin, die Prinzessin Toadstool, von einem Ungeheuer gefangen gehalten wird. Also versucht er sie zu befreien. […] Zum Schluss aber muss das Ungeheuer natürlich besiegt werden. Also, wenn das kein Märchen ist …

Sie Na gut, Mario mag ein Märchen sein, aber ein ziemlich primitives. In guten Märchen begegnen dem Kind Persönlichkeiten, die ein Innenleben und einen Charakter besitzen, die gutmütig, tapfer, hinterlistig oder schlau sind. Mario dagegen ist ein Maschinchen in Menschengestalt, das keinerlei Regung zeigt […].

Er Aber die spielenden Kinder reden und zeigen Gefühle. Sie beraten über Lösungsstrategien und sie hoffen, bangen, freuen sich und ärgern sich. […]

Q PETRA GERSTER: Der Erziehungsnotstand

EDGAR DEGAS (1834–1917), Die Familie Bellelli – ein Modell der Vergangenheit?

Methode: Einen sachlichen und fairen Dialog führen

Wie auch immer man in der Sache »Mario oder ich!« Position bezieht – eines machen die beiden Eltern richtig: Sie versuchen, sich gegenseitig mit Argumenten zu überzeugen (die auch das Gegenüber anerkennen muss), ohne dass die Gefühle mit ihnen »durchgehen«. Der Philosoph SOKRATES hat vor langer Zeit deutlich gemacht, an welches Prinzip er sich sein Leben lang gehalten hat: Ohne Rücksicht auf Vorurteile und öffentliche Meinung (Trends) immer dem Argument folgen, das sich in strittigen Fragen als das sachlich beste und stärkste erwiesen hat. Und die Stärke von Argumenten ergibt sich nicht aus Gewalt und brutaler Durchsetzung, sondern aus fundiertem Wissen und dem Gebrauch des »Logos«, des gesunden Menschenverstandes.

Genügt es aber, logisch widerspruchsfrei und sachhaltig zu argumentieren, um ein gutes Gesprächsklima zu erzeugen? Ist nicht auch die Sprache des Gefühls, die Logik des Herzens, im Miteinander von Bedeutung?

- Untersucht folgende Äußerungen. Beschreibt mittels des Nachrichtenquadrats, wie sie gedacht, aber tatsächlich verstanden werden: *Du willst doch wohl nicht sagen, dass … – Für mich sind das alles Mätzchen! – Na, das find ich toll! Klar, dass das jetzt von dir kommt! – Das verstehst du eben noch nicht. – Halt einfach den Mund!*
- Sucht weitere Beispiele für solche »Killer-Phrasen« und überlegt, wie man das alles sachlicher und fairer sagen könnte.
- Formuliert einige grundlegende Regeln für einen fairen Dialog.
- Erprobt diese Regeln szenisch an »heißen« Familienthemen wie: *Das ist kein Freund für dich. – Wieso mach' ich immer den Dreck für euch weg? – Unser Urlaub? Euer Urlaub, liebe Eltern!*

Fußballspieler KLAUS AUGENTHALER nimmt sich Zeit für Tochter TINA – ein Modell für heute und morgen? Der Pädagoge NEIL POSTMAN allerdings sieht Grenzen und Unterschiede zwischen Erwachsenen und Kindern in bedenklicher Weise schwinden. Er führt diesen Prozess auf den Einfluss der Medien zurück.

1 Welche »quadratischen Botschaften« vermitteln Christian und die beiden Kinder durch die Nichtbeachtung der heimkehrenden Mutter und den ungedeckten Tisch?

2 Versetzt euch in die Kinder Livia und Moritz: Wie erleben sie die Auseinandersetzung der Eltern? In welcher Weise sind sie »betroffen«?

3 Inwiefern führen die Eltern einen »guten« Streit? Untersucht Aspekte wie Redeanteil, Umgang mit Begründungspflicht und Festhalten am eigentlichen Problem.

4 Wie könnte der Streit zu einem guten Ende geführt werden? Entwerft Lösungen und erprobt sie im szenischen Spiel.

Viele Menschen suchen Lebensglück und Erfüllung in einer Familie. Guter Wille allein aber genügt nicht, um das Gleichgewicht zwischen eigenen Ansprüchen und notwendigen Rücksichten auf andere zu finden. Nur offene und faire Kommunikation aller Mitglieder ermöglicht es Kindern und Jugendlichen, in einem häufig konfliktreichen Lernprozess jene vertrauensvolle Beziehungsfähigkeit und Risikobereitschaft zu erwerben, die später zur Gründung einer eigenen Familie nötig sind.

Meditation als Entspannung

Kennst du das? Nach einer anstrengenden Arbeits- oder Schulwoche ist endlich das ersehnte Wochenende da. Du wünscht dir nichts mehr als Ruhe, Erholung, Loslassen. Im Inneren aber läuft der »Turbo« immer noch auf Hochtouren und du findest den »Hebel« zum Abschalten nicht. Den anderen in der Familie geht es ähnlich – schnell macht sich allgemeine Gereiztheit breit, die nach Entladung drängt …

Yoga wird in der westlichen Welt immer beliebter – meist losgelöst von seinen ursprünglich religiösen Voraussetzungen und Zielen. An die Stelle des erleuchteten Gurus rückt bei uns eine Art Selbsterfahrung, die – gestützt auf stimulierende Anleitungen und Musik-CDs – zu »Wellness« und gestyltem »Body« verhelfen soll.

Seiten 107, 130/131 und 139 (religiöse Meditationen)

Ein Weg zum höheren Selbst?

Der Mensch lebt zumeist an der Oberfläche von Geist, Leben und Leib, aber da ist ein inneres Wesen in ihm, mit größeren Möglichkeiten, zu denen er erwachsen muss. Denn einen nur sehr begrenzten Einfluss empfängt er von demselben jetzt, der ihn gleichwohl antreibt, beständig größerer Schönheit, Harmonie, Macht und größerem Wissen zuzustreben. Der erste Prozess des Yoga besteht darum darin, die inneren Ebenen dieses inneren Wesens zu öffnen und von daher nach außen hin zu leben, um das äußere Leben durch ein inneres Licht und eine innere Kraft zu regieren. Indem der Mensch das tut, entdeckt er in sich seine wahre Seele, die nicht jene äußere Mixtur von mentalen, vitalen und physischen Elementen ist, die vielmehr etwas von der hinter diesen stehenden Realität ist, ein Funke aus dem einen göttlichen Feuer. Er muss es lernen, in seiner Seele zu leben und den Rest seiner Natur durch ihren Auftrieb zur Wahrheit zu reinigen und zu orientieren. Danach kann ein Sichöffnen aufwärts und eine Herabkunft eines höheren Prinzips des Wesens folgen. […]
Der Prozess dieser Selbstdisziplin ist darum lang und schwer, aber schon ein weniges von ihm bedeutet so viel, denn es macht die endgültige Befreiung und Vollendung umso mehr möglich. […]
In dieser Disziplin ist die Inspiration seitens des Meisters und auf den schwierigen Stufen seine Kontrolle und Gegenwart ebenso unerlässlich. Ohne viel Stolpern und Irren durch dieselben zu gehen, würde sonst unmöglich, das aber würde alle Chancen auf Erfolg vereiteln. Der Meister ist einer, der sich zu einem höheren Bewusstsein und Sein erhoben hat, und er wird oft als die repräsentative Manifestation dieses Seins angesehen. Er hilft nicht nur durch seine Unterweisung und mehr noch durch seinen Einfluss und sein Beispiel, sondern vor allem durch eine Kraft, vermöge welcher er seine eigene Erfahrung anderen mitteilt.

Q Sri Aurobindo: Der integrale Yoga

Fachübergreifend (Biologie, Sport): Entspannungstechniken testen und vergleichen

Wer mag, kann unverbindlich ausprobieren, wie Entspannungstechniken funktionieren, ob und welche Wirkung sie haben (z.B. unbeobachtet zu Hause oder bei Freunden):

Seite 138 ◄

• Die Mantra-Übung geht auf die tibetanische Meditation zurück. Ihre Formel setzt sich aus der Silbenfolge OM AH HUM zusammen: Setzt euch bequem auf Stuhl oder Kissen und atmet etwa 20 Minuten bei völliger Konzentration auf die drei Phasen des zügigen Einatmens (OM), langsamen Ausatmens (AH) und einer kurzen Pause (HUM). Störende Gedanken verschwinden.

Katathym: »aus dem Gefühl heraus« ◄

• Die Übung im »katathymen Bilderleben« wurde von dem Arzt HANSCARL LEUNER entwickelt. Sie beruht auf der natürlichen Fähigkeit der menschlichen Seele, bei geschlossenen Augen spontan Bilder oder Bildfolgen entstehen zu lassen – eine Art inneres Kino. Stellt euch vor, ihr würdet auf einer herrlich grünen Wiese sein. Dann werden sich weitere Szenen von selbst ergeben. (Ihr könnt euch gegenseitig erzählen, was auf dem inneren Bildschirm erscheint.) Beendet die »Vorstellung« nach etwa 10 Minuten.

• Mit der »progressiven Muskelentspannung«, entwickelt von ERIC JACOBSON, könnt ihr über den gezielten Wechsel von Muskelanspannung und anschließender Entspannung die Wahrnehmung des eigenen Körpers vertiefen. Ausgangspunkt dieser Technik ist die Beobachtung der Wechselwirkung von Körper und Seele. Wenn Stress zu körperlichen Verspannungen führt, dann sollte auch der umgekehrte Weg gangbar sein – durch immer wieder geübte Wechsel willkürlicher Anspannung einzelner Muskelgruppen und deren gezielter Entspannung einen Abbau seelischer »Verspannungen« zu erreichen: Spannt bei geschlossenen Augen die Muskeln des »starken« Arms für 5 bis 7 Sekunden an und schließt dabei die Hand zur Faust. Beobachtet dann 30 bis 40 Sekunden das wohlige Gefühl der Entspannung. Wichtig ist, während der gesamten Übung gleichmäßig weiter zu atmen. Probiert es dann ebenso mit dem »schwachen« Arm.

SRI AUROBINDO, indischer Philosoph, Hindu-Mystiker und Begründer des modernen Yogas (1872–1950)

1 Sammelt und deutet sprachliche Wendungen, in denen die Wirkungen seelischer Zustände und Empfindungen auf die Körperselbstwahrnehmung zum Ausdruck kommen: im Magen liegen (= unverarbeitetes, »unverdautes« Problem); den Atem nehmen; sich krumm legen usw.

2 Fast alle Entspannungsübungen verlangen den Rückzug an einen ungestörten Ort, an dem man vor den Ansprüchen anderer Menschen sicher ist: Gibt es ein Menschenrecht auf Rückzug, Abgeschiedenheit oder Einsamkeit?

3 Erläutert, welche Auswirkungen Meditation auf das Verhältnis zu sich selbst und mittelbar auf die Kommunikation mit anderen haben kann. – Diskutiert, ob ein Rückzug in die Meditation unkommunikativ ist oder macht.

4 SRI AUROBINDO behauptet die Notwendigkeit der kontrollierenden Gegenwart des Meisters (»Gurus«) bei der Suche nach »Erleuchtung«. Was spricht für, was gegen eine solche »Elternrolle«?

Meditation als Entspannung

Gesteigerte Mobilität und Vernetzung der Informationen haben unsere Welt zu einem Dorf werden lassen, in dem nicht nur Konsumgüter getauscht werden, sondern auch die Praktiken vieler Religionen weltweit »verfügbar« geworden sind. Während sich die Bindungen an christliche Traditionen in Mittel- und Westeuropa zu lösen scheinen, verwandeln sich die Überlieferungen der Religionen zu einer Art Supermarkt, aus deren Angeboten sich jeder nach Lust und Liebe bedienen kann. Seit Mitte der 1980er Jahre hat sich daraus im Westen die sogenannte Esoterik*-Welle entwickelt..

LA BERGONZONI: Gaia, mit der Erde schwanger.
Welchen Wert haben solche Fantasien für die Zukunft der Erde und der Menschheit?

Esoterik*
grenzt sich meist vehement gegen die etablierten Religionen ab – wohl aus Konkurrenzgründen. Aber letztlich erfüllt Esoterik [...] dieselben Aufgaben wie jede Religion. Erstens macht die Unvorstellbarkeit des eigenen Todes Angst; diese soll durch die Verheißung auf ein Leben nach dem Tod gemildert werden. Zweitens bieten Religionen konkrete Handlungsanweisungen für das Leben. Drittens wird Sinn gestiftet. Esoterik ist eine Variante von Religion.
MARIA WÖLFLINGSEDER, österreichische Esoterik-Kritikerin

Wahr ist, was hilft?

Bei genauerer Betrachtung ist Esoterik* die Fortsetzung der Verhältnisse im Kapitalismus. Am deutlichsten ist das an zwei Merkmalen erkennbar. Erstens am Paradigma* »Jede und jeder ist für all ihr Glück und sein Leid selbst verantwortlich; alles, was dir geschieht, du alleine bist deines Glückes oder Unglückes Schmied.« Dies wird oftmals mit jemandes Karma (das durch früheres Handeln bedingte gegenwärtige Schicksal) begründet. [...] Ein zweites Kriterium, das das Verhaftetsein in den gegebenen Verhältnissen aufzeigt, ist der Konsumaspekt in der Esoterik. [...] Esoterik ist eine Religion, die Züge unserer Warengesellschaft angenommen hat. Sie gleicht einem Supermarkt, in dem sich jeder bedienen kann an der Ware »Sinn«. Ging es früher um die Einhaltung der Zehn Gebote, um die Teilnahme an kirchlichen Ritualen, um einen christlichen Lebenswandel, kann heute auf einem schier unendlichen Markt an Religionen, Therapien, Wochenendseminaren, esoterischen Urlauben, Ausbildungen [...], einschlägigen Büchern und Zeitschriften gekauft werden, was das Herz begehrt; wenn 's nicht hilft, wird das nächste Produkt konsumiert. Da die Konkurrenz untereinander groß ist, versuchen sich die Anbieter an Kuriosität, Pathos und Exotik zu überbieten. Hier trifft sich Esoterik mit dem allgemeinen Boom der Ratgeber-Mentalität. Jeder ist ständig auf der Suche nach dem Allheilmittel – vergleichbar mit der Hoffnung auf den Lottosechser.
War Religion – die eine, in die jemand hineingeboren wurde – früher etwas sehr Rigides, kann man sich heute ihrer »Vielfältigkeit« und ihrer »laissez fairness« kaum erwehren. Ihre Angebote sind wie jede Ware beliebig, beliebig austauschbar und gleichgültig. [...]

Q MARIA WÖLFLINGSEDER: Esoterik – rationale Irrationalität (2002)

Sinnspruch

»Mensch, wirst du nicht ein Kind,
so gehst du nimmer ein,
wo Gottes Kinder sind:
Die Tür ist gar zu klein.«
ANGELUS SILESIUS (1624–1677)

Was entscheidet heute über den gelingenden Weg zu Heil und Erleuchtung? Ist es ein kindlich-reines Gemüt, wie es die religiöse Tradition lehrt, oder die Kaufkraft?

Seiten 194/195 ◄
(Die Macht der Bilder)

Fachübergreifend (Politik, Geschichte): Marktforschung in der Eso-Szene

Heute unterhält fast jede Buchhandlung eine meist attraktiv aufgemachte Esoterik-Abteilung. Auch im Internet entdeckt man schnell und mühelos eine Szene, die von Ayurveda über Entspannung und Feng-Shui, Gesundheit und Meditation, Tai-Chi und Yoga bis zu Zen reicht. Erkundet:

• Mit welchen Versprechungen locken diese Angebote?
• In welcher Aufmachung und technischen Form (z.B. gedruckt, als CD) werden sie dargeboten?
• Welche Kunden (z.B. Altersgruppe, Geschlecht) erwerben bevorzugt welche Produkte?
• Welchen Anteil am Gesamtumsatz haben diese Produkte (im Buchhandel erfragen)?
• In welcher Form werden Kontaktadressen, Seminare und Schulungen im Anhang von Büchern oder auf Websites angeboten, die zu weiteren Investitionen motivieren sollen?

1 Tauscht euch aus: Welche Ideen alter und neuer Religiosität findet ihr ansprechend, welche lehnt ihr ab?

2 Verfasst einen Leserbrief aus der Sicht eines Esoterik-Anhängers zu dem Artikel von MARIA WÖLFLINGSEDER. Sammelt weitere Argumente pro und contra Esoterik und führt eine Podiumsdiskussion oder ein Streitgespräch zum Thema.

3 Der Religionssoziologe MAX WEBER ging von der Möglichkeit aus, dass manche Menschen für religiöse Empfindungen so unbegabt seien wie andere für Musik. Teilt ihr diese Auffassung?

4 Diskutiert die beiden Sätze: »Was hilft, muss noch lange nicht wahr sein.« – »Was hilft, kann nicht ganz falsch sein.«

→← Unsere hoch technisierte Lebenswelt hat Lebensvorgänge und soziale Beziehungen beschleunigt. Angesichts der dabei entstehenden Hektik leistet die eigene Familie oft nicht mehr das, was sie leisten könnte: ein Ort der Ruhe und des Ausgleichs zu sein, an dem man wieder zu sich selbst finden kann. Techniken der Entspannung können in dieser Situation eine Hilfe bieten. Sie bergen aber auch das Risiko wachsender Ichbezogenheit und schwer durchschaubarer Abhängigkeiten.

Der kanadische Hirnforscher MICHAEL PERSINGER und seine »Gottesmaschine«: Wenn PERSINGER Versuchspersonen über ein elektromagnetisches Feld geordnete EEG-Impulse in bestimmte Areale des Gehirns leitet, spüren sie die Gegenwart von etwas sehr Großem und Bedeutendem. Wird die Erfahrung des Heiligen und mystischer Ergriffenheit bald technisch verfügbar sein?

Seite 246

Vielleicht irrte man sich im alten China, als man glaubte, die (Groß-)Familie sei die Keimzelle, aus der Staat und Gesellschaft organisch erwachsen würden. Sind nicht umgekehrt Gelingen und Stabilität des Zusammenlebens in der »Familie« auch von äußeren Faktoren abhängig?

In der Konkurrenz-, Stress- und Ego-Gesellschaft ist der Traum von der heilen Familie endgültig zerbröselt. Familienpolitik wird nicht von Familienministerien gemacht. Die Chefs bestimmen, ob Papa samstags zu Hause bleiben darf, ob für Mama eine Halbtagsstelle zu finden ist, ob nur diejenigen mit Karriere belohnt werden, die über 60-Stunden-Wochen lächeln. Wirtschaftsminister und Arbeitsmarktpolitiker [...] finden es zumutbar, dass Arbeitslose einen Anfahrtsweg von 100 oder auch mal 150 Kilometern für einen neuen Job in Kauf nehmen. [...] Keiner fragt, ob zu Hause zwei Zwerge warten, die gern mit Papa spielen würden, der unterdessen im Stau steckt. [...] Die Familie muss mitspielen. Die Zahl der Kneippkur-Beziehungen nimmt zu, in denen Phasen mit viel Kontakt abwechseln mit anderen, wo das Kind den Vater überhaupt nicht zu Gesicht bekommt – das Spektrum reicht vom Montagearbeiter über den Entwicklungshilfe-Experten bis zum Unidozenten, der das Glück hatte, einen Fünfjahresvertrag zu ergattern, und das Pech, dass die Hochschule 400 Kilometer von dem Ort entfernt ist, wo seine Frau arbeitet und die Kinder zur Schule gehen. [...]
Zu welchem Erwachsenen sich das Kind von heute entwickeln wird, ist eine Gleichung, in der Eltern nur eine von vielen Variablen darstellen. Die Zahl der Einflussfaktoren steigt – was die Verunsicherung und den Trend fördert, sich aus dem komplizierten Geschäft der Erziehung weiter zurückzuziehen. [...] Eltern in Not beschenken ihre Söhne und Töchter nicht nur mit ihrer Liebe, sondern mit der Währung, die sie als noch stabiler kennen gelernt haben: ihrem Geld. [...] Geld statt Zeit, Zuwendung und Zärtlichkeit – das Tauschgeschäft hat Schattenseiten für alle Beteiligten.

»Im Kinde liegt die Zukunft der Welt. Die Mutter soll das Kind eng an sich schmiegen, damit es weiß: Dies ist meine Welt. Der Vater soll es auf die höchsten Berge tragen, damit es sieht, wie seine Welt in Wirklichkeit ist.«
Sprichwort der Maya

Q Hanne Tügel: Großwerden in der Kaufrauschglitzercybergesellschaft

Seite 245

1 Überprüft: Wo im Fadenkreuz der Erziehungsstile wäre die von Hanne Tügel beschriebene Erziehungssituation des »Tauschgeschäfts« einzuordnen?

2 Setzt spielend oder schreibend die Bemerkung eines Kindes zu seinem Vater fort: »Gestern bist du nach Hause gekommen und ich habe mich sehr darüber gefreut. Doch dann musstest du gleich wieder weg.«

3 Tügel beschreibt, wie die Zwänge einer mobilisierten Arbeitswelt die Möglichkeiten des Familienlebens beschränken oder gar zerstören: Diskutiert, ob die Familie wirklich mitspielen muss oder ob es Alternativen gibt.

4 Entwerft schreibend, malend oder komponierend den Traum einer eigenen zukünftigen Lebensgemeinschaftsform.

Projektvorschlag: In der Familie eine Rolle spielen?

Wir alle spielen im Leben Rollen: in der Schule, im Arbeitsleben, im Freundeskreis, sogar in der Familie. Mit Rollen sind immer auch Rollenwartungen verknüpft – Erwartungen, die man an andere stellt, aber auch an sich selbst.

Rollen können hilfreich sein, wie jeder weiß, der schon einmal eine verantwortungsvolle Aufgabe übernommen hat (z.B. beim Babysitting). Plötzlich kann ich Dinge, die ich mir vorher gar nicht zugetraut hatte.

Rollen können auch hinderlich sein: Bin ich als besorgte »Mutter« immer in der Lage, meine heimliche Bewunderung für die Tochter, die so früh schon einen tollen Freund hat, offen auszusprechen? Kann ich als »Sohn« so ohne weiteres zugeben, dass der Vater Recht hat, wenn er mehr Anstrengung für die Schule verlangt – wo mir doch klar ist, dass ich keinesfalls wie er mein Leben in endloser Arbeit für die Firma »begraben« möchte?

Versucht einmal, ein solches Rollenspiel spielerisch-szenisch im Rahmen von »Familie« auszuprobieren, z.B.: Wo soll der nächste Urlaub hingehen? Welches Auto wird angeschafft? Wie kann ich daheim erklären, dass ich mich in einem Leistungstief befinde [... unerlaubt bei Freunden übernachte, beim heimlichen Rauchen oder Alkoholkonsum entdeckt worden bin]?

1. Einigt euch zunächst auf ein Thema.
2. Klärt, welche Familienform(en) ihr für euer Spiel geeignet haltet. Eine »normale« oder eine Patchwork-Familie? Single-Eltern oder ein Elternpaar? Gibt es Geschwister und wenn ja: wie viele? Sind Großeltern präsent, die eventuell mitreden oder nicht?
3. Erprobt die Bearbeitung eures Themas in den je voneinander abweichenden Familienverhältnissen, die durch verschiedene Erziehungsstile entstehen. Bedenkt: Bisweilen herrscht zwischen Erziehenden das Prinzip der Arbeitsteilung: Mütterliche Strenge wird durch väterliche Nachsicht ergänzt, die Besorgtheit eines Vaters durch die Unbesorgtheit seiner Partnerin – oder umgekehrt.
4. Wem es nicht so liegt, sich schauspielerisch zu präsentieren, kann sich trotzdem nützlich machen: Entwerft Drehbücher für die ausgewählte(n) Szene(n)!
5. Wertet abschließend aus: In welcher Szene und unter welchen Bedingungen hatten Sachlichkeit und Fairness die größte Chance?

Medientipp

Meine Erziehung – da rede ich mit. Ein Ratgeber für Jugendliche zum Thema Erziehung. Hrsg. vom Bundesministerium für Justiz, Berlin 2007 (kostenlose Bestellung: http://www.bmj.bund.de/publikationen)

WAS SOLL ICH TUN?

Du findest die Brieftasche eines prominenten Stars – gefüllt mit 100 Euro-Noten.
Welche Gedanken gehen dir durch den Kopf?
Wie verhältst du dich?
Wie begründest du dein Verhalten?
Würden deiner Meinung nach die meisten Menschen so handeln wie du?

Grundpositionen philosophischer Ethik

Die Fragen »Was soll ich tun?« und »Wie will ich leben?« beschäftigt Menschen im Laufe ihres Lebens ständig und in unzähligen Situationen. Jeder findet darauf individuelle Antworten – mal fallen sie situationsabhängig oder eher prinzipiell aus, dann wieder sind sie eher gefühlsgeleitet oder aber stärker verstandesbetont. Diese Antworten sind jeweils Ausdruck einer persönlichen Moral. Und so steht oft Moral gegen Moral.
Im gesellschaftlichen Zusammenleben können nur jene Moralvorstellungen überzeugen, die sich begründen und verallgemeinern lassen. Die philosophische Ethik untersucht verschiedenste Moralvorstellungen über Zeit und Raum hinweg und fragt nach deren Begründungen; dabei untersucht sie besonders, ob sich die zugrunde liegenden Prinzipien verallgemeinern lassen.

Ethik
Im mittelpunkt steht
der mensch

Nicht
der einzelne
Reiner Kunze
(1959)

Der Vernunft verpflichtet

Raffael, Die Schule von Athen (Ausschnitt aus einem Wandfresko, 1510/11)

Sokrates' Dilemma

Nehmen Sie an, Sie haben sich Ihr ganzes Leben lang bemüht, ein guter Mensch zu sein, Ihre Pflicht nach bestem Wissen zu erfüllen und an das Wohl Ihrer Mitmenschen zu denken. Angenommen auch, viele Ihrer Mitmenschen sind gegen Sie, Ihr Tun missfällt ihnen, sie sehen in Ihnen gar eine Gefahr für die Gesellschaft, ohne jedoch beweisen zu können, dass Sie es sind. Nehmen wir ferner an, Sie werden angeklagt, vor Gericht gestellt und von einem Geschworenengericht von Ihresgleichen zum Tode verurteilt, und zwar in einer Weise, die Ihnen mit Recht ungerecht erscheint. Angenommen schließlich, Ihre Freunde haben, während Sie in der Haft auf die Urteilsvollstreckung warten, alles vorbereitet, damit Sie fliehen und mit Ihrer Familie ins Exil gehen können. Ihre Freunde machen geltend, dass sie die nötigen Bestechungsgelder aufbringen können und sich durch die Beihilfe zu Ihrer Flucht keiner Gefahr aussetzen, dass Sie das Leben noch länger genießen können, wenn Sie fliehen; dass es für Ihre Frau und für Ihre Kinder besser wäre; dass Ihre Freunde Sie weiterhin besuchen können, und dass man im allgemeinen für Ihre Flucht sein wird. Würden Sie die Gelegenheit ergreifen?

Q William K. Frankena: Analytische Ethik

Der geschilderte Fall hat sich wirklich zugetragen: Vor langer Zeit, im Jahre 399 v.Chr., musste sich Sokrates genau dieser Frage stellen. Ihm war in seiner Heimatstadt Athen unter ähnlichen Umständen der Prozess gemacht worden – und er sollte die Frage negativ entscheiden, das heißt Sokrates nahm das Todesurteil an. Warum? Das könnt ihr dem folgenden Auszug aus einem Gespräch entnehmen, in dem Sokrates seinen Freund Kriton von der Richtigkeit seiner Entscheidung zu überzeugen versuchte. Sein Schüler Platon hat es aufgezeichnet.

Sieh dir die Sache so an. Gesetzt, wir wären willens, von hier fortzulaufen, oder wie man das nennen soll, und da kämen die Gesetze und das Gemeinwesen dieser Stadt, träten uns entgegen und fragten: »Sag uns, Sokrates, was hat du im Sinne? Hat dein jetziges Vorhaben ein anderes Ziel als uns, die Gesetze, zu vernichten, und mit uns die

ganze Stadt, soviel an dir liegt? Oder hältst du es für möglich, dass eine Stadt bestehen bleibt und nicht untergeht, in der Gerichtsurteile keine Geltung haben, in der sie vielmehr von Privatpersonen ihrer Kraft beraubt und über den Haufen geworfen werden?« [...].
»Sieh nun zu, Sokrates«, würden die Gesetze wohl fortfahren, »ob wir die Wahrheit sagen, wenn wir meinen, dass du Anstalten machst, uns Unrecht zu tun, mit dem, was du jetzt tun willst. Denn wir, die wir dich hervorgebracht, aufgezogen und ausgebildet, die wir dir, soviel wir konnten, Anteil an allem Schönen gegeben haben, und ebenso deinen sämtlichen Mitbürgern: Wir haben trotzdem jedem Athener, der will, ausdrücklich freigestellt, er möge, sobald er in die Bürgerliste aufgenommen ist und die Verhältnisse in der Stadt und uns, die Gesetze, kennen gelernt hat, mitsamt seiner Habe davonziehen, wohin es ihm beliebt, wenn er nicht mit uns zufrieden ist. [...] Doch wer von euch da bleibt, nachdem er gesehen hat, wie wir Recht sprechen und die übrigen Angelegenheiten der Stadt verwalten, von dem behaupten wir, er sei nunmehr durch sein Verhalten mit uns übereingekommen, dass er befolgen werde, was wir ihm befehlen, und von dem, der dann nicht gehorcht, behaupten wir, dass er dreifach Unrecht tue: indem er uns, die ihn hervorgebracht, und uns, die ihn aufgezogen haben, nicht gehorcht, und indem er trotz der Übereinkunft, uns zu gehorchen, nicht gehorcht noch auch uns überzeugt, wenn wir etwas nicht richtig machen.«

Q Platon: Kriton

Sokrates' oberstes Handlungsprinzip heißt: »Unrecht leiden ist besser als Unrecht tun.« Daher stellt er sich auf die Seite der Gesetze und lässt sich von ihren Einwänden überzeugen. Seine Argumentation lässt sich in der Form dreier praktischer Syllogismen* darstellen. Das erste Argument gegen die Flucht lautet:
1. Prämisse: Wir sollten niemals jemanden schädigen oder ihm Unrecht tun.
2. Prämisse: Meine Flucht würde das Gemeinwesen schädigen und den Gesetzen Unrecht tun, zu denen ich durch mein Leben unter ihnen meine Zustimmung gegeben habe.
3. Schluss: Ich darf nicht fliehen, auch wenn die Verurteilung ungerecht ist.

Seite 260

1 Welche Antwort gibst du persönlich auf Sokrates' Dilemma (S. 260, oben, letzte Zeile: »Würden Sie die Gelegenheit ergreifen?«) und wie begründest du sie? Vergleicht eure Antworten.

2 Informiere dich über Sokrates' Leben und seinen Tod: z. B. bei Wilhelm Weischedel (Die philosophische Hintertreppe).

3 Übertrage die beiden weiteren Argumente gegen die Flucht (Zeilen 29–33) in die Form eines praktischen Syllogismus*.

4 Stimmst du Sokrates' Prämissen zu? Tauscht eure Meinungen in euerm Kurs aus.

Sokrates' Entscheidung gegen die Flucht gilt als Musterbeispiel einer moralischen Argumentation, die sich auf die Vernunft beruft. Sie wurde zum Vorbild für ethische Positionen, die sich moralischen Prinzipien, die unbedingt und in jedem Fall einzuhalten sind, verpflichtet fühlen.

Warum der Vernunft gehorchen?

Dieser Frage stellte sich auch der Dominikanermönch THOMAS VON AQUIN (1225–1274), einer der bedeutendsten Theologen des Mittelalters. Um sie zu beantworten, griff er auf Gedanken des griechischen Philosophen ARISTOTELES (384–324 v. Chr.) über das Wesen des Menschen zurück.

FRANCESCO TRAINI, Thomas von Aquin als Kirchenlehrer, 1363

Die Ordnung des Seins

Nach THOMAS VON AQUIN

Gut ist, wonach jedes seinem Wesen nach strebt

Sollte nicht […] so wie Auge, Hand, Fuß, kurz jeder Teil des Körpers seine besondere Funktion hat, auch für den Menschen über all diese Teilfunktionen hinaus eine bestimmte Leistung anzusetzen sein? Welche nun könnte das sein? Die bloße Funktion des Lebens ist es nicht, denn die ist auch den Pflanzen eigen. Gesucht wird aber, was nur dem Menschen eigentümlich ist. Auszuscheiden hat also das Leben, soweit es Ernährung und Wachstum ist. Als nächstes käme dann das Leben als Sinnesempfindung. Doch teilen wir auch dieses gemeinsam mit Pferd, Rind und jeglichem Lebewesen. So bleibt schließlich nur das Leben als Wirken des rationalen Seelenteils.

[…] Nehmen wir an, dass alles seine vollkommene Form gewinnt, wenn es sich im Sinne seines eigentümlichen Wesensvorzugs entfaltet, so gewinnen wir schließlich als Ergebnis: Das oberste dem Menschen erreichbare Gut stellt sich dar als ein Tätigsein der Seele im Sinne der ihr wesenhaften Tüchtigkeit.

Q ARISTOTELES: Nikomachische Ethik

Wie lässt sich ein solches höchstes Gut erreichen? Menschen handeln nicht immer rational, oft sogar ausgesprochen irrational. Die Herausforderung für den Menschen sieht ARISTOTELES darin, sich dem rationalen Element, das Jeder in sich trägt, unterzuordnen.

Tugend* zielt auf die Mitte

Es ist keine leichte Sache, Gefühlsregungen dem rationalen Teil unterzuordnen – sie fordert Verstand und Charakter: Verstand, insofern der Mensch in Entscheidungssituationen das richtige Augenmaß entwickelt; Charakter, insofern er durch ständiges Üben eine sittliche Haltung – Tugend – entwickelt, sich von Jugend an formt. Aber an welchem Maßstab soll man sich im Einzelfall orientieren?

[Die sittliche Tüchtigkeit] entfaltet sich im Bereiche der irrationalen Regungen und des Handelns und da gibt es das Zuviel, das Zuwenig und das Mittlere. Bei der Angst z. B. und beim Mut, beim Begehren, beim Zorn, beim Mitleid und überhaupt bei den Erlebnissen von Lust und Unlust gibt es ein Zuviel und Zuwenig und keines von beiden ist richtig. Dagegen diese Regungen zur rechten Zeit zu empfinden und den rechten Situationen und Menschen gegenüber sowie aus dem richtigen Beweggrund und in der richtigen Weise – das ist jenes Mittlere, das ist das Beste, das ist die Leistung der sittlichen Tüchtigkeit.

Q
ARISTOTELES: Nikomachische Ethik

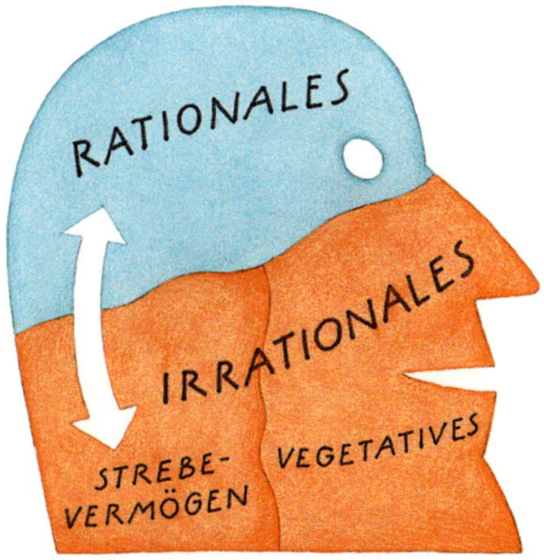

ARISTOTELES' Vorstellung von der Seele im Kopf.
Das Irrationale besitzt das Vermögen hinzuhören, so wie ein Kind auf den Vater oder die Mutter hört.

Mesotes (griechisch »das Mittlere«): zwischen Zuviel und Zuwenig

Auf der Grundlage seiner Lehre von der Mitte entwickelte ARISTOTELES einen Katalog von Charakter-Tugenden: Weisheit, Gerechtigkeit, Tapferkeit, Mäßigkeit, Großzügigkeit, Ehre, Aufrichtigkeit. Diesen griff THOMAS VON AQUIN später auf und ergänzte ihn um die christlichen Tugenden: Glaube, Liebe, Hoffnung.

1 Erstellt einen aktuellen Tugend- bzw. Lasterkatalog, wie er Leistungsbewertungen (beispielsweise so genannten Kopfnoten in Zeugnissen) zugrunde liegt.

2 Erörtert ARISTOTELES' Bestimmung der Tugend als vernünftige Wahl des Mittleren. Inwieweit kann sie ein hilfreicher Orientierungsmaßstab sein?

3 Diskutiert und beurteilt die Auffassung, sittlich »gut« sei derjenige, der sich dem rationalen Seelenteil unterordnet.

→← THOMAS VON AQUIN gründete seine moralphilosophische Lehre auf ARISTOTELES' Vorstellungen vom Wesen des Menschen und dessen Tugendlehre. Er verstand diese als Ausdruck einer von Gott gegebenen Ordnung des Seins. Damit gelang ihm eine Verklammerung theologischer und philosophischer Ideen. Seine Lehre beeinflusst die christliche Theologie bis heute.

Selbstbehauptung – um jeden Preis?

Stell dir vor: Eine weltweite tödliche Pandemie [Epidemie] erfasst Europa. Ein Impfstoff ist noch nicht entwickelt und das einzige Medikament ist knapp und teuer. Der Bestand reicht auf keinen Fall aus, um die ganze Bevölkerung zu versorgen. In den Städten werden Ausgabestellen eingerichtet. Pro Person wird nur eine Vorratspackung verkauft.

1 Entwickle das Szenario weiter: Welche Möglichkeiten haben die Menschen, auf diese Situation zu reagieren? Welche hältst du für wahrscheinlich und warum?

Jeder gegen jeden?

Der englische Politiker und Philosoph Thomas Hobbes (1588–1679) vertrat ein düsteres Bild von der menschlichen Natur. Selbstbehauptung sei dessen oberstes Ziel, daher sei er durch und durch egoistisch. Dies habe natürlich Konsequenzen für das Verhalten der Menschen untereinander.

So werden zwei Menschen zu Feinden, wenn beide zu erlangen versuchen, was nur einem von ihnen zukommen kann. Um ihr Ziel zu erreichen (welches fast immer ihrer Selbsterhaltung dient, nur selten allein der größeren Befriedigung ihrer Bedürfnisse), trachten sie danach, den anderen zu vernichten oder ihn sich untertan zu machen. Hier öffnet sich das Feld für einen Angreifer, der nicht mehr zu fürchten hat als die Macht eines Einzelnen. Derjenige nämlich, der ein gutes Stück Land bepflanzt, besät oder gar besitzt, wird fürchten müssen, dass andere mit vereinten Kräften kommen und ihn nicht nur seines Brotes, sondern auch seines Lebens oder seiner Freiheit berauben. Und der Angreifer selbst ist wieder durch andere gefährdet. Die Folge dieses wechselseitigen Argwohns ist, dass sich ein jeder um seiner Sicherheit willen bemüht, dem anderen zuvorzukommen. So wird er sich so lange gewaltsam oder hinterrücks des anderen zu bemächtigen suchen, bis ihn keine größere Macht mehr gefährden kann. Das verlangt nur seine Selbsterhaltung und wird deshalb allgemein gebilligt.

Q THOMAS HOBBES: Leviathan

Jeder Mensch ein Mitmensch?

Anders sah das der französische Philosoph JEAN-JACQUES ROUSSEAU (1712–1778). Er setzte großes Zutrauen in die guten Eigenschaften des Menschen.

Es gibt im Übrigen noch ein anderes Prinzip, das Hobbes nicht bemerkt hat […]. Ich spreche vom Mitleid – einer Disposition, die für so schwache und so vielen Übeln ausgesetzte Wesen, wie wir es sind, angemessen ist […]. Das Mitleid wird um so nachdrücklicher sein, je inniger sich das Tier, das zusieht, mit dem Tier, das leidet, identifiziert: Nun ist evident, dass diese Identifikation im Naturzustand unendlich viel enger gewesen sein muss als im Zustand der Vernunfterwägung. Die Vernunft erzeugt die Eigenliebe und die Reflexion verstärkt sie; sie lässt den Menschen sich auf sich selbst zurückziehen; sie trennt ihn von allem, was ihm lästig ist und ihn betrübt. […] Der wilde Mensch hat dieses bewundernswerte Talent nicht, und aus Mangel an Weisheit und Vernunft sieht man ihn stets sich unbesonnen dem ersten Gefühl der Menschlichkeit überlassen. […] Es ist also ganz gewiss, dass das Mitleid ein natürliches Gefühl ist, das, da es in jedem Individuum die Aktivität der Selbstliebe mäßigt, zur wechselseitigen Erhaltung der ganzen Art beiträgt.

Q JEAN-JACQUES ROUSSEAU: Diskurs über die Ungleichheit

2 Erläutere die von HOBBES und ROUSSEAU vertretenen Menschenbilder und untersuche, welche Rolle jeweils Vernunft und Gefühl spielen.

Seite 264 (oben) ◄

3 Wie würden HOBBES bzw. ROUSSEAU das oben beschriebene Szenario kommentieren?

4 Überlegt Konsequenzen für die Erziehung und die Übernahme von Verantwortung – je nachdem, ob das Menschenbild von HOBBES oder das von ROUSSEAU zugrunde gelegt wird.

Seiten 96/97 ◄
(Kapitel 5: Ewige Gewalt)

HOBBES' Menschenbild war mit geprägt durch die Bürgerkriegswirren, in denen er lebte. Er suchte unter ihrem Eindruck nach Wegen, den natürlichen Egoismus der Menschen zu überwinden.
Auch ROUSSEAUS Menschenbild lässt sich vor dem Hintergrund seiner Zeit verstehen, in der große soziale Missstände herrschten und die durch den Gegensatz von privilegiertem Adel und verarmtem Volk gekennzeichnet waren. ROUSSEAU sah in einer möglichst »natürlichen« Erziehung, abseits der »dekadenten« Großstadtkultur, die Chance, die Welt wieder menschlicher zu machen.

Mitleid – Triebfeder der Moral?

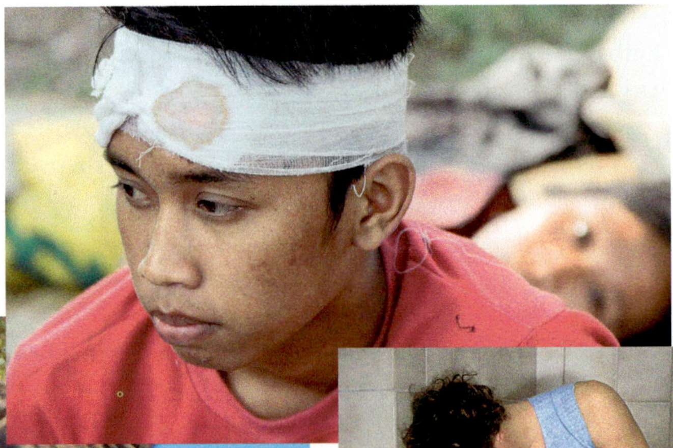

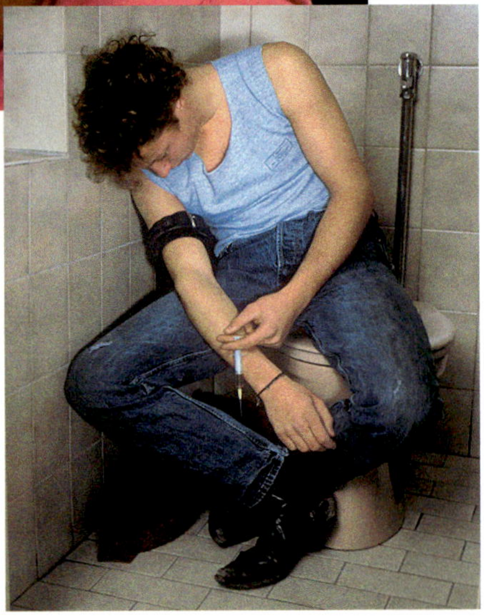

Beschreibe, welche Gefühle diese Bilder in dir auslösen und vergleicht eure Reaktionen miteinander.
Überlegt gemeinsam, ob die in euch ausgelösten Gefühle eine tragfähige Grundlage für moralische Prinzipien darstellen können.

Ausweg aus dem Egoismus

Der Philosoph Arthur Schopenhauer (1788–1860) stellte sich die Frage, auf welchem Fundament man eine Moral aufbauen könne. Eine Berufung auf Gott lehnte er ab, ebenso die zu seiner Zeit sehr anerkannte Berufung auf die Vernunft. Schopenhauer wollte in seiner Begründung der Moral vom »wirklichen« Menschen und seinen »eigentlichen« Motiven ausgehen. Er war der Überzeugung, dass alles Seiende durch einen blinden Willen beherrscht werde, der sich im Menschen als grenzenloser Egoismus äußere. Gefühle wie Eigennutz und Bosheit gegenüber anderen seien die Hauptquellen menschlichen Handelns. Dennoch gebe es einen Ausweg.

Das Wohl und Wehe, welches [...] jeder Handlung oder Unterlassung als letzter Zweck zum Grunde liegen muss, ist entweder das des Handelnden selbst, oder das irgendeines andern, bei der Handlung passiv Beteiligten. Im ersten Falle ist die Handlung notwendig egoistisch; weil ihr ein interessiertes Motiv zum Grunde liegt. Dies ist nicht bloß der Fall bei Handlungen, die man offenbar zu seinem eigenen Nutzen und Vorteil unternimmt, dergleichen die allermeisten sind; sondern es tritt ebenso wohl ein, sobald man von einer Handlung irgend einen entfernten Erfolg, sei es in dieser oder einer andern Welt für sich erwartet; oder wenn man dabei seine Ehre, seinen Ruf bei den Leuten, die Hochachtung irgend jemandes, die Sympathie der Zuschauer und dergleichen mehr im Auge hat [...]. Kurzum, man setze zum letzten Beweggrund einer Handlung, was man wolle, immer wird sich ergeben, dass auf irgend einem Umwege zuletzt das eigene Wohl und Wehe des Handelnden die eigentliche Triebfeder, mithin die Handlung egoistisch, folglich ohne moralischen Wert ist. Nur einen einzigen Fall gibt es, in welchem dies nicht statt hat: nämlich wenn der letzte Beweggrund zu einer Handlung oder Unterlassung geradezu und ausschließlich im Wohl und Wehe irgend eines dabei passiv Beteiligten andern liegt, also der aktive Teil bei seinem Handeln oder Unterlassen ganz allein das Wohl und Wehe eines andern im Auge hat [...].

Dies aber setzt notwendig voraus, dass ich bei seinem Wehe als solchem geradezu mitleide, sein Wehe fühle, wie sonst nur meines [...]: es ist das alltägliche Phänomen des Mitleids, d.h. der ganz unmittelbaren, von allen anderweitigen Rücksichten unabhängigen Teilnahme zunächst am Leiden eines andern und dadurch an der Verhinderung oder Aufhebung dieses Leidens [...]. Dieses Mitleid ganz allein ist die wirkliche Basis aller freien Gerechtigkeit und aller echten Menschenliebe. Nur sofern eine Handlung aus ihm entsprungen ist, hat sie moralischen Wert.

Q ARTHUR SCHOPENHAUER: Über die Grundlage der Moral

»Gefühle sind gewöhnlich auf etwas Besonderes begrenzt. Auf der emotionalen Ebene empfinden wir die Ungerechtigkeit, die uns angetan wird, als viel schrecklicher als die Ungerechtigkeit, die einer Person angetan wird, die weit weg ist, aber auf rationaler Ebene sehen wir ein, dass beides moralisch gleichwertig ist.« VITTORIO HÖSLE, Philosoph (geboren 1960)

1 Erläutere das psychische Geschehen, das zum Mitleid mit dem »andern« (dem Mitmenschen) führt.

2 Vergleiche SCHOPENHAUERS und ROUSSEAUS Menschenbilder. Wo sind Unterschiede?

3 Diskutiert SCHOPENHAUERS Vorstellung, die Moral auf das Mitleid zu gründen. Worin seht ihr Vorzüge, worin Probleme? Bezieht die Gedanken HÖSLES ein.

Seite 130 (Kapitel 7: Buddhismus)

4 Vergleiche SCHOPENHAUERS Konzept einer Überwindung des Egoismus mit buddhistischen Vorstellungen. Berücksichtige insbesondere, zu welchem Zweck der Egoismus jeweils überwunden werden soll.

SCHOPENHAUERS Plädoyer für eine Ethik, die sich auf das Gefühl des Mitleids stützt, richtete sich gegen die rationalistische Ethik der Aufklärungsphilosophen und scheint unserer Intuition, dass moralische Entscheidungen durch Gefühle motiviert sind, zu entsprechen. Aber es ist unklar, welche Geltung eine nur auf emotionale Motive gegründete Moral beanspruchen kann.

Nutzen oder Pflicht? »Verantwortung« klären

Ein von Terroristen gekaperter, voll besetzter Airbus rast Richtung Dresden – Kurs Stadtzentrum. Der letzte Funkkontakt mit dem Piloten zeigt, dass er die vorgesehene Route unter Zwang ändern musste. Seitdem ist jeder Kontakt abgebrochen.
Bundesgrenzschützer und Beamte einer Flugsicherheits-Sonderkommission verfolgen jede Phase des Flugs. Sie erwarten eine Katastrophe. Dass der Flieger seine neue Route mitten ins Herz der Stadt noch ändert, scheint unwahrscheinlich.
Es ist 11 Uhr vormittags, die Stadt voller Menschen. Soll die Regierung anordnen, dass die Militärs das Flugzeug mit einer Rakete vorzeitig abschießen, um so das Leben Tausender zu retten?

Versetze dich in die Lage eines verantwortlichen Politikers oder zuständigen Militärangehörigen. Versuche seine oder ihre Empfindungen und Gedanken zu formulieren. Welche Entscheidungsmöglichkeiten sind denkbar? Welche hältst du für vertretbar? – Verfasse einen inneren Monolog.

Ist gut, was nützt?

Utilis (lateinisch): nützlich

Wenn du es für richtig hältst, um der Rettung Vieler willen den Tod einer relativ geringeren Anzahl Passagiere und Terroristen in Kauf zu nehmen, orientierst du deine moralische Entscheidung am Maßstab der Nützlichkeit. Dann argumentierst du auf einer ähnlichen Ebene wie die *Utilitaristen*, die den Wert von Handlungen an deren Folgen für die Gesellschaft messen.
Einer der ersten Vertreter des Utilitarismus war Jeremy Bentham (1748–1832). Er war der Auffassung, Handlungen, die der Gemeinschaft schadeten, seien moralisch grundsätzlich falsch. Nur Handlungen, die der Mehrheit dienten, seien moralisch gut.

Man kann […] von einer Handlung sagen, sie entspreche dem Prinzip der Nützlichkeit […], wenn die ihr innewohnende Tendenz, das Glück der Gemeinschaft zu vermehren, größer ist als irgendeine andere ihr innewohnende Tendenz es zu vermindern.

Jeremy Bentham

Ist gut, was verpflichtenden Grundsätzen folgt?

Überlegt in einem Rollenspiel, welche Argumente man den Befürwortern eines Abschusses entgegenhalten könnte.

Oder gehörst du zu denjenigen, die einen Abschuss des Flugzeugs ablehnen würden? Denen die Verhinderung einer Katastrophe mit vielen Opfern kein ausreichender Grund ist, die 250 Passagiere des Airbusses dem sicheren Tod zu weihen?

»Die unmittelbare Einwirkung von Waffengewalt ist nur zulässig, wenn nach den Umständen davon auszugehen ist, dass das Luftfahrzeug gegen das Leben von Menschen eingesetzt werden soll, und sie das einzige Mittel zur Abwehr dieser gegenwärtigen Gefahr ist.« (§14, Abs.3, Luftsicherheitsgesetz)

Zu den Gegnern eines Abschusses gehört das Bundesverfassungsgericht, das höchste Gericht in Deutschland. 2006 erklärte es einen entsprechenden Passus des Luftsicherheitsgesetzes aus dem Jahr 2005 für verfassungswidrig. Die im Grundgesetz verankerte Garantie der Menschenwürde und des Rechts auf Leben sei durch nichts einzuschränken. Daher dürfe ein mit unschuldigen Passagieren besetztes Luftfahrzeug auch dann nicht abgeschossen werden, wenn es zu grausamen terroristischen Zwecken missbraucht werde.

Handle so, dass du die Menschheit sowohl in deiner Person als in der Person eines jeden anderen jederzeit zugleich als Zweck, niemals bloß als Mittel brauchest.

IMMANUEL KANT

Wenn du trotz der möglichen Rettung einer großen Anzahl von Menschen den Tod weniger Passagiere unter keinen Umständen in Kauf nehmen willst, orientierst du deine moralische Entscheidung nicht am Maßstab der Nützlichkeit, sondern an anderen Prinzipien: z. B. am Prinzip der Menschenwürde, welches der Philosoph IMMANUEL KANT (1724–1804) in einer berühmt gewordenen Formulierung seines kategorischen Imperativs* gefasst hat. Für KANT ist der Wert einer Handlung nicht von ihren Folgen abhängig, sondern von den Grundsätzen oder Prinzipien, nach denen jemand handelt:

Die Goldene Regel – in Abgrenzung vom kategorischen Imperativ*: »Was du nicht willst, dass man dir tu, das füg auch keinem andern zu.«

Deon (griechisch): Pflicht

Handlungen gelten nach KANT als moralisch gut, wenn ihre Grundsätze in sich gut sind. Daher seien moralische Normen, z. B. das Verbot zu töten, unabhängig von ihren Folgen verpflichtend. Der moralisch gut handelnde Mensch agiere nicht im Hinblick auf bestimmte Interessen oder Folgen, sondern aus der Achtung eines Grundsatzes, dem er sich verpflichtet fühle. Anhänger einer solchen Einstellung bezeichnet man als *Deontologen*.

1 Verdeutlicht euch die Unterschiede utilitaristischen und deontologischen Argumentierens am Beispiel des Tyrannenmords, der Folter aus dem Motiv, Menschenleben zu retten usw.

Seite 260/261

2 Prüft die zu Beginn dieses Kapitels vorgestellte Argumentation des SOKRATES. Argumentiert er utilitaristisch oder deontologisch? Begründet eure Antwort.

3 Auch die Goldene Regel argumentiert mit den Folgen einer Handlung. Würdest du sie der utilitaristischen Ethik zurechnen? Diskutiert unterschiedliche Lesarten in eurem Kurs.

Nutzen oder Pflicht? »Verantwortung« klären

Vgl. S. 200–221 ◀ (Kapitel 11: Wissenschaft und Verantwortung)

Verantwortung* – was heißt das?

Die beiden ethischen Argumentationsmodelle, die ihr auf der vorigen Doppelseite kennen gelernt habt, fasst man häufig als Gegensatz von Gesinnungs- und Verantwortungsethik: Aber schließen sich diese beiden ethischen Modelle wirklich aus? Was heißt eigentlich Verantwortung*?

Der Zweck heiligt die Mittel

Wenn die Folgen einer aus reiner Gesinnung fließenden Handlung üble sind, so gilt [dem Gesinnungsethiker] nicht der Handelnde, sondern die Welt dafür verantwortlich, die Dummheit der anderen Menschen oder – der Wille des Gottes, der sie so schuf. Der Verantwortungsethiker dagegen rechnet mit eben jenen durchschnittlichen Defekten der Menschen [...], er fühlt sich nicht in der Lage, die Folgen eigenen Tuns, soweit er sie voraussehen konnte, auf andere abzuwälzen. Er wird sagen: Diese Folgen werden meinem Tun zugerechnet. »Verantwortlich« fühlt sich der Gesinnungsethiker nur dafür, dass die Flamme der reinen Gesinnung die Flamme, z. B. des Protestes gegen die Ungerechtigkeit der sozialen Ordnung, nicht erlischt. [...] Keine Ethik der Welt kommt um die Tatsache herum, dass die Erreichung »guter« Zwecke in zahlreichen Fällen daran gebunden ist, dass man sittlich bedenkliche oder mindestens gefährliche Mittel und die Möglichkeit oder auch die Wahrscheinlichkeit übler Nebenerfolge mit in den Kauf nimmt [...].

Q MAX WEBER: Politik als Beruf (1919)

Die Stellungnahmen von MAX WEBER und ROBERT SPAEMANN zeigen, wie kontrovers ethische Probleme betrachtet werden. Doch werden diese nicht immer sachlich diskutiert. Häufig spielen persönliche Interessen und Gefühle eine starke Rolle, besonders wenn man selbst unmittelbar betroffen ist. Immer wieder kommt es zu Auseinandersetzungen, die nicht selten in Anfeindungen und Streit münden. Umso wichtiger ist es, über die eigene Perspektive hinauszublicken und das Gespräch mit Andersdenkenden zu suchen, wenn man sich mit moralischen Fragen sachlich auseinandersetzen und unterschiedliche Vorstellungen ausgleichen will. Ein guter Dialog oder Diskurs funktioniert aber nur unter bestimmten Bedingungen. ◀

Kein Zweck heiligt die Mittel

Gibt es eine Verantwortung* des Menschen als Menschen, eine Verantwortung, die jeder Mensch hat? Und gibt es bestimmte Handlungen, durch die er sie verletzt? [...] Es gibt [...] bestimmte Handlungsweisen, die ohne Ansehung der Umstände immer und überall schlecht sind, weil durch sie unmittelbar [...] die Würde der Person negiert wird. Bei solchen Handlungen hört jedes Kalkül der Folgen auf. Das aber heißt: Für die Folgen der Unterlassung einer in sich schlechten Handlung trifft uns keine Verantwortung. Der Mann, der sich weigerte, ein jüdisches Mädchen zu erschießen, das ihn um sein Leben anflehte, hat nicht die Verantwortung dafür, dass sein Vorgesetzter daraufhin zehn andere Menschen erschießt, mit deren Erschießung er zuvor gedroht hat.

Q ROBERT SPAEMANN: Moralische Grundbegriffe (1982)

Die Abbildung kann als Beispiel für einen misslingenden Diskurs angesehen werden. Erläutert warum. Entwickelt Vorstellungen, was sich ändern müsste.

Methode: Einen Diskurs führen

- Alle Mitglieder müssen sich als gleichberechtigte Partner wechselseitig anerkennen.
- Die Auseinandersetzung muss durch vernünftiges Argumentieren bestimmt sein.
- Jeder erkennt die Ansprüche der Argumente anderer an.
- Jeder verpflichtet sich, seine Ansprüche mit Argumenten zu rechtfertigen.
- Alle vorstellbaren Argumente aller möglichen Mitglieder sollten berücksichtigt, d.h. die Interessen und Bedürfnisse aller Menschen sollten im Diskurs weitgehend berücksichtigt werden.

Katharina Fritsch, Tischgesellschaft (1988)

Seiten 268 und 270

1 Schreibt und/oder spielt eine szenische Gestaltung, in der sich ein Angehöriger eines Passagiers des gekaperten Flugzeugs sowie der Bürgermeister von Dresden gemeinsam bei den Verantwortlichen für ihre jeweiligen Interessen einsetzen. – Überprüft an diesem Beispiel die Plausibilität der Stellungnahmen Spaemanns und Webers.

Seite 269

2 Klärt, was in den obigen Stellungnahmen jeweils unter Verantwortung* zu verstehen ist. Spielt für den Deontologen Verantwortung keine Rolle?

2 Überprüft, ob die Gesprächspartner in eurem Rollenspiel die Diskursregeln einhalten. – Schreibt es auf der Basis dieser Regeln um.

Als Utilitarismus bezeichnet man eine ethische Position, die den Wert von Handlungen immer an deren Folgen für die Gemeinschaft misst. Der *Utilitarismus* gehört wie der *Egoismus* zur *teleologischen* (folgenorientierten) Ethik. Diese wird oft als *Verantwortungsethik* bezeichnet.
Positionen, die bei der moralischen Beurteilung von Handlung völlig von den Folgen absehen, fasst man unter die *deontologische* Ethik. Hier spielt eine Rolle, ob das Handlungsprinzip in sich gut und daher verallgemeinerbar ist und spricht daher von *Gesinnungsethik*.

VERNUNFT
ORDNUNG DER NATUR
SELBSTBEHAUPTUNG
EGOISMUS MITLEID
NUTZEN FÜR DIE GESELLSCHAFT
PFLICHT HANDLUNGSFOLGEN
HANDLUNGSPRINZIPIEN
WÜRDE DES MENSCHEN
GEFÜHL
VERANTWORTUNG
GESINNUNG
DISKURS

1 Die hier aufgeführten Begriffe sind euch in diesem Kapitel im Zusammenhang mit ethischen Positionen und ethischem Argumentieren begegnet: Schreibt sie auf Blätter oder Karteikarten und versucht in Gruppen, diese wichtigen Worte in einer Mindmap einander zuzuordnen. Macht dabei Gegensätze und Berührungspunkte visuell deutlich und erklärt eure Anordnung – auch mit Hilfe einer genaueren Definition der Begriffe.

2 Verfasse einen Brief an Sokrates, in dem du aus der Sicht deiner ethischen Position für oder gegen seine Entscheidung argumentierst.

Einen Konflikt im Diskurs* lösen

Der Philosoph Jürgen Habermas (geboren 1929) plädiert dafür, moralische Konflikte im gesellschaftlichen Diskurs* gemeinsam zu verhandeln und zu lösen und im Konsens* beizulegen. Er gilt als Begründer der Diskursethik. Wichtige Regeln für Diskurse habt ihr schon auf Seite 271 kennen gelernt. Die folgenden Erläuterungen über die Zielvorstellung diskursiven Streitens können euch helfen, euren eigenen Diskurs zu führen.

Moralische Argumentationen dienen also der konsensuellen* Beilegung von Handlungskonflikten. […] So muss jede gültige Norm der Bedingung genügen, dass die Folgen und Nebenwirkungen […] von allen Betroffenen akzeptiert […] werden können. […] Diese Art von Einverständnis bringt einen gemeinsamen Willen zum Ausdruck. Wenn aber moralische Argumentationen ein Einverständnis dieser Art produzieren sollen, genügt es nicht, dass sich ein Einzelner überlegt, ob er einer Norm zustimmen könnte. Es genügt nicht einmal, dass alle Einzelnen, und zwar jeder für sich, diese Überlegung durchführen, um dann ihre Voten registrieren zu lassen. Erforderlich ist vielmehr eine reale Argumentation, an der die Betroffenen kooperativ teilnehmen […]; nur dann können die Beteiligten wissen, dass sie sich gemeinsam von etwas überzeugt haben.

Q Jürgen Habermas: Die Begründung der Moral im Diskurs

Projekt: Streitfall Klassenfahrt – eine Diskursübung

Stellt euch vor, ihr plant eine Klassen- oder Abschlussfahrt. Erfahrungsgemäß gibt es sehr unterschiedliche, oft widerstreitende Vorstellungen über Ziele, Unterbringung, Kosten und das Programm.

- Versucht zunächst, einen Überblick zu gewinnen, indem ihr ein Stimmungsbild ermittelt, z.B. durch eine anonyme Abfrage der Wünsche eines jeden.
- Im Anschluss daran erläutert ihr euch gegenseitig eure Wünsche. Nun werden sicherlich erste Unterschiede deutlich. Wie wollt ihr damit umgehen?
- Für die weitere Auseinandersetzung einigt ihr euch auf gemeinsame Diskursregeln. Ihr könnt euch an den Regeln auf Seite 271 orientieren, solltet diese aber für eure Situation ergänzen.

Euer Ziel ist ein Konsens, wie ihn Jürgen Habermas skizziert.
Viel Erfolg!

Minilexikon und Adressen

Adoleszenz Jugendalter – die Zeit der Entwicklung vom Jugendlichen zum Erwachsenen.

Aggression Gemeint ist meist eine feindselige Einstellung oder gewalttätige Haltung gegenüber anderen. Anders als das Tier kann der Mensch aber entscheiden, in welche Richtung er seine manchmal berechtigten Aggressionen (Wut) lenkt und in welche geregelte »Sprache« er sie übersetzt.

Anarchie Das Ideal einer herrschaftsfreien Gesellschaft.

Askese (auch: Asket/en) Bewusster Verzicht auf die Erfüllung körperlicher Bedürfnisse, besonders Essen, Trinken und Sexualität, in Extremfällen auch mit Geißelung der eigenen Person verbunden. Die Askese ist ein in den Religionen verbreitetes Phänomen – sie dient der Festigung des eigenen Willens und soll den Asketen offen für die Begegnung mit Gott machen.

Bedürfnispyramide Der US-amerikanischen Psychologe ABRAHAM MASLOW hat zwischen 1958 und 1970 ein pyramidenförmiges Modell entwickelt, um Menschen in ihren Motivationen zu beschreiben. Die menschlichen Bedürfnisse bauen demnach aufeinander auf. Die meisten Menschen versuchen, zuerst die Bedürfnisse der niedrigen Stufen zu befriedigen, bevor sie sich um die nächsten Stufen kümmern – in dieser Reihenfolge: 1. körperliche Bedürfnisse (Trinken, Schlafen, Essen);
2. Sicherheit (Wohnung, Arbeitsplatz, Gesetze usw.):
3. soziale Beziehungen (Freundschaft, Partnerschaft, Fürsorge usw.);
4. soziale Anerkennung (Wohlstand, Erfolge, Status usw.);
5. Selbstverwirklichung (Talententfaltung, Kunst, Religion, Philosophie usw.).

Bodhisattva(s) Siehe unter »Buddha«

Buddha bedeutet in Sanskrit »der Erleuchtete, der Erwachte« – hier ist der Ehrentitel von SIDDHARTA GAUTAMA (450–370 v. Chr.) gemeint, den der Gründer des Buddhismus seit seiner Erleuchtung unter einem Feigenbaum trägt. Auch andere Verkünder der buddhistischen Lehre tragen diese Titel als Zeichen, dass sie aus eigener Kraft zur Erleuchtung gelangt sind. Ein Buddha ist vom Kreislauf der Wiedergeburten befreit und ins Nirwana* eingegangen. Besonders im Mahayana-Buddhismus sind Buddhas bekannt, die ihre eigene Erlösung im Nirwana hinauszögern, um auch andere dorthin zu führen. Das Motiv dieser so genannten Bodhisattvas* ist das Mitleid mit den noch nicht Erlösten. Als ein Beispiel für einen solchen Bodhisattva gilt das Oberhaupt des tibetischen Buddhismus, der 14. DALAI LAMA.

Diskurs Verfahren einer dialogischen und argumentativ verlaufenden Prüfung strittiger Vorstellungen oder Meinungen mit dem Ziel, einen Konsens herbeizuführen.

DNA (auch: DNS) ist die amerikanische Abkürzung für DNS (»**D**esoxyribo**n**uklein**s**äure«): Gemeint ist eine Grundsubstanz der Vererbung, die die stoffliche Substanz der Gene darstellt und als solche die Erbinformationen (Chromosomen) für die biologische Entwicklung in Zellen enthält (vgl. Genom*).

Entwicklungsstufen des Menschen (nach ERIK H. ERIKSON: vgl. S. 11)
Stufe 1: Urvertrauen vs. (gegen) Urmisstrauen (1. Lebensjahr)
Stufe 2: Autonomie vs. Scham und Zweifel (2. bis 3. Lebensjahr)
Stufe 3: Initiative vs. Schuldgefühl (4. bis 5. Lebensjahr)
Stufe 4: Werksinn vs. Minderwertigkeitsgefühl (6. Lebensjahr bis Pubertät)
Stufe 5: Identität vs. Identitätsdiffusion (Jugendalter)
Stufe 6: Intimität vs. Isolierung (frühes Erwachsenenalter)
Stufe 7: Generativität vs. Stagnation (mittleres Erwachsenenalter)
Stufe 8: Ich-Integrität vs. Verzweiflung (hohes Erwachsenenalter)

Eros leitet sich vom griechischen Gott der Liebe ab und kann verschiedene Bedeutungen annehmen: z. B. Urtrieb; auch Drang nach Erkenntnis.

Esoterik bedeutet »Geheimlehre«.

Existenz (auch: existieren) Das lateinische »existentia« (Bestehen, Dasein) bezeichnet das Vorhandensein einer Sache oder eines Gegenstandes.

Existenziell ist dasjenige, was das menschliche Dasein im Kern betrifft: Freude, Angst, Gelingen, Scheitern usw.

Euthanasie Siehe unter »Sterbehilfe«

Feedback bedeutet im Englischen »Rückkopplung« oder »Rückmeldung«. Ein Feedback kann z. B. zum Abschluss einer Unterrichtsphase oder eines Schuljahrs als Ich-Botschaft formuliert werden: »Ich denke, dass …« – »Mir kommt es vor, als ob …«. Wer ein Feedback abgibt, sollte seine positive oder negative Wahrnehmung mit einem Wunsch verbinden.

Fetisch Ein Gegenstand, dem eine heilende oder schützende Kraft zugeschrieben wird.

Flussdiagramm Zeichnerische Darstellungsform, um Abläufe und Reihenfolgen darzustellen: mit beschrifteten Kästen, Richtungspfeilen und Verzweigungen.

Genom Das Erbgut eines Lebewesens. d. h. die Gesamtheit der vererbbaren Informationen einer Zelle (vgl. DNA*).

Glückseligkeit bedeutet »Gelingen im Leben« (griechisch »eudaimonia«). Gemeint ist ein übergeordneter Maßstab, der festlegt, wie der Einzelne handeln soll, um im Leben zufrieden zu sein. Als höchste Form der Glückseligkeit sieht ARISTOTELES die philosophische Betätigung, da die auf Erkenntnis gerichtete Vernunft etwas Göttliches im Menschen sei.

Hedonist (auch: Hedonismus) Anhänger einer philosophischen Richtung, die im Streben nach Lust und in der Vermeidung von Unlust und Schmerzen das höchste Ziel menschlichen Strebens sieht. Die Lehre geht auf den SOKRATES-Schüler ARISTIPPOS VON KYRENE zurück.

Hypothese(n) Eine Annahme von Tatsachen, die zwar frei von Widersprüchen, aber (zunächst) unbewiesen ist.

Ideologie Eine Weltanschauung als fest gefügtes System von Wertvorstellungen und Idealen (griechisch: »Ideenlehre«); dabei werden bestimmte Grundideen als gegeben vorausgesetzt. Häufig wird der Begriff abwertend genutzt, z. B.: »Ideologie X dient der Rechtfertigung oder Verschleierung von Interessen.«

Imperativ Ein verpflichtendes Gebot.

Instanz Eine zuständige Stelle – hier das so genannte Kontrollzentrum im Menschen, das Gewissen.

Intuition Wer eine gefühlsmäßig womöglich richtige Entscheidung trifft, ohne die zugrunde liegenden Zusammenhänge zu verstehen, handelt intuitiv (umgangssprachlich: Entscheidung »aus dem Bauch«).

Karma Die Angehörigen indischer Religionen sind überzeugt, dass jeder Gedanke und jede Handlung unweigerlich Folgen hat (Karma) – auch dann, wenn dies erst in einem der nächsten Leben sichtbar wird: Wer Gutes tut, dem wird Gutes widerfahren; wer Schlechtes tut, zu dem wird Schlechtes zurückkommen. Dieses »gute« oder »schlechte« Karma entsteht ohne Beteiligung eines göttlichen Weltenrichters. Erst im begierdelosen Zustand völliger Ruhe kann der Mensch den Kreislauf der Wiedergeburten aufheben und braucht kein Karma mehr zu erzeugen (Nirvana*).

Kategorischer Imperativ Oberste Handlungsnorm der Ethik IMMANUEL KANTS. Der kategorische Imperativ ist von der Goldenen Regel (S. 269) zu unterscheiden, da beide Handlungsanweisungen aus unterschiedlichen moralischen Motiven abgeleitet sind. Während die Goldene Regel die Vermeidung möglicher negativer Folgen oder die Förderung positiver Auswirkungen zum Handlungsmotiv erklärt, geht es dem kategorischen Imperativ darum, einen Wert um seiner selbst willen zu verwirklichen.

Kommunismus Der Kommunismus als politisches Leitideal geht vor allem auf die Schriften des Philosophen KARL MARX zurück (1818–1883). Seine Anhänger/innen streben eine klassenlose Gesellschaft an, in der das Privateigentum an Produktionsmitteln aufgehoben ist, die Bedürfnisse aller Menschen befriedigt werden und keine gravierenden sozialen Unterschiede mehr existieren. Voraussetzung dieses geschichtlichen Endzustandes ist die Überwindung des »kapitalistischen Systems« einschließlich der parlamentarischen Demokratie (notfalls mit »revolutionärer Gewalt«). Als Zwischenschritt streben Kommunisten zunächst die Errichtung sozialistischer »Diktaturen des Proletariats« an. Ungeachtet hehrer Ideale wurden und werden in sozialistischen Ländern die Menschenrechte brutal missachtet und die persönliche wirtschaftliche, kulturelle und religiöse Entfaltung vieler Menschen behindert. Im 20. Jahrhundert sind mehrere sozialistisch-kommunistische Großversuche, z. B. in der ehemaligen Sowjetunion, an der Wirklichkeit zerbrochen.

Konsens (auch: konsensuell) Wörtlich »Übereinstimmung« (lateinisch). Der zeitgenössischen Diskurstheorie geht es nicht um die faktische Übereinstimmung mehrerer, sondern um einen im vernunftgeleiteten, argumentativen Austausch gewonnenen Konsens, der auf dem »zwanglosen Zwang des besseren Arguments« (JÜRGEN HABERMAS) beruht.

KÜBLER-ROSS, ELISABETH Begründerin der Sterbeforschung (1926–2004). Sie machte fünf Phasen des Sterbens aus: Nicht-Wahrhaben-Wollen und Isolierung (1); Zorn (2); Verhandeln (3); Depression (4); Zustimmung (5).

Kulturrelativismus (Gegensatz: Universalismus*) Der Kulturrelativismus betont den Pluralismus der Kulturen. Eine Kultur dürfe nur von innen, nicht aber von außen, d. h. aus dem Blickwinkel einer anderen Kultur, bewertet werden. So verneinen Anhänger/innen des Kulturrelativismus z. B. den weltweiten Geltungsanspruch von Menschenrechten.

Legende Literarische Gattung, in der die Geschichte eines vorbildhaften oder heiligen Menschen erzählt wird. Dabei verknüpft die Legende im Allgemeinen wirkliche historische Begebenheiten mit der Darstellung eines idealen Lebenswandels, in dem sich auch Wunderbares ereignet.

Methodik Die Gesamtheit wissenschaftlicher Methoden bzw. die Lehre der in einer Einzelwissenschaft angewandten Methoden.

MORUS, THOMAS Schriftsteller und englischer Politiker (1478–1535). Berühmt wurde der überzeugte Katholik mit seiner Traumvision »Utopia« (1516). Dort beschreibt MORUS ein ideales Inselkönigreich, wo Männer und Frauen als sozial Gleiche gemeinschaftlich leben und vernünftig miteinander umgehen – aufgeschrieben als ein Gegenbild zur europäischen Wirklichkeit seiner Zeit.

Mystik (auch: mystisch) Eine in der Religionsgeschichte verbreitete Form des religiösen Erlebens, bei dem der Einzelne mit dem Göttlichen oder Unendlichen verschmilzt, meist in der Meditation. Mystische Erlebnisse können allenfalls symbolhaft, aber nicht begrifflich dargestellt werden, weil sie dann ihre Einzigartigkeit verlieren.

Nirwana bedeutet in Sanskrit »Erlöschen, Verwehen« – ein von Buddha GAUTAMA gebrauchter Begriff, um das Ziel der Erlösung, die Befreiung von der Lebensgier und den Ausstieg aus dem Geburtenkreislauf zu kennzeichnen. Im endgültigen Nirwana (vielfach auch »Pari-Nirwana« genannt), verlischt das Ich (die Individualität), weil es, ohnehin nur Schein, den Menschen an das irdische Leben fesselt. Das Nirwana lässt sich nur schwer oder gar nicht durch positive Begriffe bestimmen, allenfalls durch Verneinungen von Grundbestimmungen unserer Welt: ungeworden, unvergänglich, nicht-seiend usw.

Norm(en) Richtschnur, Maßstab.

Pali-Kanon ist der Name für buddhistische Schriften, die im 1. Jahrhundert. v. Chr. erstmalig systematisch niedergeschrieben wurden. Im Gegensatz zum Koran und teilweise der Bibel gilt der Pali-Kanon nicht als von Gott geoffenbart. Er ist in drei so genannte »Körbe« aufgeteilt, weil früher die auf Palmblätter geschriebenen Texte in Körben aufbewahrt wurden. Der erste Korb enthält die Regeln für das Mönchsleben, der zweite die Lehrreden des Buddha GAUTAMA und der dritte beinhaltet die wichtigsten Lehrsätze und -begriffe, also gewissermaßen die Philosophie des Buddhismus, soweit sie zur Erlösung führt.

Paradigma Musterbeispiel.

Pazifismus (auch: Pazifist) Eine ethische Grundhaltung, die Krieg und jede Form bewaffneter Konfliktaustragung prinzipiell ablehnt, selbst wenn sie der Selbstverteidigung gegen Gewalt von außen dient.

Protestantismus (auch: Protestanten) steht umgangssprachlich für »evangelisch«. Der ursprünglich in der Zeit der Reformation auch politisch geprägte Begriff umfasst alle Angehörigen christlicher Kirchen, die sich – z. B. wegen der Ablehnung des Papsttums – außerhalb der älteren katholischen Kirche organisiert haben: Lutheraner, Reformierte, Anglikaner und Freikirchler.

Psychoanalyse (auch: Psychoanalytiker) Lehre, die das menschliche Seelenleben untersucht, um seelischen Fehlleistungen oder Störungen auf die Spur zu kommen; die Psychoanalyse SIGMUND FREUDS bedient sich dabei besonders der Traumdeutung und der Erforschung der Triebkonflikte, die aus dem Unbewussten stammen.

Psychosozial Das bewusste und unbewusste Seelenleben im Zusammenspiel mit dem Umfeld des Menschen, in dem er lebt.

Rationalisierung(en) Das nachträgliche, verstandesmäßige Rechtfertigen eines Verhaltens, das irrationalen oder triebhaften Motiven entstammt (»innere Ausrede«).

Säkularisierung Historisch der Prozess der Trennung von Staat und Kirche (Religion) seit der Zeit der Aufklärung in Nordamerika und Europa; darüber hinaus auch jede Form der »Verweltlichung« im Sinne einer Abkehr von religiösen Bindungen.

Sophisten Im vorsokratischen Griechenland eine philosophische Strömung, deren Vertreter als professionelle »Lehrer der Weisheit (und der schönen Rede)« auftraten und ihre philosophischen Fähigkeiten anderen gegen Entlohnung beibrachten.

Sterbehilfe (Euthanasie) *Aktive Sterbehilfe*: absichtliches ärztliches Eingreifen zur Beschleunigung des Todeseintritt; ist in Deutschland rechtlich »Tötung auf Verlangen« und nach § 219 Strafgesetzbuch verboten.
Passive Sterbehilfe: absichtliche Unterlassung lebensverlängernder Maßnahmen bei unheilbar Kranken; ist rechtlich zulässig, wenn ein Patiententestament vorhanden ist.
Assistierter Suizid: Der Arzt leistet straffrei Beihilfe zur Selbsttötung, indem er dem Patienten ein tödliches Mittel aushändigt. Jedoch nach § 323 Strafgesetzbuch macht sich wegen unterlassener Hilfeleistung strafbar, wer bei einem Selbstmordgeschehen anwesend ist und es nicht verhindert.
Position a): »Die Deutsche Hospiz Stiftung wendet sich gegen den Ruf nach Legalisierung der aktiven Sterbehilfe. Mit Hilfe moderner Schmerztherapien und der Palliativmedizin und einer sehr persönlichen psychologischen Betreuung versucht die Hospizarbeit, schwerstkranke Sterbende individuell in ihren Tod zu begleiten. Sie versteht sich als menschenwürdige Alternative zum Sterben in der Anonymität des Krankenhauses oder Pflegeheims, da sie Schwerstkranken die Möglichkeit der Gestaltung ihres Lebensendes aufzeigt und sie so selbst bestimmt und begleitet sterben können.«
Position b): »Es gibt Menschen, die ihr Würdeempfinden auch am Lebensende nicht anderen ausliefern möchten. Diese Menschen müssen das Recht erund behalten, ohne Intervention und ohne moralisierende Bevormundung trotz denkbarer Risiken einen Sterbeprozess abzukürzen. Eine Tabuisierung von Sterbewünschen und des Sterbewillens Betroffener widerspricht dem Selbstbestimmungsrecht, das im Persönlichkeitsrecht als Grund- und Menschenrecht verankert bleibt.« (Deutsche Gesellschaft für Humanes Sterben)

Stoa Eine einflussreiche philosophische Schule in der Antike, deren Name auf die bemalte Säulenhalle am Marktplatz von Athen zurückgeht. Dort nahm ihr Begründer ZENON von Kition um 300 v. Chr. seine Lehrtätigkeit auf. Das stoische Ideal strebt eine Lebensweise an, die von Gelassenheit und Selbstbeherrschung geprägt ist. Weise ist demnach ein Mensch, wenn er seinen Platz in der vernünftigen Ordnung der Welt erkennt, akzeptiert und ausfüllt.

Sunnitin Angehörige der »Sunna«, jener seit dem 9. Jahrhundert wichtigsten Strömung im Islam, zu der heute mehr als 80 Prozent aller Muslime zählen. Nach dem Tode Mohammeds stritten sich seine Anhänger über die Frage, wer künftig die Muslime anführen solle: Die Sunniten erkannten die vier so genannten »rechtgeleiteten Kalife« an, während die Schiiten als Nachfolger Mohammeds allein den vierten von ihnen, Mohammeds Schwiegersohn, akzeptierten.

Syllogismus Ein logisches Schlussverfahren, in dem auf der Grundlage zweier Prämissen (Voraussetzungen) vom Allgemeinen auf einen besonderen Fall geschlossen wird.

Tao ist im auf Laotse (ca. 600–520 v. Chr.) zurückgehenden Taoismus das in allen Dingen wirkende und sie im Dasein haltende Weltprinzip, das auch die Ordnung in der Welt bedingt bzw. selbst darstellt. Im Sich-Versenken in das Tao kann der Weise zu innerer Ausgeglichenheit und zum Nicht-Tun gelangen, das einen höheren Wert hat als das Handeln. In der chinesischen Philosophie wird das Tao später teilweise mit den kosmischen Gegensätzen Yin und Yang identifiziert, dem schöpferisch-männlichen und dem weiblich-empfangenden Prinzip, aus dem alles Leben entsteht.

Theodizee (auch: Theodizeefrage oder -problem) Der Begriff setzt sich aus den griechischen Wortbestandteilen »theos« (Gott) und »dike« (Recht) zusammen. Der Philosoph GOTTFRIED WILHELM LEIBNIZ (1646–1716) hat den Theodizeebegriff eingeführt, um die Rechtfertigung Gottes (als allmächtiges, allwissendes und gütiges Wesen) angesichts der Übel in der Welt zu thematisieren. Dabei unterschied schon Leibniz zwischen dem moralischen Übel, das Menschen anderen Menschen (und Tieren) zufügen, und dem physischen Übel, das die Geschöpfe – allen voran die Menschen – durch die Natur in Form von Krankheiten, Naturkatastrophen usw. erleiden. Für LEIBNIZ war unsere Welt trotz dieser Übel die bestmögliche.

Theorie(n) Griechisch »Anschauen«: Wenn Forscher/innen eine Theorie aufstellen, haben sie zuvor Beobachtungen oder Versuche durchgeführt. Nach Auswertung aller möglichen Umstände und Ergebnisse können sie häufig verallgemeinerbare Lehrsätze ableiten – eine neue Theorie ist geboren.

Transzendenz Etwas, das jenseits sinnlicher Erfahrungen liegt (lateinisch »transcendere«: überschreiten). Gemeint sind Grenzüberschreitungen, die die Frage nach der Unendlichkeit, nach dem Absoluten oder nach Gott berühren.

Tugend Allgemein die Tauglichkeit zu wertvollem Verhalten, das dem Wesen eines Menschen angemessen ist: Während z. B. Schnelligkeit, Ausdauer und Kraft als Tugenden eines Pferdes bezeichnet werden, meint menschliche „Tugend" die Fähigkeit, wertvolle Leistungen auf geistigem und seelischem Gebiet zu erbringen. Damit ist die Frage nach der Tugend ein Thema der philosophischen Ethik. Was genau unter tugendhaften Verhalten zu verstehen ist, wird von verschiedenen philosophischen Richtungen unterschiedlich beantwortet.

Universalismus (Gegensatz: Kulturrelativismus*) Ein Denkansatz, der von der Existenz weltweit gültiger ethischer Standards überzeugt ist – insbesondere von der universellen Geltung der Menschenrechte.

Verantwortung Struktur der sozialen Beziehungen, die durch drei Komponenten bestimmt ist: den Träger der Verantwortung, den Bezugspunkt (Verantwortung für) und die Legitimationsinstanz (Verantwortung vor).

WEIZSÄCKER, CARL FRIEDRICH VON Physiker und Philosoph (1912–2007): zunächst Professor in Göttingen und Hamburg, von 1970 bis 1980 Direktor am Max-Planck-Institut zur Erforschung der Lebensbedingungen der wissenschaftlich-technischen Welt in Starnberg. Als junger Mann ließ sich VON WEIZSÄCKER in die Atombomben-Pläne der Nazis verstricken, wandelte sich aber bald darauf zu einem Atompazifisten (Pazifismus*). 1957 beteiligte sich der überzeugte Christ an der Abfassung der »Erklärung der Göttinger Achtzehn«, einer Protestaktion von Atomwissenschaftlern gegen die befürchtete atomare Bewaffnung der Bundeswehr.

Zion Seit 3.000 Jahren der religiöse und geografische Mittelpunkt des Judentums. Ursprünglich nur die Bezeichnung für die Burgfeste auf einem Hügel in Jerusalem (»Davidstadt«), wurde »Zion« bald erweitert auf den benachbarten Tempelberg mit dem dort befindlichen Tempelheiligtum. Seit den Spätschriften der Hebräischen Bibel hat »Zion« auch eine übertragene Bedeutung und wird dichterisch auf die Stadt Jerusalem oder sogar das Land Israel bezogen.

Adressen

Amadeu Antonio Stiftung
Initiativen für Zivilgesellschaft und demokratische Kultur
Linienstraße 139
10115 Berlin
Telefon: 030 24088610
Handy: 0176 22252894
Fax: 030 24088622
E-Mail: holger.kulick@amadeu-antonio-stiftung.de
Internet: http://www.amadeu-antonio-stiftung.de
(Die Stiftung will unter Jugendlichen »Lust auf Demokratie« wecken: durch die Schaffung lokaler zivilgesellschaftlicher Netzwerke, die Beratung und Unterstützung von Initiativen gegen rechte Gewalt, den Schutz und die Stärkung von Minderheiten, z. B. in Projekten gegen Rassismus und Antisemitismus.)

Bundesagentur für Arbeit
Regensburger Straße 104
90478 Nürnberg
Telefon: 0911 179-0
Telefax: 0911 179-2123
E-Mail: Zentrale@arbeitsagentur.de
Internet: www.arbeitsagentur.de
(u. a. mit Infos über örtliche Berufsinformationszentren)

Nationaler Ethikrat
Sitz: Berlin-Brandenburgische Akademie der Wissenschaften
Jägerstraße 22/23
10117 Berlin
Telefon: 030 20370-242
Fax: 030 20370-252
E-Mail: kontakt@ethikrat.org
Internet: www.ethikrat.org
(Der Ethikrat ist 2001 auf Beschluss der Bundesregierung einberufen worden: Als Forum des Dialogs über ethische Fragen bündelt der Ethikrat den Diskurs von Naturwissenschaften, Medizin, Theologie und Philosophie, Sozial- und Rechtswissenschaften. Er nimmt Stellung zu ethischen Fragen neuer Entwicklungen auf dem Gebiet der Lebenswissenschaften sowie zu deren Folgen. Dem Ethikrat gehören bis zu 25 Mitglieder an, die die o. g. Belange repräsentieren; seine Mitglieder werden jeweils auf vier Jahre berufen.)

Partnerschaftsberatung
In den meisten Städten oder Regionen gibt es Beratungsstellen zu Fragen von Partnerschaft, Sexualität und Familie sowie zu Schwangerschaftskonflikten. Zu den bekanntesten Trägern, deren Adressen ihr im Telefonbuch findet, gehören:
– Bundesverband der Arbeiterwohlfahrt (humanistisch)
Internet: www.awo.de
– Deutsche AIDS-Hilfe; Beratung: 030 19411
– Deutscher Caritas Verband (katholisch);
Internet: www.caritas.de
– »Donum vitae« (katholisch);
Internet: www.donumvitae.de
– Diakonisches Werk (evangelisch);
Internet: www.diakonie.de
– Jugendnetzwerk »Lambda Berlin« – Beratung von Schwulen und Lesben:
Telefon: 030 2827990;
E-Mail: info@lamda-berlin.de
– Pro Familia (humanistisch);
Internet: www.profa.de

Plan International Deutschland e. V.
Kinderhilfsorganisation
Bramfelder Straße 70
22305 Hamburg
Telefon: 040 61140-0
Fax: 040 61140-140
E-Mail: info@plan-deutschland.de
Internet: www.plan-deutschland.de

Schule ohne Rassismus – Schule mit Courage
Bundesweite Koordination
Ahornstraße 5
10787 Berlin
Telefon: 030 214586-0
E-Mail: schule@aktioncourage.org
Internet: http://www.schule-ohne-rassismus.org/
(Ein Projekt von und für Schüler/innen, die gegen alle Formen von Diskriminierung vorgehen und sich für eine gewaltfreie demokratische Gesellschaft einsetzen. Schulen können den Titel »Schule ohne Rassismus – Schule mit Courage« erwerben.)

Stiftung Weltethos
Stiftung Weltethos
Waldhäuser Straße 23
72076 Tübingen
Telefon: 07071 62646
Fax: 07071 610140
E-Mail: office@www.weltethos.org
Internet: www.weltethos.org
(Nach Ansicht des katholischen Religionswissenschaftlers Hans Küng können die Weltreligionen nur dann einen Beitrag zum Weltfrieden leisten, wenn sie sich auf das ihnen Gemeinsame besinnen: auf gemeinsame Werte und Maßstäbe. Mit Hilfe privater Förderer gründete Küng 1995 die »Stiftung Weltethos«, um den Gedanken eines »Weltethos'« zu verbreiten: siehe Seite 157.)

(# nicht buchstabengetreue Wiedergabe)

A

Achtung 17, 143, 269
Adoleszenz* 11
Afrika 76, 106, 150#, 163#, 181#, 226, 227#, 247
Aggression* 85, 86, 87, 89, 95, 247
Aids 76#, 77
ALLAH 70
Alt, Alter 13, 21, 93, 126, 128, 132, 134, 165, 230, 244
Alternative(n) 12
Amerika 106, 152, 247, (↗ USA)
AMÉRY, JEAN 75, 78
Amnesty International 158, 159
Anarchie* 233
Angst, Ängste 17, 62, 63, 69, 74, 75, 77, 84, 85, 101, 103, 115, 116, 218, 233, 263
Anspruch (moralischer), Ansprüche 13
Antike 56, 198, 235
AQUIN, THOMAS VON 92, 119, 262, 263
Arbeit 8, 32, 33, 97, 113, 118, 168, 170, 171, 197, 221, 226, 227, 240, 256#, 257
ARENDT, HANNAH 54
Argument(e), Argumentation 33, 69#, 73, 93, 101, 110, 119, 147, 240, 251, 261, 269, 271, 273
ARISTOPHANES 16, 17
ARISTOTELES 44, 191, 204, 234, 244, 262, 263
Armut 86, 107#, 148#, 149, 153, 227, 247
Askese* 126, 127
Assoziation(en) 44, 45, 164, 220
Astrologie 205
Astronomie 204#, 205
Atheismus 118
Auferstehung 70, 115
Aufklärung 77, 106, 114, 156, 185, 267#
AUGUSTINUS, AURELIUS 38
AUROBINDO, SRI 252, 253
Auschwitz 75, 118, 119
Ausländer 103
Autorität 218, 219, 245

B

BACH, JOHANN SEBASTIAN 31
Bedürfnis(se) 13, 33, 35, 58, 59, 65, 116, 194, 224, 225, 227, 264, 271
Bedürfnispyramide* 225
Begegnung(en) 126, 145, 148, 187
BENTHAM, JEREMY 268
Bergpredigt 94, 95
BERRIGAN, DANIEL 93
Beruf(e) 19, 20, 88, 240
Bewusstsein 18, 24, 42, 43, 44, 45, 47, 48, 55, 62, 78, 83, 127, 130, 132, 144, 157, 196, 217, 237, 252
Beziehung(en) 13, 49, 55, 58, 77, 143, 229, 236, 255
Bibel 112, 113, 116, 121, 168, 169, 179, 232
BIERMANN, WOLF 117
Biologie 53, 56, 77, 173, 217#, 253
Biosphäre 167, 214
BLOCH, ERNST 174, 194, 195
Bodhisattva* 131, 137, 138, 139
BÖHMER, GUNTHER 62
Böse, das/ Böses 84#, 87, 92, 112, 113, 115, 126, 169, 213
BOSSE, MALCOM J. 145
Brahmane(n) 126, 129
Brauch, Bräuche 152 (siehe: Sitte)
BRÜGGEMANN, STEFAN 195
BRUEGHEL, PETER D. Ä. 69
BUBER, MARTIN 112
Buddha* 125, 126, 127, 128, 129, 130, 131, 132, 133, 134, 135, 136, 137, 137, 138, 139, 140, 144, 239 (↗ GAUTAMA, SIDDARTHA)
Buddhismus 125–139, 143, 145, 148, 267
BUONARROTI, MICHELANGELO 72

C

CAMUS, ALBERT 76, 77
CARDENAL, ERNESTO 93
Chemie 173, 181, 210, 229
China 67, 140, 141, 142, 143, 152, 192#, 235, 246, 256
Christus 115
Christentum 21, 71, 95, 115, 117, 123, 136, 137
CHURCHILL, WINSTON 160, 161
CLÉMENT, CATHERINE 123
Clique 12, 232
CONZE, EDWARD 145
CRANACH, LUKAS D. Ä. 169
CRESCENZO, LUCIANO DI 183
CSIKSZENTMIHALYI, MIHALY 237

D

DALAI LAMA 125, 138, 139, 145, 239
DALI, SALVATORE 38, 45, 198
Dasein 74, 131, 141, 206
DDR 192
Demokratie 159, 184, 193
Deontologen 269, 271
Depression 74, 91
DESCARTES, RENÉ 235
Deutsch 174, 181, 195, 249
Dialog(e) 21, 23, 47, 56, 59, 83, 101, 133, 138, 201, 209, 251, 270
Diesseits 71, 132, 136
Dilemma 93, 260, 261
Dimension 37, 38, 68
Diskurs, Diskursethik 209, 265, 270, 271, 272, 273
DITHFURTH, HOIMAR VON 176
Drogen 228, 229
DÜRRENMATT, FRIEDRICH 201

E

Ehre 32, 50, 88, 263, 267
EICHMANN, ADOLF 54, 55
Einsamkeit 24
EINSTEIN, ALBERT 28
Empathie (siehe: Mitgefühl)
EL GRECO 110
ENDE, MICHAEL 25
Energie 77, 181, 208, 220, 237
Entdeckung 10, 202, 215
Entscheidung(en) 10, 12, 13, 15, 17, 18, 27, 59, 93, 114, 120, 147, 175, 193, 210, 267, 268#, 272
Entwicklung(en) 11, 12, 19, 55, 87, 167, 180, 181, 182, 183, 210
Entwicklungsstufe(n)* 10f, 55
ENZENSBERGER, HANS MAGNUS 220
EPIKUR 68, 69, 118, 119, 234, 235, 239
Erfahrung(en) 9, 13, 19, 20, 23, 41, 42, 47, 65, 82, 84, 100, 107, 108, 109, 110, 116, 139, 149, 162, 189, 196, 197, 203, 205, 205, 206, 207, 231, 254
ERIKSON, ERIK 11
Erinnerung(en) 38, 43, 45, 50, 76, 77, 129, 227, 240
Erkenntnis(se) 17, 23, 53, 112, 113, 115, 119, 127, 139, 169, 185, 205, 212, 232, 239, 240, 249
Erleuchtung 125, 128, 129, 131, 255
Erlösung 110, 115, 116, 126, 127, 132, 136, 137, 138, 139, 145#
Eros* 57
Erwachsene, Erwachsensein 10, 11, 12, 13, 21, 87, 118#
Erziehung 51, 55, 89, 142, 143, 242–257, 265
Esoterik 109
Ethik 17, 193, 209, 214, 221, 234, 259–273
Europa 96, 106, 117, 123, 149, 150#, 160, 161, 168, 182, 204, 226#, 227#, 244, 264
Euthanasie* 72, 221 (↗ Sterbehilfe*)
Evolution 172
Ewigkeit 37, 62, 113
Existenz(en)* 36, 105, 116, 117, 120, 133, 135, 138, 172, 176, 206, 239
Experiment(e) 203, 209, 218, 219 (↗ Gedankenexperiment)

F

Fähigkeit(en) 11, 35, 119, 234, 236, 237, 240
Familie(en) 8, 11, 19, 20, 35, 50, 51, 52, 59, 65, 66, 67, 85, 86, 102, 106, 109, 143, 145, 148, 153, 154, 156, 170, 179, 210, 219, 223, 227#, 236, 246, 247, 248, 249, 250, 251, 252, 255, 256, 257, 260
Fantasie(n) 44, 59, 179, 196, 201, 250, 254
Feedback* 221, 237
FERENCZI, SÁNDOR 42

Fest(e) 66, 67, 78, 123, 137
Fetisch* 107
FEUERBACH, LUDWIG 116, 117
FEYERABEND, PAUL KARL 158
Flucht, Flüchtlinge 152, 161
Freiheit 12, 14, 33, 52, 59, 68, 69, 75, 98, 99, 113, 114, 116, 118, 119, 131, 156, 161, 190, 192, 197, 201, 209, 212, 213, 214, 215, 233, 235, 245, 264
Freitod 74f
Freizeit 32, 170, 171
Fremde(r), Fremdheit 103, 115, 148, 152, 162
FREUD, LUCIEN 57
FREUD, SIGMUND 42, 43, 44, 47, 50, 51, 55, 57, 116, 117
Freude(n) 8, 42, 85, 126, 129, 139, 234
Freundschaft(en) 14f, 17
FRIED, ERICH 81
Friede(n) 71, 78, 98, 99, 105, 115, 160, 169, 212, 213#, 231#
FRIEDRICH, CASPAR DAVID 44
FRISCH, MAX 62, 63, 78
FROMM, ERICH 16, 17
Frustration 87, 89, 102
Fundamentalismus 106#, 109#

G

GADAMER, HANS-GEORG 110
GALILEI, GALILEO 204
GAUTAMA, Siddharta /Buddha 126, 127,128, 129, 130, 132, 134, 135, 136, 137, 139, 140, 144 (↗ Buddha)
Gebet(e) 110, 111, 121, 157
Geborgenheit 84, 152, 232, 233
Gebot(e) 15, 105, 107, 114#, 115, 121, 137, 139, 157, 232
Geburt 18, 19, 24, 39, 71, 106, 128, 129, 156
Gedanke(n) 10, 22, 37, 42, 44, 56, 62, 63, 68, 78, 83, 131, 136, 140, 170, 235, 237, 240, 253, 258, 267, 268
Gedankenexperiment 69, 146, 153, 162, 166, (↗ Experiment)
Gefühl(e) 10, 14, 16f, 20, 23, 24, 28, 41, 42, 43, 46, 48, 49, 57, 61, 65, 74, 77, 78, 83, 84, 105, 107, 130, 131, 134, 142, 160, 161, 216, 227, 236, 237, 239, 247, 251, 253, 265, 266, 267, 270, 272
Gegenwart 24, 33, 38, 107, 174, 190
Geheimnis(se) 111, 116, 176
Gehorsam 114, 219, 245
GEISSLER, KARLHEINZ 27, 33, 35
Geist 44, 61, 71, 107, 112, 113, 116, 117, 125, 126, 129, 134, 140, 141, 149, 150, 173, 237, 252
Gemeinschaft(en) 67, 136, 141, 142, 185, 201, 227, 234, 248, 269, 271
Generation(en) 12, 13, 18ff, 23, 67, 77, 160
Genesis 112, 113, 169
Genom* 167
Gentechnik (Gentechnologie) 68, 69
Geografie 77, 153, 179, 227
Gerechtigkeit 49, 55, 101, 105, 114, 115, 263
GERHARDT, PAUL 30, 31
Gericht(e) 70, 99, 115, 150#, 156, 161# (↗ Jüngstes Gericht)
GERSTER, PETRA 250
Geschichte 13, 31, 76, 98, 99, 117, 153, 160, 161, 179, 203, 213, 233, 249, 255
Gesellschaft 13, 17, 18, 20, 30, 33, 35, 50, 51, 52, 55, 65, 67, 75, 88, 97, 101, 106, 117, 148, 151, 155, 159, 168, 169, 185, 190#, 209, 219, 227, 232, 238, 246, 256, 260, 272
Gesetz(e) 19, 32#, 57#, 73, 75, 95, 98, 99, 121, 126, 127, 134, 140, 150, 151, 170, 171, 184, 189, 204, 206, 207, 232, 260, 261
Gesundheit 13, 33, 225
Gewalt 72, 81–93, 96, 97, 98, 99, 100, 101, 102, 103, 105, 158, 169, 213, 251, 265
Gewaltlosigkeit 92#, 93, 94, 95
Gewaltmonopol 96f, 99, 102
Gewissen 16, 48–55, 59, 156#, 213
GHANDI, MAHATMA 25, 94f
GLASERSFELD, ERNST VON 188, 199
Glaube(n) 18, 70, 107, 110, 111, 114, 115, 117, 119, 120, 121, 122, 133, 218, 235, 254, 263
Gleichheit 137, 161, 169, 171
Gleichnis(se) 132, 133, 144, 145, 186#
Globalisierung 161, 162, 171
Glück 14, 16, 56, 105, 115, 125#, 132, 133, 139, 145#, 148, 201, 222–241, 246, 251#, 256, 269
Glückseligkeit* 234, 235, 237
Gnade 84
GOGH, THEO VAN 159
GOGH, VINCENT VAN 114
GORBATSCHOW, MICHAIL 231
Gott, Göttin, Götter 16, 32, 33, 44, 52, 57, 70, 71, 73, 93, 105, 107, 110, 111, 112, 113, 114, 115, 116, 117, 118, 119, 120, 122, 123, 129, 133, 135, 139, 145, 147, 168#, 169, 178, 179, 180, 181, 182, 183, 184, 185, 190, 195, 198, 199, 232, 263, 266, 270
Gottesdienst 107, 110, 123
Grundgesetz 95, 156, 159, 269
Grundrechte 156
Gruppe(n) 9, 15, 17, 20, 33, 50, 83, 86, 90, 96, 103, 106#, 147, 154, 155, 158, 219, 221, 231, 232, 233, 272
Gut, Güter 75, 120, 181, 234, 235, 262
Gute, das/ Gutes 56, 95, 112#, 114, 115, 126, 134, 169, 213#, 224, 248

H

HABERMAS, JÜRGEN 273
Hades 62 (↗ Totenreich)
Handeln 27, 41, 48, 52, 54, 58, 114, 115, 123, 127, 140, 143, 234, 236, 239, 244, 263, 266, 267#
Handlung(en) 46, 47, 49, 50, 55, 57, 135, 151, 166, 189, 195#, 196#, 214, 267, 268, 269, 270, 271
Hass 16, 46, 92, 95#, 106, 130, 133, 160, 218, 239
Hedonist* 234
HEGEL, GEORG WILHELM FRIEDRICH 108
HEGEWALD, HEIDRUN 11
Heimat 52, 93, 146, 147, 152, 153, 154#, 162, 248
HERAKLIT 25
Hermeneutik 108, 110, 113, 121
Herrschaft 55, 139, 156, 184
HESIOD 182, 183
HESSE, HERMANN 222
Himalaya 125, 126
Himmel 63, 83, 110, 112, 113, 133, 140, 169, 177, 178, 179, 182, 204
Hinduismus, Hindus 18, 19, 95, 126, 135
Hiob 118
Hiroshima 212, 213
HOBBES, THOMAS 46, 47, 96, 97, 99, 264, 265
Hölle 71
Hoffnung(en) 70, 76, 92, 114, 115, 166, 174, 180, 181, 185, 213, 217, 247, 263
HOLITZKA, KLAUS 141
Hooligan(s) 83, 88
HUME, DAVID 206, 207
HUXLEY, ALDOUS 173, 175
Hypothese(n)* 202, 204, 205, 206

I

Ich 10, 48, 49, 50, 51, 52, 53, 58, 74, 78, 130, 131, 132, 133, 134, 139, 145
Ideal(e) 32, 168, 231, 235#
Idee(n) 20, 35, 122, 156, 168, 169, 175, 187, 190, 202, 205, 263
Identität 10, 50, 108
Idole 230, 231, 233
Illusion (en) 116, 130, 139, 189
Imperativ, kategorischer 117#, 245, 269
Indien 94, 138, 145, 227, 231
Individualität 131, 145
Individuum, Individuen 51, 177, 227, 254, 265
Information(en) 34, 39, 77, 79, 99, 127
»Instant Aging« 23
Instanz(en)* 48, 50, 51, 55, 59
Instinkt 52
Institution(en) 13, 98
Interesse(n) 14, 49, 149, 155,

160#, 187, 219, 221, 232, 233, 240, 270, 271
Intuition(en)* 43
IONESCO, EUGÈNE 24
Islam 21, 70, 115, 123, 137, 154
Israel 114

J

JANDL, ERNST 130
JANK, ANGELO 64
Jenseits 67, 115, 133
JESUS 107, 110, 114, 115, 135, 136
JONAS, HANS 119, 213, 214, 215, 217
JORDAENS, JACOB 111
Judentum 21, 115, 123
Jüngstes Gericht 70, 115# (↗ Gericht)
Jugend(liche) 12, 13, 19, 20, 21, 41, 48, 49, 53, 54, 56, 74, 83, 86, 88, 89, 91, 105, 109, 127, 153, 154, 162, 163, 191, 195, 228, 229, 230, 231, 233, 244, 251, 257, 263
JUNG, CARL GUSTAV 44
JUNGK, ROBERT 175

K

KAFKA, FRANZ 244, 245
KALÉKO, MASCHA 62, 63
KAMINSKI, ANDRÉ 150
KANT, IMMANUEL 37, 114, 269
KAPUSCINSKI, RYSZARD 24, 25
Karma* 126, 137, 138
Kassandra 199
Kaste (Kastenwesen) 126
Katholiken 66, 123#,161, 163
KELEK, NECLA 159
KERNER, CHARLOTTE 216, 217
KHOURY, ADEL THEODOR 112
KING, MARTIN LUTHER 231
Kirche(n) 115, 123, 205
KLIMT, GUSTAV 15, 78
Kloster 130, 131, 133, 137
Koan 137
Körper 15#, 28#, 29, 41, 46, 50, 52, 63, 65, 68, 70, 71, 72, 76, 107, 184
KOHLBERG, LAWRENCE 55
Kommunikation 196, 243–257
Kommunismus* 168#, 171
Konflikt(e) 17, 59, 87, 154, 161, 169, 196, 243, 249, 273
KONFUZIUS, Konfuzianismus 142, 143, 144, 145, 238
Konstruktivismus 188, 189
Konsum, Konsument(en) 12, 20, 53, 85, 108, 228, 230
Konzentrationslager 75#, 92, 98, 118
KOPERNIKUS, NIKOLAUS 204
Koran 70, 71, 111, 112, 113, 114, 158, 159, 169
Kosmos 37, 182
Kraft, Kräfte 16, 35, 43, 69, 95, 114, 126, 138, 141, 150, 157, 169, 180, 181, 252, 261
Krieg(e) 54, 83, 90, 91, 92, 93, 94, 95, 96, 97, 99, 102, 160, 161, 196, 212, 247
Kriegsdienst (-verweigerung) 95
Krise(n) 69, 126#
KÜBLER-ROSS*, ELISABETH 79
KÜNG, HANS 37, 123, 157
Kult(e) 105#, 107, 109, 137
Kultur(en) 11, 12, 15, 21, 27, 29, 39, 67, 77, 88, 89, 109, 116, 130, 131#, 148, 149, 150, 151, 152, 153, 155, 156, 157, 158, 159, 160, 161, 162, 163, 169, 173, 180, 181, 199, 226, 227, 236, 240, 254
Kulturrelativismus* 158, 159, 162
Kunst 69, 107, 195, 199, 208
KUNZE, REINER 259

L

LANGE, ALEXA HENNIG VON 240
LAOTSE 140, 141, 142, 144, 211, 238, 239
Langeweile 28, 29
Leben 9, 10, 12, 14, 17, 18, 19, 21, 22, 25, 27, 29, 37, 52, 59, 63, 67, 69, 70, 71, 73, 74, 75, 77, 92, 95, 97, 107, 109, 112, 113, 114, 115, 116, 118, 119, 120, 125, 126, 127, 128, 130, 132, 133, 134, 135, 137, 139, 140, 141, 143, 146, 150, 152, 156, 157, 168, 169, 190, 193, 217, 222, 223, 227, 228, 231, 232, 233, 234, 235, 236, 237, 238, 239, 249, 251, 252, 257, 259, 260, 261, 262, 264, 268, 269, 270
Lebenssinn 69, 126, 128, 183, 231 (↗ Sinn)
Lebensweg 76 (↗ Weg/e)
LEDER, KARL BRUNO 46, 47
Legende* 126, 128, 140
Leid(en) 62, 65, 84, 113, 118, 119, 126, 127, 130, 132, 133, 134, 135, 139, 227, 238, 239, 267
Lernen 45, 168, 169#, 218
Liebe 8, 14f, 15, 16, 17, 55, 56f, 71, 95, 106, 116, 130, 179, 182, 198, 223, 238, 254, 263
Linear 31
Logik 78, 196, 207
Logos 177–199, 251
LORENZ, KONRAD 86
LUTHER, MARTIN 112, 113
LUTZ, VAN DIJK 103

M

Macht 97, 99, 107, 192, 194, 196, 198, 214, 235, 252, 264, 265
Märchen 69, 250
MAGRITTE, RENÉ 164
Mahayana 124, 137, 138, 139
Mandala 132
Mandarin 26, 27
MANKELL, HENNING 10, 76, 77, 79
MANN, THOMAS 29
Mantra 138, 139
MARX, KARL 117, 168, 195
MASACCIO 113
MASLOW, ABRAHAM 225
Masolino 112
Maß, Maßstab, Maßstäbe 48, 53, 141, 142, 155, 156, 157, 158, 159, 184, 185, 186, 217, 245, 263, 268, 269
Materie 46, 115, 130
Mathematik 161, 190
Medium, Medien 12, 20, 53, 84, 85, 87, 97, 99, 102, 177, 187, 192, 193, 196, 197, 244, 251
Meditation(en) 18, 107#, 127, 128, 130, 131, 135, 137, 138, 139, 157, 252–255
Mehrheit 84, 86, 147, 150, 158, 219, 268
Mekka 39
Menschenrechte 156–159, 160, 161, 162, 184
Menschenwürde 55, 269, 272# (↗ Würde)
Methode(n), Methodik* 17, 23, 33, 35, 65, 69, 93, 95, 105, 107, 108, 110, 111, 121, 125, 133, 139, 141, 145, 146, 151, 153, 162, 163, 166, 168, 175, 191, 198, 205, 209, 215, 221, 229#, 231, 237, 240, 249, 251, 271
MILGRAM, STANLEY 218, 219
Minderheit(en) 84, 86, 103
Mitleid 119, 128, 130, 137, 232, 263, 265, 267, 272
Modell 11, 12, 31, 47, 50, 58, 195, 209
Mönch(e) 126#, 127, 128, 129, 132, 134, 136, 137, 138, 139, 145, 254
MOHAMMED 39
Mondjahr(e) 39
MONTAIGNE, MICHEL DE 68, 69
Moral(ität) 33, 112, 114, 144, 158, 185, 193, 259, 266, 267, 273
MORAVEC, HANS 172, 173
Mord(e) 100, 101
MORUS*, THOMAS 170, 171
Moschee(n) 123
MOSER, TILMANN 246, 247
MUKARA, LUKANGA 226, 227
Multitasking (Mehrfachtätigkeit) 34
MUNCH, EDWARD 60, 61
Musik 31, 108, 131, 142, 195, 199, 231
Mut 94, 103, 115, 119, 218, 263 (↗ Zivilcourage)
MUTTER TERESA 231
Mystik* 109, 141#, 253#
Mythos, Mythen 16, 109, 177–199

N

NAGEL, THOMAS 71
Nächstenliebe 57, 114#
Narzissmus 57
NASREDDIN, Mullah 227
Nationalsozialisten, Nationalsozialismus 54, 73, 90, 95#, 152#, 156, 192, 213#
Natur 16, 28, 29, 40, 44, 75, 96, 105, 115, 119, 169, 196,

214, 234, 235, 239, 252, 264, 272
Neid 20, 130
NEIL, ALEXANDER S. 244, 245
Neues Testament 115#
Nichts 75
NIETZSCHE, FRIEDRICH 40, 75, 117
Nirwana* (= Nichts) 115, 132, 133, 134, 135, 136, 137, 139, 140
Norm(en)* 48, 50, 52, 162, 244, 269, 273
NUSSBAUM, MARTHA 158
Nutzen, Nützlichkeit 209, 268, 269, 270, 272

O

Ödipus 199
Öffentlichkeit 23, 103, 149, 157
Opfer 85, 86, 90, 91, 92, 93, 95, 100, 101, 103, 137, 218, 219, 233, 239, 269
Ordnung(en) 50, 96, 98, 99, 121, 141, 142, 143, 179, 203, 221, 238, 262, 263, 270, 272
Orientierung 29, 33, 55, 109, 232, 263#
ORWELL, GEORGE 173, 175

P

PAASCHE, HANS 226
Pali-Kanon* 126, 127, 128, 129, 132, 134, 136
Paradies 70, 71, 110, 113, 115, 149, 169, 195, 227
Partner, Partner/innen 57
Partnerschaft 14, 15, 157
PASCAL, BLAISE 120, 121
Patchwork-Religion 109
PAUL, JEAN 38
Person(en) 10, 13, 17, 20, 48, 49, 55, 56, 57, 62, 86, 89, 92, 136, 144, 149, 184, 195#, 213, 221, 237, 264, 267, 269, 270
Persönlichkeit 50, 130, 131, 250
Perspektive(en) 37, 55, 78, 110, 111, 113, 213, 232, 240, 270
Perspektivenwechsel 23, 249
Pflicht(en) 52, 54, 114, 142, 143, 147, 156, 158, 162, 193, 201, 213#, 260, 268, 269, 270, 272
Philosophie, Philosoph(en) 17, 38, 56, 68, 71, 75, 92, 107, 111, 117, 118, 119, 120, 122, 158, 162, 182, 183, 187, 188, 189, 204, 206, 209#, 213, 214, 220, 224, 225, 228, 234, 235, 239, 240, 251, 259#, 267, 272
Physik 181, 201#, 203, 215
PIEPER, ANNEMARIE 209
PITT, BRAD 125
PLATON 16, 56, 57, 59, 70, 186, 187, 188, 234, 260, 261
Pluralismus 155, 159
PLUTARCH 224, 225
POINCARÉ, HENRI 203
Politik 73, 77, 98, 106, 147, 153, 160, 161, 184, 195, 213, 215, 227, 249, 255
POPPER, KARL 189, 205, 207
POSTMAN, NEIL 12
Prinzip(ien) 33, 55, 58, 92, 93, 95, 97, 140, 142, 183, 184, 185, 189, 214, 234, 239, 251, 259, 266, 269
Prognose(n) 166, 167, 204, 209
Projekt(e) 22, 23, 35, 39, 79, 103, 123, 145, 157, 159, 163, 175, 199, 202, 209, 221, 257, 273
Prometheus 180, 181, 199
Protagoras 184, 186, 187
Protestant(en), Protestantismus* 32, 66, 161, 163
PROUST, MARCEL 42, 43
Psalm 121
Psyche 42, 44, 45, 46f, 58, 59, 196 (↗ Seele)
Psychologie 17, 42, 195, 218, 236#, 237#
Psychoanalyse* 17, 117#, 246#
Pubertät 11, 118

R

Rassismus 103
Recht(e) 94, 98, 99, 103, 147, 156, 158, 159, 161, 184, 185, 189, 192, 201, 209, 232, 236, 245, 260, 269
Rechtsradikalismus 103
REESE, WILLY PETER 90, 91
Reflexion 55, 157
Regel(n) 50, 55, 136, 137, 139, 141, 142, 143, 147, 149#, 150, 151, 155, 157, 159, 160, 162, 175, 197, 199, 232, 251, 269, 271, 273
REINERS, HORST 74
Reiz(e) 42, 83, 84, 86, 154
Relativismus 158, 185, 187
Religion(en) 15, 71, 73, 104–123, 126, 135, 137, 145, 147, 155, 156, 157, 159, 163, 169, 179, 184, 185, 232, 254, 255#
Religionskritik 117, 119#, 120
REMBRANDT (HARMENSZOON VAN RIJN) 21
Respekt 55, 139, 149, 155
Rhetorik 17
Rhythmus, Rhythmen 27, 28, 29, 30, 31, 33
RILKE, RAINER MARIA 60, 73
Risiko, Risiken, Risiko(folgen)abschätzung 209, 215, 255, 256
Ritual(e), Ritus, Riten 67, 106, 107, 108, 109, 110, 121, 122, 137, 139, 150#, 181
Rolle(n) 17, 19, 20, 44, 48, 49, 55, 59, 107, 113, 257
Rollenspiel(e) 17, 103, 162, 271
ROPOHL, GÜNTER 210, 211
RORTY, RICHARD 122
ROSENDORFER, HERBERT 26
ROTH, GERHARD 228, 229
ROUSSEAU, JEAN-JACQUES 265, 267

S

SAEHRENDT, CHRISTIAN HANS GEORG 219
Säkularisierung* 106
Satanismus 232, 233
Schamane(n) 107, 150f#
SCHEERBART, PAUL 32, 33
Schöpfung 39, 110, 183
SCHOLL, INGE 54, 55
SCHOPENHAUER, ARTHUR 24, 224, 225, 266, 267
Schule 11, 16, 19, 35, 82, 83, 85, 89, 102, 103, 142, 143, 145, 161, 162, 163, 175, 197, 219, 223, 228, 235, 248, 257, 260
Schuld, Schuldgefühle 53, 55, 58, 77, 90, 101, 113, 139, 213
SCHWEITZER, ALBERT 231
Science-Fiction 167, 173, 174, 175, 196
»Second Life« 108, 165
SEEL, MARTIN 224, 225
Seele(en) 42, 44, 53, 57, 66, 70, 71, 74, 107, 115, 121, 149, 161, 183, 235, 252, 253, 254 (↗ Psyche)
Sehnsucht, Sehnsüchte 74, 105, 116, 190, 233
SEIFERT, JOSEF W. 221
Sekten 106, 232, 233
Selbstständigkeit 12
Selbstliebe 56
Selbstmord, Selbsttötung 74f
SENECA 75, 235
SEURAT, GEORGE 32
Sex(ualität) 15, 57, 162, 232, 236
Sicherheit 96, 98, 99, 156, 264
SIGNORELLI, LUCA 70
SINGER, WOLF 200
Sinn, Sinne 10, 46, 68, 101, 105, 108, 110, 111, 112, 113, 118, 123, 125, 151, 178, 182, 184, 185, 191, 196, 223, 231, 233, 238, 240 (↗ Lebenssinn)
Sinneswahrnehmung(en) 42, 43, 166
Sinnbild 31
Sinnlosigkeit 63
Sintflut 179
Sitte, Sitten (gute) 57, 147, 148, 152, 158, 170, 184, 185
Skinhead(s) 83, 88
SLOTERDIJK, PETER 254
SMITH, ADAM 48, 49, 51
SOKRATES 70, 187, 251, 260, 261, 269, 272
Solidarität 157
Sonnenjahr(e) 39
Sophisten* 184, 185, 187, 234
Sorge(n) 95
SPAEMANN, ROBERT 52, 68, 270, 271
Spiritualität 109, 238
Sport 31, 87, 231, 236, 253
Sprache(en) 110, 122, 196, 242, 251,
Staat(en) 94, 96#, 97, 98, 99, 100, 117, 143, 246, 256
Star(s) 231
Sterben 62, 63, 65, 67, 69, 72, 77, 78, 79, 95, 118, 135, 179

Sterbehilfe* 72, 73 (↗ Euthanasie)
Stoa*, Stoiker 235, 239
Strafe 95, 101, 151, 156
Streit 14, 96, 122, 175, 249, 250, 251, 270
Sünde 32
Sucht 228
Suizid 72, 74f
Sure 112, 114
SWIFT, JONATHAN 168
SWINBURNE, RICHARD 119
Symbol(e) 66, 108#, 109#, 110, 125, 129, 136, 138, 190, 191, 197, 220, 232
Sympathie(n) 16, 42, 267
Synagoge 123
System 167#, 201, 205

T

Tao*, Taoismus 140, 141, 142, 143, 145, 239
Tat, Täter 85, 86, 101
Terror(ismus) 54, 92, 98#, 102#, 268#, 269#
Thailand 148, 149
THALES (von Milet) 182, 183
Theodizee*, Theodizeeproblem, Theodizeefrage 118, 119
Theologe, Theologie 30, 38, 92, 122, 157, 262, 263
Theorie(n)* 36, 55, 59, 89, 92, 205, 206, 207, 240, 245
Theravada 124, 136, 137, 139
These(n) 12, 47, 55, 65, 69, 188, 189, 240
Tibet 138, 139
Tod 18, 24, 60ff, 63, 64, 67, 68, 69, 70, 71, 72, 73, 74, 75, 78, 79, 90, 91, 93, 97#, 106, 109#, 112#, 114, 118, 126, 127, 128, 132, 137, 138, 139, 147, 167, 169, 193, 199, 260#, 261, 268, 269
Todesstrafe 100f
Toleranz 154, 155, 162, 254
Torah 111
Tote(n), Die 62, 64, 66, 67, 90
Totenreich 62, 66
Tradition(en) 51, 52, 105, 109, 114, 133, 137, 154, 158, 238, 254, 255
Transzendenz* 109, 111
Trauer(n) 9, 65, 77, 79, 109, 193
Traum, Träume 10, 14, 43, 44f, 46, 47, 76, 160, 165, 169, 170, 171, 177, 256
Trieb 56, 86f, 89, 116, 232#
Tugend(en) 57, 94, 119, 141, 194, 234, 235, 263
TUGENDHAT, ERNST 55

U

Überleben 83, 84, 86, 179, 183
UHL, NADJA 24
Umwelt 23, 61, 197
Unabhängigkeit 25
Unbewusste(s) 41ff, 44, 45, 46, 47, 48, 58, 229
Universalismus* 158, 159, 162
Universum 36, 177, 204 (↗ Weltraum)
UNO 50, 98, 99 153# (↗ Vereinte Nationen)
Unsterblichkeit 10
Ur-Knall 36
Ursache(n) 11, 42, 46, 49, 75, 89, 102, 183, 206, 233, 236, 238, 239
Urteil(e) 48, 49, 185, 235
USA 92#, 100 152, 153, 158#, 236, 247# (↗ Amerika)
Utilitarismus, Utilitaristen 268, 269, 271
Utopie(n) 165–175

V

Vajrayana 124, 138, 139
Verantwortung 18, 76, 201, 209, 210, 211, 213, 214, 215, 217, 220, 233, 269, 270, 271, 272
Verbrechen, Verbrecher 90, 97, 99#, 101, 147, 158
Vereinte Nationen 98f, 153, 156, 159, 160 (↗ UNO)
Vergangenheit 24, 26, 93, 160
Verhalten 11, 42, 53, 87, 89, 101, 114, 143, 258
Verletzung(en) 91
Vernunft 92, 115, 120, 121, 122, 185, 191, 235, 239, 260, 261, 262, 265, 266, 272
Verstand 137, 196, 235, 263
Vertrauen 12, 14, 105, 143, 246
Vielfalt 147, 160, 162, 163
Virtual Teacher 165
Vision(en) 122, 160, 172, 179
Vorbild(er) 81, 89#, 121, 136, 230, 231, 233, 261
Vorstellung(en) 46, 47, 48, 49, 50, 51, 58, 88, 109, 117, 118, 126, 127, 137, 145#, 147, 148, 149, 150, 155, 156, 157, 158, 163, 169, 189, 201, 226, 227, 229, 232, 234, 235, 238, 240
Vorurteil(e) 20, 46, 47, 103, 110, 111, 160, 181, 206

W

Wahl 56, 57, 71, 158, 219
Wahrheit(en) 43, 111, 122, 127, 128, 129, 133, 134, 135, 136, 177, 181, 184, 185, 189, 192, 193, 209, 236, 252, 261
Wahrnehmung(en) 27, 47, 50, 58, 130, 184, 188
WEBER, MAX 255, 270, 271
Weg(e) 9, 10, 22, 43, 45, 68, 81, 87, 94, 97, 102, 106, 112, 120, 121, 122, 125, 126 129, 139, 140, 141, 144, 146, 168, 201, 217, 220, 238, 239, 253, 255 (↗ Lebensweg)
WEISCHEDEL, WILHELM 48
Weisheit 125, 138, 140, 180, 220, 262, 265
WEIZSÄCKER, CARL FRIEDRICH VON* 212, 213
Weltall 36, 37, 183
Weltanschauung(en) 105, 109, 111, 145, 155
Weltbild(er) 69, 150, 151, 162, 189, 204, 205
Weltethos 157, 159
Werbung 42, 194, 195, 255
Wert(e), Wertvorstellungen 17, 50, 93, 108, 151, 155, 157, 158, 159, 161, 162, 166, 167, 185, 227#, 244, 245, 254, 267, 268, 269, 271
Wesen 10, 17, 25, 28, 44, 53, 57, 63, 108, 113, 114, 115, 116, 117, 139, 180, 183, 185, 239, 252, 262, 263, 265
Widerstand 25, 91, 95, 98, 102, 175
Wiedergeburt(en) 18, 37, 109#, 115, 126, 128, 131, 133, 135, 138
WIESEL, ELIE 118, 119
Wille(n) 113, 115, 116, 119, 128, 130, 232, 235, 251
Wirklichkeit 117, 133, 168, 169, 171, 173, 177, 186, 188, 189, 192, 196, 197, 198, 217
Wissen 17, 55, 63, 68, 78, 129, 130, 135, 138, 142, 187, 188, 197, 202, 204, 206, 207, 213, 251, 252, 260
Wissenschaft(en) 138, 167, 173, 181, 183, 185, 190, 201, 203, 205, 207, 208, 209, 213, 219, 220, 269
WOZNIAK, STEVE 165
Wunder 31#, 69#, 90, 110, 121
Wunsch, Wünsche 10, 29, 42, 75, 87, 116, 119, 134, 166, 222, 223, 224, 227, 235, 273
Würde 72, 73, 156, 270, 272 (↗ Menschenwürde)

X

XENOPHANES 184, 188

Y

Yoga 107, 127, 252, 253

Z

Zeichen
Zeit(en) 12, 13, 15, 16, 23, 24, 25ff, 28, 29, 30, 31, 32, 33, 35, 36, 37, 38, 39, 45, 62, 64, 83, 85, 86, 92, 96, 109, 110, 113, 116, 122, 129, 142, 149, 154#, 158, 166, 169, 170, 171, 181, 184, 190, 194, 201, 226, 227, 232, 248, 251, 256, 259, 263, 265, 266
Zen 137, 139 (↗ Buddhismus)
ZIEGLER, JEAN 63
Ziel(e) 17, 18, 56, 92, 93, 129, 132, 139, 142, 144, 162, 204, 207, 208, 209, 234, 236, 237, 245, 264, 273
Zivilcourage 103 (↗ Mut)
Zivilisation(en) 67, 172
Zorn 77, 139, 180, 238, 247, 263
Zufall, Zufälle 224
Zufriedenheit 19, 227, 234, 239
Zukunft 8, 10, 24, 61, 74, 75, 116, 129, 162, 166, 167, 172, 173, 174, 175, 179, 180, 204, 232, 235, 254, 256
Zukunftswerkstatt 175
Zwang, Zwänge 86
Zyklus 31#

Text- und Bildnachweis

Textnachweis

10 Henning Mankell: Das Auge des Leoparden, München: Deutscher Taschenbuch Verlag (dtv), 2006 (2. Aufl.), S. 17ff (gekürzt).
11 Angaben aus der 15. Shell Jugendstudie, Jugend 2006. Hrsg. von der Deutschen Shell, Frankfurt/Main: Fischer Taschenbuch Verlag 2006, S. 148.
12 Frei nach Neil Postman, Das Verschwinden der Kindheit, Frankfurt/Main: Fischer Taschenbuch Verlag, 2003 (15. Aufl.); emotion. Das Psychologie-Magazin für Frauen (Hamburg), Juni 2006, S. 20 (Interview mit Heike Küken).
14–16 Heidrun Schliebner: Wenn aus Freundschaft Liebe wird | Das erste Mal | Du bist es – oder? Originalbeiträge.
15 Sergio Bambaren: Der träumende Delphin, München und Zürich: Piper Verlag 2005, S. 71f.
16 Platon, Das Gastmahl, Stuttgart: Verlag Philip Reclam jun. 1949 (1979), S. 55ff (gekürzt).
16f Erich Fromm: Psychoanalyse und Ethik. Bausteine zu einer humanistischen Charakterologie. Aus dem Amerikanischen von Paul Stapf und Ignaz Mühsam, München: dtv 1995, S. 82f (gekürzt).
20 Daten des Statistischen Bundesamtes. Nach Aktuell. Das Jahrbuch 2007, Mannheim: Meyers Lexikonverlag, S. 32.
20 Heidrun Schliebner: Ein Gespräch zwischen den Generationen. Originalbeitrag.
21 Anneliese Rübesamen (Hrsg.): Arabische Weisheit; Schätze orientalischer Poesie, Berlin: Ullstein Verlag 1994, S. 17 und 33.
24 Nadja Uhl: Wie auf der Flucht. In: Die Zeit, Nr. 14, 29.3.2007, S. 70 (Auszüge).
24 Eugène Ionesco: Alles ist nur Übergang. Gedichte und Texte über das Sterben. Hrsg. von Friederike Waller, Frankfurt: Fischer Verlag 1991, S. 348f (Auszüge).
24 Arthur Schopenhauer: Welt und Mensch. Eine Auswahl aus dem Gesamtwerk von Arthur Hübscher, Stuttgart: Reclam Verlag 1988, S. 55 (Zitat).
25 Zitat nach »Mahatma Gandhi« (Kalenderblatt unbekannter Herkunft).
25 Zitat »Heraklit«. Aus: Gottfried Honnefelder (Hrsg.): Was also ist die Zeit? Frankfurt/Main: Insel Verlag 1996, S. 134.
25 Michael Ende: Momo oder die seltsame Geschichte von den Zeit-Dieben, Stuttgart: Thienemanns Verlag 1973, S. 158 (Auszüge).
26 Herbert Rosendorfer: Briefe in die chinesische Vergangenheit, München: dtv 1991, S. 145–147.
26f Ryszard Kapuscinski: Afrikanisches Fieber. Erfahrungen aus vierzig Jahren. Aus dem Polnischen von Martin Pollack, Frankfurt/Main: Eichborn-Verlag 1999, S. 19–21 (Auszüge).
27 Zitat »Karlheinz Geißler«. Aus: www.wissen.de/wde/generator/wissen/services/print,page=1309804.html (Linkcheck: 24.4.07).
28 Zitat »Albert Einstein«. Nach Robert Levine: Eine Landkarte der Zeit. Wie Kulturen mit Zeit umgehen, München: Piper Verlag 1999, S. 58.
29 Thomas Mann: Der Zauberberg, Frankfurt/Main: Fischer Verlag 1967, S. 110f (Auszug).
30 Paul Gerhard: Nun ruhen alle Wälder (Abendlied von 1648, 9 Strophen. Aus: Evangelisches Gesangbuch. Ausgabe für die evangelisch-lutherischen Kirchen in Bayern und Thüringen, München und Weimar: Verlag Evangelischer Presseverband für Bayern und Wartburg Verlag o. J., S. 840f (hier Strophen 1, 3 und 6).
31 Joachim Schüring: Kurze Geschichte der Zeit. Aus: www.geo.de/GEO/kultur/geschichte/5017.html (leicht bearbeitet).
32 Paul Scheerbart: Die gebratene Ameise. Arbeitsspaß (1929). Aus: Klaus Konz und Rainer Leibbrand (Hrsg.): Das Lachen ist verboten. Grotesken – Erzählungen – Gedichte und Schnurren. Mit Illustrationen von Paul Scheerbart, Hamburg: Buntbuch Verlag 1984 (http://www.scheerbart.de/ps_0015.htm#Die%20gebratene%20Ameise: Linkcheck: 25.4.2007).
33 Interview mit Karlheinz Geißler, 2007 (http://www.wissen.de/wde/generator/wissen/services/print,page=1309804.html: Linkcheck: 25.4.2007).
33 Johannes Friedrich: Sonntags shoppen? In: Chrismon. Das Evangelische Magazin (Frankfurt/Main) 01/2007, S. 10.
34 Frei nach Ivo Muri im Gespräch mit Sebastian Wehlings. In: fluter. Magazin der Bundeszentrale für politische Bildung, Nr. 16, Bonn, September 2005, S. 41.
35 Zitat »Japanische Weisheit«. Aus: Eine Freude vertreibt hundert Sorgen. Fernöstliche Weisheiten. Zusammengestellt von Helene Huche, Köln: Buch & Zeit Verlagsgesellschaft 1983, S. 13.
35 »Zwischenmenschlichkeit braucht Langsamkeit«. Karlheinz Geißler im Gespräch mit Julia Decker. In: fluter, Nr. 16, a. a. O., September 2005, S. 9.
36f Hans Küng: Ewiges Leben. München: Piper Verlag 1982, S. 262f.
37 Immanuel Kant: Das Ende aller Dinge. A 495. Aus Kant: Werkausgabe. Hrsg. von Wilhelm Weischedel. Bd. XI. Schriften zur Anthropologie, Frankfurt/Main: Suhrkamp Verlag 1977, S. 175.
38 Aurelius Augustinus: Bekenntnisse. Eingeleitet und übertragen von Wilhelm Thimme, München: dtv 1982, S. 312 und 318.
38 Jean Paul: Die wunderbare Gesellschaft in der Neujahrsnacht. In: Jean Paul: Werke. Hrsg. von Norbert Miller. 1. Abt., Bd. 4, Darmstadt: Wissenschaftliche Buchgesellschaft 1967, S. 1123f (gekürzt).
40 Friedrich Nietzsche: Über Wahrheit und Lüge. Werke in drei Bänden. Bd. 3, München: Hanser Verlag 1982, S. 310.
42 Zitat »Sándor Ferenczi«. Aus: Sigmund Freud: Zur Psychopathologie des Alltagslebens, Frankfurt/Main: Fischer Verlag 2000, S. 146f (leicht gekürzt).
42f Marcel Proust: In Swanns Welt, Frankfurt/Main: Suhrkamp Verlag 1981, S. 63–67.

44 Carl Gustav Jung: Der Mensch und seine Symbole, Olten und Freiburg im Breisgau: Sonderausgabe Walter-Verlag 1988 (11. Aufl.), S. 43/45.
44 Sigmund Freud. In: Die Traumdeutung, Frankfurt/Main: Fischer Verlag 2005 (12. Aufl.), S. 594 f.
46 Karl Bruno Leder: Der Hass auf fremde Götter. In: Süddeutsche Zeitung (München), 10. 9. 1983 (leicht bearbeitet).
46 f Thomas Hobbes: Leviathan, Stuttgart: Reclam Verlag 1970, S. 11 ff (gekürzt).
47 Sigmund Freud: Traumdeutung, Frankfurt/Main: Fischer Verlag 1991, S. 599 und 602.
48 Nach Eva Maria Sewing: Die Stimme des Gewissens. Originalbeitrag.
48 f Adam Smith: Theorie der ethischen Gefühle, Hamburg: © Felix Meiner Verlag 1994, S. 170 f und 297 f.
50 Sabine Windlin: Im Namen des Vaters. In: Weltwoche (Zürich), Nr. 27, 2004 (www.weltwoche.ch/artikel).
50 f Sigmund Freud: Abriss der Psychoanalyse, Frankfurt/Main: Fischer Verlag 1972, S. 59 f (gekürzt und leicht bearbeitet).
52 Robert Spaemann: Moralische Grundbegriffe, München: Verlag C. H. Beck 1994 (5. Aufl.), S. 79.
52 f N. N.: Die Vortrefflichkeit des Herzens. Aus der 18. Dynastie (1554–1305 v. Chr.). Zitiert nach Otfried Höffe: Lesebuch zur Ethik, München: Verlag C. H. Beck 1998, S. 35.
54 Zitat »Inge Scholl«. Aus: Inge Scholl. Die weiße Rose. Flugblätter, Frankfurt/Main: Fischer Verlag 1955 (12. Aufl. 2006), S. 84 f.
55 Zitat »Ernst Tugendhat«. Aus: Ders.: Vorlesungen über Ethik, Frankfurt/Main: Suhrkamp Verlag 1993, S. 62.
55 Zitat »Sigmund Freud«. Aus: Ders.: Das Ich und das Es, Frankfurt/Main: Fischer Verlag 1992, S. 267.
56 f Platon: Symposion. 205 d, e; 210 a, b, c. Aus: Platon. Das Trinkgelage. Übersetzt von. Ute Schmidt-Berger, Frankfurt/Main: Insel Verlag 2004, S. 77–80 (gekürzt).
57 Nach Sigmund Freud: Zur Einführung des Narzissmus. In: Das Ich und das Es, Frankfurt/Main: Fischer Verlag 1992, S. 66.
60 Rainer Maria Rilke: Schlussstück, in: Rilke, Der ausgewählten Gedichte anderer Art, Wiesbaden: Insel Verlag 1946, S. 22.
61 Mittelalterlicher Spruch aus: Ludwig Reiners (Hrsg.): Der ewige Brunnen. Ein Volksbuch deutscher Dichtung, München: Verlag C. H. Beck 1955, S. 928.
62 Max Frisch: Halten Sie sich für einen guten Freund? Frankfurt/Main: Suhrkamp Verlag 1992, S. 89–92.
62 Mascha Kaléko: Verse für Zeitgenossen, Düsseldorf: Eremiten-Presse 1978, S. 9.
63 Jean Ziegler: Was ist der Tod? In: Wie herrlich, Schweizer zu sein. Erfahrungen mit einem schwierigen Land, München: Goldmann Verlag 1993, S. 54 f.
64 Nils Husmann: Und wer trauert? In: Chrismon, a. a. O., 02/2007, S. 46.
64 Alice Baumann. In: Last minute: Ein Buch zu Sterben und Tod. Hrsg. vom Stapferhaus Lenzburg. Baden: hier und jetzt. Verlag für Kultur und Geschichte 2000, S. 212.
65 Ricco Biaggi. In: Last minute, a. a. O., S. 124.
65 Beatrice Ledergerber Bechter. In: Last minute, a. a. O., S. 212.
65 Zitat «Perikles«. Aus: Internet-Zitatensammlung.
68 Epikur: Brief an Menoikeus, übersetzt von Otto Apelt, Hamburg: Meiner Verlag 1968, Buch X, § 124 ff (gekürzt).
68 Zitat »Robert Spaemann«: Sterben – heutzutage. Aus: http://www.project-syndicate.org/commentary/spaemann2/German. © Project Syndicate/Institut für die Wissenschaften vom Menschen, April 2003 (distribution@project-syndicate.org) – Linkcheck: 27. 3. 2007.
68 Michel de Montaigne: Philosophieren heißt sterben lernen, in: Essais, übersetzt von Hans Stilett. 1. Buch. Frankfurt/Main: Goldmann Verlag 1998, S. 128–134.
70 Platon: Phaidon, übersetzt von Friedrich Schleiermacher, Reinbek: Rowohlt Verlag 1958, 80 c–e.
70 Koran-Zitat nach der Übersetzung von Adel Theodor Khoury, unter Mitwirkung von Salim Abdullah, Gütersloh: Gütersloher Verlagshaus 1992 (2. durchgesehene Auflage).
70 f Islamische Auferstehungsvorstellung frei nach Informationsplattform Religion. Hrsg. vom Religionswissenschaftlichen Medien- und Informationsdienst, Marburg 2006 (http://www.religion-online.info/islam/themen/info-tod.html: Linkcheck: 10. 4. 2007).
71 Amerikanische Überlieferung. Zitiert aus: Klaus Berger: Wie kommt das Ende der Welt? Stuttgart: UTB 1999, S. 227.
71 Zitat »Thomas Nagel«. Aus: Ders.: Was bedeutet das alles? Stuttgart: Reclam 1990, S. 76.
72 Bartholomäus Grill: »Ich will nur fröhliche Musik«. In: Die Zeit, Nr. 50, 8. 12. 2005 (gekürzt).
73 Rainer Maria Rilke: Die Aufzeichnungen des Malte Laurids Brigge, Frankfurt/Main: Insel Verlag 1982, S. 13 f (gekürzt).
74 Holger Reiners: Lebenswunschlosigkeit. In: Ulrich Hegerl/ David Althaus/ Holger Reiners: Das Rätsel Depression. Eine Krankheit wird entschlüsselt, München: Verlag C. H. Beck 2005, S. 45.
74 Markus Kavka: Freunde fürs Leben. Kolumne (zeit-online): www.zuender.zeit.de/kavka_dir/2006/kavka-37-suizid.
75 Jean Améry: Hand an sich legen. Diskurs über den Freitod, Stuttgart: Klett-Cotta 1976, S. 13; 23 ff und 143 (Auszüge).
75 Zitat »Jean Améry«. Aus: Ders.: Jenseits von Schuld und Sühne. Bewältigungsversuche eines Überwältigten, Stuttgart: Klett-Cotta 1980, S. 73.
75 Zitat »Seneca«. Aus: L. Annaeus Seneca: Vom glückseligen Leben und andere Schriften. Übersetzung nach Ludwig Rumpel. Hrsg. von Peter Jaerisch, Stuttgart: Reclam Verlag 1996, S. 147.

Text- und Bildnachweis

75 Zitat »Friedrich Nietzsche«: Aus: Friedrich Nietzsche: Also sprach Zarathustra. In: Werke. Bd. II. Hrsg. von Karl Schlechta, München: Carl Hansa Verlag 1981, S. 334.
76 Bericht von Moses; Zitat der ugandischen Mutter; Zitat »Henning Mankell. In: Henning Mankell: Ich sterbe, aber die Erinnerung lebt, München: dtv 2006, S. 59 f; 30; 35 f.
78 Jean Améry: Hand an sich legen, a. a. O., S. 46–49.
79 Aus der Veranstaltungsreihe eines Bestattungsunternehmens (www.bestattungen-glahn.de/aktuell.php: Linkcheck: 23. 3. 07.)
81 Erich Fried: Gedichte Band 3. Hrsg. von Volker Kaukoreit und Klaus Wagenbach, Berlin: Wagenbach Verlag 1993 (gekürzt).
82 Gewalt in der Schule (fiktive Tagebuch-Auszüge). Aus: Elisabeth Zöller: Ich schieße … doch! Bindlach: Loewe Verlag 2005, S. 27 f und 36 ff.
82 f Zitate der Hooligans (1–4). Aus: Gunter A. Pilz: Hooligans. In: Dossier Fußball-WM 2006. Hrsg. von der Bundeszentrale für politische Bildung, Bonn 2005 (Linkcheck: 9. 3. 2007: http://www.bpb.bund.de/themen/JJYQBK,0,0,Hooligans.html).
83 5. Zitat der Hooligans. Aus: Bill Buford: Geil auf Gewalt. Unter Hooligans. Aus d. Engl. von W. Krege, München: Hanser Verlag 1992, S. 234.
84 Zitate zweier Jugendlicher (gekürzt). Nach Jan-Uwe Rogge: Die Gefahr des Bösen, die Lust am Bösen. Über die Gewalt in den Medien. In: Susanne Bergmann (Hrsg.), Mediale Gewalt – Eine reale Bedrohung für Kinder? Bielefeld: AJZ-Druck & Verlag (GMK) 2000, S. 208 ff (gekürzt/bearbeitet).
84 f Gewaltvideos auf dem Handy. Aus: Güner Yasemin Balci: Tritt ins Gesicht. Warum Gewaltvideos auf dem Handy so beliebt sind. In: Die Zeit, Nr. 15, 6. 4. 2006 (Auszüge).
85 Cathrin Kahlweit: Bilder mit Schlagkraft. Sie filmen, wie sie sich prügeln, und sie prügeln sich, um es zu filmen – wie auf Schüler-Handys alltäglich Gewalt inszeniert und konsumiert wird. In: Süddeutsche Zeitung, 31. 1. 2007 (gekürzt).
87 Zeitungsaufmacher zum »Killer-Gen«. Aus: BILD (Bild-Zeitung), 2. 5. 2002.
90 Willy Peter Reese: Mir selber seltsam fremd. Die Unmenschlichkeit des Krieges. Russland 1941–1944. Hrsg. von Stefan Schmitz, München: Claassen Verlag 2003, S. 74 ff, 130 f, 200.
91 Propagandalied der Hitlerjugend (Autor: Hans Baumann). Aus: Hilmar Hoffmann: »Und die Fahne führt uns in die Ewigkeit«. Propaganda im NS-Film, Frankfurt/Main: Fischer Taschenbuch Verlag 1988.
91 Golfkriegsinfos nach Ingelis Gnutzmann: Ein Foto mit General Schwarzkopf. In: Ossietzky. Zweiwochenschrift für Politik, Kultur, Wirtschaft (Berlin), Nr. 9, 2004.
92 Amitai Etzioni, Francis Fukuyama, Samuel P. Huntington, Michael Walzer u. a.: Wofür wir kämpfen (What we are fighting for) – Manifest für den »gerechten Krieg«. Übersetzt von Christoph von Marschall. In: Der Tagesspiegel (Berlin), 12. 02. 002 (Auszüge).
93 Offene Briefe (open letters) von Daniel Berrigan und Ernesto Cardenal (1978/79), gekürzt und bearbeitet nach: www.friedenspaedagogik.de/themen/zivilcourage/entscheidungen_und_begruendungen__1/zur_frage_eines_bewaffneten_freiheitskampfes_in_der_dritten_welt/gewaltfreiheit_ist_nicht_nur_moralisch_ueberlegen (Linkcheck: 9. 2. 2007).
94 Der Salzmarsch. Aus: Günther Gugel: Wir werden nicht weichen. Erfahrungen mit Gewaltfreiheit. Eine praxisorientierte Einführung, Tübingen: Verein für Friedenspädagogik 1996, S. 51 ff (Auszüge).
94 f Mahatma Gandhi: Der Weg der Gewaltlosigkeit. Aus: Klaus Klostermaier: Mahatma Gandhi – Freiheit ohne Gewalt, Köln: Hegner Verlag 1968, S. 147 ff (Auszüge).
96 Tillmann Elliesen: Die Jungs vom Friedensrat. In: General-Anzeiger (Bonn), 12. 6. 2006 (Auszüge, leicht bearbeitet).
96 f Thomas Hobbes: Leviathan oder Wesen, Form und Gewalt des kirchlichen und bürgerlichen Staates. Hrsg. von Peter Cornelius Mayer-Tasch in der Übersetzung von Dorothee Tidow, Reinbek: Rowohlt Verlag 1965, S. 96 ff und 131 f (Auszüge).
98 »Beispiel DDR« nach Informationen der »Stiftung Gedenkstätte Berlin-Hohenschönhausen« (Zeitzeugenbericht: Mike Fröhnel): www.stiftung-hsh.de/.
100 Fakten zur Todesstrafe nach amnesty international: http://web.amnesty.org/pages/deathpenalty-facts-eng (Linkcheck: 12. 2. 2007).
109 »Spiritualität in Deutschland«. Nach einer Studie der Identity Foundation in Zusammenarbeit mit der Universität Hohenheim, Düsseldorf 2006 (http://www.identityfoundation.de/fileadmin/templates_identityfoundation/downloads/presse/frauen_spiritualitaet/PM_Lang_Studie_Spiritualitaet.pdf): Linkcheck: 29. 6. 2007.
110 Markus 8, 23–26 und Matthäus 5, 13a und 14–16. Nach: Die Bibel. Altes und Neues Testament (Einheitsübersetzung), hrsg. von Günter Stemberger und Mirjam Prager, Augsburg: Pattloch Verlag 1991 (© Katholische Bibelanstalt, Stuttgart 1980).
111 Abdelwahb Meddeb: Der Koran als Mythos. In: Lettre International. Europas Kulturzeitung, Nr. 73, Berlin 2006, S. 22.
112 Genesis 2, 4–7. Aus: Die Schrift. Aus dem Hebräischen verdeutscht von Martin Buber gemeinsam mit Franz Rosenzweig, Stuttgart: Deutsche Bibelgesellschaft 1998 (4 Bände).
112, 114 Koran-Zitate nach der Übersetzung von Adel Theodor Khoury, unter Mitwirkung von Salim Abdullah, Gütersloh: Gütersloher Verlagshaus 1992 (2. durchgesehene Auflage).
112 f Genesis 2–4: Nach der Übersetzung von Martin Luther. Standardausgabe in der revidierten Fassung von 1984, Stuttgart: Deutsche Bibelgesellschaft 1985 (Auszüge).
113, 114, 115 Matthäus 2, 9–13, Markus 12, 28–31 und Matthäus 25, 34–40b: Nach der Übersetzung von Martin Luther, a. a. O.

114 Zitat »Sri Aurobindo«. Aus: Sri Aurobindo: Wenn die Seele singt. Übertragung aus dem Englischen von Theodora Karnasch, Düsseldorf: Patmos Verlag 1986, S. 52.
114 Zitat »Immanuel Kant« (li.). Aus: Ders.: Die Religion innerhalb der Grenzen der bloßen Vernunft, Königsberg: Fr. Nicolovius 1793, p. III. In: Werke. Bd. IV, hrsg. von Wilhelm Weischedel, Bd. VI, Wiesbaden: Insel Verlag 1956, S. 649.
114 Zitat »Immanuel Kant« (re. u.). Aus: Ders.: Idee zu einer allgemeinen Geschichte in weltbürgerlicher Absicht. In: Berlinische Monatsschrift, November 1784, S. 391. In: Werke. Bd. VI, a. a. o., S. 37.
116 Ludwig Feuerbach: Das Wesen der Religion (1846). In: Ludwig Feuerbach. Werke in sechs Bänden. Bd. 4, Frankfurt/Main: Suhrkamp Verlag 1976, S. 112–114.
116 Sigmund Freud: Die Zukunft einer Illusion (1927). In: Sigmund Freud. Studienausgabe. Bd. IX, Frankfurt/Main 2000, S. 164f.
117 Karl Marx: Zur Kritik der Hegelschen Rechtsphilosophie (1843). Einleitung. In: Karl Marx /Friedrich Engels, Werke. Bd. 1, Berlin-Ost: Dietz Verlag 1957, S. 378 und 389.
117 Friedrich Nietzsche: Die fröhliche Wissenschaft. Drittes Buch. Aph. 125. In: Friedrich Nietzsche: Kritische Studienausgabe. Bd. 3. Hrsg. von Giorgio Colli und Mazzino Montinari, München: dtv 1999, S. 480f.
117 Wolf Biermann im Interview (Andreas Borcholte und Claus Christian Malzahn). In: Spiegel Online, 13. 11. 2006 (http://www.spiegel.de/kultur/literatur/0,1518,druck-447688,00.html):
Linkcheck: 21. 5. 2007.
117 Eduard von Hartmann: Geschichte der Metaphysik. Bd. 2, Leipzig: Haacke Verlag 1906, S. 444 (Zitat).
118 Elie Wiesel: Die Nacht, Gütersloh: Gütersloher Verlagshaus Gerd Mohn 1980, S. 86–88 (Auszüge).
118 Epikur: Von der Überwindung der Furcht. Übersetzt und hrsg. von Olof Gigon, München: dtv 1983, S. 136.
118 Zitat nach »Georg Büchner«. Aus: Dantons Tod, III. Akt, 1. Szene (1835).
119 Hans Jonas: Der Gottesbegriff nach Auschwitz, Frankfurt/Main: Suhrkamp Verlag 1987, S. 39f.
119 Richard Swinburne: Die Existenz Gottes, Stuttgart: Reclam Verlag 1987, S. 301.
119 Martin Grabmann: Thomas von Aquin. Eine Einführung in seine Persönlichkeit und Gedankenwelt, München: Kösel & Pustet 1946, S. 114.
120 Blaise Pascal: Pensées. Fragmente 229 und 233, in der Übersetzung von Fritz Paepcke. München: dtv 1959 (Auszüge).
121 Psalm 119, 25–32. Aus: Die Schrift. Aus dem Hebräischen verdeutscht von Martin Buber gemeinsam mit Franz Rosenzweig, Stuttgart, a. a. O.
122 Nikolaus von Kues: De Pace Fidei (Auszüge). In: Philosophisch-Theologische Schriften. Bd. III. Hrsg. und eingeführt von Leo Gabriel. Übersetzt und kommentiert von Dietlind und Wilhelm Dupré, Wien: Velag 1982, S. 715 und 797 (nachgedruckte Sonderausgabe: Freiburg: Herder Verlag 1989).
122 Zitat »Richard Rorty«. Aus: Ders.: Wahrheit und Wissen sind eine Frage der sozialen Kooperation. Dankesrede zum Erhalt des Meister-Eckhart-Preises am 3. 12. 2001. In: Süddeutsche Zeitung, 4. 12. 2001, S. 14.
125 Zitat »Brad Pitt« nach Dirk Jasper FilmLexikon 2005 (www.djfl.de) Artikel: Buddhismus in Hollywood.
125 Zitat »Richard Gere« nach 3sat Kulturzeit, 9. 10. 2002.
127 Anguttara-Nikaya II 28. Aus dem 2. Korb des Pali-Kanon. Zitiert nach Edward Conze: Im Zeichen Buddhas, Frankfurt/Main und Hamburg: Fischer Verlag 1957, S. 95 (gekürzte Auszüge).
128 f Nach: Vinaya-Pitaka Mahavagga 1 ff. Reden des Buddha. Aus dem Pali-Kanon übersetzt von Ilse-Lore Gunsser, Stuttgart: Reclam Verlag 2001, S. 32f und 34.
129 Nach Vinaya-Pitaka III 7, 1. Korb des Pali-Kanon. Zitiert nach Gustav Mensching, Leben und Legende der Religionsstifter, Darmstadt u. a.: Holle-Verlag o. J., S. 239.
130 »My own song«. Aus: Ernst Jandl: Selbstporträt des Schachspielers als trinkende Uhr. Gedichte, Darmstadt und Neuwied: Luchterhand Verlag 1983, S. 5.
130 Sachinfos über buddhistische Daseinsfaktoren nach Edward Conze: Der Buddhismus. Wesen und Entwicklung, Stuttgart u. a.: Kohlhammer Verlag 1981, 7. Aufl., S. 101f.
131 Janwillem van de Wetering: Erfahrungen in einem japanischen Zen-Kloster. Deutsch von Herbert Graf, Reinbek: Rowohlt Verlag 1981, S. 18–23.
132 Udana 8, 1. Aus: Reden des Buddha. Aus dem Pali-Kanon übersetzt von Ilse-Lore Gunsser, Stuttgart: Reclam Verlag 2001, S. 71f (gekürzt).
132f Milindapanha 72f, zitiert nach Edward Conze: Im Zeichen Buddhas, Frankfurt/Main und Hamburg: Fischer Verlag 1957, S. 102f.
133 Wilhelm Busch: Tröstlich, 1. Strophe (1909). Aus: Zwiefach sind die Phantasien, Leipzig: Reclam Universalbibliothek, Bd. 203, 1977, S. 261.
134 Digha-Nikaya XVI 2, 25f. Aus dem 2. Korb des Pali-Kanon. Aus: Reden des Buddha, a. a. O,. S. 67.
134f Nach Maurice Percheron, Buddha, Reinbek: Rowohlt Verlag 1958, S. 29–33 (gekürzt und leicht bearbeitet).
136 Majjhima-Nikaya 22. Aus dem 2. Korb des Pali-Kanon. Frei nach: Reden des Buddha, a. a. O., S. 49ff (gekürzt).
137 Koan. Aus: Thich Nhat Hanh: Schlüssel zum Zen. Der Weg zu einem achtsamen Leben. Aus dem Amerikanischen übersetzt von Bernardin Schellenberger, Freiburg: Herder Verlag 1996, S. 60f.
139 Zitat »Hugo Zimmermann«. Nach Uli Hauser: Auf dem Pfad der Erleuchtung. In: Stern (Hamburg), Heft 8, 12. 2. 2004, S. 58 (bearbeitet: Ich-Form).
140 »Das Unbegreifliche«; »Licht der Einheit«. Aus: Laotse: Tao Te King. Vom Weltgesetz und seinem Wirken. Überarbeitete Neuausgabe von

Text- und Bildnachweis

Marie-Louise Bergoint, Neuhausen am Rheinfall: Urania Verlag 1999 (2. Aufl.), S. 29 und 53.
140 »Himmel und Erde«. Aus Karl-Heinz Pohl: China für Anfänger, Freiburg: Herder Verlag 2004, 2. Aufl., S. 61.
141 »Gelassenheit«, »Einfalt des Einen«, »Wirken ohne Handeln«. Aus: Laotse: Tao Te King. Vom Weltgesetz und seinem Wirken. Überarbeitete Neuausgabe von Marie-Louise Bergoint, a. a. O., S. 23, 47 und 41.
142 Worte von Konfuzius. Aus: Lunyu XV, 20; IX, 23; II, 17; XII, 1. Übersetzt von Volker Zotz. In: Ders.: Konfuzius, Reinbek: Rowohlt Verlag 2000, S. 109; 146; 66 und 68.
143 »Was es heißt, menschlich zu handeln«. Aus: Konfuzius: Gespräche. Hrsg. und übersetzt von Ralf Moritz. Reclam: Leipzig, 5. Aufl. 1991, S. 68.
144 »Das Ziel«. Aus: Konfuzius: Der gute Weg. Worte des großen chinesischen Weisheitslehrers. Zusammengestellt von Werner Felitz, Köln: Anaconda Verlag 2005, S. 94 (Lunuy XVII, 4).
144 »Wagengleichnis«. Frei nach Konrad Meisig: Klang der Stille (Milandapanha 25), Freiburg: Herder Verlag 1995, S. 120ff (gekürzt).
144 »Gleichnis vom Kampfhahn«. Aus: Zhuangzi, Kapitel 19. Übersetzt von Richard Wilhelm: Liä Dsi – Das wahre Buch vom quellenden Urgrund. Düsseldorf: Dietrichs Verlag 1972, S. 70 (gekürzt).
148f Sue Wheat: Postkarte aus Thailand. Aus: FernWeh – Die Jugendbroschüre, Freiburg 2000. Hrsg. von der Online-Redaktion »FernWeh – Forum Tourismus & Kritik im informationszentrum 3. welt«, Freiburg (www.iz3w.org (http://www.trouble-in-paradise.de/02beingthere/text0203.html: Linkcheck: 1. 6. 2007).
149 »Nach Thailand reisen? Was ein Reisebüro empfiehlt«. Frei nach Sawadee-Travel, Thun/Schweiz (http://www.sawadee-travel.ch/DOS.html: Linkcheck: 1. 6. 2007).
150 Andrè Kaminski: Ich und die Menschenfresser, in: Ders:, Die Gärten des Mulay Abdallah. Neun wahre Geschichten aus Afrika, Frankfurt/Main: Suhrkamp Verlag 1983, S. 57–65 (Auszüge).
151 Sachinfo zu Simbabwe nach: BBC News vom 2.7.2006 (http://news.bbc.co.uk/go/pr/fr/-/2/hi/africa/5134244.stm).
151 Anregungen zur dichten Beschreibung nach Clifford Geertz: Dichte Beschreibung. Beträge zum Verstehen kultureller Systeme. 2. Aufl. Frankfurt/Main: Suhrkamp Verlag 1987, S. 7–43.
152f Zitate »Marco«, »Ömer« und Tijen. Aus: Interkulturelles Lernen. Hrsg. von der Bundeszentrale für politische Bildung, Bonn 1998, Neudruck 2000, S. 80f (leicht bearbeitet).
154 Lara Fritzsche: Schwimmen mit Bikini oder Kopftuch. In: Kölner Stadtanzeiger, 30. 11. 2004 (http://www.ksta.de/html/artikel/ 1101669611129.shtml: Linkcheck: 4. 6. 2007).
154 »Darf eine Muslima zum Schwimmunterricht gehen?« Aus: Den Islam entdecken – Informationen, Ratschläge, Lebenshilfe für deutschsprachige Muslime. Nr. 3, Dezember 2003 (http://www.muslim-liga.de/download/di03.pdf: Linkcheck: 4. 6. 2007), gekürzt.
154 Nach Kuno Kruse: Rat der Ex-Muslime: Die vom Islam abfallen. Aus: Stern, 27. 2. 2007 (http://stern.de/politik/panorama/:Rat-Ex-Muslime-Die-Islam/583526.html: Linkcheck: 4. 6. 2007).
154 www.ahmadiyya.de/ahmadiyyat/nuur_fuer_frauen/jungs_schwimmen_gehen.html: Seite kann z. Zt. nicht geöffnet werden.
155 Quellentext zur Zwangsheirat (leicht bearbeitet). Aus: Berliner Arbeitskreis gegen Zwangsverheiratung: Informationsbroschüre Zwangsverheiratung, o. J. (http://www.papatya.org/veroeffentlichungen/broschuere.html: Linkcheck: 4. 6. 2007).
156 Die Allgemeine Erklärung der Menschenrechte, 10. 12. 1948. Aus: Die Menschenrechtsarbeit der Vereinten Nationen. Materialien für den Unterricht (Nr. 5). Überarbeitete und aktualisierte Ausgabe, hrsg. von der Deutschen Gesellschaft für die Vereinten Nationen, Bonn 1998, S. 9–12 (Auszüge).
157 Erklärung zum Weltethos. Hrsg. vom Parlament der Weltreligionen, 4. September 1993, Chicago/USA, S. 2–15 (© 1993 by Council for a Parliament of the World Religions, Chicago, prepared by Hans Küng and published with commentaries by Piper Verlag München – Auszüge).
158 Paul Feyerabend: Erkenntnis für freie Menschen, Frankfurt/Main: Suhrkamp Verlag 1980, S. 68f (gekürzt).
158 Nach Martha Nussbaum: Menschliches Tun und soziale Gerechtigkeit. Zur Verteidigung des aristotelischen Essentialismus. In: Holmer Steinfath: Was ist ein gutes Leben? Frankfurt/Main: Suhrkamp Verlag 1998, S. 198f (gekürzt).
159 Necla Kelek in einem Interview der Wirtschaftswoche (Düsseldorf), Nr. 10, 2006, S. 48 (Auszug).
160 Winston Churchill in einer Rede während des Europakongresses 1948 über die Zukunft des kriegszerstörten Kontinents. Zitiert nach Jeremy Rifkin: Der Europäische Traum, Frankfurt/Main und New York: Campus Verlag 2004, S. 219.
164 Thomas Rother: Lasst uns auf die Reise gehen. Aus: Witthüser und Westrup, LP »Trips und Träume« (Label-No.: ZYX 20 005), Musikverlag Bernhard Mikulski, Dorchheim, Limburger Straße 18, 1970.
165 Steve Wozniak: Ich habe einen Traum. In: Die Zeit (Hamburg), Nr. 10, 1. 3. 2007, S. 70 (Auszüge).
166 Hermann Kahn, Anthony J. Wiener: Voraussagen der Wissenschaft bis zum Jahr 2000. In: Hermann Kahn, Anthony J. Wiener: Ihr werdet es erleben. Voraussagen der Wissenschaft bis zum Jahr 2000, Reinbek: Rowohlt Verlag 1971, S. 66–72 (Auszüge).
167 Zitat »Bernd Zabel«. Aus einem Interview von Florian Rötzer mit Zabel, Leben in Biosphäre II, 25. 9. 1996. In: Telepolis (Online-Magazin): www.heise.de/tp/r4/artikel/1/1064/1.html (Linkcheck: 12. 3. 2007).

167 Zitat »Jana Ivanidze«. In: fluter. Magazin der Bundeszentrale für politische Bildung, Bonn, Februar 2004 (www.fluter.de – Archiv unter Rubrik »Private Utopien«: Linkcheck: 12.3.2007).
168 Jonathan Swift: Gullivers Reisen. Aus: Arbeitstexte für den Unterricht. Utopie, hrsg. von Wolfgang Biesterfeld, Stuttgart: Reclam Verlag 2000, S. 37 (Auszug).
168 Karl Marx, Friedrich Engels: Werke Band 3. Hrsg. vom Institut für Marxismus-Leninismus beim ZK der SED, Berlin-Ost: Dietz Verlag 1978, S. 33 (Auszug).
168 f Jesaja 2, 2–4 und Genesis 2, 8 f. Aus: Die Bibel. Altes und Neues Testament. Einheitsübersetzung, Stuttgart: Katholische Bibelanstalt 1980.
169 Zitate »Ordensfrau« und »Reinhard Mutz«. In: fluter, Februar 2004, a. a. O. (www.fluter.de – Archiv unter Rubriken »Private Utopien« und »Utopie und Frieden«).
170 Thomas Morus: Utopia. Aus: Der utopische Staat. Morus, Utopia – Campanella, Sonnenstaat – Bacon, Neu-Atlantis. Übersetzt und hrsg. von Klaus J. Heinisch, Reinbek: Rowohlt Verlag 1960, S. 48–60.
172 f Hans Moravec: Mind Children. Der Wettlauf zwischen menschlicher und künstlicher Intelligenz. In: Arbeit mit Texten zur Deutung des Menschen. Aus dem Amerikanischen übersetzt von Hainer Kober, Hamburg: Hoffmann und Campe 1990, S. 9–15.
174 Ernst Bloch: Abschied von der Utopie? Vorträge hrsg. von Hanna Gekle, Frankfurt/Main: Suhrkamp Verlag 1980, S. 76 f.
175 Zitat »Robert Jungk«. Aus: Projekt Ermutigung, Streitschrift wider die Resignation, West-Berlin: Rotbuch Verlag 1988, S. 64.
175 Infos zur Zukunftswerkstatt nach www.jungk-bibliothek.at (Stichwort »Zukunftswerkstatt«): Linkcheck: 15.3.2007.
176 Zitat »Hoimar von Ditfurth«. In: Hoimar von Ditfurth und Dieter Zilligen: Das Gespräch, München: dtv 1992, S. 97.
177 Zitat »Pierre Grimal«. Aus: Mythen der Völker. Ausgabe in 3 Bänden, Bd. 1, hrsg. von Pierre Grimal, Frankfurt/Main: Fischer Verlag 1977, S. 13.
178 f »Die Scheidung von Himmel und Erde«: Aus: Hedwig und Theodor-Wilhelm Danzel (Hrsg.), Sagen und Legenden der Südsee-Insulaner (Polynesien), Hagen i. W. und Darmstadt: Folkwang-Verlag 1923, S. 11 f (gekürzt und leicht bearbeitet).
179 Völuspâ-Zitat. Aus: Die Götterlieder der älteren Edda nach der Übersetzung von Karl Simrock. Neu bearbeitet und eingeleitet von Hans Kuhn, Stuttgart: Philipp Reclam Jun. 1960, S. 18.
180 Rätsel der Sphinx. Aus: Karl Kerényi: Die Mythologie der Griechen, Bd. II: Die Heroen-Geschichten, München: dtv 1976 (4. Aufl.), S. 83.
180 Prometheus und die Lage des Menschen. Frei nach Fritz Jürß: Vom Mythos der alten Griechen. Deutungen und Erzählungen, Leipzig: Reclam-Verlag 1990 (2. Aufl.), S. 68–72 passim (gekürzt und bearbeitet).
182 Hesiod: Theogonie. Übersetzt von Otto Schönberger, Stuttgart: Reclam Verlag 1999, S. 13 f (Auszüge).
182 Zitat »Xenophanes«. Aus: Die Vorsokratiker. Fragmente und Quellenberichte. Übersetzt und eingeleitet von Wilhelm Capelle, Stuttgart: Alfred Kröner Verlag 1968, S. 121.
182 f Thales-Darstellung nach Luciano de Crescenzo: Geschichte der griechischen Philosophie. Die Vorsokratiker, Zürich: Diogenes 1990 S. 37 f (bearbeitet und leicht gekürzt).
184 Xenophanes: Fragmente 14–16. Aus: Die Fragmente der Vorsokratiker. Griechisch und Deutsch von Hermann Diels. Hrsg. von Walther Kranz. 1. Bd., Berlin: Weidmannsche Buchhandlung 1961, S. 132 f (10. Aufl.).
184 Zitat »Protagoras«. Aus: Die Fragmente der Vorsokratiker. Griechisch und Deutsch von Hermann Diels. Hrsg. von Walther Kranz, 2. Bd., Berlin: Weidmannsche Buchhandlung 1960, S. 262 f (10. Aufl.).
184 Gorgias von Leontinoi, in: Die Vorsokratiker, a. a. O., S. 352 f.
184 Zitat »Thrasymachos«. Aus: Platon: Der Staat [Politeia]. Übersetzt und hrsg. von Karl Vretska, Stuttgart: Reclam Verlag 1988, S. 100 [338e, 339a].
186 f Platons Höhlengleichnis. Frei nach Luciano de Crescenzo: Geschichte der griechischen Philosophie. Von Sokrates bis Plotin, Zürich: Diogenes Verlag 1990, S. 97 f.
188 Zitat »Xenophanes«. Aus: Hermann Diels: Die Fragmente der Vorsokratiker, Reinbek: Rowohlt Verlag 1957, S. 20.
188f Ernst von Glasersfeld: Einführung in den radikalen Konstruktivismus. In: Paul Watzlawick (Hrsg.): Die erfundene Wirklichkeit. Wie wissen wir, was wir zu wissen glauben. Beiträge zum Konstruktivismus, München: Piper Verlag. 1985, S. 25 und 30; 33; 35 (Auszüge).
192 f Christiane Schlötzer: Letzter Auftritt einer mutigen Reporterin. In: Süddeutsche Zeitung, 24.02.2006 (Auszüge).
193 Hans Leyendecker: Informationssammler – Detektive oder Journalisten? Aus: Hermann Meyn: Massenmedien in Deutschland. Hrsg. von der Landeszentrale für politische Bildungsarbeit Berlin, Neuauflage 2001, S. 37 f (gekürzt). Originaltext in: Wa(h)re Nachrichten, 1999, S. 110.
194 Ernst Bloch: Das Prinzip Hoffnung, Bd. 1, Frankfurt/Main: Suhrkamp Verlag 1974, S. 400 f (Auszüge).
196 Norbert Kückelmann: Fernsehen, Film und autonome Bildproduktion. In: Michael Schwarz (Hrsg.), Die Zukunft der Bilder, Göttingen: Steidl Verlag 1993, S. 54 f und 63 f.
197 Florian Rötzer: Vom Bild zur Umwelt. In: Michael Schwarz (Hrsg.), a. a. O., S. 82.
200 Nach Wolf Singer: Fragen eines Hirnforschers beim Lesen. In: Die Zeit, Nr. 19, 4.5.2006.
201 Friedrich Dürrenmatt: Die Physiker, Zürich: Diogenes Verlag 1998, S. 69 f (Auszug).
202 Zitat »Edward de Bono«. Aus: Mein Atlas der Erlebniswelten, Frankfurtain: Eichborn Verlag 2001, S. 34

(© Edward de Bono: Serious Creativity. Die Entwicklung neuer Ideen durch die Kraft lateralen Denkens, Stuttgart: Schäffer Verlag 1996).
202 Gregory N. Derry: Wie Wissenschaft entsteht, Darmstadt: Wissenschaftliche Buchgesellschaft 2001, S. 365 f (gekürzt).
203 Zitat »Henri Poincaré«. Aus: Gregory N. Derry: Wie Wissenschaft entsteht, a. a. O., S. 43 (© Henri Poincaré, The Foundations of Science, Science Press 1903, S. 127).
205 Philip Roth: Der menschliche Makel. Zitiert nach Bruno Heller: Wie entsteht Wissen? Darmstadt: Wissenschaftliche Buchgesellschaft 2005, S. 5.
206 Nach David Hume: Eine Untersuchung über den menschlichen Verstand. Übersetzt und hrsg. von Herbert Herring, Stuttgart: Reclam Verlag 1982, S. 44.
207 Karl Raimund Popper: Logik der Forschung, Tübingen: J. C. B. Mohr (Paul Siebeck) 1971, S. 75.
207 Zitat »Karl Raimund Popper«. Aus einem Interview mit Thomas Rotstein vom 7. 8. 1974, Hessischer Rundfunk. Entnommen der CD: Philosophie gegen falsche Philosophen, München: Der Hörverlag 1974/1984.
209 Annemarie Pieper: Einführung in die Ethik, Tübingen und Basel: Francke Verlag 1994 (3. Aufl.), S. 90 f.
210 Nach Ludwig Freese: Abenteuer im Kopf, Weinheim und Berlin: Beltz Quadriga 1995, S. 271.
210 Nach Günter Ropohl: Die Elemente der Verantwortungsrelation. In: Arbeitstexte für den Unterricht. Verantwortung, Stuttgart: Reclam Verlag 1991, S. 24.
211 Zitat »Laotse«. Aus: Internet-Zitatensammlung.
212 f Interview mit Carl-Friedrich von Weizsäcker (gekürzt). Aus: http://www.uni-muenster.de/PeaCon/wuf/wf-95/9521301m.htm (Wissenschaft & Frieden-Redaktion: Reuterstr. 44, 53113 Bonn, Telefon 0228 210744), Linkcheck: 17. 12. 2006.
213 Hans Jonas: Wissenschaft und Forschungsfreiheit. Ist erlaubt, was machbar ist? Aus: Hans Lenk (Hrsg.), Wissenschaft und Ethik, Stuttgart: Reclam Verlag 1991, S. 201.
214 Hans Jonas: Das Prinzip Verantwortung. Versuch einer Ethik für die technologische Zivilisation, Frankfurt/Main: Suhrkamp Verlag 1984, S. 26 f und 36 (Auszüge).
216 Charlotte Kerner: Geboren 1999, Weinheim und Basel: Beltz & Gelberg 1995, S. 141–146 (Auszüge).
217 Birgit Rabisch: Duplik Jonas 7, München: dtv Verlag 1997 (Klappentext).
217 Zitat »Hans Jonas«,. Aus: Ders., Wissenschaft und Forschungsfreiheit. Ist erlaubt, was machbar ist? In: Hans Lenk (Hrsg.): Wissenschaft und Ethik, a. a. O., S. 1991, S. 214.
218 f Das Milgram-Experiment nach http://www.stangl-taller.at/TESTEXPERIMENT/experimentbspmilgram.html (bearbeitete Auszüge), Linkcheck: 17. 12. 2006.
219 Zitat »Stanley Milgram«. Aus: http://de.wikipedia.org/wiki/Milgram-Experiment (Linkcheck: 17. 12. 2006). Nach Stanley Milgram: The Perils of Obedience. Abridged and adapted from Obedience to Authority. in: Harper›s Magazine, 1974.
220 Hans Magnus Enzensberger: Das Ende der Eulen. Aus: Kurt Fassmann (Hrsg.), Gedichte gegen den Krieg, Frankfurt/Main: Verlag Zweitausendeins 1975, S. 280.
222 Hesse, Hermann: Blauer Schmetterling. Aus: Gabriele Sander: Blaue Gedichte, Stuttgart: Reclam Verlag 2001, S. 82.
224 Martin Seel: Glück. Aus: Heiner Hastedt und Ekkehard Martens (Hrsg.), Ethik. Ein Grundkurs, Reinbek: Rowohlt Verlag 1994, S. 146 f (gekürzt).
224 Arthur Schopenhauer: Aphorismen zur Lebensweisheit, Frankfurt/Main: Insel-Verlag 1991, S. 50 (gekürzt).
224 Plutarch: Unstillbarkeit des Verlangens. Lebensklugheit und Charakter, Bremen: Carl Schuhemann Verlag 1983, S. 151.
226 Hans Paasche und Franziskus Hähnel (Hrsg.): Die Wasungu. Die Briefe des Lukanga Mukara aus Kitara (1912/13), Linden: Volksverlag 1976, S. 17 f.
227 »Arm, aber glücklich?« Nach: Bundeszentrale für politische Bildung – Online-Dossier »Nichtstaatliche Akteure«, Bonn, 31. 1. 2006 (Linkcheck: 26. 2. 2007: http://www.bpb.de/themen/UV8U5U,,0,%C4rztin_Kirsten_Resch.html).
227 Erzählung über Mullah Nasreddin. Aus: Meike Wolff (Hrsg.): Oh, das kriegen wir schon hin. Von Lebenskünstlern und unerschütterlichen Optimisten, Reinbek: Rowohlt Verlag 1985, S. 22.
228 Zitat laut Ecstasy-Faltblatt der BZgA, Köln o. J.
228 f Gerhard Roth: Happy – Thalamus. In: Jetzt. Jugendmagazin der Süddeutschen Zeitung, 13. 5. 2002.
230 Susanne Fülscher: Schöne Mädchen fallen nicht vom Himmel, München: dtv 2006 (gekürzt und leicht bearbeitet).
231 Laut einer Umfrage im Auftrag des »Stern«, November 2003. Zitat nach: www.stern.de/unterhaltung/buecher/514665.html?eid=514697&nv=cb (Linkcheck: 22. 2. 2007).
232 Ralph Tegtmeier: Aleister Crowley. Die tausend Masken des Meisters, München: Droemer/Knaur 1989, S. 69 (1. Zitat); Aleister Crowley: Liber Al vel Legis – Das Buch des Gesetzes, Bergen: Kersken-Canbaz-Verlag 1993, o. Seitenangaben (2. Zitat) – beide Zitate gekürzt.
233 Nach Katrin Osterkamp: Ein Idol – weil sie für Satan tötete! In: Berliner Morgenpost, 8. 4. 2006 (gekürzt und leicht bearbeitet).
233 Zitat »Solveig Prass«q: Aus: www.kriminalportal.de/thema/Index_46951_47074.cfm (Linkcheck: 23.2.2007) – gekürzt.
234 Olof Gigon (Hrsg.): Epikur. Von der Überwindung der Furcht. München: dtv 1983, S. 115 und S. 103 f (gekürzt).

234 Zitat »Kallikles/Platon«. Nach Wilhelm Capelle: Die Vorsokratiker, Stuttgart: Kröner Verlag 1968, S. 355f.
235 René Descartes: Abhandlung über die Methode des richtigen Vernunftgebrauchs. Ins Deutsche übertragen von Kuno Fischer, Stuttgart: Reclam Verlag 1975, S. 25 (gekürzt).
235 Seneca: »Vom glückseligen Leben« und »Von der Gemütsruhe«. Stuttgart: Reclam Verlag 1984, S. 64f.
236 »Welche Menschen sind glücklich?« Nach Karl Kreichgauer. In: www.gluecksarchiv.de/inhalt/glueck.htm (Linkcheck: 23.2.2007) – gekürzt und leicht bearbeitet.
236f Mihaly Csikszentmihalyi: Lebe gut! Wie Sie das Beste aus Ihrem Leben machen«, Stuttgart: Klett Verlag 1999 (Auszug).
238 Lin Yutang (Hrsg.): Die Weisheit des Lao Tse. Frankfurt/Main: Fischer Taschenbuch Verlag 1986, S. 58f.
238f Dalai Lama: Ratschläge des Herzens, Zürich: Diogenes Verlag 2003, S. 107ff (Auszüge).
241 Lerntypenliste nach Ilse Brunner auf der Grundlage von Anthony f. Gregorc: An Adult›s Guide To Style. Eigenverlag (www.gregorc.com), bearbeitet und gekürzt.
242 John Locke: Gedanken über Erziehung, Stuttgart: Philipp Reclam jun. 1970, S. 89 (aus Textstück »Gespräch«/ Reasoning).
244 Franz Kafka: Brief an den Vater. Hrsg. und kommentiert von Michael Müller, Stuttgart: Philipp Reclam jun. 1995, S. 19f (Auszüge).
245 Alexander Sutherland Neill: Theorie und Praxis der antiautoritären Erziehung. Das Beispiel Summerhill, Reinbek: Rowohlt Verlag 1970, S. 158f (Auszüge).
246f Tilmann Moser: Familienkrieg. Wie Christof, Vroni und Annette die Trennung der Eltern erleben, Frankfurt/Main: Suhrkamp Verlag 1982, S. 66f (Auszüge).
248 Donata Elschenbroich: Weltwissen der Siebenjährigen. Wie Kinder die Welt entdecken können, München: Goldmann TB 2001 (9. Aufl.), S. 189 (Zitat).
248f Manfred Berg: Ein ganz normales Wochenende? Originalbeitrag.
250 Petra Gerster, Christian Nürnberger: Der Erziehungsnotstand. Wie wir die Zukunft unserer Kinder retten, Berlin: Rowohlt Berlin Verlag 2001, S. 9–11 (Auszüge, leicht bearbeitet).
252 Sri Aurobindo: Der integrale Yoga, Reinbek: Rowohlt Verlag 1957, S. 22f (Auszüge).
253 Darstellung der Entspannungstechniken frei nach Lutz Schwäbisch, Martin R. Siems. In: Selbstentfaltung durch Meditation. Eine praktische Anleitung, Darmstadt: Schirner Verlag 2006, S. 90–94; Hanscarl Leuner: Katathymes Bilderleben Unterstufe. Kleine Psychotherapie mit der Tagtraumtechnik. Ein Seminar, Stuttgart: Georg Thieme Verlag 1970; Karl C. Mayer: Progressive Muskelentspannung – Jacobson Entspannungstraining – oder Progressive Muskelrelaxation. In: www.neuro24.de/entspan.htm (Linkcheck: 6.9.2007).
254 Maria Wölflingseder: Esoterik – rationale Irrationalität (gekürzt und leicht bearbeitet). Aus: http://www.netzwerk-regenbogen.de/esowoelfo21231.html (Linkcheck: 15.4.2008).
255 Zitat »Angelus Silesius« (= Johann Scheffler). Aus: Das deutsche Gedicht vom Mittelalter bis zum 20. Jahrhundert. Auswahl und Einleitung von Edgar Hederer, Frankfurt/Main: Fischer Verlag 1957, S. 83.
256 Hanne Tügel: Kult ums Kind. Großwerden in der Kaufrauschglitzercybergesellschaft, München: Verlag C.H. Beck 1996, S. 29f und 31f (Auszüge).
259 Reiner Kunze: Ethik (1959). Aus: Karl Otto Conrady: Das große Gedichtbuch, Düsseldorf: Artemis & Winkler 1995 (4. Aufl.), S. 779.
260 William K. Frankena: Analytische Ethik, München: dtv 1972, S. 17.
260f Platon: Kriton. Übersetzt von Manfred Fuhrmann, Stuttgart: Reclam Verlag 1987, S. 49f und 52 (Auszüge).
262f Aristoteles: Nikomachische Ethik, Stuttgart: Reclam Verlag 1969, S. 16f und 44.
264f Thomas Hobbes: Leviathan, Reinbek: Rowohlt Verlag 1965, S. 96f.
265 Jean-Jacques Rousseau: Diskurs über die Ungleichheit. Hrsg. von Heinrich Meier, Paderborn: Schöningh Verlag 1984, S. 141–151 (Auszüge).
267 Arthur Schopenhauer: Preisschrift über die Grundlage der Moral (1838). In: Arthur Hübscher (Hrsg.), Werke in 10 Bänden (Zürcher Ausgabe), Bd. 6, Zürich: Diogenes Verlag 1977, S. 246–248 (Auszüge).
267 Vittorio Hösle: Praktische Philosophie in der modernen Welt, München: Beck Verlag 1995, S. 27.
268 Zitat »Jeremy Bentham«. Aus: Jeremy Bentham: Eine Einführung in die Prinzipien der Moral und Gesetzgebung [1789]. Kapitel 1: Über das Prinzip der Nützlichkeit. Übersetzt von Annemarie Pieper. In: Otfried Höffe (Hrsg.), Einführung in die utilitaristische Ethik, München: Beck Verlag 1975, S. 36 (Auszüge).
269 Zitat »Immanuel Kant«. Aus: Immanuel Kant: Grundlegung zur Metaphysik der Sitten. Hrsg. von Theodor Valentiner, Stuttgart: Reclam Verlag 2000, S. 79.
270 Max Weber: Politik als Beruf (1919). In: Gesammelte politische Schriften. Hrsg. von Johannes Winkelmann, Tübingen: J. C. B. Mohr Verlag 1958, S. 539 (Auszüge).
270 Robert Spaemann: Moralische Grundbegriffe, München: C. H. Beck Verlag 1982, S. 71f (Auszüge).
273 Jürgen Habermas: Die Begründung der Moral im Diskurs. In: Moralbewusstsein und kommunikatives Handeln, Frankfurt/Main: Suhrkamp Verlag 1983, S. 77, 75 und 77 (Auszüge).
276 Aus einem Flyer der »Deutschen Hospiz Stiftung«, o.J. (Auszug).
276 Zielsetzung und Positionen der »Deutschen Gesellschaft für Humanes Sterben« im 10-Punkte-Programm (http://www.dghs.de/ziel.htm): Linkcheck: 5.7.2007.

Text- und Bildnachweis

Bildnachweis

Titel Imago/Stephan Görlich; Frederic Müller
8 o.li.:plainpicture; Mi.: A1PIX; u.li.: Elizabeth Roberts, Berlin (2); u.re.: © images.de
9 Mi. © westend 61; u.: Tobias Schneider
11 © VG Bild-Kunst, Bonn 2014
12 Gerhard Medoch, Berlin
15 akg-images /Erich Lessing
16 Elisabeth Roberts
21 Archiv VWV
22 Louise van Swaaij und Jean Klare: Atlas der Erlebniswelten, Frankfurt/Main, © Eichborn Verlag 2000 (Ausschnitt Kartenbeilage)
23 © dpa – Report
24/25 Elizabeth Roberts
25 o.: Anna-Leanka Koreng, Wachenheim
26 akg-images
27 o.: Mario Vedder /picture NEWS; u.: Gerhard Medoch
28 Archiv Cornelsen Verlag
29 © Man Ray Trust, Paris /VG Bild-Kunst, Bonn 2014
30 akg-images
32 o.: akg-images; u.: Bridgeman Art Library
33 Ullstein – kpa (Harold Lloyd in »Safety Last«, 1923)
34 von o. nach u.: ullstein – Roger Viollet (2); Stefan Boness /Ipon; ullstein – Giribas; Gerhard Medoch
36 o.: der blaue reiter. Journal für Philosophie, Stuttgart: Omega Verlag Siegfried Reusch, Nr. 5, 1/1997, S. 92 (© Michael Hackl)
38 o.: akg-images /Erich Lessing. © Salvador Dalí, Fundació Gala-Salvador Dalí / VG Bild-Kunst Bonn 2014; u.: Reinhard Eisele /project photos
39 li.: akg-images /Werner Forman; re.: Gerhard Medoch
40 Elizabeth Roberts
41 Gerhard Medoch
42 © Denis Scott/Corbis
44 akg-images /Erich Lessing
45 Archiv Cornelsen Verlag. © Salvador Dalí, Fundació Gala-Salvador Dalí /VG Bild-Kunst Bonn 2014
46 Gerhard Medoch
48 Gerhard Medoch
49 u.: Bernd Blume, Klitzschen
52/53 Gerhard Medoch
54 o. li.: Gerhard Medoch; o. re.: ullstein bild; u.: ullstein – Wittenstein
56 o.: Gerhard Medoch; u.: Sigmar Stehle, Bonn
57 Bridgeman Art Library
58 Bernd Wiesen, Mönchengladbach
59 Gerhard Medoch
60 VG Bild-Kunst, Bonn 2014
62 Gebr. König Postkartenverlag
64 o. re.: Philippe Aries, Bilder zur Geschichte des Todes, München: Hanser Verlag 1984, S. 115; u. li.: Valeska Achenbach /Isabela Pacini, Hamburg (2)
66 Mary J. Andrade (2)
67 © Fotoagentur AURA /Andreas Busslinger
69 Artothek © Bayer Mitko
70 akg-images
72 Foto Archiv Cornelsen Verlag
73 DGHS-Archiv
74 N. N., Zürich
75 akg-images /Binder
76 Buchcover (dtv)
77 Werner Krüger, Bielefeld
78 akg-images /Erich Lessing
79 Dietmar Gust, Berlin
80 o. li.: © Ostkreuz
81 u.: © TV-yesterday
82 KNA
83 © Reuters /CORBIS
85 Gerhard Medoch
86 Michael Bader /transit Leipzig
88 li.: © Daniel Lainé /CORBIS; re.: © Caroline Penn /CORBIS
90 Bonnier Media Deutschland GmbH
91 Archiv Cornelsen Verlag
92 akg-images
93 © dpa – Bildarchiv
94 Archiv Cornelsen Verlag
95 CINETEXT Bildarchiv (2)
96 o. li.: Tillmann Elliesen, Frankfurt/Main; u. re.: Archiv Cornelsen Verlag
97 akg-images
98 Gedenkstätte Berlin-Hohenschönhausen
99 u.: © dpa
100 Cinetext
101 © dpa – Fotoreport
103 www.schule-ohne-rassismus.org
104 © dpa
106 Gerhard Medoch
107 o.: www.relivision.com; Mi.: imago /Friedrich Stark, Berlin; u.: Gerhard Medoch
108 o. li.: © dpa – Report; Mi.: imago / UPI Photo; re.: © dpa; u.: Gerhard Medoch
109 o.: Gerhard Medoch; Mi.: Guido Schiefer /epd; u.: Thomas Lohnes /epd
110 akg-images
111 li.: www.wikipedia.de; Mi. o.: © dpa – Report; Mi. u.: August Forkel /Keystone; re.: Guido Schiefer
112 akg-images /Rabatti-Domingie
113 akg-images /Erich Lessing
114 © Blauel Arthothek
115 akg-images /Erich Lessing
116 © akg-images
118 www.wikipedia.de
121 o.: Norbert Neetz /epd; Mi.: Werner Krüper /epd; u.: Gerhard Medoch
122 Archiv Cornelsen Verlag
123 von o. nach u.: picture-alliance / akg; © Carmen Redondo /Corbis; © dpa – Bildarchiv; © ZB – Fotoreport
125 o. re.: Elizabeth Roberts
126 Archiv Cornelsen Verlag
127 ullstein bild
128 Archiv Cornelsen Verlag
129 www.relivision.com
130 Superboy TM and © 1998 DC Comics
131 www.relivision.com
132 AKG Berlin /Werner Forman Archive
133 © Thames Hudson, London 1984, Foto: Martin Brauen
134 © Pierre Vauthey /CORBIS SYGMA
136 Ethan Daniels /WaterFrame
137 Archiv Cornelsen Verlag
138 o. li.: Stefan Auth /alimdi.net; u. re.: ullstein – ADN – Bildarchiv
140 Archiv Cornelsen Verlag
141 Klaus Holitzka, 1997
142–144 Archiv Cornelsen Verlag
145 picture-alliance /KPA
146/147 Elizabeth Roberts
148 Getty Images /Shaul Schwarz
149 Imago /Steinach

150 Hoa-Qui /laif
152 argus /Frischmuth
153 o.: imago /Thomas Frey; u.: Matthias Luedecke, Berlin
155 AFP /Getty Images
157 o. li.: epd /Friedrich Stark, u. re.: Gerhard Medoch
159 © dpa – Fotoreport
160 o.: www.ww1-propaganda-cards.com; u.: Gerhard Medoch
161 © dpa
163 o. li.: picture-alliance /akg; o. Mi.: © dpa – Fotoreport; o. re.: Stefan Volk /laif; u.: © dpa
164 © VG Bild-Kunst, Bonn 2014
165 © dpa – Report
166 Cinetext Bildarchiv (2)
167 W. Layer /Arco Images
169 akg-images /Erich Lessing
170 akg-images
171 o.: © dpa; u.: Archiv Cornelsen Verlag
172 Cinetext
173 o. re.: Cinetext Bildarchiv; u. li.: Schmidt /images.de
175 li.: © dpa – Bildarchiv
176/177 Elizabeth Roberts
178 akg-images /Nimatallah
179 akg-images
180 akg-images /Erich Lessing
181 u.: bridgemanart.com
182 akg-images
183 li.: Archiv Cornelsen Verlag
186 Archiv Cornelsen Verlag
187 Pcprofessionell.typepad.com/photos
188 o.: Andrew Syred /SPL /Agentur Focus; u.: Gerhard Medoch
190 o. li.: bridgemanart.com; u. li.: ullstein – BPA; Mi.: Norbert Nordmann /PAN-images; u. re.: Cinetext Bildarchiv
191 o.: © Bildagentur-online; u.: London Illustrated News /bridgemanart.com
192 li.: picture-alliance /akg; Mi.: ullstein bild – Röhrbein; re.: ullstein bild – reuters
193 o.: © dpa; u.: AFP /Getty Images
194 o.: ullstein – AKG Pressebild; u.: Topham Picturepoint /Keystone
195 Cary Whittier
196/197 Gerhard Medoch
198 VG Bild-Kunst Bonn 2014
199 Elizabeth Roberts
200 Archiv Cornelsen Verlag
202 Louise van Swaaij und Jean Klare: Atlas der Erlebniswelten, Frankfurt/Main, © Eichborn Verlag 2000, S. 42 (Karte 8)
205 akg-images
206 o.: Archiv Cornelsen Verlag (2); u.: KPA
207 www.wikipedia.de
208 Mi. li.: © dpa – Report; ansonsten Gerhard Medoch
209 akg-images
211 o. li.: © ZB – Fotoreport; ansonsten Gerhard Medoch
212 © Corbis
213 © dpa
214 © dpa – Report (2)
215 Gerhard Medoch
216 © Matthias Kulka /Corbis
217 © Images.com /Corbis
219 Christian Hans Georg Saehrend, Berlin
221 Kinder- und Jugend Kunst-Galerie »Sonnensegel« e. V. /Armin Schubert, Brandenburg/Havel (2)
223 u.: Schülereinträge
226 o.: Matthias Luedecke; u.: Henner Frankenfeld /VISUM
228 o.: Gerhard Medoch; u.: Carsten Koall /VISUM
229 © Alfred Pasieka /SPL /Agentur Focus
231 Von li. Nach re.: picture-alliance dpa; picture-alliance /91020 /KPA / WHA; © dpa – Report; photothek
233 © dpa – Fotoreport
235 Harald Larisch, Grapen Stieten
239 © Andrea Seifert /zefa /Corbis
240 Archiv Cornelsen Verlag
242 o.: picture-alliance /Chad Ehlers; u: picture-alliance /dpa
243 li.: picture-alliance /chromorange; re.: adpic
244 o.: www.bridgemanart.com; u.: bpk
247 o.: Privatbesitz Georg A. Narciß; u.: Privatbesitz Manfred Berg, Otterberg
248 o. li.: © imago /McPHOTO/ Lovell; Mi. re.: © image /Steffen Schellhorn
250 akg-images /Laurent Lecat
251 picture-alliance /Sven Simon
252 o.: © epd-bild /Caro/Teich; u.: © imago /emil umdorf
253 Archiv Cornelsen Verlag
254 Marcella Danon, Prophezeiungen für das 3. Jahrtausend, Klagenfurt 1999
255 Rick Chard
257–259 Gerhard Medoch
260 akg-images /Erich Lessing
262 o. re.: akg-images / Rabatti-Domingie
Francesco Tranini, Thomas von Aquin
264 li.: © dpa-Fotoreport; Mi.: © Peter Turnley /CORBIS; re.: © image /Werner Schulze
266 o. und li.: © imago /Xinhua; re.: © image /Peter Wildmann
268 o.: © dpa; u.: akg-images
269 Bildarchiv Preußischer Kulturbesitz
271 Axel Schneider, © VG Bild-Kunst 2014
273 © A1PIX

Werke der bildenden Kunst

11 Heidrun Hegewald, Kind und Eltern, 1976. Öl auf Hartfaser, 110 × 190 cm (Privatbesitz).
15 Gustav Klimt, Der Kuss, 1908. Öl auf Leinwand 180 × 180 cm (Österreichische Galerie im Belvedere).
21 von li. n. re.: Rembrandt Harmenszoon van Rijn (1606–1669), Selbstbildnis, ca. 1628. Öl auf Holz, 22,5 × 18,6 cm (Amsterdam, Rijksmuseum); Rembrandt und Saskia, ca. 1635/63. Öl auf Leinwand, 161 × 131 cm (Staatliche Kunstsammlungen Dresden, Gemäldegalerie Alte Meister; Selbstbildnis mit dem aufgelehnten Arm (Detail), 1639. Radierung, 20,4 × 16,1 cm (Staatliche Kunstsammlungen Dresden, Kupferstichkabinett); Selbstbildnis, ca. 1643/45. Öl auf Holz, 69 × 56 cm (Staatliche Kunsthalle Karlsruhe); Selbstbildnis als Zeuxis, ca. 1669. Öl auf Leinwand, 82,5 × 65 cm (Wallraff-Richartz-Museum Köln).
26 Paul Gauguin, Zwei Frauen auf Tahiti, 1892. Öl auf Leinwand, 67 × 92 cm (Gemäldegalerie Dresden, Neue Meister).
28 Franz von Lenbach, Hirtenknabe, 1860. Öl auf Leinwand,, 107 × 154 cm.
29 Man Ray; Indestructible, 1923/66. Objekt: Metronom und Foto, 22,5 × 10,7 × 10,7 cm. (Privatsammlung Hamburg).
30 Vincent van Gogh, »Le Semeur« (Der Sämann), Arles um den 25. November 1888. Öl auf Leinwand, 32 × 40 cm (Amsterdam Rijksmuseum Vincent van Gogh).
32 Georges Pierre Seurat, Sonntag Nachmittag auf der Insel La Grande Jatte, 1884–86. Öl auf Leinwand (Art Institute of Chicago, IL, USA).
38 Salvador Dali, »Persistencia de la memoria« (Die Beständigkeit der Erinnerung – Die weichen Uhren – die zerrinnende Zeit), 1931. Öl auf Leinwand, 24,1 × 33 cm (Museum of Modern Art, New York).
44 Caspar David Friedrich, »Baum mit Raben«, um 1822. Öl auf Leinwand, 59 × 74 cm (R.f. seit 1975: Dépt. des Peintures Musée du Louvre, Paris).
45 Salvador Dali, Die brennende Giraffe, 1936/37. Öl auf Leinwand (Kunstmuseum Basel).
57 Lucian Freud, Narcissus, 1949. Bleistift und Tinte auf Papier, 22,3 × 14,5 cm.
60 Edvard Munch, The Smell of Death (Leichengeruch), 1894/98. Öl auf Leinwand, 100 × 110 cm (© The Munch Museum / The Munch Ellingsen Group).
61 Gunther Böhmer, Trauer, Tuschzeichnung (Stuttgart).
64 Angelo Jank, Am Bette eines Sterbenden, um 1900 (Bibliothèque des Art décoratifs, Paris).
69 Jan Brueghel, d. Ä., Jonas entsteigt dem Walfisch, 1595 (Alte Pinakothek, München).
70 Luca Signorelli, Auferstehung des Fleisches, 1499/1502. Aus dem Zyklus mit Szenen des Weltgerichts. Fresko Orvieto (Umbrien) (D. S. Maria, Capella di S. Brizio, rechte Wand).
72 Michelangelo Buonarroti, Die Erschaffung Adams. Detail aus dem Deckenfresko der Sixtinischen Kapelle (1508–12).
78 Gustav Klimt, Tod und Leben, vor 1911, vollendet 1915. Öl auf Leinwand, 178 × 198 cm (Wien Sammlung R. Leopold).
97 Raubende Soldateska. Holzstich, koloriert nach Radierung 1643 von Hans Ulrich Franck.
110 El Greco, Die Heilung des Blinden, um 1570. Öl auf Pappelholz, 119 × 146 cm (Gemäldegalerie Dresden).
112 Masolino, Der Sündenfall, um 1425. Fresko, 208 × 88 cm (Florenz, S. Maria del Carmine, Cappella Brancacci, linker Pfeiler, obere Zone).
113 Masaccio, Die Vertreibung aus dem Paradies. Fresko, 88 × 206 cm (Cappella Brancacci, Florence).
114 Vincent van Gogh, Der barmherzige Samariter (nach Delacroix), 1890. Öl auf Leinwand, 73 × 60 cm (Rijksmuseum Kröller-Müller, Otterlo, Niederlande).
115 Rogier van der Weyden Christus als Weltenrichter und der Erzengel Michael als Seelenwäger, um 1449/51. Mitteltafel des Altars mit dem »Jüngsten Gericht«, Öl auf Holz, Mitteltafel 220 × 109 cm (Beaune, Hôtel-Dieu).
116 Cranach-Werkstatt, Erschaffung der Welt. Holzschnitt in der Wittenberger Luther-Bibel, 1534.
164 René Magritte, Le chateau des Pyrénées, 1959.
170 Thomas Morus, Utopia. Titelholzschnitt der Erstausgabe, Löwen 1516.
179 Buchillustration (Holzschnitt), Kölner Bibel, 1478/80 (spätere Kolorierung).
180 Griechische Vasenmalerei, frühes 5. Jh. v. Chr. (Theben). Höhe 32,1 cm, Durchmesser 10,8 cm (Musée du Louvre, Paris).
182 Griechische Vasenmalerei, Der Raub der Europa. Umzeichnung nach griechischer Vasenmalerei, 450.
195 Stefan Brüggemann, Nothing Boxes. Installation view, 2006
198 Salvador Dali, Erscheinung des Gesichts der Aphrodite von Knidos in einer Landschaft, 1981. Öl auf Leinwand (© Salvador Dalí, Fundació Gala-Salvador Dali).
205 Giovanni Battista Agnese, Miniatur, 16. Jh. (Museo Civico Correr., Venedig).
209 Albert Edelfelt, Louis Pasteur, 1885. Öl auf Leinwand 154 × 126 cm (Musée d'Orsay, Paris).
240 Friedensreich Hundertwasser, Der Weg zu Dir (1966).
244 o.: Francisco José de Goya y Lucientes, Don Manuel Osorio Manrique de Zuñiga, um 1792. Öl auf Leinwand, 178 × 122 cm (Metropolitan Museum of Art, New York /Bridgeman Art Library; u.: Thomas Gainsborough, The Blue Boy, um 1770. Öl auf Leinwand (San Marino, California /Henry E. Huntington Library and Art Gallery).
247 o.: Claire Lier, Kinderbildnis (Privatbesitz Georg A. Narciß); u.: Melina Sedó, Das arme Waisenkind (Privatbesitz Manfred Berg).
250 Edgar Degas, Die Familie Bellelli, um 1858/60. Öl auf Leinwand, 200 × 250 cm (R. F. 2210, 1858. Musée d'Orsay, Paris).

260 Raffael (Raffaelo Santi), Die Schule von Athen, 1510/11. Fresko, Breite des Wandfelds ca. 10,55 m (Stanza della Segnatura, Vatikan /Rom).
262 Francesco Traini, Thomas von Aquin als Kirchenlehrer, 1344 (Santa Catherine, Pisa).
271 Katharina Fritsch, Tischgesellschaft, 1988. Skulptur (Museum für Moderne Kunst, Frankfurt/Main).

Illustrationen
Hans Wunderlich, Berlin (11, 13, 14, 18, 19, 31 o./u, 35, 36 u., 47 o./u., 49 o., 51, 55, 58, 68, 87, 102, 174 o., 175 re., 181 o., 183 re., 184, 185, 203, 204, 210, 218, 220, 224, 225, 237, 245, 263, 272).

Fotografiken, Collagen und Karten
Gerhard Medoch, Berlin (12, 39 re., 46, 48, 52, 53, 54, 56, 59, 85, 106, 107 u., 108, 109, 121, 124, 157, 160, 196, 197, 200, 208, 211, 215, 230, 232, 257);
Elizabeth Roberts, Berlin (8/9, 24/25, 40/41, 60/61, 80/81, 104/105, 124/125, 146/147, 164/165, 176/177, 200/201, 222/223, 231, 234, 242/243, 258/259).

Redaktion: Dr. Martin Kloke, Meike Roth-Beck (Kapitel 2, 4 und 9)
Bildbeschaffung und -recherche: Susanne Scheffer

Künstlerische Beratung: Frank Schneider
Illustrationen: Hans Wunderlich
Umschlaggestaltung und Collagen: Elizabeth Roberts
Karten und Fotografiken: Gerhard Medoch
Layoutkonzept: Wladimir Perlin
Layout und technische Umsetzung: Marina Goldberg

www.cornelsen.de

Die Links zu externen Webseiten Dritter, die in diesem Lehrwerk angegeben sind, wurden vor Drucklegung sorgfältig auf ihre Aktualität geprüft. Der Verlag übernimmt keine Gewähr für die Aktualität und den Inhalt dieser Seiten oder solcher, die mit ihnen verlinkt sind.

Dieses Werk berücksichtigt die Regeln der reformierten Rechtschreibung und Zeichensetzung. Bei den mit Ⓡ gekennzeichneten Texten haben die Rechteinhaber einer Anpassung widersprochen.

1. Auflage, 2. Druck 2014
Alle Drucke dieser Auflage sind inhaltlich unverändert und können im Unterricht nebeneinander verwendet werden.

Druck: Firmengruppe APPL, aprinta Druck, Wemding

ISBN 978-3-06-120068-8 (Ausgabe Westliche Bundesländer)
ISBN 978-3-06-120045-9 (Ausgabe Östliche Bundesländer)

PEFC
PEFC/04-32-0928

PEFC zertifiziert
Dieses Produkt stammt aus nachhaltig bewirtschafteten Wäldern und kontrollierten Quellen.
www.pefc.de